법해석학

법관은 어떻게 법을 인식하고 이해할 수 있는가?

법해석학

Legal Hermeneutics

| 양천수 지음 |

한국문화사

법해석학

1판1쇄 발행 2017년 4월 30일
1판2쇄 발행 2018년 10월 10일

지 은 이   양천수
펴 낸 이   김진수
펴 낸 곳   **한국문화사**
등   록   1991년 11월 9일 제2-1276호
주   소   서울특별시 성동구 광나루로 130 서울숲 IT캐슬 1310호
전   화   02-464-7708
팩   스   02-499-0846
이 메 일   hkm7708@hanmail.net
홈페이지   www.hankookmunhwasa.co.kr

책값은 뒤표지에 있습니다.

잘못된 책은 구매처에서 바꾸어 드립니다.
이 책의 내용은 저작권법에 따라 보호받고 있습니다.

ISBN 978-89-6817-490-2   93360

이 도서의 국립중앙도서관 출판예정도서목록(CIP)은 서지정보유통지원시스템
홈페이지(http://seoji.nl.go.kr)와 국가자료공동목록시스템(http://www.nl.go.kr/kolisnet)에서
이용하실 수 있습니다.(CIP제어번호: CIP2017010302)

이 저서는 2012년 정부(교육부)의 재원으로 한국연구재단의 지원을 받아 수행된
연구임(NRF-2012S1A6A4020190)

"
존경하는 스승 이상돈 교수님께 이 책을 바칩니다.
"

■ 서문

이 책은 다음과 같은 문제를 다룬다. 법규범을 이해하고 해석하는 과정은 실제로 어떻게 이루어지고 어떻게 정당화될 수 있는가? 필자는 법학을 공부하면서 이 문제와 마주하기 시작하였다. 법학 교과서 곳곳에서 만나게 되는 이른바 '학설대립'은 무엇 때문에 발생하는 것일까? 학설대립을 판단해줄 수 있는 확고하고 결정적인 기준은 존재하지 않는 것일까? 판례란 도대체 법학에서 어떤 의미를 갖는 것일까? 법은 과연 '실체'로서 존재하는 것일까? 법과대학에서 법학을 공부하는 내내 필자는 이러한 문제들과 씨름하고는 하였다. 이 때문에 자연스럽게 필자는 석사과정에서 운명처럼 가다머(H.-G. Gadamer)와 '해석학'(Hermeneutik)을 만나게 되었고, 이후 해석학은 필자가 바탕으로 삼는 주된 이론적 기초가 되었다.[1]

이 책은 그 동안 필자가 해석학과 마주하면서 고민하고 씨름한 결과를 정리한 것이다. 그러나 해석학을 향한 고민은 아직 완성되지 않았다고 볼 수 있기에 이 책은 해석학에 대한 일종의 중간결산이라고 말할 수 있다. 해석학을 향한 애정과 관심은 앞으로도 지속적으로 이어나갈 마음을 먹고 있다. 그 점에서 이 책은 여러 모로 불완전할 수밖에 없다. 이 점 양해를 부탁드린다.

이 책은 필자가 석사학위논문으로 제출한 『해석학의 법철학적 수용』을 기초로 한다.[2] 이를 대폭 수정 및 보완하고 그 이후 축적된 연구성과를 반영하여 다듬은 것이 바로 이 책이다. 이 책에 포함된 내용 가운데

---

[1] 이에 관해서는 한국법철학회, 『한국의 법철학자』(세창출판사, 2013), 248쪽 참고.
[2] 양천수, 『해석학의 법철학적 수용: 독일의 철학적 해석학과 법해석학을 중심으로 하여』(고려대 법학석사 학위논문, 2000).

일부는 대폭 수정 및 보완되어 독자적인 논문으로 공간되기도 하였다.[3]

이 책은 많은 분의 도움을 받아 완성될 수 있었다. 먼저 필자를 해석학의 세계로 인도해 주신 고려대학교 법학전문대학원의 존경하는 스승 이상돈 교수님께 진심으로 감사인사를 올린다. 이 책은 이상돈 교수님과 공저로 내도 될 만큼 그 분이 이 책에 미친 영향은 적절하게 표현하기 어려울 정도이다. 여러모로 부족한 이 책의 초고를 읽어주시고 귀중한 의견을 제시해 주신 변무웅 교수님께도 감사를 드린다. 어려운 출판환경 속에서도 이 책을 출판할 수 있도록 배려해 주신 한국문화사의 조정흠 차장님 그리고 필자의 거친 원고를 훌륭한 책으로 만들어 주신 김태균 부장님께도 머리 숙여 감사인사를 드린다. 이 책의 초고를 꼼꼼하게 읽고 고쳐야 할 부분을 지적해 주신 영남대학교 법학연구소의 김중길 교수님께도 진심으로 감사인사를 드리고 싶다. 마지막으로 이 책이 완성될 수 있도록 연구비를 지원해 주신 한국연구재단에도 감사인사를 드린다. 필자의 스승이시자 언제나 학문적 귀감이 되시는 이상돈 교수님께 존경하는 마음으로 이 책을 바친다.

2017년 4월
벚꽃이 아름답게 흩날리는
영남대학교 연구실에서
양천수 배상

---

[3] 이를테면 양천수, "철학적 해석학과 법해석학: 해석학의 법철학적 수용과 관련한 시론", 『동아법학』제44호(2009. 8), 1-35쪽; 양천수, "법적 추론과 논증", 『사회과학연구』(영남대) 제30집 제1호(2010. 6), 199-222쪽; 양천수, "형사소송에서 사실인정의 구조와 쟁점: 법적 논증의 관점에서", 『형사정책연구』제26권 제4호(2015. 12), 59-97쪽; 양천수·우세나, "형사판결논증의 구조와 특징: 법이론의 측면에서", 『영남법학』제42집(2016. 6), 87-115쪽; 양천수, "법해석학의 철학적 기초: 가다머의 철학적-존재론적 해석학을 중심으로 하여", 『강원법학』제49권(2016. 10), 829-71쪽 참고.

■ 차례

제1장 서 론

I. 저술 목적 ·· 15
II. 저술 방법 ·· 24
   1. 저술 대상 ·· 24
   2. 저술 방법 ·· 25
III. 저술 순서 ··· 28

제2장 철학적–존재론적 해석학의 전개과정

제1절 이해 개념의 존재론적 전환__29
  I. 이해 개념에 대한 이론사적 분석 ································· 29
  II. 인식론적인 이해 개념 ·· 30
    1. 대상에 대한 인식으로서 이해: 칸트 ························· 30
    2. 역사 그 자체를 객관적으로 파악하는 것으로서 이해: 드로이젠 ···· 36
    3. 정신과학의 보편적 방법으로서 이해: 딜타이 ············ 38
    4. 중간요약 ·· 43
  III. 이해 개념의 존재론적 전환 ······································· 44
    1. 문제 상황과 출발점 ·· 44
    2. 이해 개념의 존재론적 전환에 대한 전단계로서 현상학 ······· 46
    3. 이해 개념의 존재론적 전환: 하이데거 ····················· 49

제2절 가다머의 철학적–존재론적 해석학__58
  I. 서 론 ·· 58
  II. 존재론적 해석학의 출발점 ·· 60
    1. 근대 철학이 신뢰한 방법에 대한 비판:

딜타이의 방법론에 대한 비판 ································ 60
   2. 인식론적 해석학에서 존재론적 해석학으로 ······················ 65
 III. 이해의 조건으로서 선입견 ··· 69
   1. 하이데거가 밝힌 이해의 선구조 ······································ 69
   2. 이해의 조건으로서 선입견 ··· 70
   3. 선입견의 일상적인 의미: 계몽주의에 의한 선입견 불신 ······ 73
 IV. 선입견의 근거로서 권위와 전통 ····································· 76
   1. 가다머의 계몽주의 비판 ·· 76
   2. 선입견의 근거인 권위와 전통의 명예회복 ······················· 79
   3. 전통의 존재방식으로서 고전 ·· 86
 V. 존재론적-해석학적 이해의 진행 과정 ······························ 92
   1. 해석학적 순환 ·· 92
   2. 해석학적 순환의 확장: 전승의 운동과 완전성의 선취 ········ 96
   3. 이해과정에 존재하는 시간간격의 해석학적 의미 ············ 102
   4. 존재론적-해석학적 이해과정의 실현형태:
      영향사적 원칙으로서 지평융합 ·································· 106
 VI. 존재론적-해석학적 이해의 실천성 ································ 111
   1. 해석학에서 적용이라는 문제 ······································· 111
   2. 법률해석의 의미 ·· 113
   3. 존재론적-해석학적 진리 ··· 113
 VII. 해석학의 보편성 ·· 117
   1. 영향사적 의식과 해석학적 경험 ··································· 117
   2. 해석학의 보편성 ·· 120
 VIII. 중간결론 ··· 121

제3장 독일 법해석학을 통한 해석학의 수용

제1절 법해석학을 통한 철학적-존재론적 해석학의 수용과정__125
 I. 서 설 ··· 125
 II. 19세기 독일의 법해석학 ··· 126

Ⅲ. 20세기 초반 독일의 법해석학: 철학적 해석학의 초기 수용 ············ 128

제2절 요제프 에서의 법해석학__131

　　Ⅰ. 서 론 ··· 131
　　Ⅱ. 이론적 출발점 ·· 133
　　　　1. 방법이원론 극복 ··· 133
　　　　2. 삼단논법적 법학방법론 비판 ··· 140
　　　　3. 개념법학에서 평가법학으로 ·· 146
　　Ⅲ. 철학적·존재론적 해석학을 통해 재구성된 법발견 과정 ········· 150
　　　　1. 법발견의 의의와 과제 ·· 151
　　　　2. 법발견의 근거로서 선이해 ·· 153
　　　　3. 해석학적 순환과 적용 문제 ·· 158
　　Ⅳ. 법발견 과정의 합리성 보장 ·· 161
　　　　1. 문제 상황 ··· 161
　　　　2. 법발견 과정에 대한 합의를 통한 합리성 보장 ·············· 170
　　　　3. 합의를 가능케 하는 두 가지 근거로서 정당성 통제와
　　　　　　체계성 통제 ··· 176
　　　　4. 재판의 정당성 통제 ·· 177
　　　　5. 재판의 체계성 통제 ·· 185
　　Ⅴ. 중간결론 ·· 189

제3절 아르투어 카우프만의 법해석학__191

　　Ⅰ. 서 설 ··· 191
　　Ⅱ. 카우프만의 법철학 개관 ··· 192
　　Ⅲ. 카우프만 법철학의 출발점 ·· 193
　　　　1. 자연법과 법실증주의의 대립 극복 ································ 193
　　　　2. 방법이원론 극복: 사물의 본성론 ·································· 206
　　Ⅳ. 카우프만의 법해석학 ·· 208
　　　　1. 법의 역사성: 존재론적인 법의 역사성에서
　　　　　　해석학적인 법의 역사성으로 ······································· 209
　　　　2. 법실현 과정의 구조: 존재와 당위의 상응 ····················· 212

        3. 선이해와 해석학적 순환 ··· 220
        4. 선이해의 근거 ··· 223
        5. 법실현 과정에서 방법이라는 문제 ································· 226
     V. 해석학적 사고의 한계와 극복방안 ··· 230
        1. 해석학적 사고의 한계 ·· 230
        2. 극복방안 ··· 230
     VI. 중간결론 ·· 236

  제4절 빈프리트 하세머의 법해석학__237
     I. 서 설 ·· 237
     II. 구성요건 해석에 대한 기존의 방법론 비판 ························· 238
        1. 문제제기 ··· 238
        2. 형식적·연역적 해석방법의 의미와 그 한계 ················· 239
        3. 귀납적 방법의 의미와 한계 ··· 243
     III. 구성요건 해석의 전제로서 구성요건의 언어성 ···················· 244
        1. 서설 ·· 244
        2. 언어의 정확성 ··· 245
        3. 언어이해의 정당성 ·· 248
        4. 구성요건의 언어성으로부터 도출된 해석학적인 결론 ········ 251
     IV. 구성요건의 유형성 ·· 252
        1. 구성요건의 현실관련성 ··· 252
        2. 구성요건의 유형성 ·· 253
     V. 구성요건 해석 ·· 254
        1. 방법다원주의 ··· 255
        2. 선이해와 해석학적 순환 ··· 256
        3. 유형론적 절차로서 형법해석절차 ·································· 258
     VI. 구성요건 해석의 정당성 ··· 260
        1. 쟁점 ·· 260
        2. 비판적 합리주의 ··· 260
        3. 구성요건 해석의 정당성 ··· 261
        4. 정형화 원칙 ·· 264

Ⅶ. 해석학적 사고의 확장 ··· 265
      1. 장면적 이해 ·· 265
      2. 형법해석의 한계 ··· 269
      3. 의사소통적 법익론 ··· 270
   Ⅷ. 중간결론 ·· 271

   제5절 프리드리히 뮐러의 규범구조적 법이론__272
   Ⅰ. 서설 ··· 272
   Ⅱ. 법적 방법의 의의와 과제 ··· 275
      1. 법적 방법의 개념 ··· 275
      2. 법적 방법의 의미 ··· 277
   Ⅲ. 독일 연방헌법재판소 판례와 학설에 나타난 방법론 분석 ············· 278
      1. 방법이원론 비판 ··· 278
      2. 연방헌법재판소 판례에 대한 반성적 분석 ············ 279
      3. 기존의 헌법학 방법론에 대한 반성적 분석 ·········· 281
      4. 중간결론 ·· 289
   Ⅳ. 규범구조적 법적 방법의 기본 전제 ···························· 289
      1. 규범구조의 개념 ··· 290
      2. 규범텍스트와 규범의 구별 ·································· 291
      3. 규범텍스트의 명확성과 법규범의 명확가능성 구별 ············· 293
      4. 규범텍스트의 효력과 규범의 의미 구별 ··············· 296
      5. 구조화된 과정으로서 규범성 ······························ 298
   Ⅴ. 규범구체화 과정 ··· 299
      1. 규범텍스트 해석과 규범구체화의 구별 ················· 299
      2. 규범구체화 과정 ··· 302
      3. 규범구체화와 관련한 문제 ·································· 306
   Ⅵ. 규범구체화의 요소 ·· 313
      1. 개 관 ··· 313
      2. 전통적인 해석방법의 의미와 한계 ······················· 313
      3. 규범구체화 요소의 유형 ····································· 314
      4. 좁은 의미의 방법론적 요소 ································ 315

    5. 규범텍스트와 직접 관련되지 않는 구체화 요소 ·················· 319
Ⅶ. 규범구체화 요소 간의 우선순위확정 문제 ·························· 320
    1. 서설 ··· 320
    2. 규범구체화 요소 간의 충돌가능성 및 유형 ······················ 321
    3. 구체화 요소 간의 우선순위 확정 ······························ 322
Ⅷ. 규범구체화의 한계 ·· 324
    1. 한계인정의 필요성 ·· 324
    2. 규범구체화의 한계인정 가능성 ·································· 324
    3. 규범구체화의 한계로서 문언 ···································· 327
    4. 문언의 한계에서 규범프로그램의 한계로 ······················ 328
    5. 규범구체화의 한계와 우선순위 비교 ···························· 330
Ⅸ. 중간결론 ··· 331

제4장   국내 법학에 의한 독일 법해석학의 수용

Ⅰ. 개관 ··· 333
Ⅱ. 국내 법학의 법해석학 수용 현황 ···································· 335
    1. 1980년대 ··· 335
    2. 1990년대 ··· 336
    3. 2000년대 이후 ·· 337

제5장   법해석학의 의의와 기본구조

Ⅰ. 법해석학의 의의 ··· 339
    1. 개념 ··· 339
    2. 법학방법론·법적 논증이론·법이론에 대한 비교 ············· 340
Ⅱ. 법해석학의 핵심 개념 ·· 342
    1. 선이해 ··· 342
    2. 해석학적 순환 ·· 346

Ⅲ. 법해석학에 따른 이해과정의 정당화 ·· 348
   1. 문제점 ·· 348
   2. 철학적 해석학자의 해법 ·· 349
   3. 법해석학자의 해법 ··· 349
Ⅳ. 법해석학의 관점에서 바라본 법적용 과정 ·· 350
   1. 법적 삼단논법 비판 ·· 350
   2. 법해석학에 따른 법적용과정 ··· 354

제6장   법해석학의 실천성과 전망

Ⅰ. 법해석학의 실천성 ·· 379
   1. 문제의식 ··· 379
   2. 사법영역 ··· 379
   3. 행정영역 ··· 380
   4. 입법영역 ··· 381
   5. 사적영역 ··· 381
Ⅱ. 법해석학의 전망 ·· 381

■ 찾아보기__384

제1장 서론

I. 저술 목적

어떻게 우리는 그 무엇을 인식하고 이해할 수 있는가? 이 의문은 철학적인 문제에 속하는 아주 근본적인 물음이다. 서구 철학사를 조금만 살펴보면 금방 알 수 있듯이, 이 의문은 오랫동안 철학, 그 가운데서도 인식론의 근본문제로서 논의되어 왔다. 그러면서도 여전히 명쾌한 대답을 얻지 못한 의문이기도 하다. 그런데 이러한 의문은 단지 철학의 문제로서만 의미가 있는 것은 아니다. 법학과 같은 실천과학에서도 이러한 인식론적인 물음은 중요한 의미를 차지한다. 그 이유는 무엇인가? 가령 다음과 같은 경우를 생각해 보자. 법학의 대상이 되는 법은 기본적으로 법적 분쟁을 정의롭게 해결하기 위해 존재한다.[1] 이때 법적 분쟁을 해결

---

[1] 이때 말하는 정의는 독일의 법철학자 라드브루흐(G. Radbruch)의 법이념론에 따라 형식적 평등을 뜻하는 좁은 의미의 정의가 아니라, 합목적성과 법적 안정성을 포괄하는 넓은 의미의 정의로 이해해야 한다. 라드브루흐의 정의론에 관해서는 G. Radbruch, *Rechtsphilosophie*, R. Dreier/S. L. Paulson (Hrsg.) (Heidelberg, 1999). 73쪽 참고; 한편 라드브루흐에 따르면, 이러한 법이념 상호간에는 긴장관계가 존재하는데, 이러한 긴장관계는 이른바 '라드브루흐 공식'(Radbruchsche Formel)에 의해 해결된다. 라드브루흐 공식에 관해서는 G. Radbruch, "Gesetzliches Unrecht und übergesetzliches Recht", in: *Rechtsphilosophie*, R. Dreier/S. L. Paulson (Hrsg.) (Heidelberg, 1999), 211쪽; 또한 이를 치밀하게 분석하는 F. Saliger, 윤재왕(역), 『라드브루흐의 공식과 법치국가』(길안사, 2000) 참고.

하기 위한 수단으로서 법을 사용하려면, 그 전제로서 법관이 법을 인식 또는 이해하고 해석하는 과정이 필요하다. 그런데 여기서 금방 확인할 수 있는 것처럼, 법관이 법을 인식 또는 이해하고 해석하는 과정은 위에서 언급한 철학적인 문제제기와 동일한 문제구조를 갖는다. 달리 말해, 구체적인 분쟁에 법을 적용하려면 법을 인식 또는 이해하고 해석해야 한다는 전제는 바로 철학적 인식론과 동일한 문제구조를 갖는 법(철)학의 근본문제라고 할 수 있는 것이다.[2] 따라서 '어떻게 우리가 그 무엇을 인식하고 이해할 수 있는가?'라는 철학적 문제제기는 법(철)학에서도 다음과 같이 원용될 수 있다. '법관은 어떻게 법을 인식하고 이해할 수 있는가?'

그런데 이와 관련하여 대법원 1996. 6. 11. 선고 96도791 판결은 아주 흥미로운 사안을 그 대상으로 삼고 있다.[3] 이 판결은 여성으로 성전환수술을 한 생물학적 남성을 집단으로 강간한 경우 "성폭력범죄의 처벌 및 피해자보호에 관한 법률" 제9조 및 제6조 제1항에 따라 형법 제297조가 규정하는 강간죄가 성립하는가를 문제 삼고 있다.[4] 즉 지난 2012년 12월

---

[2] '법관은 어떻게 법을 인식 또는 이해하고 해석하는가?'라는 질문은 법인식론에 관한 문제로서 원래 법철학의 영역에 속하는 문제라고 보아야 한다. 그런데 독일 법철학의 전개과정을 보면, 이러한 문제의식은 전통적으로 법학방법론, 법이론, 법해석학의 영역으로 다루어져 왔다. 이러한 이유에서 독일 법학에서는 일반적으로 '법철학'과 '법이론·법학방법론·법해석학'을 구별한다. 하지만 엄밀하게 따져보면, 법인식론에 관한 문제는 전통적인 법철학의 영역으로 이해해야 한다고 생각한다. 다만 이 저술에서는 전통적인 독일의 논의에 따라 기본적으로는 '법철학'과 '법이론·법학방법론·법해석학'의 영역을 각각 구별하여 논의를 진행하고자 한다. 이러한 법철학과 법이론 등의 논의에 관해서는 배종대, "법이론이란 무엇인가?", 『법학논집』(고려대) 제25집(1987. 12), 1-71쪽 참고.

[3] 이 판결에 관해서는 『판례공보』(1996), 2264쪽; 정현미, "성전환수술자의 강간죄의 객체 여부", 『형사판례연구(6)』(박영사, 1998), 166쪽 아래 등 참고.

[4] 이는 법률 제11574호에 따라 지난 2012년 12월 18일에 일부개정 되기 이전의 형법 제297조를 말한다. 이 일부개정에 따라 현행 형법 제297조는 '부녀'가 아닌 '사람'을 강간죄의 객체로 규정한다.

18일에 일부개정 되기 이전의 형법 제297조가 강간죄의 객체로 규정하는 '부녀' 개념에 여성으로 성전환수술을 한 생물학적 남성이 포섭될 수 있는가를 판단하고 있다. 이에 관해 대법원은 다음과 같은 판결이유를 제시하며 무죄를 인정한 원심을 유지하였다.[5]

"형법 제297조는 '폭행 또는 협박으로 부녀를 강간한 자'라고 하여 객체를 부녀에 한정하고 있다. 위 규정에서 부녀라 함은 성년이든 미성년이든, 기혼이든 미혼이든 불문하며 곧 여자를 가리키는 것이라 할 것이다. (…) 그러므로 형법 제297조에서 말하는 부녀, 즉 여자에 해당하는지의 여부도 위 발생학적인 성인 염색체의 구성을 기본적인 요소로 하여 성선, 외부성기를 비롯한 신체의 외관은 물론이고 심리적·정신적인 성, 그리고 사회생활에서 수행하는 주관적·개인적인 성역할(성전환의 경우에는 그 전후를 포함하여) 및 이에 대한 일반인의 평가나 태도 등 모든 요소를 종합적으로 고려하여 사회통념에 따라 결정하여야 할 것이다. (…)

그렇다면 위 피해자(개인정보를 보호하기 위해 인용자가 고침. 아래 같다)가 비록 어릴 때부터 정신적으로 여성에의 성귀속감을 느껴왔고, 위의 성전환수술로 인하여 남성으로서의 내·외부성기의 특징을 더 이상 보이지 않게 되었으며, 남성으로서의 성격도 대부분 상실하여 외견상 여성으로서의 체형을 갖추고 성격도 여성화되어 개인적으로 여성으로서의 생활을 영위해 가고 있다 할지라도, 기본적인 요소인 성염색체의 구성이나 본래의 내·외부성기의 구조, 정상적인 남자로서 생활한 기간, 성전환수술을 한 경위, 시기 및 수술 후에도 여성으로서의 생식능력은 없는 점, 그리고 이에 대한 사회 일반인의 평가와 태도 등 여러 요소를 종합적으로 고려하여 보면

---

5 판례인용은 정현미, "성전환수술자의 강간죄의 객체 여부", 『형사판례연구(6)』(박영사, 1998), 167쪽 아래.

위 피해자를 사회통념상 여자로 볼 수는 없다 할 것이다. (…)"((…) 부분은 인용자가 생략한 곳이다. 아래 같다).

그런데 위 판결이유를 보면, 일단 그 타당성 여부는 제쳐두고라도,[6] 다음과 같은 의문이 떠오른다. 형법 제297조가 규정하는 부녀 개념에 여성으로 성전환수술을 한 남성은 포함되지 않는다는 결론은 어떻게 도출된 것일까? 이것은 전통적인 법적 삼단논법에 따라 대전제에 해당하는 법규범, 즉 형법 제297조를 논리적으로 해석한 다음, 여기에 위 사실관계를 적용하여 이끌어낸 결론에 불과한 것일까?[7]

언뜻 생각하면 이러한 논리적 과정은 당연한 것처럼 보인다. 그러나 조금만 더 주의 깊게 생각하면, 이러한 논리적 과정이 당연하게 성립하기에는 어려움이 존재한다는 것을 발견할 수 있다. 왜냐하면 대전제인 형법 제297조가 규정하는 '부녀' 개념은 그 어떤 해석방법을 동원한다 하더라도,[8] 사안과 무관하게 그 자체만으로는 구체화될 수 없기 때문이다. 이러한 주장은 언어철학의 관점에서 볼 때, 일정한 언어기호, 즉 '부녀'라는 언어기호는 경험과는 무관하게 선험적으로 어떤 구체적인 대상이나 그 범위를 지시하지는 않는다는 점에서도 설득력을 갖는다.[9] 결국

---

[6] 이 판결의 타당성에 대한 비판으로는 정현미, 위의 논문, 167쪽 아래; 김일수, "합동강간치상죄의 불능미수", 『판례연구』(고려대) 제8집(1996. 9), 91-121쪽; 양천수, "삼단논법적 법률해석론 비판: 대법원 판례를 예로 하여", 『영남법학』 제28호 (2009. 4), 1-27쪽 등 참고.

[7] 전통적인 삼단논법에 관해서는 이상돈, 『법이론』(박영사, 1996), 제1장 제1절 및 제2절; 심헌섭, "법률적 삼단논법: 논리적・철학적 소고", 『서울대학교 법학』 제14권 제2호(1973. 12), 141-72쪽; 김정오・최봉철・김현철・신동룡・양천수, 『법철학: 이론과 쟁점』(박영사, 2012), 190쪽 아래 등 참고.

[8] 이때 말하는 '해석방법'은 전통적인 해석규칙을 뜻한다. 이러한 전통적인 해석규칙에 관해서는 심헌섭, "법철학적 법학방법론: 법철학과 합리적 법학방법", 『서울대학교 법학』 제24권 제1호(1983. 3), 1-13쪽 참고.

[9] 현대 언어철학, 그 중에서도 특히 비트겐슈타인(L. Wittgenstein)의 후기 언어이론

대전제를 이해하고 해석하는 작업은 항상 일정한 사실관계를 전제로 해서만 진행된다고 말할 수 있다. 이 말은 법적 분쟁의 전제가 되는 사실관계에 대한 인식·이해와 이러한 법적 분쟁과 관련을 맺는 법률에 대한 인식·이해가 전통적인 법적 삼단논법이 주장하는 것처럼 서로 엄격하게 분리되는 것은 아니라는 점을 시사한다.

이처럼 법규범에 대한 이해와 해석은 항상 사실관계를 전제로 해서만 이루어질 수 있다면, 이 경우 이해 및 해석의 결과는 과연 어떻게 정당하게 도출될 수 있는지가 문제된다. 위의 대법원 판결을 예로 보면, 여성으로 성전환수술을 한 남성은 형법 제297조가 규정하는 '부녀' 개념에 포함되지 않는다는 해석결과는 무엇을 근거로 해서 도출된 것인지가 문제된다. 이러한 의문에 대해서는 우선 전통적인 법학방법론에서 말하는 것처럼 해석방법을 사용함으로써 위와 같은 해석결과가 도출된 것이라고 대답할 수 있을지 모른다.[10] 그러나 실정법 도그마틱에서 전개되고 있는 각종 '학설대립'을 조금이라도 면밀하게 들여다보면, 이러한 대답에는 설득력이 부족하다는 점을 금방 알아차릴 수 있다.

예를 들어 본다. 과거 형법 도그마틱에서는 문서위조죄와 관련하여 복사문서가 과연 형법상 문서에 해당하는지가 문제된 적이 있었다.[11] 이

에 따르면, 일정한 언어기호의 의미는 그 언어기호가 구체적인 현실 속에서 어떻게 사용되는가에 따라 결정된다. 다시 말해, 일정한 언어기호는 '말놀이'(Sprachspiel)라는 언어사용을 통해 비로소 의미를 갖게 된다. 이러한 비트겐슈타인의 언어이론에 관해서는 L. Wittgenstein, *Philosophische Untersuchungen* (Frankfurt/M., 1984), § 7; 이상돈, 『법이론』(박영사, 1996), 제2장 제1절; 권경휘, 『법해석에 있어서 언어적 비결정성: 모호성의 문제를 중심으로』(연세대 법학석사 학위논문, 2007) 등 참고.

10 전통적인 법학방법론의 모습을 비교적 잘 보여주는 R. Zippelius, *Juristische Methodenlehre* (München, 1990) 참고.
11 이에 관해서는 하태훈, "복사문서의 문서성", 『형사판례연구』 제1권(박영사, 1993), 197쪽 아래 참고; 여기서 하태훈 교수는 복사문서의 문서성을 긍정한 대법

에 관해서는 복사문서도 문서에 해당한다는 긍정설과 복사문서는 문서에 해당하지 않는다는 부정설이 대립하였다.[12] 부정설은 형법이 규정하는 문서 개념을 문법적 해석방법을 사용함으로써 이끌어낸 결론이다. 이러한 부정설에 따르면, 형법상 문서란 작성명의인의 의사가 표시된 물체 그 자체를 의미하고, 따라서 복사문서는 이에 해당하지 않기 때문에 형법상 문서라고 볼 수 없다. 이에 반해 긍정설은 목적론적 해석방법에 힘입어 복사문서의 문서성을 긍정한다. 즉 복사문서는 이미 현대사회에서 일반적으로 사용되고 있는데, 만약 이러한 복사문서를 통해 이루어진 위조·변조행위를 처벌하지 않는다면, 문서위조죄의 보호법익인 '공공의 신용'을 달성할 수 없다는 근거를 들어 복사문서도 형법상 문서로 인정한다. 이에 대해 판례는 대법원 1978. 4. 11. 선고 77도4068 전원합의체 판결에서 복사문서의 문서성을 부정했다가, 그 후 태도를 바꿔 대법원 1989. 9. 12. 선고 87도506 전원합의체 판결을 통해 복사문서의 문서성을 긍정하였다.[13] 이러한 전원합의체 판결 이후 형법은 제237조의 2를 신설하여 입법적으로 복사문서의 문서성 문제를 해결하고 있다.

그런데 여기서 주목해야 할 점은 복사문서의 문서성 문제를 어떻게 보아야 하는가의 문제가 아니라, 복사문서의 문서성 여부를 둘러싼 학설대립이 시사하는 것처럼, 해석방법 그 자체가 특정한 해석결과를 실질적으로 근거 짓는 것은 아니라는 것이다.[14] 그 이유를 다음과 같이 말할

원 판례를 비판한다.
12 물론 이러한 견해대립은 1995년에 이루어진 형법개정 이전에 주로 전개되었던 것이다. 1995년 형법개정을 통해 형법 제237조의 2가 신설됨으로써 이제 복사문서는 형법상 문서로 인정받게 되었다. 입법자가 복사문서의 문서성에 관해 입법적 해결을 도모한 것이다. 그러나 복사문서의 문서성 문제가 입법적으로 해결되었다고 해서 이에 관한 견해대립이 그 의미를 완전히 상실한 것은 아니다. 왜냐하면 형법 제237조의 2에 대한 체계비판적 사고도 충분히 가능하기 때문이다.
13 이에 관한 판례의 내용은 이상돈, 『법이론』(박영사, 1996), 66쪽 아래 참고.

수 있다. 위에서 살펴본 것처럼, 부정설은 문법적 해석을 사용함으로써 복사문서의 문서성을 부정한다. 이에 반해 긍정설은 목적론적 해석에 힘입어 복사문서의 문서성을 긍정한다. 그러면 이러한 견해대립 중에서 어느 쪽이 옳은가를 판단해줄 수 있는 객관적인 메타기준은 과연 존재하는 것일까? 그러나 이 질문에 대해 긍정적인 대답을 하는 것은 쉽지 않다. 왜냐하면 문법적 해석과 목적론적 해석은 모두 논리적으로 양립할 수 있는 해석이기 때문이다. 다시 말해, 문법적 해석과 목적론적 해석을 통해 각각 도출해 낸 부정설과 긍정설은 모두 나름대로 설득력을 갖고 있어서, 해석과정 그 자체만 놓고 보면 과연 어느 쪽이 정답인지 판단하기는 어렵다. 여기서 우리는 다음과 같은 결론을 도출할 수 있다. 해석방법 그 자체는 해석결과에 대한 실질적 근거가 될 수는 없다는 것이다.

이러한 결론은 형법 도그마틱이 아닌 민법 도그마틱이나 헌법 도그마틱에서도 마찬가지로 등장한다. 예를 들어, 재단법인에 대한 출연재산의 귀속 시기를 규정하고 있는 민법 제48조 해석에 관한 견해대립이나,[15] 헌법 제8조 제4항이 규정하고 있는 '민주적 기본질서' 해석에 관한 견해대립을 보더라도,[16] 해석방법이 해석결과를 근거 짓는 실질적인 기준이 될 수는 없다는 점을 확인할 수 있다. 바로 이러한 이유 때문에 해석방법은 모종의 실질적인 근거를 통해 결정된 해석결과를 사후적으로 근거

---

14 바꿔 말해, 특정한 해석결과는 이에 상응하는 해석방법을 사용했기 때문에 도출된 것은 아니라는 것이다. 즉 현실적으로 볼 때, 해석방법이 해석결과에 우선하는 것은 아니라는 것이다.
15 이에 관해서는 기본적으로 김증한, "출연재산이 재단법인에 귀속하는 시기", 『법정』(1963. 10); 곽윤직, "재단법인설립에 있어서의 출연재산의 귀속시기", 『후암민법논집』(박영사, 1991), 183쪽 아래; 곽윤직, "재단법인설립에 있어서의 출연재산의 귀속시기에 관하여 재론함", 『후암민법논집』(박영사, 1991), 192쪽 아래 등 참고.
16 권영성, 『헌법학원론』(법문사, 1996), 152쪽 아래.

짓기 위한 "언어의 수레"에 불과하다는 평가를 받기도 한다.[17]

그러면 해석결과를 실질적으로 근거 짓는 것은 무엇인가? 법관은 과연 어떤 근거와 과정에 힘입어 법규범을 이해하고 해석하는 것일까? 형법 제297조가 규정하는 '부녀' 개념에는 성전환수술을 한 남성이 포함되지 않는다는 결론이나 복사문서도 형법상 문서에 해당한다는 결론은 과연 어떤 논리적·인식론적·이해론적 과정을 거쳐 도출되었을까? 이러한 의문은 이미 법학이 시작되면서 거의 동시에 제시된 것으로서 성서해석 문제와 더불어 오랜 역사를 지니고 있는 쟁점이라고 말할 수 있다.[18] 이러한 의문을 해명하기 위해, 특히 독일 법학을 중심으로 하여 등장한 것이 '법학방법론'(juristische Methodenlehre),[19] '법해석학'(juristische Hermeneutik),[20] '논증이론'(Argumentationslehre),[21] '법이론'(Rechtstheorie)과 같은 학문영역이다.[22] 이 가운데서도 '법해석학'은 '철학적 해석학'(philosophische Hermeneu-

---

17 W. Hassemer, *Einführung in die Grundlagen des Strafrechts* (München, 1990), 117쪽; W. Hassemer, "법해석학", 배종대·이상돈 (편역), 『형법정책』(세창출판사, 1998), 66쪽; Sangdon Yi, Wortlautgrenze, *Intersubjektivität und Kontexteinbettung* (Frankfurt/M., 1992), 34쪽 아래; 이상돈, 『법이론』(박영사, 1996), 65쪽 등 참고.
18 해석학에 관한 기본적인 문헌을 살펴보면, 성서해석과 법률해석이 비슷한 문제의식을 갖고 발전해 왔다는 점을 간취할 수 있다. 이에 관해서는 R. E. Palmer, 이한우 (역), 『해석학이란 무엇인가』(문예출판사, 1996), 64쪽 참고.
19 법학방법론에 대한 기본적인 문헌으로 K. Larenz, *Methodenlehre der Rechtswissenschaft* (München, 1991); R. Zippelius, *Juristische Methodenlehre* (München, 1990); 김형배, "법률의 해석과 흠결의 보충", 『민법학연구』(박영사, 1986); 김형배, "판례의 법형성적 기능", 『민법학연구』(박영사, 1986); 남기윤, 『법학방법론』(고려대학교출판부, 2014) 등 참고.
20 법해석학의 전체 모습을 간명하게 소개하는 W. Hassemer, "법해석학", 배종대·이상돈 (편역), 『형법정책』(세창출판사, 1998), 53쪽 아래 참고.
21 논증이론에 대해서는 우선 R. Alexy, *Theorie der juristischen Argumentation* (Frankfurt/M., 1978); U. Neumann, *Juristische Argumentationslehre* (Darmstadt, 1986); 울프리드 노이만, 윤재왕 (옮김), 『법과 논증이론』(세창출판사, 2009); 김영환, "법적 논증이론의 전개 과정과 그 실천적 의의", 『현대 법철학의 흐름』(법문사, 1996), 126쪽 아래 등 참고.

tik)에서 거둔 성과를 수용하여 실제로 법관이 어떻게 법률이라는 규범텍스트를 이해하고 해석하는지 그리고 어떻게 이러한 이해 및 해석과정을 규범적으로 정당화하고 통제할 수 있는지와 같은 문제를 해명하고자 하였다. 요컨대, 법해석학은 법인식론의 근본문제를 해결하고자 한 학문분과라고 말할 수 있다.

그런데 이렇게 법해석학을 법인식론의 근본문제를 해결하려 한 학문이라고 이해하면, 우리는 다시 다음과 같은 문제들과 마주해야 한다. '법해석학은 어떻게 철학적 해석학의 관점을 수용하였는가? 법해석학은 법을 이해하는 과정을 어떻게 파악하고 있는가?'라는 의문이 그것이다. 또한 '법해석학이란 과연 무엇인가?'와 같은 개념적인 근본문제도 떠오를 수 있다. 그러나 이 저술에서는 법해석학의 개념 혹은 의의에 대한 개괄적인 설명은 하지 않고자 한다.[23] 그 대신 아래에서 밝히는 바와 같이 법해석학이 어떻게 철학적 해석학의 관점을 수용하였는지,[24] 그리고 법해석학은 어떤 방식으로 법이해 및 해석과정을 파악하고 있는가를 밝히고자 한다. 이것이 바로 이 저술의 목적이다.

---

22 법이론에 관해서는 Arth. Kaufmann/W. Hassemer(Hrsg.), *Einführung in Rechtsphilosophie und Rechtstheorie der Gegenwart* (Heidelberg, 1985); 배종대, "법이론이란 무엇인가?", 『법학논집』(고려대) 제25집(1987. 12), 1-71쪽 등 참고.
23 다만 여기서 법해석학의 개념을 한마디로 정의한다면, 법규범에 대한 이해과정을 밝히는 학문이라고 말할 수 있다.
24 이 작업은 강진철 교수에 의해 어느 정도 이루어졌다. 강진철, 『법해석학에 대한 고찰: 특히 철학적 해석학의 법학적 수용과 관련하여』(연세대 법학박사 학위논문, 1993) 참고.

II. 저술 방법

1. 저술 대상

우선 이 저술은 영미, 독일, 프랑스 등에서 전개된 모든 법해석학을 다루지는 않는다. 그 대신 이 저술은 특히 독일을 중심으로 하여 전개된 법해석학을 주된 저술대상으로 삼고자 한다. 그것은 다음과 같은 이유 때문이다. 첫째, 필자의 능력이 모든 법해석학을 다루기에는 부족하다는 점 때문이다. 둘째, 우리 법해석학에 관해서도 많은 시사점을 획득하려면 아무래도 우리 법체계에 가장 많은 영향을 미친 독일 법학에서 성장한 법해석학을 다루는 것이 의미 있겠다고 생각했기 때문이다.[25] 따라서 영미의 법해석학이나 프랑스의 법해석학 등은 다른 필자에게 맡기고,[26] 여기서는 일단 독일 법해석학의 전개 과정에 저술의 초점을 맞추고자 한다.

나아가 이 저술은 독일 법해석학을 다룰 때에도 독일 법해석학 전체를 개괄적으로 다루지는 않는다.[27] 이러한 작업 역시 필자의 능력을 훨씬

---

[25] 물론 우리 법체계가 전적으로 독일 법학의 영향만을 받았다고 이해할 수는 없다. 가령 헌법과 형사소송법은 많은 부분을 영미법에서 받아들였고(적법절차나 영장주의, 증거법칙 등), 민법 역시 프랑스 민법의 요소를 상당 부분 수용하고 있기 때문이다(특히 채무불이행 체계 등). 이에 관해서는 배종대·이상돈,『형사소송법』(홍문사, 1997), 6쪽; 양창수, "민법의 역사와 민법학",『민법연구』제3권(박영사, 1995), 117쪽 아래; 김형배, "우리 민법의 채무불이행법체계",『민법학연구』(박영사, 1986), 114쪽 아래 참고.

[26] 기존의 연구 가운데 영미의 법해석학 일반에 관해서는 우선 강진철, "법해석학: 영미에서의 논의를 중심으로",『현대 법철학의 흐름』(법문사, 1996), 97쪽 아래; 최봉철, "문언중심적 법해석론 비판", 신동운 외,『법률해석의 한계』(법문사, 2000), 149쪽 아래 참고; 또한 영미에서 논의된 헌법해석론에 관해서는 양건, "헌법해석의 기본문제",『헌법연구』(법문사, 1995), 12쪽 아래 참고.

[27] 제2차 세계대전 이후 독일에서 전개된 법해석학 및 법철학에 관해서는 U. Neumann, 윤재왕 (역), "1945년 이후 독일의 법철학",『현대 법철학의 흐름』(법

넘어서는 것이다. 그 대신 이 저술은 독일의 철학적 해석학자와 법해석학자 중에서 철학적·존재론적 해석학을 정립한 가다머(Hans-Georg Gadamer), 민법학자로서 가다머의 해석학을 전적으로 수용한 요제프 에서(Josef Esser), 법철학자이자 형법학자로서 법해석학을 정립한 아르투어 카우프만(Arthur Kaufmann)과 그의 제자 빈프리드 하세머(Winfried Hassemer), 마지막으로 공법학자로서 규범구조적 법이론을 전개한 프리드리히 뮐러(Friedrich Müller)를 주된 분석대상으로 삼는다. 여기서 이들 학자를 주된 분석대상으로 선정한 이유는, 가다머는 철학적·존재론적 해석학을 정립하였다는 점에서, 그리고 에서, 카우프만, 하세머, 뮐러는 각각 민법, 형법, 헌법을 대표하는 법해석학자라는 점에서 찾을 수 있다. 물론 이외에도 연구할 만한 의미가 있는 법해석학자가 있지만,[28] 이 역시 다른 필자에게 기대하고자 한다.[29]

2. 저술 방법

그렇다면 어떤 방법으로써 이들 철학적 해석학자와 법해석학자를 분석할 것인가? 이 저술은 다음과 같은 방법으로써 이 작업을 수행하려 한다.

(1) 문헌분석

가장 기본적으로는 각 해석학자가 저술한 문헌을 직접 분석하는 방법

문사, 1996), 439쪽 아래 참고.
[28] 그 대표적인 학자로서 민법의 칼 라렌츠(Karl Larenz), 형법의 칼 엥기쉬(Karl Engisch), 헌법의 마르틴 크릴레(Martin Kriele) 및 페터 헤벌레(Peter Häberle) 등을 언급할 수 있다.
[29] 이 저술에서 제외했다고 해서 그 중요성이 떨어지는 것은 절대 아니다.

을 취한다. 가령 가다머가 쓴 『진리와 방법』이나 에서가 공간한 『법 발견에서 본 선이해와 방법 선택』과 같은 저서를 직접 그대로 이해하고 분석함으로써 이들의 법해석학을 정리한다. 물론 이러한 문헌분석을 통해 독일 법해석학의 흐름을 정리한다고 해서, 이 작업이 문헌의 의미를 원래 그대로 재현하는 것이라고 오해해서는 안 된다. 왜냐하면 이 작업 역시 필자의 인식관심 또는 선이해에 따라 선별적으로 이루어지는 해석학적인 과정이기 때문이다. 그러므로 문헌분석을 통해 각 해석학자의 생각을 정리한다고 하더라도, 여기에는 필자 나름대로의 이해와 해석이 포함되어 있다는 점에 주의할 필요가 있다.

(2) 이론비교

다음으로 이 연구는 단순히 문헌분석에만 머무르지 않고, 문헌분석을 통해 정리된 각 이론을 서로 비교함으로써 의미 있는 시각을 획득하고자 한다. 법학 영역에서 비교법 연구가 많은 성과를 거두고 있다는 점에 비추어 볼 때,[30] 이는 상당히 의미 있는 작업이라고 생각한다. 가령 하이데거(M. Heidegger)가 제시한 '이해의 선구조'와 가다머가 정립한 '선입견' 개념을 서로 비교함으로써 '선이해'(Vorverständnis) 개념을 더욱 분명히 할 수 있다. 또한 카우프만의 규범구체화 과정과 뮐러의 규범구체화 과정을 서로 비교함으로써 규범구체화의 과정을 더욱 섬세하게 해명할 수 있다.

(3) 이론사적 분석

나아가 일반적인 철학연구가 흔히 행하고 있듯이, 철학적 해석학 또는

---

[30] 비교법 연구에 관한 대표적인 문헌으로는 K. Zweigert/H. Kötz, 양창수 (역), 『비교사법제도론』(대광문화사, 1992) 참고.

법해석학을 이론사의 지평 위에서 고찰함으로써 철학적 해석학 혹은 법해석학에 대한 전반적인 관점을 얻으려 한다.[31] 위에서 언급한 이론비교 방법을 공시적인 작업이라고 한다면, 이 방법은 시간이라는 축에 따라 진행되는 통시적인 작업이라고 할 수 있다.

(4) 예를 통한 분석

마지막으로 이 저술은 단순히 각 해석학자의 이론을 추상적으로 해석·정리하는 데 그치지 않고, 이를 넘어서 각 이론에 적합한 실제적인 예를 모색함으로써 이론에 대한 이해를 더욱 분명히 하고자 한다. 예를 들어, 하이데거가 제시한 '존재'(Sein)와 '현존재'(Dasein) 개념이 실제 현실 속에서 어떻게 적용될 수 있는지 검토함으로써 이 개념을 더욱 분명히 해명하려 한다. 그뿐만 아니라, 법해석학을 분석할 때는 각각의 법해석학이 실제적으로 어떻게 법학에 응용될 수 있는지 살펴봄으로써 법해석학의 실천적인 의미를 제시하려 한다. 예를 들어, '위험책임'(Gefährdungshaftung)이라는 민법의 법도그마틱을 통해 요제프 에서의 법해석학이 어떻게 응용될 수 있는지 파악할 수 있다. 이 작업이 성공적으로 이루어지면, 법해석학은 단순히 공허한 추상적인 논의에 불과한 것이 아니라, 구체적이면서 실천적인 의미를 갖는 학문이라는 점을 밝힐 수 있을 것이다.

---

[31] 사실 종래의 법철학 연구는 이러한 이론사적 분석에 치중했던 것이 사실이다. 이를 보여주는 Arth. Kaufmann/W. Hassemer, 심헌섭 (역), 『현대 법철학의 근본문제』(박영사, 1991) 참고.

III. 저술 순서

이 저술은 다음과 같은 순서로써 '법해석학'에 관한 논의를 전개하고자 한다. 먼저 제2장에서는 법해석학의 철학적 기초인 철학적-존재론적 해석학이 어떻게 성장해 발전했는가를 검토한다. 여기에서는 서구 철학에서 '이해' 개념이 어떻게 발전해 왔는지, 하이데거가 이러한 이해 개념을 어떻게 존재론적으로 전환시켰는지 그리고 가다머가 어떻게 존재론적 이해 개념에 바탕을 두어 철학적-존재론적 해석학을 정립하였는지 중점적으로 검토하고자 한다. 이어 제3장에서는 독일 법학에서 가다머의 철학적-존재론적 해석학이 어떻게 법해석학으로 수용되어 갔는지 살펴본다. 여기에서는 각각 민사법, 형사법, 공법을 대변하는 에서(J. Esser), 카우프만(Arth. Kaufmann), 하세머(W. Hassemer), 뮐러(F. Müller)가 어떻게 철학적·존재론적 해석학을 수용하여 그들 나름의 독자적인 법해석학을 정초하였는지 분석한다. 다음으로 제4장에서는 우리 법학에서 법해석학을 어떻게 수용하고 있는지 간략하게 소개한다. 나아가 제5장에서는 이러한 논의를 기반으로 하여 법해석학이란 무엇인지, 법해석학의 핵심 개념은 무엇이고 그 구조는 무엇인지에 대해 살펴보도록 한다. 마지막으로 제6장에서는 법해석학이 어떤 실천성과 전망을 지니고 있는지 간략하게 조망하도록 한다.

제2장 철학적-존재론적 해석학의 전개과정

제1절 이해 개념의 존재론적 전환

I. 이해 개념에 대한 이론사적 분석

여기서는 논의의 출발점으로서 철학적-존재론적 해석학이 어떻게 역사적으로 전개되어 왔는지 살펴보고자 한다.[1] 이 작업은 크게 두 가지 측면에서 이루어진다. 첫째, 철학적-존재론적 해석학의 핵심 개념이라 할 수 있는 '이해'(Verstehen) 개념은 역사적으로 어떻게 정의되어 왔는가?[2] 둘째, 철학적-존재론적 해석학을 집대성한 한스 게오르그 가다머(H.-G. Gadamer)는 어떻게 해석학을 정립하였는가? 여기서 첫째 측면은 이해 개념이 인식론적인 측면에서 존재론적인 측면으로 전환되었다고 특징지

---

[1] 이에 관해서는 기본적으로 R. E. Palmer, 이한우 (역), 『해석학이란 무엇인가』(문예출판사, 1996); H. Ineichen, *Philosophische Hermeneutik* (Freiburg/München, 1991); 한스 인아이헨, 문성화 (옮김), 『철학적 해석학』(문예출판사, 1998); M. Ferraris, L. Somigli (trans), *History of Hermeneutics* (New Jersey, 1996); 김용옥, 『절차탁마대기만성』(통나무, 1990) 등 참고.
[2] 이 점은 해석학은 텍스트 이해와 해석에 관한 이론이라는 한스 인아이헨(Hans Ineichen)의 정의에서도 확인할 수 있다. Hans Ineichen, 위의 책, 17쪽; 한스 인아이헨, 문성화 (옮김), 위의 책, 15쪽.

을 수 있다. 아래에서는 이러한 첫 번째 측면을 이론사적 분석에 힘입어 검토하고자 한다.

II. 인식론적인 이해 개념

1. 대상에 대한 인식으로서 이해: 칸트

서구 인식론의 역사를 보면, '이해'(Verstehen)라는 개념은 정신과학의 보편적인 방법론으로서 이해 개념을 정립한 딜타이(W. Dilthey)가 등장하기 전까지는, '대상에 대한 인식'이라는 의미로 사용되어 왔다. 즉 '대상에 대한 주체의 인식'이 곧 이해를 의미하였다. 그렇다면 근대 서구에서 형성된 인식론의 관점에서 볼 때, 인식이란 무엇을 지칭하였는가? 이 문제에 대답하려면, 그 전제로서 서구 근대 인식론의 전개과정과 특히 근대 인식론을 종합한 칸트(I. Kant)의 이성비판을 검토할 필요가 있다.

서구 인식론의 역사를 보면, 칸트가 등장하기 이전까지는 합리주의와 경험주의가 서로 대립하고 있었다는 점을 발견할 수 있다. 데카르트(R. Descartes)로 대표되는 합리주의는 인식의 출발점을 경험에서 찾으려 하지 않았다. 왜냐하면 인간이 감각기관을 통해 얻게 되는 경험이란 시간과 공간 그리고 감각주체에 따라 모두 다를 수 있기 때문이다. 다시 말해, 경험으로부터는 일반적이고 보편적인 지식을 얻을 수 없다고 본 것이다. 이 점은 데카르트가 제시한 '방법적 회의'에서 잘 나타난다.[3] 그래서 데카르트는 이러한 경험과는 무관한 논리적 사고작용을 통해 얻게 되는

---

3 데카르트의 '방법적 회의'에 관해서는 R. Descartes, 이현복 (옮김), 『방법서설』(문예출판사, 1997), 184쪽 아래 참고.

지식만을 참된 것으로 본다. 이때 데카르트는 경험과 무관한 논리적 사고작용을 '생득관념'(본유관념)이라고 한다. 결국 데카르트는 '나는 생각한다.'라는 방법적 회의를 바탕으로 하여, 생득관념을 통해 얻은 명석판명한 지식만을 참된 진리, 즉 인식의 참된 내용으로 본다. 이러한 합리주의의 사고에 의하면, 인식은 다음과 같이 정의할 수 있다. 인식이란 경험과는 무관한 인간의 순수한 사고작용만을 사용하여 논리적이고 선험적인 지식을 발견해가는 과정이다.

이에 반해 영국의 경험주의는 모든 인식의 출발점을 경험에서 찾으려 한다. 이 점은 로크(J. Locke)가 주장한 '백지상태'(tabula rasa)에서 잘 나타난다.[4] 백지상태란 인간이 감각기관을 통해 그 무엇인가를 경험하기 이전에는 인간의 정신영역이 백지상태에 불과하다는 것을 말한다. 이것은 인식과정에서 경험이 차지하는 우선성을 보여준다. 경험주의는 바로 이러한 점에 이론적 기반을 두고 있기 때문에, 경험과는 무관한 생득관념을 인정하는 합리주의를 비판한다. 데카르트가 논리적 사고과정의 대표적인 예로 제시한 수학적 사고도, 경험주의에 따르면, 경험을 통해 형성된 관념에 불과하다. 한편 이러한 경험주의도 초기에는 경험의 우선성을 주장하면서도 여전히 '실체', 즉 '물자체'의 존재를 인정했던 로크처럼 인식대상의 실체성을 긍정하였다. 그러나 로크 이후에 등장한 버클리(C. Berkeley)나 흄(D. Hume)에 의해 인식대상의 실체성은 부정되고, 오직 지각이나 감각정보만이 존재하는 것으로 이론화되었다. 결론적으로 이러한 경험주의에 따르면, 인식이란 인식주체가 경험을 지각하여 종합해가는 과정을 의미한다.

이러한 합리주의와 경험주의의 대립은 칸트(Immanuel Kant)에 의해 비판

---

4 존 로크의 인식론에 관해서는 존 로크, 정병훈·이재영·양선숙 (옮김), 『인간지성론 1-2』(한길사, 2015) 참고.

적으로 종합된다. 칸트는 그 유명한 저서『순수이성비판』에서 합리주의와 경험주의의 대립을 종합한 새로운 인식론을 제시한다. 아래에서는 이러한 칸트의 인식론을 소개하기에 앞서, 칸트의 세 가지 이성비판을 간략하게 살펴보도록 한다.

칸트는 인간의 정신영역을 세 가지로 구분한다. 순수이성 영역,[5] 실천이성 영역,[6] 판단력 영역이 바로 그것이다.[7] 실천이성 영역에서는 인간이 어떻게 행위해야 하는가를 밝힌다. 구체적으로 보면, 도덕의 근거와 준수방법 그리고 그 한계를 <인간의 자율성-선의지-도덕법칙-정언명령> 등을 통하여 해명한다. 이러한 실천이성 비판을 통해 칸트는 인간이 실천이성을 가진 존엄한 주체라는 점 그리고 인간은 자율적인 존재로서 자신의 선의지에 따라 자율적으로 정언명령을 준수할 수 있다는 점을 강조한다.[8]

판단력 영역에서 칸트는 예술작품과 미의식에 대한 인간의 판단력과 심미안을 다룬다. 이는 칸트의 저서『판단력 비판』(Kritik der Urteilskraft)을 통해 이루어진다. 여기서 칸트는 예술작품에 대한 인간의 이해과정을 형식적인 면과 내용적인 면으로 구별한다. 그리고 예술작품에 대한 이해능력인 판단력과 심미안을 인간의 선험적인 능력으로 형식화한다. 이를

---

[5] I. Kant, *Kritik der reinen Vernunft* (Hamburg, 1956).
[6] I. Kant, *Kritik der praktischen Vernunft* (Hamburg, 1974).
[7] I. Kant, *Kritik der Urteilskraft* (Hamburg, 1974).
[8] 전통적인 법철학은 바로 이러한 실천이성 영역에 속한다고 말할 수 있다. 이를 잘 보여주는 심재우, "인간의 존엄과 법질서: 특히 칸트의 질서사상을 중심으로",『법률행정논집』(고려대) 제12집(1974), 103쪽 아래 참고; 칸트의 법철학 전반에 관해서는 임마누엘 칸트, 이충진 (옮김),『법이론』(이학사, 2013); 남경희, "칸트의 '도덕형이상학 원론'과 '실천이성비판'을 중심으로",『사회비평』제13호(1995. 9), 139쪽 아래; 이충진, "칸트에서의 법칙과 권리: 칸트 '법철학' 해설 1",『철학연구』제43집(1998), 170쪽 아래; 이충진, "칸트의 사회계약이론: 칸트 '법철학' 해설 2",『철학』제59집(1999), 95쪽 아래 등 참고.

통해 판단력과 심미안을 주체화한다.9

순수이성 영역에서 칸트는 인간의 오성, 즉 이해력의 가능영역과 한계를 보여준다. 순수이성은 자연과학의 대상인 존재 영역을 그 대상으로 삼는다. 여기서 칸트는 당시 서구에서 발전한 자연과학, 특히 갈릴레이와 뉴턴에 의해 정립된 물리학에 대응하여 철학의 가능성과 한계를 밝히려 하였다. 또한 대륙의 합리주의와 영국의 경험주의 사이에서 벌어진 대립을 종합적으로 지양하려 했다. 이는 아래와 같이 이루어진다.

우선 칸트는 인간이 어떤 대상을 인식하려면, 전제로서 그 대상을 감각기관을 통해 지각할 수 있어야 한다고 본다. 이러한 감각수용은 인간의 선험적(초월적) 감성능력에 의해 직관적으로 이루어진다. 이때 인간이 선험적으로 지니고 있는 감성능력은 시간과 공간이라는 형식을 통해 대상을 받아들인다. 바로 이러한 감성론에서 우리는 경험주의의 전통을 발견한다. 왜냐하면 칸트는 인간의 인식, 즉 이해의 전제로서 인간의 경험을 인정하고 있기 때문이다.10

다음 칸트는 감성능력에 의해 수용된 경험은 인간이 선험적으로 지닌 '통각(통일적 감각)', 즉 '선험적 통각'(transzendentale Apperzeption)에 의해 통일적으로 종합된다고 한다.11 이러한 통각은 선험적으로 주어진다는 면에서 경험에 의존하지 않는다. 따라서 선험적 통각은 경험독립적인 능력이다. 한편 이렇게 선험적 통각에 의해 인간의 경험이 종합될 때, 12개의 선험적 판단범주가 작용한다. 12개의 판단범주는 종래 논리학에서 인정

---

9 가다머는 그의 저서 『진리와 방법』에서 미의식을 주체화한 칸트의 이러한 작업을 비판한다. H.-G. Gadamer, *Wahrheit und Methode* (Tübingen, 1975), 39쪽 아래; 한편 칸트의 판단력 비판을 분석하는 연구로는 최준호, 『칸트의 반성적 판단과 목적론적 세계』(고려대 철학박사 학위논문)(2000) 참고.
10 이러한 선험적 감성론에 관해서는 I. Kant, *Kritik der reinen Vernunft* (Hamburg, 1956), 66쪽 아래; I. 칸트, 최재희 (역), 『순수이성비판』(박영사, 1992), 73-95쪽.
11 I. Kant, 위의 책, 137쪽 아래; I. 칸트, 최재희 (역), 위의 책, 145쪽.

해 왔던 <양-질-관계-양상>이라는 네 가지 범주를 더욱 구체화한 것으로서, <단일-다수-총체>, <실재-부정-제한>, <실체-인과관계-상호관계>, <가능성-현실성-필연성>을 말한다.12 이러한 판단범주 역시 선험적인 것으로서 경험독립적인 성격을 띤다. 그러므로 12개의 판단범주는 경험에 앞서 인정되는 것이지, 경험을 통해 비로소 형성된 것은 아니다. 바로 이러한 점에서 우리는 칸트의 인식비판에서 대륙의 합리주의 전통 역시 발견한다.

이상의 논의를 정리하면 다음과 같이 말할 수 있다. 칸트에 의할 때, 인식이란 인간이 선험적 감성능력을 통해 직관적으로 수용하는 대상의 감각정보, 즉 경험을 선험적 판단능력으로써 종합해가는 과정을 뜻한다. 이 경우 주의해야 할 점은, 칸트에 따르면 우리는 인식대상, 다시 말해 모든 감각의 배후에 있는 '물자체'(Ding an sich)는 인식할 수 없다는 것이다. 이 점에서 칸트는 오성, 즉 이해력이 한계를 갖는다고 본다. 다른 한편 칸트는 오성은 인간이 경험할 수 있는 영역에 한정되고, 이를 넘어가는 영역, 예를 들어 신의 문제나 인간의 영혼, 선과 악을 다루는 문제에 관해서는 오성이 접근할 수 없다고 한다. 이 영역에서는 '이율배반'(Antinomie)이 등장하기 때문에, 오성이 아닌 인간의 다른 정신적 능력, 예컨대 선의지 등을 통해서만 접근할 수 있다고 한다.13

이처럼 칸트는 합리주의와 경험주의의 주장을 비판적으로 종합하여 새로운 인식론을 정립한다. 여기서 가장 특징적인 면을 지적하면, 바로 인식이 대상으로부터 직접 주어지는 것이 아니라, 인식주체에 의해 형성된다는 점이다. 즉 인식의 중심이 대상에서 주체로 전환된 것이다.14 이

---

12 I. Kant, 앞의 책, 110쪽 아래; I. 칸트, 최재희 (역), 앞의 책, 111-18쪽.
13 칸트는 『순수이성비판』 후반부인 선험적 변증론 부분에서 이를 해명하고 있다.
 I. Kant, 앞의 책, 334쪽 아래; I. 칸트, 최재희 (역), 앞의 책, 262쪽 아래 참고.

를 인식론의 '코페르니쿠스 전환'이라고도 말한다. 그리고 인간주체가 인식의 중심이 된다는 명제는 곧 인간주체의 우월함을 보여준다. 나아가 이러한 인식론상 인간주체의 우월성은 칸트가 실천이성론에서 주장한 이성적이고 자율적인 인간존재 등과 결합하여, 근대 서구를 지배했던 계몽주의를 낳는다. 인간주체의 자율적인 이성을 통해 역사가 발전한다고 믿었던 근대 계몽주의는 이러한 칸트의 이성비판으로부터 비롯된 것이다.

지금까지 전개한 논의에 비추어볼 때, 이제 근대 인식론에서 바라본 이해 개념의 철학적 의미가 해명된다. 정리해서 말하면, 이해란 선험적 판단능력을 가진 이해주체가 이해대상을 판단하는 과정을 말한다. 이해를 이렇게 개념화할 수 있다면, 텍스트 이해 역시 다음과 같이 정의할 수 있다. 텍스트 이해란 이해주체인 이해자가 텍스트라는 대상에 담긴 의미내용을 자신의 선험적·논리적 이해능력으로 파악하는 과정을 말한다. 그런데 이러한 개념정의에는 두 가지 전제가 깔려 있다. 첫째, 이해자와 이해대상을 주체와 객체로 분리하여 서로 대립하는 존재로서 파악한다는 것이다. 둘째, 주체의 이해과정은 주체적인 과정이지만, 동시에 '객관적인' 과정이라는 것이다.[15]

---

14 이와 달리 후설에 의해 제창된 현상학은 인식의 중심을 대상 그 자체에 둔다. 이에 관해서는 R. E. Palmer, 이한우 (역), 『해석학이란 무엇인가』(문예출판사, 1996), 184쪽 아래 참고.

15 여기서 두 번째 전제는 더욱 해명할 여지가 있다. 전술한 것처럼, 칸트에 의할 때 인식 또는 이해과정은 선험적인 주체가 능동적으로 행하는 과정이다. 이러한 의미에서 이해는 주관적인 성격을 띤다. 그러나 이때 말하는 주관성은 개별적인 인간이 각각 고유하게 지니고 있는 다양성을 지칭하는 것은 아니다. 오히려 그것은 보편적인 성격을 갖는 주관성이다. 그 이유는 칸트가 제시한 12개의 선험적 판단범주에서 찾을 수 있다. 왜냐하면 칸트는 당시 발전하고 있던 물리학에 대응하여, 12개의 판단범주를 제시하고 있기 때문이다. 즉 판단범주는 물리학적 사고에 상응한다. 이 때문에 칸트는 한편으로는 인식에서 주체(주관)의 우월함을 제시하고 있지만, 다른 한편 주체의 판단기준을 객관적으로 제시함으로써 인식의 객

2. 역사 그 자체를 객관적으로 파악하는 것으로서 이해: 드로이젠

19세기에 접어들면서 서구 지성사는 독일의 레오폴트 랑케(L. v. Ranke)와 드로이젠(J. G. Droysen)으로 대표되는 역사학파를 맞는다.[16] 역사학파는 당시 서구 지성사를 지배하고 있던 계몽주의와 칸트, 피히테(J. G. Fichte), 셸링(F. W. J. v. Schelling), 헤겔(G. W. F. Hegel)을 중심으로 한 독일 관념론 철학의 이성중심주의에 반발하며 등장하였다. 이 가운데서 특히 헤겔의 역사철학을 그 비판의 중심으로 삼았다. 변증법을 통한 의식의 자기발전을 정립했던 헤겔은 이러한 의식의 자기발전 과정을 역사에도 적용한다. 이를 통해 헤겔은 역사가 변증법을 통해 형성되는 일정한 보편적 법칙에 따라 필연적으로 의식의 자기발전을 향해 나아간다고 말한다. 즉 헤겔에 따르면, 역사란 필연적인 운동법칙에 따라 스스로 운동하는 과정이다. 그러나 역사학파는 이러한 헤겔의 역사법칙을 부정한다. 역사학파에 따르면, 역사는 그때그때마다 다양하게 형성되어 가는 것이지, 어떤 필연적인 법칙에 따라 움직이는 것은 아니다. 역사는 임의적인 과정이지, 필연적인 과정은 아니라는 것이다. 그래서 역사학파는 역사를 어떤 필연적인 법칙의 관점에서 파악하려 하지 않고, 역사 그 자체의 모습에 주목한다. 이는 랑케가 말한 '있는 그대로의 역사'에서 잘 표현된다.[17]

드로이젠도 랑케와 마찬가지로 역사를 '있는 그대로의 모습', '주어진

관성과 보편성을 추구한다. 바로 이러한 점에서 위에서 말한 두 번째 전제가 충족된다. 한편 이에 관해 현상학자 후설은 선험적 주관주의에서 나타나는 객관주의적 성격을 데카르트의 철학을 통해 해명한다. 후설에 따르면, 데카르트는 '방법적 회의'와 '판단중지'를 통해 경험에 독립적인 인식의 순수 선험성을 추구하려 했지만, 동시에 정신을 육체에 대해 독립적인 실체로 파악함으로써 정신의 객관성을 초래하고 말았다. 이에 관해서는 E. Husserl, 이종훈 (옮김),『유럽학문의 위기와 선험적 현상학』(한길사, 1997), 161쪽 아래 참고.

16 R. E. Palmer, 이한우 (역),『해석학이란 무엇인가』(문예출판사, 1996), 259쪽.
17 H.-G. Gadamer, *Wahrheit und Methode* (Tübingen, 1975), 195쪽.

것 그 자체'로 인식하려 하였다. 드로이젠은 역사의 실현을 순수정신으로 간주하지 않는다.[18] 오히려 역사는 정신에 의해 매번 새롭게 파악되고 형성되는 과정, 즉 끊임없이 변화하는 과정 속에서 실현된다. 그러면 이러한 역사는 어떻게 인식할 수 있는가? 이에 대해 드로이젠은 역사를 인식하기 위한 방법으로서 '연구하는 이해'(forschendes Verstehen)를 제시한다.[19] 이러한 '연구하는 이해'는 역사를 헤겔처럼 사변적으로, 다시 말해 관념적이면서 이성적으로 발전하는 <주-객 통일체>로 파악하지 않는다.[20] 그 대신 '연구하는 이해'는 역사 그 자체를 실재하는 대상으로 바라본다.[21] 다시 말해, 실재하면서 외부로 표현된 역사의 내적 본질을 인식하려는 것이 바로 드로이젠이 말한 역사 이해다. 이러한 점에서 드로이젠이 제시한 역사 이해는 데카르트의 합리주의에 토대를 두는 동시에 칸트의 인식론적 전통을 따르고 있다고 평가할 수 있다.[22] 바꿔 말해, 드로이젠이 주장한 이해는 <주체-객체 모델>과 '객관성'에 바탕을 둔 인식행위라 할 수 있다. 이러한 근거에서 볼 때, 드로이젠이 말하는 이해 개념은 자연과학적 방법론에서 추구하는 인식행위와 유사하다.

결론적으로 드로이젠에 따르면, 이해는 자연과학으로부터 독립된 학문영역인 역사학의 인식수단으로서 역사를 실재하는 대상으로 인식하는 과정을 뜻한다. 이러한 이해 개념은 칸트가 제시한 이해 개념과 큰 차이는 없다. 다만 칸트가 말한 이해 개념과 차이가 있다면, 역사를 인식하는 수단으로서 이해를 바라보고 있다는 점이다. 바로 이 점에서 드로

---

[18] H.-G. Gadamer, 위의 책, 200쪽.
[19] H.-G. Gadamer, 앞의 책, 202쪽.
[20] H. Ineichen, *Philosophische Hermeneutik* (Freiburg/München, 1991), 138쪽; 한스 인아이헨, 문성화 (옮김),『철학적 해석학』(문예출판사, 1998), 145쪽.
[21] H.-G. Gadamer, 앞의 책, 204쪽.
[22] H.-G. Gadamer, 앞의 책, 200쪽.

이젠의 이해 개념은 독자적인 의미를 갖는다. 그러나 여전히 칸트적인 인식론에 바탕을 두고 있다는 점에서 이후에 존재론적 해석학을 정립한 가다머의 비판대상이 된다.

3. 정신과학의 보편적 방법으로서 이해: 딜타이

인식과 동일한 개념으로 파악되었다가, 역사학파를 통해 역사의 고유한 의미를 인식하기 위한 수단으로서 의미를 부여받은 이해 개념은 딜타이(W. Dilthey)를 거침으로써 이제는 정신과학에 대한 보편적인 인식수단으로 자리 잡는다.[23] 딜타이는 이해 그리고 이해를 수단으로 하는 학문인 해석학을 정신과학의 보편적인 방법으로 수립하고자 하였다. 그러면 딜타이는 어떻게 이해 개념을 정신과학의 방법으로 세우고자 하였는가? 이를 해명하기 위해서는 먼저 딜타이 학문의 출발점을 검토해야 한다.

딜타이 학문의 출발점은 칸트의 이성비판론과 역사학파의 역사이해라 할 수 있다. 딜타이는 칸트의 이성비판을 비판적으로 평가하면서, 이에 대응할 수 있는 '역사이성비판'을 정초하는 것을 일생의 작업으로 추구하였다. 딜타이는 칸트가 『순수이성비판』을 통해 오성이 작용할 수 있는 영역과 그 한계를 밝힌 점은 긍정적으로 평가한다. 그러나 칸트가 오성의 작용영역을 자연과학 영역에 한정함으로써 결과적으로 이성의 역사적인 측면을 간과하였다고 진단한다. 그 때문에 딜타이는 칸트가 간과한 역사이성 영역을 '역사이성비판'이라는 이름으로 체계화하려 한

---

[23] 딜타이에 관해서는 기본적으로 R. E. Palmer, 이한우 (역), 『해석학이란 무엇인가』(문예출판사, 1996); H. Ineichen, *Philosophische Hermeneutik* (Freiburg/München, 1991); 한스 인아이헨, 문성화 (옮김), 『철학적 해석학』(문예출판사, 1998); 김의수, "딜타이(W. Dilthey)의 '역사이성비판(Kritik der historischen Vernunft)': 그 기본 사상", 『해석학과 사회철학의 제문제』(』(1990); 김용일, "W. 딜타이의 삶의 해석학", 『사회발전과 철학의 관계』(이문출판사, 1993) 등 참고.

다.[24] 딜타이는 말한다.

"이는 인식론의 범주가 아니라 자기해석의 범주에서, 그리고 「순수」이성비판이 아니라 역사이성비판의 견지에서 전체적인 칸트의 비판적 태도를 계속 발전시키는 문제다."[25]

다른 한편 딜타이는 역사학파가 보여준 역사이해를 비판한다. 이미 살펴본 것처럼, 역사학파는 역사를 있는 그대로, 즉 실재하는 대상으로 이해하고자 하였다. 그러므로 역사가의 감정이나 개인적 체험이 역사를 이해하는 데 개입해서는 안 된다고 한다. 마치 자연과학에서 엄밀하고 객관적인 실험을 통해 대상을 다루는 것처럼 역사를 다뤄야 한다고 본다. 그러나 딜타이는 이에 반대하여 역사를 이해하는 과정에 이해자의 개인적 체험이 개입한다는 점을 인정한다.[26] 더 나아가 딜타이는 역사성이 개인의 체험을 구성한다고 말한다.[27]

이러한 두 출발점을 바탕으로 하여, 딜타이는 이해 개념을 단순히 인식과정의 특정한 형태나 텍스트를 해석하기 위한 기술이 아니라, 정신과학의 보편적인 방법론으로 정립한다. 여기서 '정신과학'(Geisteswissenschaft)이란 딜타이가 자연과학에 대비하여 사용한 개념으로서, 어떤 행위나 현상의 객관적·외부적·인과적 관계에 대한 해명을 그 과제로 하는 자연과학과는 달리 인간의 내면적 과정, 즉 인간의 정신영역에서 이루어지

---

24 그러나 딜타이가 칸트의 『순수이성비판』처럼 『역사이성비판』이라는 체계적인 저술을 한 것은 아니다. '역사이성비판'이라는 사상은 딜타이의 저작 안에 흩어져 나타나고 있을 뿐이다. 이에 관해서는 김의수, 위의 논문, 101쪽 참고.
25 W. Dilthey, *Gesammelte Schriften V*, xxi쪽; R. E. Palmer, 앞의 책, 152쪽에서 다시 인용.
26 R. E. Palmer, 앞의 책, 260-61쪽.
27 R. E. Palmer, 앞의 책, 164-66쪽.

는 '내적 체험'과 그것의 의미를 연구대상으로 삼는 과학을 뜻한다.[28] 딜타이는 이러한 정신과학의 대표적인 경우로 역사학을 언급한다.

딜타이는 자연과학과 정신과학은 서로 구별되기 때문에, 각각에 대한 방법론도 서로 구별해야 한다고 말한다. 그래서 딜타이는 "우리는 자연을 설명하고, 정신의 삶을 이해한다."라고 말한다.[29] 이는 자연과학은 '설명'(Erklärung)이라는 방법을 사용해야 하고, 정신과학은 '이해'(Verstehen)라는 방법을 사용해야 한다는 점을 뜻한다. 이때 설명이란 자연과학적 행위나 현상을 논리적·인과적 관계에 따라 검증하는 것을 말한다. 그러면 이해란 무엇을 뜻하는가?

딜타이가 정신과학의 방법으로 정초한 이해 개념을 파악하려면, 그 전제로서 딜타이가 전개한 해석학 공식을 검토해야 한다. 왜냐하면 딜타이는 이해를 해석학의 한 요소로 바라보기 때문이다. 여기에서 해석학이란 해석대상인 텍스트에 담긴 의미내용을 이해하고 해석(Auslegung)하는 것에 관한 학문을 말한다. 다시 말해, 이해와 해석에 관한 학문이 바로 해석학이다.[30] 이러한 해석학은 역사적 사실을 이해하려면 역사적 문헌, 즉 역사 텍스트를 이해하고 해석해야 한다는 측면에서 필요하다. 그렇다면 딜타이가 제시한 해석학 공식이란 무엇인가? 이는 <체험-표현-이해>라는 형식으로 도식화된다.[31]

---

[28] R. E. Palmer, 앞의 책, 156쪽.
[29] W. Dilthey, *Gesammelte Schriften V*, 144쪽.; R. E. Palmer, 앞의 책, 158쪽 각주 (17)에서 다시 인용.
[30] H. Ineichen, *Philosophische Hermeneutik* (Freiburg/München, 1991), 17쪽; 한스 인아이헨, 문성화 (옮김),『철학적 해석학』(문예출판사, 1998), 15쪽; 여기서 이해와 해석을 어떻게 구별해야 하는지가 문제될 수 있다. 이에 관해 필자는 이해와 해석의 관계를 결과와 과정의 관계로 파악할 수 있다고 생각한다. 즉 이해는 해석의 목표가 되고, 해석은 이해에 이르기 위한 수단이라고 볼 수 있다. 물론 이러한 양자의 관계는 해석학을 어떻게 파악하는가에 따라 달라질 수 있다. 해석학에 대한 다양한 접근에 관해서는 R. E. Palmer, 앞의 책, 63-76쪽 참고.

'체험'(Erlebnis)이란 쉽게 말해 우리가 일상생활을 영위하면서 얻는 경험 일반을 말한다. 그런데 딜타이가 말하는 체험은 단순히 이러한 개별적인 경험 하나하나를 지칭하는 것은 아니다. 오히려 체험은 개별적인 상이한 경험을 묶어주는 좀 더 일반적이고 통일된 개념을 말한다. 예를 들어 우리가 어떤 교통사고를 체험했다고 할 때, 여기서 체험은 매번 다를 수 있는 사건 하나하나를 지칭하는 것이 아니라, 그 개별사건을 통일적으로 묶어주는 상위 개념을 말한다. 그래서 딜타이는 시간이 흘러가면서 경험되는 현재의 것으로서 통일성을 이루는 것을 체험의 가장 작은 실재라고 부른다. 더 나아가 삶의 진행과정에서 공통된 의미를 통하여 서로 결합되는, 삶의 부분에 대한 포괄적인 통일성을 체험이라고 부른다.[32]

그런데 이때 주의해야 할 점은, 이러한 체험이 체험주체에게 대상으로서 등장하지는 않는다는 것이다. 다시 말해, 체험은 우리가 주관적 능력을 통해 감각하고 인식해야 하는 그런 대상이 아니다. 체험은 의식의 반성행위를 통해 얻게 되는 결과물이 아니다.[33] 그 대신 체험은 우리가 의식하기 이전에 우리에게 직접 주어진다. 딜타이에 따르면, 체험은 우리에게 대상이 아니다. 오히려 우리는 이 체험 안에 있다고 한다. 바꿔 말해, 체험은 나에게 현존하고 있는 실재라고 한다.[34] 이 언명은 체험이 나의 인식과정을 통해 형성되는 것이 아니라, 그 이전에 이미 내가 체험이라는 실재 안에 머물러 있다는 점을 시사한다.[35]

---

[31] H. Ineichen, 위의 책, 149쪽; 한스 인아이헨, 위의 책, 157쪽; R. E. Palmer, 앞의 책, 160-72쪽 참고.
[32] W. Dilthey, *Gesammelte Schriften* VII, 194쪽; R. E. Palmer, 앞의 책, 161쪽에서 다시 인용.
[33] R. E. Palmer, 앞의 책, 161쪽.
[34] R. E. Palmer, 앞의 책, 161-63쪽 참고.

이러한 체험은 해석자가 해석할 수 있도록 '표현'(Ausdruck)을 통해 외부로 드러난다. 이때 딜타이가 언급하는 표현은 단순히 체험자의 감정을 드러내는 것은 아니다. 왜냐하면 표현은 개인적인 감정을 유출하는 것이 아니라, 체험이라는 더욱 포괄적인 삶을 드러내는 작업이기 때문이다. 이러한 표현이 수행하는 역할은 체험을 대상화 또는 객관화하는 것이라고 말할 수 있다. 딜타이는 우리가 무엇을 이해하고 해석할 수 있으려면, 이해대상 안에 녹아들어 있는 체험이 대상화되어야 한다고 본다. 이렇게 대상화가 되어야만, 우리는 그 대상을 이해할 수 있기 때문이다. 또한 이로써 이해의 객관성을 유지할 수 있다고 한다. 만약 이해의 객관성이 보장되지 않는다면, 이러한 이해과정은 정신과학의 보편적인 방법론이 될 수 없다고 한다. 따라서 딜타이에 따르면, 표현을 수반하지 않는 내적 성찰은 정신과학의 방법이 될 수 없다.[36]

이렇게 표현된 체험은 이제 이해자의 '이해'(Verstehen) 행위를 통해 인식된다. 여기서 이해자가 행하는 이해는 자연과학적 '설명'과 같이 표현된 의미를 논리적으로 인식하는 것은 아니다. 그 대신 이해는 표현을 통해 대상화된 체험을 수용하는 과정이다. 이때 이해자는 '추체험'이라는 방식을 통해 표현자(텍스트의 저자)의 체험을 이해한다. 추체험이란 표현자가 한 체험을 이해자가 다시 체험하는 것을 말한다. 이러한 추체험은 이해자의 주체적 판단능력을 통해 행해지는 것이 아니라, 반성 이전의

---

35 이러한 딜타이의 주장은 하이데거가 제시한 '세계'(Welt)라는 개념과 유사한 측면을 갖고 있다. 하이데거 역시 세계는 현존재에 대해 대상으로서 있는 것이 아니라, 현존재 그 자체가 <세계-내-존재>에 해당한다고 보기 때문이다. 또한 딜타이의 체험 개념은 하이데거가 주장한 '이해의 선구조'와도 비슷하다. 왜냐하면 딜타이에 따르면, 체험은 하이데거가 말한 '이해의 선구조'처럼 나에게 미리 주어져 있기 때문이다. 그리고 바로 이러한 측면들은 딜타이가 근대 인식론이 확립한 <주체-객체 모델>을 극복하려 했다는 것을 보여준다.
36 R. E. Palmer, 앞의 책, 166-68쪽 참고.

차원에서 직관적으로 행해진다.37 쉽게 말해, 추체험이란 내가 갖고 있는 체험의 관점에서 표현자의 체험을 수용하는 것이라고 할 수 있다.

결론적으로 말해, 딜타이는 이해를 정신과학의 보편적 방법으로 정립한다. 이러한 이해는 텍스트나 예술작품에 표현된 저자의 체험을 그 대상으로 한다. 이때 이해는 추체험이라는 과정으로써 진행된다. 요컨대, 딜타이에 의할 때 이해란 텍스트에 표현된 저자의 체험을 추체험하는 과정을 말한다.

4. 중간요약

이제 지금까지 전개한 논의를 다음과 같이 요약할 수 있다. 먼저 칸트에 의해 정립된 근대 인식론의 견지에서 보면, 이해는 인식과 동일한 의미를 갖는다. 따라서 텍스트 이해는 인식주체인 이해자가 인식대상인 텍스트를 자신의 선험적 판단능력에 따라 객관적으로 인식하는 과정을 뜻한다.

이에 대해 역사학파를 대표하는 드로이젠의 관점에서 보면, 이해란 역사적 사실 그 자체를 대상으로 인식하는 것을 말한다. 텍스트를 역사적 사실이라는 실재를 담고 있는 대상으로 볼 수 있다면, 텍스트 이해란 이 대상에 담겨 있는 역사적 실재를 인식하는 과정이라고 말할 수 있다.

이와 달리 해석학과 이해를 정신과학의 방법론으로 정초한 딜타이에 따르면, 이해란 텍스트에 표현된 저자의 체험을 추체험하는 것을 의미한다.38

그런데 이렇게 칸트, 드로이젠, 딜타이에 의해 정립된 이해 개념은,

---

37 R. E. Palmer, 앞의 책, 171쪽.
38 이를 법률해석에 적용하면, 법률해석이란 법률텍스트에 담긴 입법자의 체험(의사)을 법관(이해자)이 추체험하는 과정이라고 달리 말할 수 있다.

차이 역시 존재하기는 하지만, 모두 <주체-객체 모델>을 전제로 하고 있다는 점에서 공통점을 띤다. 물론 딜타이는 이러한 <주체-객체 모델>을 극복하기 위해 체험을 '전의식적 실재', 즉 '의식 이전에 존재하는 실재'로 파악하였다. 그렇지만 이후에 가다머가 비판하는 것처럼, 딜타이는 표현을 통해 이러한 체험을 객관화하고, 또한 방법에 대한 믿음을 갖고 있었다는 근거에서 볼 때, <주체-객체 모델>을 완전히 극복하지는 못하고 있다. 이러한 측면에서 볼 때, 칸트나 드로이젠 그리고 딜타이 모두 적절한 방법을 사용함으로써 이해의 객관성을 확보할 수 있다는 점을 신뢰했다고 평가할 수 있다. 그리고 바로 이러한 이유에서 이해 개념을 인식론적인 아닌 존재론적으로 파악하려는 견해가 대두하기 시작한 것이다.

III. 이해 개념의 존재론적 전환

1. 문제 상황과 출발점

<주체-객체 모델>과 '객관적 인식'을 기본 전제로 삼았던 근대적 이해 개념은 20세기에 접어들면서 새로운 도전을 마주하게 된다. 인식론의 관점이 아닌 존재론의 관점으로 이해 개념을 바라보려는 시도가 바로 그것이다. 이러한 시도는 하이데거와 그의 제자인 가다머의 철학적 작업에서 발견된다. 그러면 이해의 존재론적 전환은 무엇 때문에 등장한 것일까? 이 의문은 당시 서구 지성사가 처한 상황을 검토함으로써 해명될 수 있다.

20세기 초반의 유럽학문은, 현상학자 에드문트 후설의 표현을 빌려 말하면,[39] 위기에 처해 있었다. 이 위기는 수학과 자연과학으로 대표되

는 실증주의에 의해 초래되었다. 철학적인 면에서 볼 때, 당시 대륙에서는 신 칸트학파와 논리적 실증주의, 영국에서는 분석철학이 득세하고 있었고, 사회학 영역에서는 형식적 합리성을 강조하는 베버(M. Weber)의 사회학이 전성기를 맞고 있었다. 그리고 자연과학 영역에서는 현대 물리학이, 수학과 과학철학 영역에서는 괴델(K. Gödel), 프레게(G. Frege), 카르납(R. Carnap)을 중심으로 한 신실증주의와 물리주의가 전개되고 있었다. 이러한 학문적 흐름의 공통점을 한 마디로 말한다면, 비록 조금씩 차이가 있기는 하지만, 바로 실증주의적 경향이라고 할 수 있다.[40]

인식론의 관점에서 볼 때, 이러한 실증주의는 두 가지 특성을 갖는다. 첫째, 실증주의는 경험과 실험을 통해 검증할 수 있는 대상만을 의미 있는 것으로 인정한다. 이는 곧 인식의 객관성을 보여준다. 둘째, 실증주의는 이렇게 검증된 대상을 실재하는 존재(실체성)로 본다(신실재론). 이러한 존재는 고정불변하는 실체이다. 그런데 후설이 볼 때, 이러한 두 가지 특성을 갖는 실증주의적 인식론이 유럽 학문을 위기에 빠뜨리고 있는 것이다. 인간의 정신적 영역이나 삶을 무의미하게 하는 위기가 바로 그것이다.[41] 왜냐하면 실증주의적 인식론은 오직 외부로 드러난 것만을 객

---

[39] E. Husserl, 이종훈 (옮김), 『유럽학문의 위기와 선험적 현상학』(한길사, 1997), 61쪽 아래.

[40] 여기서 한 가지 분명하게 지적해 둘 점은, 실증주의와 신 칸트학파는 엄밀하게 구별해야 할 필요가 있다는 것이다. 흔히 우리 학계에서는 실증주의와 신 칸트학파를 동일선상에 놓고는 한다. 이는 특히 사회학적 실증주의를 전개한 게오르그 옐리네크(G. Jellinek)와 순수법학을 주창한 한스 켈젠(H. Kelsen)을 모두 법실증주의적 헌법학자로 이해하는 헌법학에서 두드러진다. 이에 관해서는 가령 허영, 『헌법이론과 헌법(중)』(박영사, 1992), 6쪽 아래 참고; 하지만 신 칸트학파는 실증주의를 극복하기 위해 등장한 것이고, 실증주의와는 달리 법학의 가치관련성을 인정하고 있으므로, 양자는 분명 구별할 필요가 있다. 이 점을 의식하고 있는 문헌으로 F. Saliger, 윤재왕 (역), 『라드브루흐의 공식과 법치국가』(길안사, 2000), 21쪽 아래 참고.

[41] E. Husserl, 앞의 책, 64-66쪽 참고.

관적으로 탐구하려 하기 때문이다. 그래서 인간의 주관적인 것, 내적인 것을 무의미한 것이라고 한다. 그리고 이 때문에 인간의 정신영역을 다루는 정신과학은 이러한 실증주의에 의해 학문성을 잃고 만다. 형이상학도 마찬가지로 무의미한 것이 되고 만다.

이처럼 20세기 초반 서구를 지배하고 있던 실증주의는 수학・자연과학뿐만 아니라, 철학・사회학 같은 인문사회과학, 심지어는 법실증주의라는 모습으로 법학까지 영향력을 미치면서,[42] 학문의 위기를 불러오고 있었다. 이러한 이유에서 학문의 위기를 인식한 하이데거, 가다머 등은 이해 개념을 존재론적으로 전환함으로써 형이상학과 정신과학의 독자성과 가능성을 모색하려 한 것이다.

2. 이해 개념의 존재론적 전환에 대한 전단계로서 현상학

그러면 이해의 존재론적 전환이란 무엇을 말하는가? 이 문제에 대답하려면, 그 전에 후설(E. Husserl)이 정립한 현상학을 살펴볼 필요가 있다.[43] 왜냐하면 후설의 제자였던 하이데거는 이러한 현상학적 방법을 원용하여 자신의 존재론을 전개하기 때문이다. 그뿐만 아니라, 이러한 현상학적 방법론은 존재론적 해석학을 정립한 가다머에게 이어지기 때문이다.

실증주의가 지배적인 과학방법론으로 인정되던 상황을 유럽 학문의 위기로 본 후설은, 이러한 위기를 타개하고자 '현상학'(Phänomenologie)을 제시한다. 현상학의 기본 구상은 사물현상을 실증적・객관적으로 바라

---

42 법실증주의에 대한 기본적인 소개는 최종고, 『법사상사』(박영사, 1989), 172쪽 아래 참고.
43 후설에 관한 기본문헌으로는 E. Husserl, 앞의 책; E. Husserl, 칼 슈만 (편집), 최경호 (옮김), 『순수 현상학과 현상학적 철학의 이념들: 순수현상학의 입문 일반』(문학과 지성사, 1997); R. E. Palmer, 앞의 책, 184쪽 아래 등 참고.

보는 것에서 벗어나, 사물 '그 자체'를 있는 그대로 보려는 것이다. 인식의 중심을 인식주체가 아닌, 대상 그 자체에 두려는 것이다. 이는 '사태 그 자체로'라는 현상학의 표어에서 잘 드러난다.[44] 그러면 '사태 그 자체로'라는 언명은 무엇을 의미하는가? 어떤 점에서 이러한 태도가 실증주의적 인식론과 차이를 보이는 것일까? 실증주의 인식론은 사물을 객관적·실증적으로 파악하려 한다. 언뜻 보면, 이러한 인식방법은 사물현상 그 자체를 객관적으로 드러내는 방법인 것처럼 보인다. 그러나 현상학에 따르면, 이러한 실증주의적 인식론은 사물을 과학적·논리적 '관점으로만' 보려 한다. 그 때문에 사물현상이 지닐 수 있는 다양한 요소를 무의미한 것으로 흘려버린다. 이를 통해 사물의 진정한 모습은 은폐된다. 그래서 후설은 이러한 실증주의적 인식론을 탈피하여, 현상학을 통해 사물을 있는 그대로 보려 한 것이다.

그러면 현상학은 어떻게 이를 가능하게 할 수 있는가? 이를 위해서는 후설이 제시한 '판단중지'(Epoche), '생활세계'(Lebenswelt), '형상적 환원'(eidetische Reduktion), '선험적 환원'(transzendentale Redukion) 그리고 '선험적 주관성'(transzendentale Subjektivität)이라는 개념을 이해할 필요가 있다. 왜냐하면 후설은 이러한 개념을 통해 현상학의 기획을 실현하려 하기 때문이다.

우선 "판단중지"란 대상을 실증주의적으로 인식하는 것을 중지하는, 후설 식으로 말하면, "괄호에 묶는" 작업을 말한다. 이러한 판단중지는 원래 데카르트(R. Descartes)가 전개한 '방법적 회의'에서 비롯한다. 데카르트는 인식의 확실성을 추구하기 위해, 일체의 판단을 중지하고, 판단의 타당성에 대해 회의한다. 이를 통해 데카르트는 그 유명한 명제 "나는 생각한다. 그러므로 나는 존재한다."(cogito ergo sum)를 도출한다. 후설은

---

[44] M. Heidegger, *Sein und Zeit* (Tübingen, 1953), 27쪽.

일단 이러한 데카르트의 시도를 긍정적으로 평가한다. 왜냐하면 이를 통해 데카르트는 경험적 인식의 한계를 반성하고, 주체의 선험적인 성격을 보여주었기 때문이다. 그러나 후설은 데카르트가 육체와 정신을 분리하고(심신이원론), 육체처럼 정신도 '실체'(Substanz)로 봄으로써, 결국 선험적 자아를 객관화하고 심리학적으로 왜곡했다고 비판한다. 다만 후설은 데카르트의 판단중지는 현상학에 원용하여, 실증주의적 인식론을 반성하는 방법으로 사용한다.[45]

판단중지를 통해 실증주의적 인식론을 유보한 후설은 '생활세계'를 현상학적 인식의 근거로 마련한다. 이때 생활세계는 우리가 주관적 인식을 통해 대상화한 세계가 아니다. 그것은 우리가 인식하기 이전에 있는 세계로서, 우리에게 직접 주어진다. 그것은 '나'라는 인식주체가 기반을 두고 있는 세계이다. 바꿔 말해, 생활세계는 우리가 논리적·실증적 관점을 통해 그려낸 실재로서 의미 있는 세계가 아니라, 그 이전의 세계다. 이러한 생활세계는 사물을 그 자체로서 직관할 수 있도록 하는 데 기초가 된다.[46]

이러한 생활세계 안에서 인식주체가 획득하는 개별적인 지각정보와 의식내용은 "형상적 환원"을 통해 일반화된다. 형상적 환원은 개별 내용을 최소한의 일반 개념(형상·본질)으로 묶는 작업이다. 그런데 언뜻 보면, 이러한 형상적 환원은 칸트가 정립한 '범주론'과 유사하다. 그러나 형상적 환원은 과학적인 개념만으로 이루어지는 것은 아니므로, 양자 간에는 차이가 있다고 생각한다.[47]

---

45 E. Husserl, 앞의 책, 155-65쪽.
46 후설의 '생활세계' 개념은 하버마스를 통해 '이원적 사회이론'의 중심 개념으로 수용된다. J. Habermas, *Theorie des kommunikativen Handelns*, Bd. I (Frankfurt/M., 1981), 182쪽.
47 실질적 가치론을 정립한 막스 셸러(M. Scheler)는 이러한 '형상적 환원'만을 포함

형상적 환원을 통해 구성된 형상은 다시 "선험적 환원"을 통해 그 형상의 근원이 밝혀진다. 여기에서 선험적 환원이란 의식의 작용과 대상에 통일성을 부여하고 이들에게 동일한 의미를 부여하는 선험적 자아 및 선험적 자아가 대상으로 하는 영역을 드러내는 작업을 말한다.[48] 이러한 선험적 환원을 통해 모든 의식의 근원이 되는 "선험적 자아"가 등장한다. 선험적 자아는 모든 인식을 가능하게 하는 근거가 된다. 요컨대, 모든 직관은 선험적 자아를 통해 이루어지는 것이다. 그런데 여기서 주의해야 할 점이 있다. 이러한 선험적 자아는 데카르트가 주장한 것처럼 그 자체가 실체로서 존재하거나, 칸트가 말한 것처럼 관념적인 주체, 즉 독아론적인 주체인 것은 아니라는 점이다. 오히려 선험적 자아는, 모든 경험의 원천이 되고 나와 다른 주체가 상호주관적으로 관계를 맺는 언어공동체 안에서 주어지는 것이라고 보아야 한다.[49] 다시 말해, 후설이 말한 선험적 자아는 상호주관적으로 구성된 자아라고 보아야 한다.

이상의 논의를 다음과 같이 종합할 수 있다. 현상학은 실증주의적 인식론을 벗어나, 사물을 있는 그대로 보려 한다. 이는 생활세계에서 획득한 경험에 대해 판단중지하고, 이를 현상학적으로 환원함으로써 도달할 수 있다. 그런데 이러한 과정에서 모든 직관을 가능하게 해주는 선험적 자아가 도출된다. 이러한 선험적 자아는 상호주관적으로 구성된다.

3. 이해 개념의 존재론적 전환: 하이데거

현상학을 통해 실증주의를 극복하려 했던 후설과는 달리, 하이데거(M.

한 현상학을 수용한다. 이종훈, "생활세계를 통한 선험적 현상학", E. Husserl, 앞의 책, 38쪽(옮긴이 해제).
[48] 이종훈, 위의 논문, 36쪽.
[49] H.-G. Gadamer, *Wahrheit und Methode* (Tübingen, 1975), 330쪽.

Heidegger)는 기초존재론을 통해 이 작업을 수행한다.50 그리고 이를 통해 하이데거는 '이해'(Verstehen)를 주체가 대상을 인식하는 과정이 아니라, '현존재의 존재방식'으로 규정한다. 즉 하이데거에 따르면, 이해란 현존재 자체의 고유한 '존재가능'(Seinkönnen)을 의미한다.51 이처럼 이해를 인식과정이 아니라, 현존재의 존재방식으로 파악하는 것을 '이해의 존재론적 전환'이라고 한다. 그렇다면 이는 어떻게 근거 지을 수 있는가?

후설의 수제자였던 하이데거는,52 후설과 마찬가지로, 실증주의가 낳은 폐해를 극복하고자 현상학적 방법을 원용한다.53 인식주체를 통해서가 아니라, 존재 그 자체를 통해서 실증주의를 극복하려 한다. 그러나 그렇다고 해서 하이데거가 후설과 같이 '판단중지'와 '현상학적 환원'을 통해 '선험적 자아'라는 개념에 도달하는 것은 아니다. 오히려 하이데거는, 후설의 선험적 자아론이 의식하는 자아의 우위를 인정함으로써, 실증주의 인식론처럼 <주체-객체 모델>에서 벗어나지 못하고 있다고 비판한다. 즉 후설은 여전히 주체 중심의 사고에 머물러 있다고 한다.54 그러

---

50 아래에서 전개하는 하이데거의 존재론은 M. Heidegger, *Sein und Zeit* (Tübingen, 1953)과 마르틴 하이데거, 이기상 (옮김), 『존재와 시간』(까치글방, 1998)을 기본 텍스트로 하였다. 다만 여기서 앞의 독일어판은 1953년에 출판된 제7판인데 반해, 뒤의 번역본은 같은 출판사에서 1979년에 출판된 제15판을 원본으로 했다는 점에서 차이가 있음을 지적해 둔다. 『존재와 시간』 이외에 하이데거에 대한 참고문헌으로는 R. E. Palmer, 앞의 책, 184쪽 아래; H. Ineichen, *Philosophische Hermeneutik* (Freiburg/München, 1991), 159쪽 아래; W. Biemel, 신상희 (옮김), 『하이데거』(한길사, 1997); O. Pöggeler, 이기상·이말숙 (역), 『하이데거 사유의 길』(문예출판사, 1992) 등 참고.
51 M. Heidegger, 위의 책, 144쪽.
52 하이데거의 대표적인 저작 『존재와 시간』은 그 첫 머리에서 볼 수 있듯이, 그의 스승인 에드문트 후설에게 헌정되고 있다.
53 M. Heidegger, 앞의 책, 27쪽 아래.
54 그러나 이러한 하이데거의 후설 이해는 더욱 검토할 여지가 있다. 왜냐하면 후설이 제시하는 선험적 자아는 독아론적인 주체라기보다는 오히려 상호주관적인 의사소통공동체를 통해 비로소 형성되는 것이라고 볼 수 있기 때문이다. 이러한 맥

면서 하이데거는 사물이 존재하는 방식 그 자체에 대해 물음을 제기하면서, 이를 '시간'이라는 지평 위에서 해명하려 한다. 그러면 하이데거는 어떻게 존재론을 구성하는가?

일반적으로 '존재론'(Ontologie)은 사물이 존재하는 방식에 관한 이론을 지칭한다. 이러한 존재론은 인식론과는 구별되는 영역으로 간주되었다. 철학의 역사를 보면 알 수 있듯이, 존재론은 오랜 역사를 지니고 있다. 예를 들어, 고대 그리스의 자연철학자들이 자연의 근원을 파악하려 했던 것이나, 플라톤과 아리스토텔레스가 현상의 본질을 밝히려 했던 것 모두 존재론적 작업이었다고 할 수 있다. 이러한 존재론은 헤겔(G.W.F. Hegel)이 정립한 『정신현상학』(Phänomenologie des Geistes)을 통해 절정을 맞는다.[55] 그런데 이러한 전통적인 존재론은 '보편적 존재론'이라는 성격을 띤다.[56] 이에 따르면, 존재는 보편개념으로 인정된다. 그래서 개별 존재가 지니고 있는 고유한 특성은 무시되고, 오직 각 존재가 지니고 있는 보편적인 특성만이 진정한 존재의 본질로서 인정된다. 이러한 보편적 존재론은 가령 플라톤의 이데아론이나 중세 스콜라 철학이 정립한 '신' 개념 등에서 발견할 수 있다. 그래서 보편적 존재론을 달리 '신학적 존재론'이라고도 한다.[57]

그러나 하이데거는 이러한 전통적인 존재론에 반대한다. 하이데거는 존재 개념을 정의할 수 없다고 한다.[58] 이 말은 존재 개념에 일반성 및

　　락에서 볼 때, 후설을 전통적인 의미의 주체론자로 이해하는 것은 타당하지 않다고 생각한다.
55　M. Heidegger, 앞의 책, 2쪽.
56　M. Heidegger, 앞의 책, 3쪽.
57　또한 전통적인 보편적 존재론은 존재 그 자체를 '실체'로 파악한다. 그래서 현상계에서 끊임없이 변하는 개별 존재는 허상일 뿐이고, 오직 보편적 실체인 존재자만이 진정한 존재라고 한다.
58　M. Heidegger, 앞의 책, 4쪽.

보편성을 부여할 수 없다는 뜻이다. 동시에 하이데거는 '존재'(Sein)와 '존재자'(Seiende)를 같은 것으로 보지 않고 서로 구별한다. 그러면서 존재는 존재자로 개념화할 수 없다고 한다.[59] 이렇게 하이데거는 존재와 존재자를 구별하면서, 물음의 초점을 존재 그 자체에 둔다. 이 존재에 대한 물음이 바로 하이데거가 추구하는 기초존재론의 테마이다. 그러면 이 존재는 어떻게 해명할 수 있는가? 하이데거는 이러한 존재물음은 '현존재'(Dasein)를 분석함으로써 해명할 수 있다고 한다. 다시 말해, 기초존재론은 현존재의 실존론을 분석함으로써 해명된다고 한다.[60] 여기서 현존재란 인간이라는 존재자를 특별히 지칭하는 말이다.[61] 그리고 "실존"(Existenz)이란 현존재가 세계 안에서 다른 현존재와 관계를 맺고 있는 상황 또는 그 자체(존재)를 말한다.[62]

존재물음은 현존재의 실존을 분석함으로써 대답할 수 있다면, 현존재의 실존은 어떻게 분석할 수 있는가? 이에 대해 하이데거는 '이해'와 '해석'이라는 방법을 동원한다. 그런데 하이데거가 말하는 이해는, 딜타이가 정신과학의 방법론으로 말한 '이해'를 의미하는 것은 아니다. 오히려 이해는 '현존재의 존재방식'을 의미한다. 그렇다면 어떻게 이해가 현존재의 존재방식에 해당하는가? 우선 현존재의 특성부터 검토할 필요가 있다.

하이데거에 따르면, 현존재는 <세계-내-존재>이다. 이때 "세계"(Welt)는 존재에 대응하는 대상도, 그렇다고 주관이 구성해 낸 산물도 아니다. 오히려 세계는 주관에 앞서 있다. 왜냐하면 세계가 주관을 형성하

---

59 M. Heidegger, 앞의 책, 4쪽.
60 M. Heidegger, 앞의 책, 13쪽.
61 M. Heidegger, 앞의 책, 11쪽.
62 M. Heidegger, 앞의 책, 12쪽.

기 때문이다. 그러므로 세계는 현존재에게 직접 주어진다. 현존재의 존재가 바로 세계의 한 구성요소가 된다. 이러한 면에서 하이데거가 구상하는 세계는 딜타이가 말한 체험이나 후설의 생활세계와 비슷하다.

이러한 세계 안에서 현존재는 사물이나 도구 그리고 다른 현존재와 관계를 맺는다. 그러면 그 관계는 어떻게 맺어지는가? 무엇을 통해 그리고 어떤 의미로서 관계가 형성되는가? 이에 대해 하이데거는 '유의미성'(Bedeutsamkeit)을 통해 관계가 형성된다고 한다. 즉 현존재가 어떤 사물이나 대상과 관계를 맺는 이유는, 이것이 일정한 의미가 있기 때문이라고 한다. 이 유의미성은 구체적으로 말해, 가령 '~으로서(Als)'나 '사용사태'(Bewandtnis)로 표현된다.[63] 예를 들어, 특정한 사물은 책상으로서, 문으로서, 승용차로서, 다리로서 나와 관계를 형성한다.[64] 또한 나는 못을 박기 위해 망치를 사용한다. 이처럼 현존재는 유의미성을 통해 다른 존재와 관계를 맺는다.

현존재는 <세계-내-존재>로서 다른 존재와 유의미성을 통해 관계를 형성하기 때문에, 현존재가 다른 존재를 이해할 때도 이러한 유의미성과 무관할 수 없다. 왜냐하면 존재 자체가 이러한 관계를 통해 형성되는 것이기 때문이다. 동시에 이러한 유의미성을 지닌 관계는 현존재의 존재가능성이 된다. 여기서 다음과 같은 중간결론을 이끌어낼 수 있다. 현존재는 <세계-내-존재>이다. 이 현존재는 다른 존재와 관계를 맺는다. 이 관계는 유의미성을 통해 형성된다. 또한 이 유의미성은 다른 사물 존재들의 존재가능성인 동시에, 그 존재를 이해하려는 현존재의 존재가

---

[63] 독일의 법철학자인 마이호퍼(W. Maihofer)는 하이데거의 '~으로서'에서 존재의 당위구조인 '로서의 존재'(Als-sein)를 이끌어 낸다. 이에 관해서는 양천수, "법존재론과 형법상 행위론: 베르너 마이호퍼를 통해 본 형법철학의 가능성", 『법철학연구』 제9권 제1호(2006. 5), 145-74쪽.

[64] M. Heidegger, 앞의 책, 149쪽.

능성이기도 하다. 이때 현존재는 관계를 구성하는 유의미성을 통해서만 다른 존재를 이해할 수 있다. 이해 역시 현존재와 다른 존재를 연결시켜 주는 한 형태이기 때문이다. 그래서 현존재는 다른 존재를 '~으로서' 또는 '~을 사용하기 위한 것으로서' 등의 유의미성으로 이해한다. 이로써 이해는 다른 존재의 존재방식을 드러낼 뿐만 아니라, 현존재 자신의 존재방식도 드러낸다. 결국 이해는 현존재의 실존론적 존재방식이 된다.

하이데거에 따르면, 이해는 이해자인 현존재의 실존을 드러낸다. 다시 말해, 존재방식을 탈은폐한다. 그런데 이때 이해는 이미 확정되어 있는 현존재의 존재방식을 드러내지는 않는다. 그 대신 존재가능성을 드러낸다. 이는 현존재가 다른 존재를 이해하는 과정에서 그 자신의 존재성이 변경될 수 있다는 점을 암시한다. 그래서 하이데거는 이해 안에는 '기획투사'(Entwurf)라는 실존론적 구조가 들어 있다고 말한다.[65] 여기서 기획투사란 현사실적인 존재가능의 여지를 지칭하는 실존론적인 존재구성을 말한다.[66] 즉 기획투사란 바로 현존재의 존재가능성을 말한다. 동시에 기획투사는 현존재의 존재방식인 이해가 존재의 가능성으로서 항상 변경될 수 있다는 점도 보여준다. 그러므로 현존재의 존재방식인 이해는 가능성을 향하여 존재를 기획투사 한다.[67] 그리고 이러한 이해의 기획투사는 현존재의 존재성이 그때그때 변하는 것에 상응하여 변경된다.[68] 다시 말해, 이해의 기획투사는 스스로 성장할 가능성을 안고 있다. 하이데거는 이렇게 이해의 기획투사가 성장해 가는 것을 '해석'이라고 부른다. 그러면서 하이데거는 이러한 해석 안에 이미 이해가 들어있다고 한다.

---

65 M. Heidegger, 앞의 책, 145쪽.
66 M. Heidegger, 앞의 책, 145쪽.
67 M. Heidegger, 앞의 책, 148쪽.
68 M. Heidegger, 앞의 책, 151쪽.

왜냐하면 해석은 이해에 실존적인 근거를 두고 있기 때문이라고 한다. 즉, 해석을 통해 이해가 형성되는 것이 아니라, 그 반대로 이해가 있기 때문에 비로소 해석이 이루어질 수 있다고 한다. 그래서 하이데거는 해석은 이해를 만들어내는 인식수단이 아니라, 이미 이해를 통해 만들어진 가능성을 처리하는 것이라고 한다.[69] 한 마디로 말해, 하이데거는 이해가 해석에 앞서는 것이지, 해석이 이해에 앞서는 것은 아니라고 한다.

한편 이해는 현존재와 다른 존재 사이에서 형성되는 유의미성을 통해 진행된다. 동시에 이러한 유의미성은 존재를 구성한다. 그런데 이렇게 이해가 존재의 구성방식인 유의미성을 통해 이루어진다는 것은, 이러한 이해에 '선구조'가 존재하고 있다는 점을 보여준다. 왜냐하면 현존재가 다른 사물이나 도구를 '~으로서' 또는 '~에 사용하기 위해서'라고 이해한다는 것은, 이렇게 이해를 하기 전에 그 현존재가 다른 사물이나 도구 등에 대해 '~으로서' 또는 '~에 사용하기 위해서'라는 관계를 맺고 있었고, 동시에 이러한 관계는 현존재의 존재를 구성하고 있었기 때문이다. 그래서 하이데거는 현존재가 행하는 이해에는 '선구조'가 있고, 이해를 뒷받침하는 해석에는 '사용사태 전체성'(Bewandtnisganzheit)과 '~으로서' 구조가 이미 앞서 존재하고 있다고 한다. 하이데거는 이러한 이해의 선구조를 '앞서 가짐'(계획)(Vorhabe), '앞서 봄'(예견)(Vorsicht), '앞서 잡음'(선취)(Vorgriff)으로 구체화한다. '앞서 가짐'이란 이해자가 이해하기 전에 사용사태 전체성을 미리 가지고 있다는 것을 말한다. 그리고 '앞서 봄'이란 이해자가 미리 가지고 있는 사용사태 전체성에서, 이해 대상에 관한 한 부분만을 특정한 해석가능성으로 취하는 것을 말한다. 마지막으로 '앞서 잡음'이란 앞서 봄을 바탕으로 하여 이해를 개념 짓는 과정을 뜻한다.[70]

---

69 M. Heidegger, 앞의 책, 148쪽.
70 M. Heidegger, 앞의 책, 150쪽.

나아가 하이데거는 이러한 이해의 선구조로부터 일정한 순환이 등장한다고 한다. 그 유명한 '해석학적 순환'(hermeneutischer Zirkel)이 바로 그것이다. 그러면 어떻게 해석학적 순환이 등장하는 것일까? 이해는 현존재가 자신의 존재가능성을 기획투사함으로써 진행된다. 이때 현존재의 존재가능성에는 이해의 선구조가 내재한다. 이러한 이해의 선구조는 현존재의 기획투사가 세계 안으로 '내던져짐'(기투: Geworfenheit)으로써, 달리 말해 다른 사물과 관계를 맺음으로써 이해되고 해석될 수 있다. 이해와 해석은 존재 가능성을 성장시키거나 변화시키며, 그 결과 현존재의 기획투사도 성장해 간다. 이렇게 성장한 기획투사는 다시 이해를 변경시키며, 이렇게 변경된 이해는 다시 현존재의 존재가능성과 기획투사를 바꾼다. 이처럼 이해와 해석과정은 일종의 순환을 구성하는데, 이것이 바로 해석학적 순환이다. 원래 논리학의 시각에서 보면, 이러한 순환은 이른바 '순환논법'에 해당하는 악순환으로 평가되었다.[71] 그러나 하이데거는 말한다.

"그러나 이러한 순환 속에서 악순환을 보고 그것을 피할 방도를 찾는다는 것, 아니 순환을 단지 피할 수 없는 불완전함으로라도 '느끼는' 것은 이해를 근본적으로 오해하고 있다는 이야기다. (…) 결정적인 것은 순환에서부터 빠져나오는 것이 아니라, 오히려 올바른 방식으로 순환 안으로 들어서는 것이다. 이해의 이러한 순환은 그 안에서 어떤 임의의 인식양식이 움직이고 있는 그런 한 원이 아니다. 오히려 그것은 현존재 자신의 실존론적 앞선(선)-구조를 표현할 것일 뿐이다."[72]

---

[71] M. Heidegger, 앞의 책, 152쪽.
[72] M. Heidegger, 앞의 책, 153쪽; 번역은 이기상 (옮김),『존재와 시간』(까치글방, 1998), 211-12쪽을 기초로 하였다.

지금까지 살펴본 하이데거의 기초존재론을 요약하면 다음과 같다. 하이데거는 이해를 대상에 대한 주체의 인식과정으로 파악하지 않는다. 정신과학의 고유한 방법론으로도 개념 짓지 않는다. 대신 하이데거는 이해를 현존재의 실존론적인 존재방식으로 구상한다. 현존재는 다른 사물의 존재방식을 이해하면서, 자신의 존재가능성을 드러낸다. 그리고 이러한 이해는 이해의 선구조와 이에 따른 기획투사를 통해 진행된다. 이때 이해는 해석학적 순환관계를 형성한다. 그런데 이러한 해석학적 순환은 악순환으로 평가할 수 없다. 오히려 그것은 현존재의 실존론적 선구조를 표현한 것에 불과하다. 이를 통해 이해의 존재론적 전환은 완성된다.

제2절 가다머의 철학적-존재론적 해석학

I. 서론

기초존재론이라는 작업을 통해 존재론적으로 전환된 '이해' 개념은 하이데거의 수제자 한스 게오르그 가다머(Hans-Georg Gadamer)에 의해 존재론적 해석학으로 수용된다.[1] 가다머는 60세가 되던 1960년에 철학적-존재론적 해석학을 정립한 저서 『진리와 방법』(Wahrheit und Methode)을 첫 출간한다. '철학적 해석학 원론'(Grundzüge einer philosophischen Hermeneutik)이라는 부제가 붙어 있는 이 책에서 가다머는 하이데거의 존재론과 이해 개념을 바탕으로 하여, 딜타이 이후 정신과학의 고유한 방법론으로 인정되었던 해석학을 정신과학의 방법론이 아닌 보편적인 철학으로 정립한다.

---

[1] 가다머가 정립한 해석학은 일반적으로 '존재론적 해석학' 또는 '철학적 해석학'이라고 불린다. 이 저술에서는 두 용어 가운데서, 때로는 양자를 모두 사용하기도 하겠지만, '존재론적 해석학'을 가다머의 해석학을 지칭하는 것으로 사용하고자 한다. 가다머의 철학적-존재론적 해석학에 관해서는 많은 문헌을 대신하여 우선 H.-G. Gadamer, *Wahrheit und Methode* (Tübingen, 1975)를 기본 텍스트로 하였다. 이외에 H.-G. Gadamer, "Von Zirkel des Verstehens", in: *Gesammelte Schriften*, Bd.2 (Tübingen, 1986); H.-G. Gadamer, "Rhetorik, Hermeneutik und Ideologiekritik", K.-O. Apel (Hrsg.), *Hermeneutik und Ideologiekritik* (Frankfurt/M., 1980) 등도 참고하였다. 한편 가다머의 철학적-존재론적 해석학에 대한 국내 연구문헌으로는 김영한, "철학적 해석학의 거장 가다머", 『철학과 현실』 제18집(1993. 9), 177-86쪽; 오용득, 『가다머의 철학적 보편성과 해석학적 세계경험』(동아대 철학박사 학위논문, 1996); 김창래, "철학적 해석학의 관점에서 본 언어", 『과학사상』 제35집(2000. 11), 63-81쪽; 김창래, "가다머의 철학적 해석학에서의 존재와 언어의 관계: '이해될 수 있는 존재는 언어다'라는 문장에 관하여", 『해석학연구』 제7집(2000. 12), 153-88쪽; 안성권, "근대 독일 해석학의 탄생과 가다머의 철학적 해석학", 『인문과학논집』(청주대) 제31집(2005. 2), 51-74쪽; 윤병렬, "가다머에게서 하이데거 해석학의 유산과 '철학적 해석학'", 『존재론 연구』 제15집(2007. 4), 1-32쪽; 김정현, "가다머의 철학적 해석학의 관점에서 본 고전과 고전해석", 『해석학연구』 제23집(2009. 3), 1-28쪽 등 참고.

가다머는 해석학을 단순히 특정한 텍스트의 의미 내용을 객관적으로 이해하고 해석하는 데 사용하는 방법론이 아니라, 우리가 과연 무엇을 근거로 하여 그리고 어떤 과정을 통해 텍스트를 이해하고 해석하는가를 보여주는 철학으로 정초한다.[2] 가다머는 이러한 철학적-존재론적 해석학을 기초 짓기 위해 하이데거의 존재론과 이해 개념을 중심적으로 활용한다. 특히 하이데거가 제시한 '이해의 선구조'와 '해석학적 순환'은 가다머에 의해 '선입견'(Vorurteil)과 '지평융합'으로 수용된다.[3] 그리고 하이데거가 말한 '존재의 시간성'을 가다머는 '영향사적 의식'으로 받아들인다.[4]

그렇지만 가다머의 철학적-존재론적 해석학이 전적으로 하이데거의 철학에만 의지하는 것은 아니다. 이를테면 가다머는 하이데거가 자신의 기초존재론에서 전제하고 있는 '근거지울 수도 추론할 수도 없는 현존재의 사실성'(Faktizität des Daseins), 즉 '실존'에 우선성을 부여하지는 않는다. 그 대신 가다머는 이해의 배후근거가 되는 '권위'와 '전통'에 우선성을 부여한다. 또한 가다머는 이러한 전통이 이해자의 이해과정에 작용하는 방식, 다시 말해 '영향사적 사건'을 해명하기 위해 헤겔의 변증법과 플라톤의 대화법을 원용한다. 그러므로 하이데거의 기초존재론과 가다머의 존재론적 해석학 사이에는 공통점도 있지만 차이 역시 존재한다.

---

[2] H.-G. Gadamer, 위의 책, XVIII쪽.
[3] 여기서 독일어 'Vorurteil'을 어떻게 번역할 것인지가 문제될 수 있다. 이에 관해서는 '선입견'과 '선판단'이라는 번역어가 있다. 이 가운데서 선입견은 일상언어 감각에서 볼 때 선판단에 비해 부정적인 의미를 보인다. 이 때문에, 이 점은 독일에서도 마찬가지인데, '선이해'라는 개념이 해석학 영역에서 더욱 많이 쓰인다. 그러나 가다머는 『진리와 방법』에서 'Vorurteil'에 대해 일반적으로 형성된 부정적인 시각을 극복하려고 일부러 'Vorverständnis'가 아닌 'Vorurteil'이라는 용어를 쓴 것으로 보인다. 따라서 이러한 가다머의 의도를 존중한다는 점에서, 이 저술에서도 '선입견'이라는 번역어로 통일해서 사용하기로 한다.
[4] H.-G. Gadamer, 앞의 책, 243쪽.

그러면 가다머의 존재론적 해석학은 어떤 모습을 띠고 있는가? 이 저술에서는 아래와 같은 문제의식을 중심으로 하여 가다머가 제시한 존재론적 해석학의 구체적인 모습을 살펴보고자 한다. 먼저 존재론적 해석학의 출발점으로서, 근대 철학이 신뢰한 '방법'에 대해 가다머가 어떻게 비판을 가하는지 검토한다(II). 그 다음 존재론적 해석학의 핵심 개념으로서 이해의 조건인 선입견을 살펴본다(III). 나아가 이러한 선입견의 근거가 되는 권위와 전통을 검토한다. 특히 여기에서는 전통의 존재방식에 해당하는 '고전'(Klassik)에 대해 자세하게 논의한다(IV). 그리고 나선 존재론적-해석학적 이해의 진행과정을 분석한다. 이때 해석학적 순환과 지평융합이 중심적으로 논의될 것이다(V). 이외에 존재론적-해석학적 이해의 실천성을 살펴본 후(VI), 존재론적-해석학적 이해의 전체 구조인 영향사적 의식을 분석하면서 해석학의 보편성 문제를 간단하게 언급하고(VII), 결론을 맺도록 한다(VIII). 다만 여기서 한 가지 덧붙이고 싶은 말은, 이 연구의 성격상 이 저술에서는 첫 번째에서 네 번째 쟁점을 중심적으로 검토하고, 나머지 쟁점은 간명하게 소개하는 데 그치려 한다는 것이다.[5]

II. 존재론적 해석학의 출발점

1. 근대 철학이 신뢰한 방법에 대한 비판: 딜타이의 방법론에 대한 비판

가다머의 존재론적 해석학은 근대 주체철학이 낳은 '방법에 대한 믿음

---

[5] 이 책은 일반철학 연구가 아니라 법철학 연구를 지향한다는 점을 상기할 필요가 있다.

'을 극복하는 것에 그 출발점을 둔다. 데카르트, 로크를 거쳐 칸트에 의해 종합된 근대 철학은 '주체철학'이라는 특징을 보인다.[6] 동시에 근대 철학은 올바른 방법을 사용함으로써 진리를 객관적으로 인식할 수 있다는 믿음을 갖고 있었다. 이 점은 합리주의의 대표자인 데카르트의 '방법적 회의'에서 확인할 수 있다. 데카르트는 일체의 방법을 회의함으로써, 다시 말해 기존에 사용해 오던 방법에 대해 판단중지를 함으로써 경험과는 무관한 참다운 선험적인 지식을 획득할 수 있다고 믿었다. 여기서 일체의 방법을 회의한다는 것은 방법 그 자체를 무시한다는 것은 아니다. 오히려 진리를 객관적으로 인식할 수 있도록 해주는 올바른 방법을 찾겠다는 것을 의미한다. 이는 곧 방법에 대한 믿음을 표현한 것이라고 말할 수 있다. 이러한 방법에 대한 믿음은 칸트의 선험적이면서 보편적인 판단범주에 수용되고,[7] 그 후 역사학파와 딜타이까지 이어진다.

랑케, 드로이젠으로 대표되는 19세기 독일의 역사학파는 역사를 '있는 그대로' 이해하려 했다.[8] 이를 위해, 특히 드로이젠은 '연구하는 이해'를 방법으로 제시하였다. 이들은 자연과학적인 연구방법을 통해 역사를 있는 그대로 이해할 수 있다고 믿었다.

이러한 경향은 딜타이에게서 마찬가지로 나타난다.[9] 원래 딜타이는 헤겔의 역사철학에 대한 역사학파의 문제의식을 이어받으면서도, 역사를 있는 그대로, 객관적으로 이해하려는 역사학파를 극복하고자 하였다. 그래서 딜타이는 자연과학과 정신과학을 구별하면서 자연과학에 대한 정

---

[6] 이 책 제2장 제1절 II.1. 참고.
[7] 칸트의 선험적 판단범주는 인식대상이 아닌 인식주체에게 주어진다는 점에서 주관적이지만, 모든 개별 인간에게 보편적인 모습으로 주어진다는 점에서 객관적인 성격을 띤다.
[8] 이 책 제2장 제1절 II.2. 참고.
[9] 이 책 제2장 제1절 II.3. 참고.

신과학의 독자성을 강조하였으며, 칸트의 순수이성 비판에 대응하여 역사이성 비판을 추구하려 하였다. 그리고 이해와 이를 바탕으로 한 해석학을 정신과학의 보편적인 방법으로 정립함으로써, 역사학파의 객관적 역사이해를 넘어서려 하였다. 즉 딜타이는 역사 또는 그 역사가 담긴 텍스트를 이해할 때 이해자의 '추체험'을 강조함으로써, 역사가 이해자의 체험과 무관한 것이 아님을 보여주고자 하였다.

그러나 가다머는 이러한 딜타이의 역사 이해도 근대 철학이 낳은 '방법에 대한 믿음'에서 벗어나지 못하고 있다고 진단한다. 위에서 언급한 것처럼, 딜타이는 한편으로는 헤겔의 역사철학을 극복하기 위해서, 다른 한편으로는 칸트의 순수이성 비판에 대응하여 역사이성 개념을 확립하기 위해 역사이성 비판을 시도하였다. 특히 딜타이는 역사를 '객관적인 정신'의 자기전개과정으로 파악했던 헤겔을 넘어서고자 하였다.10 그래서 딜타이는 역사학파가 제시한 '있는 그대로의 역사'를 수용하면서도, 역사학파가 간과했던 '체험'(Erlebnis)과 '생'(Leben)을 중요하게 고려하였다. 이를테면 딜타이는 "오늘날 우리는 생의 실재(Realität des Lebens)에서 출발해야 한다."고 말한다.11 이 때문에 딜타이는, 우리는 이러한 생의 실재를 이해하고 적절한 개념으로 서술해야 한다고 말한다. 이렇게 하면, 헤겔이 말한 객관적인 정신은 한편으로는 일반적이면서 세계정신의

---

10 그러나 헤겔이 제시한 절대정신을 반드시 '객관적인' 정신으로 이해해야 하는지는 의문이 든다. 이와는 달리 '상호주관적인' 정신으로 이해할 여지가 있는 것은 아닐까? 왜냐하면 헤겔이 그의 방법으로서 제시한 변증법은 <주체-객체 모델>이 전제로 하는 주체와 객체의 분리를 지양하고 있기 때문이다. 이에 관해서는 양운덕, 『헤겔철학에 나타난 개체와 공동체의 변증법』(고려대 철학박사 학위논문, 1990), 1쪽; 이렇게 본다면, 헤겔의 절대정신을 객관적인 것으로만 이해할 수는 없다고 생각한다. 절대정신의 운동 자체가 변증법적인 운동이기 때문이다.
11 W. Dilthey, *Gesammelte Schriften VII* (Leipzig, 1922), 150쪽; H.-G. Gadamer, 앞의 책, 215쪽에서 다시 인용.

본질인 이성이라는 근거를 통해 사라지고, 다른 한편으로는 언어, 양속(Sitte), 모든 삶의 형식과 유형 등과 같은 개념 구성을 통해 사라진다고 한다.12 여기서 전자는 '역사이성'을, 후자는 '생'과 '체험'을 지칭하는 것이라고 이해할 수 있다.

그러나 가다머는 이러한 딜타이의 작업이 과연 헤겔의 객관정신을 넘어선 것인지 의문을 제기한다.13 이 의문을 해결하기 위해, 가다머는 딜타이가 언급한 '생의 실재'에 주목한다. 원래 '실재'라는 개념은 객관적인 대상이 있음을 전제로 한 것이다. 다시 말해, 객관적으로 인식할 수 있는 대상이 우리의 외부세계에 존재할 때, 우리는 그 대상이 '실재'한다고 말한다. 이처럼 실재 개념은 어떤 대상의 객관적인 존재를 전제로 한다. 동시에 실재 개념은 그 대상을 인식할 수 있는 주체를 상정한다. 요컨대, 실재라는 개념은 근대 인식론이 설정한 <주체-객체 모델>에 바탕을 두고 있는 것이다.

그러면 이러한 실재 개념을 생에 적용해 본다. 그러면 딜타이가 언급한 '생의 실재'는 '생'을 우리가 이해할 수 있도록 대상화한 것이라는 점을 보여준다. 여기서 '생'이란 체험의 전체성을 지칭한 것으로 볼 수 있다. 그렇다면 이렇게 '생'을 실재로서 파악한다면, 바꿔 말해 '생'을 대상화한다면, 역사는 어떻게 파악될 수 있는가? 딜타이는 역사를 이해할 때 이해자의 생 또는 체험을 중요하게 여긴다. 왜냐하면 딜타이는 생과 체험을 통해 역사성이 구성된다고 보기 때문이다.14 이를 통해 딜타이는 헤겔의 관념적이고 이성중심적인 역사 이해를 극복하려 한다. 그러

---

12 H.-G. Gadamer, 앞의 책, 215쪽.
13 여기에서 전개하는 딜타이에 대한 가다머의 비판은 주로 H.-G. Gadamer, 앞의 책, 215-17쪽 참고.
14 다시 말해, 딜타이의 역사이성은 일반적인 세계정신으로서 일반성을 가지면서도, 생의 형식이라는 개별적이고 주관적인 성격을 보이기 때문이다.

나 가다머는 딜타이가 역사성을 '생의 실재'로 봄으로써 객관적인 역사이해를 극복하지 못했다고 한다. 왜냐하면 역사성을 '생의 실재'로 본다는 것은 역사성을 객관화·대상화한다는 것이 되는데, 이는 곧 역사성을 객관적인 이해대상으로 간주한다는 것을 의미하기 때문이다. 그래서 가다머는 딜타이가 역사성을 '생의 실재'로 파악함으로써, 결국 역사라는 세계정신을 객관화하고 말았다고 한다.[15] 이는 딜타이가 역사성을 정립하는 과정에서 여전히 데카르트적인 방법론에서 벗어나지 못했음을 보여준다.[16]

이처럼 딜타이는 헤겔의 역사철학과 역사학파의 역사이해를 극복하기 위해 자신의 역사이성을 '생의 실재'로부터 출발시키고 있지만, 객관적 방법이라는 토대에서 여전히 물러나지 않고 있다. 가다머는 바로 이것이, 딜타이가 정신과학의 해석학적 기초로서 제시한 역사성에 내재한 인식론적 문제점이라고 말한다.[17] 왜냐하면 가다머가 볼 때, 역사 또는 역사를 구성하는 '전승'(Überlieferung)은 이해자가 반성적 의식작용으로써 이해해야 할 대상이 아니기 때문이다.[18] 오히려 역사는 반성적 의식작용 앞에서 이해자 자신을 포함하고 있는 그 무엇이다. 바꿔 말하면, 역사는 우리가 인식해야 할 대상이 아니라, 오히려 우리 존재를 미리 구성해 주는 원천이다. 역사는 인식론의 대상이 아니라, 존재론의 대상이다. 그

---

15 H.-G. Gadamer, 앞의 책, 215쪽.
16 H.-G. Gadamer, 앞의 책, 228쪽; 이 점은 딜타이가 해석학 공식으로 제시한 표현에서도 찾을 수 있다. 딜타이는 이해자가 텍스트 저자 혹은 역사 속에 담긴 체험을 객관적으로 이해하기 위해서는, 그 체험이 표현을 통해 객관화되어야 한다고 말한다. 딜타이는 주관적인 체험이 객관화되지 않은 그 자체로는 이해될 수 없다고 본다. 이는 딜타이가 체험을 이해주체가 객관적으로 이해할 수 있다고 믿고 있었음을 반영하는 것이면서, 동시에 방법에 대한 신뢰를 갖고 있었다는 점을 말해준다.
17 H.-G. Gadamer, 앞의 책, 205쪽 아래.
18 H.-G. Gadamer, 앞의 책, XXIX쪽(Einleitung).

런데도 딜타이는 역사를 인식론의 관점으로 파악하고 있는 것이다. 그래서 가다머는, 딜타이는 결국 그가 헤겔의 역사철학과 더불어 극복하려 했던 역사주의로 다시 휩쓸려 들어가고 말았다고 진단한다.

또한 가다머는 이러한 딜타이의 역사성 분석이 '과학'(Wissenschaft)과 '생철학'을 분열시키는 결과를 낳았다고 평가한다.[19] 왜냐하면 딜타이는 역사성을 데카르트적인 방법론의 토대 위에서 고찰하는 반면, 정신과학에 대해 의미를 갖는 개별적이면서 일반적인 생경험은 단지 '개인적'(privativ)으로만 결정된다고 보기 때문이다. 다시 말해, 역사성은 '생의 실재'를 통해 구성되는데, 전자의 '역사성'은 인식론적·방법론적으로 고찰되는 반면, 후자의 '생경험'은 단지 개인적으로만 결정된다고 보기 때문이다. 이로써 과학과 생철학이 분열되는데, 이것 역시 역사성을 인식론적으로 접근한 결과라고 말할 수 있다.

2. 인식론적 해석학에서 존재론적 해석학으로

이처럼 정신과학을, 더 정확히 말해 역사성을 인식론적인 시각에서 방법적으로 분석하는 것에는 이미 내재적인 모순이 담겨 있다. 이러한 점에서 정신과학의 진리를 추구하기 위해 방법을 도입하는 것은, 달리 말해 '방법적 거리두기'를 하는 것은 정신과학의 대상이 지닌 내적 체험, 즉 '생'(Leben)의 모습을 적절하게 파악할 수 없게 한다.[20] 이 때문에 가다머는 특히 정신과학에서는 방법을 통해 진리에 접근할 수는 없다고 말한다.[21] 그래서 가다머는 딜타이가 정신과학의 보편적 방법으로서 수립한

---

19 H.-G. Gadamer, 앞의 책, 218쪽.
20 '방법적 거리두기'라는 표현은 이구슬, 『전통과 비판: 가다머와 하버마스의 해석학 논쟁』(서울대 철학박사 학위논문, 1994), 13쪽.
21 가다머는 이러한 방법에 대한 불신을 '해석학의 보편성'을 주장하면서 다른 과학

해석학을 극복할 수 있는 새로운 해석학을 정립하려 한다. 하이데거의 존재론에 바탕을 둔 존재론적 해석학이 바로 그것이다.

가다머는 정신과학 영역을 다루는 해석학은 텍스트를 과학적으로 인식하는 것이 되어서는 안 된다고 한다. 그 대신 해석학은 정신과학자가 자신의 방법적인 의식을 넘어서는 것으로서 진리라고 여기는 그 무엇 그리고 우리의 세계경험 전체를 구속하는 그 무엇과 '상호이해'(Verständigung)하는 것이어야 한다고 말한다.22 이때 그 무엇은 바로 '전통의 전승'이라고 달리 말할 수 있을 것이다.23

그렇다면 여기서 말하는 상호이해는 어떻게 이루어지는 것일까? 이에 관해 가다머는 상호이해란 전통을 대상이자 실체로 여기며 대화하는 것은 아니라고 한다. 오히려 그 대화는 전통의 전승 안에서 행해지는 것이라고 한다. 이를 달리 말하면, 우리가 정신과학의 영역에서 진리라고 이해하고 대화하는 것 자체가 바로 전통의 전승을 구성한다고 할 수 있다. 역사적 전승은 우리에게 인식론적으로가 아니라 존재론적으로 다가온다. 이는 곧 해석학이 인식론에서 존재론으로 전환해야 한다는 점을 뜻한다.

한편 가다머는 이러한 존재론적 해석학을 본격적으로 다루기 전에, 세계경험에 대한 이해가 존재론적으로 이루어진다는 점을 밝히기 위해 『진리와 방법』 제1장에서 예술경험에 대한 진리문제를 제기한다.24 이를 간략하게 정리하면 다음과 같다. 먼저 가다머는 예술경험을 다루는 미학이 칸트에 의해 주체화·형식화되었다고 문제를 제기한다. 칸트가

영역까지 확장한다. 이에 관해서는 H.-G. Gadamer, 앞의 책, 449쪽 아래 참고.
22 H.-G. Gadamer, 앞의 책, XXIX쪽(Einleitung).
23 그리고 이러한 전통의 전승이 우리의 세계경험 전체를 구속하는 것을 '영향사'라고 말할 수 있다.
24 H.-G. Gadamer, 앞의 책, 1-161쪽.

'심미안'(Geschmack)이 선험적으로 부여된다고 함으로써, 아름다움을 판단하는 기준을 예술작품이 아닌 주체로 옮겨놓았다는 것이다.25 이 때문에 예술작품의 아름다움은 그 안에 담겨 있는 다양한 내용을 통해 판단되는 것이 아니라, 형식적인 측면에 의해 판단된다고 한다. 즉 예술의 형식과 내용이 분리되는 것이다. 이를 통해 예술적 경험의 다양한 측면이 간과된다고 한다.

물론 가다머는 딜타이의 체험 개념이 등장함으로써 이렇게 주체화된 미학이 어느 정도 해소될 여지가 보인다고 한다.26 왜냐하면 가다머에 따르면, 딜타이는 일정한 텍스트를 이해할 때 칸트처럼 선험적 범주를 통한 인식을 강조하지 않고, 그 대신 텍스트에 담겨 있는 저자의 내적 체험을 추체험할 것을 강조하기 때문이다.27 이는 칸트에 의해 형식화된 미적 판단에서 벗어난다는 것을 의미한다. 그러나 딜타이의 체험은 그 자체가 객관화를 필요로 하므로, 역시 한계를 지니고 있다고 지적한다. 그래서 가다머는 예술작품을 존재론적으로 이해하려 한다. 이를 위한 한 예로서 '놀이'에 주목한다.28 그렇다면 어떻게 '놀이'가 존재론적인 예술작품 이해의 한 가지 예가 될 수 있을까?

예를 들어, 우리가 어떤 연극에 배우로서 참여한다고 하자. 연극배우로서 연극에 참여하는 것은 놀이의 한 예가 될 수 있을 것이다. 이때 우리는 연극을 어떤 대상으로 접하는 것이 아니다. 오히려 우리는 연극이라는 시간과 공간 안에서 연극 그 자체를 놀이한다. 우리는 연극과

---

25 H.-G. Gadamer, 앞의 책, 39쪽 아래.
26 H.-G. Gadamer, 앞의 책, 52쪽 아래.
27 예술작품은 예술가의 내적 체험을 다룬다는 점에서 정신과학의 영역에 해당한다. 또한 이러한 내적 체험은 일정한 텍스트를 통해 표현된다는 점에서 예술작품을 이해하는 과정은 텍스트를 이해하는 과정에 속한다고 말할 수 있다.
28 H.-G. Gadamer, 앞의 책, 97쪽 아래.

분리되지 않는다. 연극과 우리는 한 일체를 이룬다. 즉 인식론적으로 연극과 우리가 '인식대상'과 '인식주체'로서 분리되는 것이 아니라, 연극 안에서 존재론적으로 한 모습을 이룬다. 연극은 연극배우인 나를 통해 구성되고, 나는 연극 안에서 연극을 체험한다. 이는 운동경기에서도 마찬가지다. 예를 들어, 우리가 테니스 경기를 한다고 하자. 이 경우 우리는 테니스라는 운동경기를 지켜보는 것이 아니라, 우리 스스로가 테니스 경기를 창조하고 운영한다.

이와 같이 우리는 놀이를 통해 이러한 놀이대상과 순환적인 관계를 맺는 일정한 통일체를 만들어낼 수 있다. 다시 말해 우리는 놀이를 통해 놀이대상에 존재론적으로 참여할 수 있다. 그러면 이러한 놀이 개념은 예술작품을 이해하는 과정에도 적용할 수 있을까? 다시 연극의 예를 들어보자. 만약 우리가 배우가 아닌 관객으로 연극에 참여한다면, 언뜻 생각할 때 이러한 놀이 개념이 여기에는 적용되기 어려울지도 모른다. 그러나 연극의 관객도, 연극배우처럼 그 역할이 직접 드러나는 것은 아니지만, 이러한 연극에 구성원으로서 참여하고 있다고 보아야 한다. 왜냐하면 본래 연극은 자기목적적인 것이 아니라, 상연을 전제로 만들어지는 것이기 때문이다. 달리 말해, 연극은 바로 관객을 전제로 한다. 이는 다른 음악, 미술과 같은 예술작품에서도 마찬가지다. 또한 관객은 자신의 관점에 따라 연극을 이해하기 때문에, 연극은 관객의 관점에 따라 새롭게 창조될 여지가 있다. 이렇게 볼 때, 모든 예술작품을 감상한다는 것은 그 예술작품에 놀이의 형태로 참여한다는 것을 의미한다. 요컨대, 우리가 예술작품을 경험할 때 진리는 주체화된 판단으로써 획득되는 것이 아니라, 놀이라는 존재론적 참여로써 드러난다.[29]

---

[29] 이러한 '놀이'라는 관점은 예술작품을 이해하는 데뿐만 아니라, 법률을 해석하고 이를 적용하는 과정에서도 적용될 수 있다. 예를 들어, 독일의 하세머(W.

이렇게 가다머는 놀이를 통해 예술작품을 존재론적으로 경험할 수 있다고 말한다. 그렇다면 우리가 텍스트를 이해하고 해석하는 것은 어떤가? 이것 역시도 예술작품처럼 존재론적으로, 다시 말해 우리가 텍스트에 참여하는 과정을 통해 이루어진다고 말할 수 있을까?

III. 이해의 조건으로서 선입견

1. 하이데거가 밝힌 이해의 선구조

특정한 텍스트를 이해하거나 해석하는 과정은 인식론의 차원이 아닌 존재론의 차원에서 이루어진다는 주장이 성립하려면, 이해주체와 이해대상은 서로 분리되지 않는다는 점을 전제로 해야 한다. 다시 말해, 이해주체와 이해대상은 서로 불가분의 관계를 맺고 있다는 점, 텍스트를 이해하는 것이란 이해자의 존재방식, 즉 이해자가 이해하고자 하는 대상과 어떤 관계를 맺고 있는지, 더욱 넓게 말해 이해자가 이 세계 안에서 어떤 상황에 놓여 있는가를 드러내는 과정이라는 점을 전제로 한다. 가다머는 이러한 전제를 충족하기 위해 자신의 스승인 하이데거의 존재론적 이해, 특히 '이해의 선구조'와 '해석학적 순환'을 수용한다.

이미 살펴본 것처럼, 하이데거는 이해를 현존재의 존재방식으로 본다.[30] 또한 하이데거는 현존재가 그 무엇을 이해할 때, 그곳에는 이해의

Hassemer) 교수가 제시한 '장면적 이해'(szenisches Verstehen)나 이상돈 교수가 이러한 장면적 이해 개념을 수용하여 발전시킨 '마당적 이해'도 바로 이러한 놀이 개념의 관점을 반영한 것이라고 이해할 수 있다. 하세머 교수의 '장면적 이해'에 관해서는 W. Hassemer, *Einführung in die Grundlagen des Strafrechts* (München, 1990), 123-24쪽; 이상돈 교수의 '마당적 이해'에 관해서는 이상돈, 『법이론』(박영사, 1996), 229쪽 아래 참고.

선구조가 있다는 점도 보여주었다.³¹ 이러한 이해의 선구조는 현존재가 그 자신이 이해하고자 하는 도구 또는 대상과 맺고 있는 관계를 반영한다. 즉 이해의 선구조는 이해자인 현존재가 이해대상과 분리되어 있지 않다는 점을 보여준다. 또한 하이데거는 현존재가 수행하는 이해와 해석이 이해대상과 일정한 순환관계를 맺고 있다는 점을 밝혀주었다. 이를 '해석학적 순환'이라고 한다는 점은 이미 앞에서 본 바와 같다. 하이데거는 이러한 해석학적 순환을 우리가 피해야 할 그 무엇으로 파악하지 않는다. 오히려 우리가 적극적으로 받아들여야 할 근원적인 인식의 가능성으로 본다.³²

가다머는 하이데거가 제시한 이해의 선구조, 구체적으로 말해 '앞서 가짐'(Vorhabe), '앞서 봄'(Vorsicht), '앞서 잡음'(Vorgriff)과 해석학적 순환을 긍정적으로 평가한다.³³ 그러면서 이를 '선입견'(Vorurteil) 개념에 포섭한다. 그리고 가다머는 선입견을 이해의 조건으로서 적극적으로 정립한다. 그런데 일상언어적인 감각에서 볼 때, 선입견은 우리가 특정한 대상을 정확하게 인식하거나 이해하기 위해서는 피해야 할 그 무엇으로 취급된다. 그렇다면 과연 어떻게 선입견이 텍스트를 이해하는 과정에서 긍정적인 역할을 수행할 수 있는 것일까?

2. 이해의 조건으로서 선입견

(1) 의의

가다머에 따르면, 선입견은 우리가 수행하는 모든 이해의 전제조건이

---

30 이 책 제2장 제1절 III.3. 참고.
31 H.-G. Gadamer, 앞의 책, 250쪽.
32 H.-G. Gadamer, 앞의 책, 251쪽.
33 가다머는 하이데거의 해석학적 순환을 '지평융합'이라는 형식으로 수용한다.

된다.[34] 우리는 이러한 선입견을 배제하고 그 무엇을 이해할 수는 없다. 우리는 어떤 대상이나 텍스트를 우리가 이미 선험적-존재론적으로 그 대상에 대해 갖고 있는 선입견에 따라 이해하고 해석한다. 가다머에 따르면, 우리는 원래부터, 데카르트가 강조한, 일체의 선입견으로부터 벗어난 확실한 인식과 이해를 할 수는 없다. 그렇기 때문에 이러한 선입견은 이해자의 존재론적 선구조가 된다.

(2) 선입견이 지닌 두 가지 특성

가다머가 정립한 이러한 선입견에는 두 가지 특성이 담겨있다. 첫째는 선험적인 성격이고, 둘째는 존재론적인 성격이다. 첫째, 가다머의 선입견은 선험적인 성격을 갖는다. 여기서 선험적이라는 말은 이해자가 어떤 대상이나 텍스트를 경험적으로 인식하기 이전에 이미 선입견이 이해자에게 주어져 있다는 점을 뜻한다. 이러한 측면에서 선입견은 칸트의 선험적 범주론과 딜타이의 체험 그리고 후설의 선험적 자아와 공통점을 갖는다. 그러나 동시에 다음과 같은 차이점을 보이기도 한다.

먼저 칸트의 선험적 범주론과 가다머의 선입견을 비교한다. 칸트가 『순수이성비판』에서 전개한 선험적 범주론은 선험적인 성격을 띠는 동시에 형식적인 속성을 보인다. 왜냐하면 선험적 범주가 특정한 내용을 갖고 있는 것은 아니기 때문이다. 오히려 선험적 범주는 인간에게 보편적으로 주어진 보편타당한 형식적인 인식틀이다. 이에 반해 선입견은 어떤 인식이나 이해를 할 수 있게 하는 형식적인 틀이 아니다. 그 대신 선입견은 특정한 이해 내용을 미리 담고 있다. 이러한 점에서 선험적 범주가 형식적인 것이라면, 선입견은 내용적인 것이라고 말할 수 있다.

---

34 여기에서 전개하는 내용은 가다머의 선입견에 대한 필자의 이해와 해석에 바탕을 둔 것이다.

그뿐만 아니라, 칸트의 선험적 범주는 말 그대로 경험과는 무관한데 반해, 선입견은 이해자가 텍스트를 이해하기 이전에 역사적으로 형성된 '전승'이라는 경험 형태를 반영한다.

다음 딜타이의 체험 개념과 가다머의 선입견을 비교한다. 딜타이는 체험이 이해자의 주관적인 반성적 능력에 의해 형성되는 것은 아니라고 한다. 체험은 이해자에게 직접 주어진다고 한다. 그 때문에 체험은 선험적이다. 이러한 측면에서 딜타이의 체험과 가다머의 선입견은 공통점을 보인다. 그러나 이미 가다머가 지적한 것처럼,[35] 딜타이의 체험이 개인적인 성격을 띠는 반면, 가다머의 선입견은 집단성을 보인다는 점에서 양자는 차이가 있다.[36]

마지막으로 후설이 전개한 의식의 지향성 및 선험적 자아 개념과 가다머의 선입견을 비교한다.[37] 우선 의식의 지향성은 주체와 객체를 서로 연결한다는 점에서 가다머의 선입견과 비슷하다. 선입견도 해석학적 순

---

[35] H.-G. Gadamer, 앞의 책, 218쪽.
[36] 왜냐하면 선입견은 권위와 전통이라는 집단적인 속성에 근거를 두기 때문이다.
[37] 여기서 다시 후설의 현상학을 검토하면, 우선 선험적 현상학을 전개한 후설은 현상학의 출발점으로서 '의식의 지향성'을 제시한다. 의식의 지향성이란 인간의 지닌 의식은 항상 일정한 지향성을 갖는다는 점을 말한다. 예를 들어, 우리가 어떤 사물, 구체적으로 말해 망치를 의식한다고 하자. 이 경우 우리가 망치라는 개념을 의식할 수 있는 이유는 망치라는 개념이 우리에게 어떤 의미가 있기 때문이다. 다시 말해, 우리는 망치 사용이라는 지향점 아래서 망치를 의식한다. 이처럼 우리의 의식은 항상 일정한 지향성을 띠고 있다. 그러면 이러한 의식의 지향성은 근대 인식론에 따를 때 어떤 의의가 있는가? 이는 의식대상과 의식작용이 서로 분리될 수 없음을 말한다. 바꿔 말해, 의식하는 주체와 의식대상인 객체는 서로 독립해서 있을 수 없다는 것이다. 왜냐하면 주체는 대상과 관련을 맺음으로써만 그 대상을 의식할 수 있기 때문이다. 또한 후설은 모든 의식을 가능하게 하는 근원으로서 선험적 자아를 인정한다. 선험적 자아는 판단중지와 현상학적 환원을 통해 도달할 수 있는 모든 의식의 근원이다. 그러나 이미 지적한 것처럼, 선험적 자아는 실체로서 존재하는 자아를 지칭하는 것은 아니다. 그게 아니라 선험적 자아는 상호주관적으로, 더욱 구체적으로 말하면 상호주관적인 언어공동체를 통해 형성되는 그 무엇이다.

환 등을 통해 이해주체와 이해대상을 연결하기 때문이다. 또한 선험적 자아는 모든 의식의 전제조건이 된다는 점에서 가다머의 선입견과 유사하다. 다만 후설의 선험적 자아와 가다머의 선입견 사이에서 볼 수 있는 차이점은, 가다머가 존재론의 관점에서 선입견을 바라보는 반면, 하이데거가 후설을 비판하는 것처럼, 후설은 아직 선험적 자아라는 주체의 관점에서 의식의 지향성을 파악하고 있다는 것이다.

둘째, 가다머의 선입견은 존재론에 입각하고 있다.[38] 따라서 이해자가 인간이라는 현존재로서 일정한 존재방식을 갖추고 있는 한, 이해자는 이러한 선입견으로부터 벗어날 수 없다. 선입견은 이해자에게 이해의 존재론적 선구조로서 이미 전제되어 있기 때문이다.[39]

3. 선입견의 일상적인 의미: 계몽주의에 의한 선입견 불신

(1) 문제 상황

이처럼 가다머는 선입견을 이해의 조건으로서 적극적으로 받아들인다. 그러나 일상적인 감각에서 볼 때, 선입견은 이러한 적극적이고 긍정적인 이미지를 확보하고 있지는 않다. 오히려 우리가 극복해야 하는 그 무엇으로 각인되고 있다. 그러면 무엇 때문에 우리는 선입견을 우리가 떨쳐 버려야 하는 대상으로 파악하는 것일까? 이러한 물음에 대해 가다머는 근대 계몽주의가 낳은 이성중심적인 사고를 대답으로 제시한다.[40]

---

[38] 하이데거의 기초존재론을 말한다. 이를 전통적인 의미의 실체존재론으로 이해해서는 안 된다.
[39] 한편 선입견은 주체적인 인식이나 이해에만 관련되어 있는 것은 아니다. 다시 말해, 선이해는 텍스트에 대한 선지식만을 의미하는 것은 아니다. 선입견은 텍스트에 대한 이해자의 태도나 이해자가 처한 상황과도 관련을 맺기 때문이다. 물론 그렇다고 해서 선입견을 단순히 우리가 일상적으로 파악하는 그러한 개념으로 이해해서도 안 된다. 선입견은 이해의 존재론적 조건으로서 일상적인 의미 그 이상을 담고 있기 때문이다.

(2) 계몽주의에 의한 선입견 불신

볼테르, 루소 등을 거쳐 칸트, 헤겔에 의해 완성된 계몽주의는 인간을 이성적 능력을 지닌 주체로 인정하고, 이러한 인간의 이성적 능력을 통해 역사가 발전할 수 있다고 믿었다. 이러한 계몽주의는 중세시대를 거쳐 르네상스 시대 이후까지 계속해서 영향력을 행사한 가톨릭교회의 권위와 당시 절정에 달해 있던 절대왕정에 대항하는 이념으로서 과학혁명, 종교개혁, 사회계약론 등과 더불어 등장하였다.[41] 막스 베버(M. Weber)의 표현을 빌려 말하면, 계몽주의는 이성으로써 사회를 탈주술화·탈신비화하고자 하였다. 이처럼 계몽주의는 당시 유럽을 지배하고 있던 종교와 절대왕정 그리고 절대왕정의 이념적 기초가 되었던 왕권신수설의 권위에 대항하고자 하였기에 권위를 이성으로 극복해야 할 그 무엇으로 여겼다. 이와 동시에 이성에 바탕을 두지 않은 선입견을 잘못된 편견으로 보아, 우리가 뛰어넘어야 할 인식의 장애물로 보았다.[42]

(3) 낭만주의의 계몽주의 비판

이러한 이성중심적인 계몽주의는 19세기에 접어들어 낭만주의가 등장하면서 비판을 받게 된다. 문화와 예술 각 방면에서 전개된 낭만주의

---

40 H.-G. Gadamer, 앞의 책, 256쪽 아래.
41 사회계약론에 관해서는 심재우, "Thomas Hobbes의 법사상", 『법사상과 민사법: 현승종 박사 화갑기념논문집』(1979), 61쪽 아래; 심재우, "Rousseau의 법철학", 『법률행정논집』(고려대) 제19집(1981. 12), 1쪽 아래 참고.
42 우리는 이러한 계몽주의 사고의 일단을 데카르트와 칸트 그리고 헤겔에게서 찾아볼 수 있다. 데카르트는 『방법서설』에서 명석판명한 확실한 인식에 도달하기 위해 일체의 판단을 중지하고, 모든 편견과 선입견으로부터 자유로워질 것을 강조한다. 칸트는 "계몽이란 무엇인가"라는 저술에서 "내 자신의 오성을 사용할 수 있는 용기를 가지"라고 한다. 또한 헤겔은 역사를 의식이 절대정신을 향해 변증법적 운동과정을 통해 발전해 나가는 과정으로 정립한다. 이때 절대정신은 이성이 최종적으로 완성된 형태를 의미한다.

는 계몽주의의 영향을 받아 엄격한 형식적 합리성을 추구한 고전주의와는 달리,[43] 인간이 지닌 풍부한 감정과 자유의지를 강조하였다. 그뿐만 아니라, 낭만주의는 이성중심적인 계몽주의에 반발하면서도, 신화가 지닌 종교적인 구속력에 더 이상 얽매이지 않았다.[44] 가다머는 이러한 낭만주의를 '시인의 행위'라고 말하기도 한다.[45]

한편 이렇게 계몽주의에 반발하여 등장한 낭만주의는 19세기에 역사학파가 형성되는 데 영향을 미쳤다. 그리고 낭만주의가 이성을 중시하는 쪽에서 감정과 자유의지를 중시하는 쪽으로 사고방식을 전환하고자 한 것은 역사학파에도 그대로 수용되었다.[46] 그 결과 계몽주의에 의해 간과되었던 '체험'이나 '있는 그대로의 역사성'이 정신과학이라는 이름 아래 학문의 영역으로 편입되었다. 이러한 낭만주의와 역사학파의 노력과 작업에 의해 이성이 극복해야 할 대상으로 여겼던 선입견 그리고 권위 등이 비로소 긍정적으로 평가될 여지가 생긴 것이다.

(4) 낭만주의의 한계

그러나 낭만주의와 역사학파는 여전히 계몽주의의 테두리에서 벗어나지는 못하였다. 왜냐하면 가다머가 적절하게 지적하고 있는 것처럼,[47] 역사학파는 '객관적 인식을 향한 역사세계의 전진'이라는 도그마틱적

---

43 예컨대 음악에서 하이든, 모차르트를 거쳐 베토벤에 의해 완성된 고전파 양식을 언급할 수 있다. 고전파 양식은 엄격하고 객관적인 형식미를 추구하였다. 가령 고전파 시대에 완성된 소나타 형식은 이러한 엄격한 형식미를 잘 반영하고 있다. 이와 관련하여 서구의 형식적 합리화 과정을 음악영역에서 분석한 연구로서 M. Weber, 이건용 (옮김), 『음악사회학』(민음사, 1993) 참고.
44 H.-G. Gadamer, 앞의 책, 259쪽.
45 왜냐하면 낭만주의는 자유로운 구상력(Einbildungskraft)을 창조하기 때문이다.
46 H.-G. Gadamer, 앞의 책, 259쪽.
47 H.-G. Gadamer, 앞의 책, 259쪽.

구속으로부터 정신을 자유롭게 하는 것을 '계몽주의의 완성'으로 이해했기 때문이다. 바로 이러한 점에서 낭만주의와 역사학파 아래에서도 선입견은 아직 긍정적인 의미를 완전하게 획득하지 못하고 있었다.

IV. 선입견의 근거로서 권위와 전통

1. 가다머의 계몽주의 비판

(1) 계몽주의에 대한 두 가지 비판근거

앞서 본 것처럼, 선입견은 계몽주의에 의해 우리가 벗어던져야 할 그 무엇이 되었다. 이후 비록 낭만주의에 의해 이러한 경향이 다소 완화되기는 했지만, 선입견은 여전히 부정적인 뉘앙스를 풍기고 있었다.[48] 그렇지만 가다머는 이러한 계몽주의를 다음과 같은 근거로써 비판하면서, 선입견을 긍정적인 것으로 바꾸고자 하였다. 가다머가 원용한 비판근거는 두 가지로 언급할 수 있다. 첫째는 가다머 해석학의 이론적 기초가 되는 하이데거의 기초존재론이다. 하이데거가 제시한 '이해의 선구조'와 '해석학적 순환'은 선입견을 긍정적으로 근거 짓는 데 필요한 이론적 가능성을 제공한다. 둘째는 계몽주의가 부르짖은 이성의 우위도 선입견의 일종일 수 있다는 점이다. 가다머는 말한다.

---

48 이 점은 낭만주의 해석학자로서 보편적 해석학을 추구한 슐라이어마허에게서도 발견할 수 있다. 왜냐하면 슐라이어마허는 선입견을 오해의 근원으로 보았기 때문이다. 더욱 구체적으로 말하면, 슐라이어마허는 '오해'(Missverstehen)의 근원으로서 '편파성(Befangenheit)'과 '성급함(Übereilung)'을 구별한다. 슐라이어마허에 따르면, 편파성은 '지속적인 선입견'을 형성한다. 이에 반해 성급함은 '순간적인 판단의 잘못'(momentanes Fehlurteil)을 구성한다. 이에 관해서는 H.-G. Gadamer, 앞의 책, 262쪽 참고.

"여기에는 역사적 해석학을 비판적으로 수행하기 위해 준수해야 하는 다음과 같은 관점이 놓여 있다. 즉 이렇게 모든 선입견을 극복해야 한다고 모든 계몽주의가 요구하는 바가 그 자체 선입견에 해당한다는 점이다. 이러한 선입견을 고쳐야만 비로소 우리 인간존재뿐만 아니라, 우리의 역사적 의식까지 지배하는 유한성을 적절하게 이해할 수 있게 해주는 길이 열린다."[49]

그런데 여기서 한 가지 의문이 떠오른다. 어떻게 계몽주의의 이성중심주의가 선입견의 일종에 해당할 수 있는 것일까? 이에 대한 대답은 도덕과 윤리 문제에서 찾을 수 있다.[50] 이를 칸트의 실천이성론을 중심으로 하여 해명하면 다음과 같다.[51] 먼저 칸트의 실천이성론을 살펴본다. 칸트는 실천이성, 즉 도덕적 이성을 의무론의 관점에서 정초한다. 그래서 칸트의 윤리이론을 '의무론적 윤리이론'이라고 부르기도 한다.[52] 칸트에 따르면, 이 세계에는 자연법칙과 더불어 도덕법칙이 존재한다. 도덕법칙은 인간이 지켜야 할 보편타당한 법칙이다. 그런데 자연법칙과는 달리 도덕법칙은 인간에게 필연적으로 주어지지 않는다. 왜냐하면 인간은 이러한 도덕법칙을 단지 자율적으로만 준수해야 하기 때문이다. 법과는 달리, 도덕법칙에는 강제력이 없다.[53] 따라서 도덕법칙은 항상 가언명령

---

[49] H.-G. Gadamer, 앞의 책, 260쪽.
[50] H.-G. Gadamer, 앞의 책, 263쪽.
[51] 아래에서 전개하는 분석은 필자의 이해와 해석에 바탕을 둔 것이다. 칸트의 실천이성론에 관해서는 우선 I. Kant, 최재희 (역), 『실천이성비판』(박영사, 1975), 19쪽 아래 참고.
[52] 의무론적 윤리이론의 특징을 한 마디로 표현하면, "너는 할 수 있기 때문에 해야 한다."라고 말할 수 있다. 이러한 의무론적 윤리이론과 이에 대비되는 목적론적 윤리이론에 관해서는 우선 Hans Jonas, *Das Prinzip Verantwortung* (Frankfurt/M., 1989), 230-31쪽 참고; 한스 요나스(H. Jonas)의 책임구상을 분석하는 연구로는 양천수, "책임구상의 다양한 지평: 한스 요나스의 책임원칙을 예로 하여", 『안암법학』 제30호(2009. 9), 147-81쪽 참고.

이 아닌 '정언명령'(kategorischer Imperativ)으로 인간에게 부과된다. 그런데 칸트에 따르면, 인간은 존엄한 존재로서 선의지를 지니고 있기에 이러한 도덕법칙을 준수할 수 있는 능력을 지니고 있다. 결국 칸트가 볼 때, 인간은 존엄한 존재로서 선의지를 통해 정언명령 형식으로 던져지는 도덕법칙을 자율적으로 준수할 수 있기 때문에 이 도덕법칙을 준수해야 한다.

여기서 칸트의 도덕이론을 잘 검토하면, 이 이론은 인간이 이성적인 존재라는 점을 전제하고 있음을 발견할 수 있다. 문제는 인간이 이성적인 존재라는 점을 과연 어떤 방법으로 검증할 수 있는가 하는 것이다. 그러나 이 문제는 이미 실천이성이 지닌 특성 자체에서 확인할 수 있는 것처럼, 경험을 통해 증명할 수 있는 것이 아니다. 이것은 선험적으로 그리고 의무론적으로 전제된 것에 불과하다. 그러므로 여기서 우리는 이러한 결론을 내릴 수 있다. 인간이 실천이성을 지닌 존엄한 존재라는 언명은 검증할 수 없는 전제이자 믿음이라는 것이다. 달리 말해, 인간이 이성적인 존재라는 것도 한 가지 선입견에 해당한다는 것이다.

(2) 가다머의 계몽주의 비판이 갖는 의미

이와 같이 가다머는 계몽주의를 비판하고 선이해의 명예를 회복하려 한다. 그러면 이러한 가다머의 작업에는 어떤 의미가 있을까? 가다머는 계몽주의가 표방한 선입견 극복을 비판하고 있으므로, 마찬가지로 계몽주의를 비판한 니체, 아도르노 등과 같은 맥락에 선다고도 할 수 있다. 다만 니체가 "신은 죽었다."는 언명을 통해 그리고 아도르노가 '계몽의 변증'을 통해 이성을 극단적으로 비판한 것과는 달리,[54] 가다머는 단지

---

53 이러한 점에서 도덕과 법은 구별된다. 도덕과 법의 구별에 관해서는 우선 Kurt Seelmann, *Rechtsphilosophie* (München, 1994), 73쪽 아래 참고.

선입견의 명예를 회복하기 위해 계몽주의를 비판한다. 따라서 가다머를 극단적인 이성비판자, 즉 포스트모던 계열의 한 사람으로 파악할 수는 없다고 생각한다.[55] 왜냐하면 가다머는 이성이 할 수 없는 영역을 보여주기 위해서 계몽주의를 비판했기 때문이다. 이 점은 아래에서 다루는 '권위의 인정'에서도 잘 드러난다.[56]

2. 선입견의 근거인 권위와 전통의 명예회복

위에서 본 것처럼, 가다머에 따를 때 계몽주의가 추구한 선입견 극복 역시 선입견의 일종에 지나지 않는다. 따라서 하이데거의 존재론적 이해 개념이 드러내는 것처럼, 인간이 행하는 모든 이해는 선입견에서 벗어날 수 없다. 선입견은 모든 이해의 조건이 된다. 그러면 이러한 선입견은 어떻게 형성되는 것일까? 선입견의 근거는 무엇일까? 이러한 물음에 대해 가다머는 권위와 전통을 그 해답으로 내놓는다.[57]

(1) 개념 비교

가다머에 따르면, 권위와 전통이 선입견의 근거가 된다. 여기서 권위와 전통은 어떤 개인에게만 한정되는 그 무엇이 아니다. 다시 말해, 권위와 전통은 개인적이면서 주관적인 성격의 것이 아니다. 권위와 전통은

---

[54] F. W. Nietzsche, 강영계 (옮김), 『차라투스트라는 이렇게 말했다』(지식을만드는지식, 2012); M. 호르크하이머·T. 아도르노, 김유동 (역), 『계몽의 변증법』(문학과지성사, 2001); 한편 아도르노의 사상을 잘 소개하는 문헌으로는 H. Scheible, 김유동 (옮김), 『아도르노』(한길사, 1997) 참고.
[55] 니체를 이러한 관점에서 이해하면서도, 니체로부터 생산적인 대안을 찾고자 하는 시도로는 질 들뢰즈, 박찬국 (옮김), 『들뢰즈의 니체』(철학과현실사, 2007) 참고.
[56] 가다머는 권위가 상대방의 합리적인 승인을 통해 형성된다고 본다. H.-G. Gadamer, 앞의 책, 263쪽 아래.
[57] H.-G. Gadamer, 앞의 책, 261쪽 아래.

개인을 넘어서는 것으로서 개인과 개인을 연결하는 집단성, 전체성을 띤다. 이러한 점에서 가다머의 선입견은 딜타이가 강조한 체험이나 하이데거가 제시한 이해의 선구조와 차이를 보인다. 이를 더욱 상세하게 살펴보도록 한다.

첫째, 딜타이의 체험과 가다머의 선입견을 비교한다.[58] 딜타이가 강조하는 체험은 역사성을 형성하는 중요한 요소이자 텍스트를 이해할 때도 빼놓을 수 없는 구성요소이다. 따라서 텍스트 이해자가 텍스트를 이해하려면, 텍스트에 담겨 있는 저자의 체험을 추체험해야 한다. 그런데 가다머는 딜타이가 체험을 개인적인 것으로 여기고 있다고 한다. 그 결과 딜타이는 체험을 통해 형성되는 역사성을 사유화하고 말았다고 비판한다.[59] 그러나 가다머는 선입견이 단지 개인적인 것은 아니라고 한다. 오히려 선입견은 권위와 전통과 같은 사회 전체의 그 무엇을 반영한다고 말한다. 말을 바꾸면, 선입견은 전통이 담고 있는 역사성, 즉 '영향사적 의식'을 반영한다는 것이다. 그런데 가다머의 말을 빌리면, 역사가 우리에게 속하는 것이 아니라, 우리가 역사에 속한다.[60] 역사는 개인을 넘어선다.

둘째, 하이데거가 제시한 이해의 선구조와 가다머의 선입견을 비교한다. 하이데거가 내놓은 이해의 선구조는 세계에 내던져진 현존재가 갖고 있는 실존론적 특성이다. 현존재는 세계 안에서 다른 도구나 사물, 존재자 등과 유의미성에 따라 관계를 맺으면서 이해하고 해석하는데, 이때 항상 이해의 선구조에 따라 다른 그 무엇을 이해하고 해석한다. 그런데

---

58 이 점은 이미 이 책 제2장 제2절 III.2.(2)에서 살펴보았지만, 가다머의 선입견이 지닌 특징을 부각시킨다는 점에서 다시 간략하게 살펴보도록 한다.
59 H.-G. Gadamer, 앞의 책, 261쪽.
60 H.-G. Gadamer, 앞의 책, 261쪽.

하이데거에 의하면, 이해의 선구조는 세계에 내던져진 현존재의 실존론적인 특성에서 어쩔 수 없이 나타난다. 다시 말해, 이해의 선구조는 현존재가 지닌 <세계-내-존재>라는 성격에서 비롯된다. 그러면 현존재가 <세계-내-존재>라는 점, 현존재가 세계에 내던져졌다는 점, 즉 '현존재의 현사실성'은 어디에서 비롯하는가? 이에 관해 하이데거는 명확한 답을 주지 않는다. 단지 이것은 근거지울 수 없고, 추론할 수 없는 것이라 한다.[61] 이러한 하이데거의 변명에서 우리는 하이데거가 현존재의 우선성에 강조점을 두어 이해의 선구조를 전개하고 있음을 읽을 수 있다. 그리고 바로 이러한 측면에서 현존재라는 개인이 아닌, 권위와 전통에서 선입견을 추출하려는 가다머의 선입견과 차이를 보인다.

(2) 권위와 전통의 의의

이처럼 딜타이-하이데거와는 달리, 권위와 전통을 통해 선입견이 형성된다면, 가다머가 말하는 권위와 전통은 과연 무엇인가? 양자는 어떤 관계에 놓이는가?

우선 권위부터 살펴본다. 일상적인 의미에서 볼 때, 권위는 선입견과 마찬가지로 부정적인 뉘앙스를 띤다. 이것 역시 계몽주의가 낳은 산물이라고 볼 수 있다. 계몽주의는 이성과 권위를 대립시키고, 권위를 극복해야 할 그 무엇으로 보았기 때문이다.[62] 그런데 계몽주의가 권위를 이성에 대립하는 것으로 본 이유는 권위를 권력과 같이 상대방을 그 의사에 상관없이 복종시키는 힘으로 파악했기 때문이 아닌가 한다. 그러나 가다머는 선입견의 근거가 되는 권위를 일상적인 권력 개념과 같은 부정적인 의미로 이해하지 않는다. 그 대신 가다머는 권위를 다음과 같이 긍정적

---

61 H.-G. Gadamer, 앞의 책, 240쪽.
62 H.-G. Gadamer, 앞의 책, 261쪽.

으로 이해한다.

"그러나 개인들에게 미치는 권위는 복종행위와 이성포기행위에 최종적인 근거를 두지 않는다. 오히려 말하자면, 상대방이 판단과 관점이라는 점에서 뛰어나다는 것 그래서 자신의 판단을 넘어선다는 것, 즉 자신의 판단보다 우월하다는 점을 승인하고 인식하는 것에 근거를 둔다. (…) 그렇다. 권위는 바로 복종과 관련을 맺는 것이 아니라, 인식과 관련을 맺는다."[63]

이와 같이 권위가 일방적인 복종이 아니라 합리성에 근거를 둔 인식과 승인에 의해 형성된다면, 이제 권위는 이성과 대립하는 그 무엇으로 간주할 수 없다. 오히려 우리가 어떤 권위를 인정한다는 것은, 그 권위가 담고 있는 우월성을 인식하고 승인한다는 것을 뜻한다. 그래서 가다머는 말한다.

"그래서 권위는 언제나 다음과 같은 주장을 통해 승인된다. 권위가 말하는 바는 비이성적인 자의가 아니라, 오히려 원칙적인 것으로 간주될 수 있다는 것이다. 교육자, 상급자, 전문가들이 요구하는 권위의 본질은 바로 이러한 점에 놓여 있다."[64]

이상의 논증을 통해 우리는 한 가지 결론에 도달한다. 선입견의 근거를 이루는 권위는 이성과 대립하는 반이성적인 것이 아니라는 점이다. 우리가 어떤 것에 대해 권위를 인정하는 것은 인식과 승인에 근거를 둔 합리적인 행위라는 것이다. 그러므로 선입견도 자의적인 것이 아니라,

---

63 H.-G. Gadamer, 앞의 책, 263-64쪽.
64 H.-G. Gadamer, 앞의 책, 264쪽.

인식과 승인을 통해 형성된, 말하자면 설득력 있는 것이 된다.

그렇다면 전통은 어떤 의미를 갖는가? 일반적으로 우리는 전통을 과거로부터 현재로 전승되어 내려오는 그 무엇으로 이해한다. 그런데 바로 이러한 특징 때문에, 전통은 보통 진보에 반대되는 보수적인 의미를 갖는다. 그래서 근대 계몽주의는 권위와 더불어 전통을 극복해야 할 대상으로 삼았다. 그러나 가다머는 전통에 대한 이러한 이해 역시 거부한다. 그 대신 가다머는 합리적인 인식과 승인행위를 통해 형성되는 권위의 가장 대표적인 경우가 바로 전통이라고 말한다.[65] 왜냐하면 가다머가 볼 때, 낭만주의가 계몽주의를 비판하면서 변호하려 했던 권위의 형태가 곧 전통이기 때문이다.[66] 따라서 가다머에 의할 때, 전통은 단순한 인습이 아니다. 그 대신 '전승'(Überlieferung)과 '관습'(Herkommen)을 담고 있는 전통은, 이를테면 현실적인 풍속(Sitten)을 근거 짓는 적극적인 역할을 한다. 그래서 가다머는 아리스토텔레스를 인용하면서, 고대 윤리학이 전통을 근거로 하여 윤리가 정치에 개입하는 것을 정당화했다는 점에서 근세 도덕철학보다 우월하다고 본다.[67] 그러면서 계몽주의에 대응하여 전통을 변호하려 했던 낭만주의를 긍정적으로 평가한다.

하지만 그렇다고 해서 가다머가 낭만주의처럼 이성과 전통을 서로 대립되는 것으로 보는 것은 아니다.[68] 왜냐하면 첫째, 가다머는 권위의 대표적인 예로서 전통을 거론하기 때문이다. 여기서 권위는 반이성적인 것이 아니다. 오히려 이성적인 인식과 승인을 통해 인정되는 것이다. 따

---

[65] 여기서 말하는 전통은, 필자가 생각하기에는 아마도 서양사상의 근원을 이루는 그리스-로마 전통을 지칭하는 것이 아닌가 한다. 이 점은 가다머가 고대 그리스 철학 전문가라는 점에서도 어느 정도 추측할 수 있다.
[66] H.-G. Gadamer, 앞의 책, 264쪽.
[67] H.-G. Gadamer, 앞의 책, 265쪽.
[68] H.-G. Gadamer, 앞의 책, 265쪽.

라서 전통 역시 반이성적인 것이 아니라, 이성적인 것이라고 볼 수 있다. 따라서 전통은 이성과 대립하는 것이 아니다. 둘째, 가다머에 따르면 계몽주의도 선입견의 일종에 해당하기 때문이다. 여기서 선입견은 권위와 전통에 의해 형성된다. 그러므로 계몽주의도 일정한 권위와 전통에 바탕을 두었다고 말할 수 있다. 그러므로 계몽주의가 추구했던 이성 역시 특정한 시기의 전통, 즉 역사적인 존재를 근거로 한 것이 된다. 가다머는 말한다.

> "그 때문에 전통에 대한 계몽주의의 비판도 그리고 전통에 대한 낭만주의의 명예회복도 전통이라는 진실한 역사적 존재 아래 머물러 있다."[69]

이와 같이 가다머는 전통은 선입견의 근거를 이루는 권위의 가장 대표적인 경우이면서, 이성과 대립하는 그 무엇이 아니라고 한다. 이성과 전통은 같은 근원을 이룬다고 한다. 나아가 가다머는 전통이 단순히 정신과학만의 문제는 아니라고 한다. 물론 정신과학과 자연과학 사이에는 연구대상이나 연구방법의 측면에서 여전히 차이가 있는 것처럼 보이지만,[70] 가다머는 자연과학에도 일정한 전통의 요소가 있을 수 있다고 말한다. 가령 특정한 시점이나 지점에서는 특정한 연구노선이 선호되는 것을 그 예로 든다.[71] 그런데 이렇게 자연과학에도 일정한 과학적 전통이

---

69 H.-G. Gadamer, 앞의 책, 266쪽.
70 H.-G. Gadamer, 앞의 책, 269쪽. 여기서 가다머는 자연과학과 정신과학이 구별된다고 본다. 그러나 『진리와 방법』 제3장에서 보는 것처럼, 결국 가다머는 언어를 통해 해석학의 존재론적 전환을 수행하고, 그 결과 해석학의 보편성을 주장하게 된다. 이렇게 해석학이 보편적 성격을 지닌다면, 정신과학과 자연과학의 구별도 궁극적으로는 사라질 것이다.
71 H.-G. Gadamer, 앞의 책, 267쪽.

있다는 사고는 가다머만이 제시한 것은 아니다. '패러다임'으로 유명한 과학사가 토마스 쿤(T. Kuhn) 역시 그의 유명한 저서 『과학혁명의 구조』에서 이와 유사한 사고를 전개했기 때문이다.[72]

토마스 쿤은 서구 과학사를 검토하면서, 과학혁명이 점진적·연속적 과정을 거쳤던 것이 아니라, 단절과 극복의 형태로 이루어졌다는 점을 밝혔다. 이러한 쿤의 사고는 이른바 '패러다임'이라는 개념을 통해 잘 드러난다. 쿤에 따르면, 패러다임이란 그 자체가 상당히 다양한 의미를 담고 있기는 하지만,[73] 일단 한 시대를 지배하는 사상이나 관념이라고 정의내릴 수 있다. 쿤은 이러한 패러다임이 변경됨으로써 과학혁명이 이루어진다고 본다. 쿤에 따르면, 패러다임이 바뀜으로써 기존에 정상과학으로 인정되었던 것이 폐기되고, 이와 모순되는 새로운 과학이 정상과학으로 인정된다. 이를 정리하면, <패러다임-① ➪ 정상과학-① ➪ 패러다임-①과 모순되는 패러다임-② 등장 ➪ 패러다임-② 승인 ➪ 정상과학-② 등장>과 같은 과정을 통해 과학혁명이 진행된다. 이때 주의해야 할 점은, 패러다임-①과 패러다임-② 사이에는 연속성이 없다는 것이다. 이처럼 쿤은 과학혁명이 지식의 축적과 연속을 통해 진행되는 것이 아니라고 하는데, 그 예로서 뉴턴의 물리학과 아인슈타인의 물리학 사이에는 연속성이 없다는 점을 지적한다. 왜냐하면 아인슈타인의 물리학은 뉴턴 물리학이 전제로 하고 있던 절대공간·절대시간 자체를 부정했기 때문이다.

이상 쿤의 패러다임 개념과 과학혁명 이론을 간단하게 검토하였는데, 여기서 우리는 쿤의 패러다임 개념과 가다머의 전통 사이에 유사성이

---

[72] 이에 관해서는 T. Kuhn, 김명자 (역), 『과학혁명의 구조』(동아출판사, 1996) 참고.
[73] 쿤의 과학혁명 이론은 그가 제시한 패러다임이 다양하면서 불분명한 의미를 담고 있다는 점에서도 많은 비판을 받았다. T. Kuhn, 위의 책, 247쪽 아래(후기) 참고.

있음을 확인할 수 있다. 즉 쿤의 패러다임은 특정한 과학을 정상과학으로 인정하도록 하는 데 기초가 된다는 점에서, 선입견의 근거가 되는 전통과 유사한 측면이 있다.[74]

3. 전통의 존재방식으로서 고전

(1) 전통의 존재 장소로서 고전

우리는 선입견의 근거가 되는 전통을 어디서 어떤 형태로 찾을 수 있을까? 전통은 어떤 방식으로 존재하는가? 가다머는 이 문제를 정신과학자들이 주로 다루는 '고전(Klassik)'을 통해 해명한다.[75] 왜냐하면 가다머가 볼 때, 고전은 전통을 담고 있는 그 무엇이기 때문이다. 따라서 고전의 존재방식을 분석하면, 전통의 존재방식 역시 파악할 수 있다고 본다.

(2) 고전이 지닌 두 가지 특성

먼저 고전이 지닌 일상적인 의미부터 알아보자. 일상적으로 고전이란 현재 우리에게도 의미 있고 가치 있는 것으로서 과거에 형성된 작품을 말한다. 여기서 우리는 고전이 지닌 두 가지 특성을 추출할 수 있다. '유미의성'과 '역사성'이 그것이다. 가다머는 이 두 가지 특성에 주목한다. 그리고 이를 규범성과 역사성으로 개념화한다. 왜냐하면 가다머는 고전적인 개념에는 규범적인 측면과 역사적인 측면이 담겨 있다고 보기 때문이다.[76] 여기서 규범적인 측면이란 고전이 현재 우리에게도 가치 있다는

---

[74] 쿤 자신도 『과학혁명의 구조』를 쓸 당시에는 이러한 점을 의식하지는 못했지만, 그 후 가다머의 『진리와 방법』이 출간되면서 자신의 과학혁명 사고에 해석학적 주제가 흐르고 있음을 깨달았다고 한다. 이에 관해서는 이구슬, 『전통과 비판: 가다머와 하버마스의 해석학 논쟁』(서울대 철학박사 학위논문, 1994), 149쪽 각주(2) 참고.

[75] H.-G. Gadamer, 앞의 책, 269쪽 아래.

것을 말한다. 그리고 역사적인 측면이란 고전이 과거를 거쳐 현재에 이르고 있음을 뜻한다.

(3) 고전의 규범성과 역사성 퇴색

그런데 가다머는 이러한 고전의 두 가지 특성이 드로이젠 이후 형성된 역사학파에 의해 퇴색되었다고 말한다. 그 이유는 먼저 고전의 규범적인 측면이 역사학파가 제시한 단순한 '스타일 개념'(Stilbegriff)에 의해 축소되었기 때문이라고 한다.[77] 여기서 스타일 개념이란 그 시대상황의 전형적인 모습을 담은 것을 말한다. 그러면 왜 스타일 개념이 고전의 규범적인 의미를 약하게 하는 것일까? 일반적으로 규범적인 것이란 현재의 우리에게도 의미 있거나 가치 있는 또는 현재 우리를 구속할 수 있는 것을 말한다. 따라서 고전이 규범적인 것이 되려면, 그 고전이 현재에도 가치 있는 것으로서 우리를 구속할 수 있어야 한다. 그런데 만약 고전이 단지 그 시대 상황만을 전형적으로 보여주는 것이라면 어떨까? 과연 그것이 현재를 살아가는 우리에게도 가치 있는 것일까? 물론 역사의 의미가 역사 그 자체에 있다고 본다면, 이 경우에도 고전은 의미 있을지 모른다. 그러나 고전이 현재의 우리에게 규범적인 것이 되려면, 고전은 단지 과거의 상황만을 전형적으로 보여주는 것에만 만족해서는 안 된다. 오히려 고전은 현재의 우리에게도 어떤 의미를 부여할 수 있어야 한다. 그러므로 고전을 단순히 스타일 개념 안에 담으려는 역사학파의 시도는 고전의 규범적인 의미를 퇴색시킬 수밖에 없다. 이러한 점에서 가다머의 지적은 설득력이 있다.

다음으로 역사 그 자체를 객관화하려 했던 역사학파의 시도는 고전의

---

[76] H.-G. Gadamer, 앞의 책, 270쪽.
[77] H.-G. Gadamer, 앞의 책, 269쪽.

역사성을 약화시켰다. 왜냐하면, 가다머가 생각하기에, 고전이 지닌 역사성은 대상의 일종으로서 객관화할 수 있는 것이 아니기 때문이다. 그러면 왜 고전이 지닌 역사성을 대상화할 수는 없는 것일까? 역사성이란 시간의 흐름을 말한다. 즉 시간의 흐름 속에서 나타나는 일반적이고 전체적인 그 무엇이 역사성이다. 그런데 세계의 모든 존재는 이러한 시간의 흐름 안에서 존재한다. '나'라는 존재자 역시 마찬가지다. 여기서 우리는 시간의 흐름으로 구성되는 역사성이 나 또는 우리와 분리될 수 없음을 확인할 수 있다. 다시 말해, 역사성은 우리에게 대상이 될 수 없다. 오히려 우리는 이러한 역사성 안에서 살고 있다. 따라서 역사성을 객관화하는 것은 적절하지 않은 것이다. 설사 우리가 역사성을 어떤 관점이나 방법으로써 대상화한다 하더라도, 이러한 작업은 역사성의 한 측면만을 보여주는 것에 불과할 것이다. 달리 말해, 역사 안에서 살아가는 우리는 오직 역사의 한 측면만을 관찰할 수 있을 뿐이다. 그렇지만 역사성은 그 이상의 것이다. 그러므로 고전에 담긴 역사성을 대상화하는 것은 고전의 역사성을 약하게 하는 것이다. 이러한 대상화는 고전의 역사성 중 어느 한 부분만을 보는 것이기 때문이다.

(4) 고전의 규범성과 역사성 회복

이와 같이 가다머는 역사학파가 제시한 스타일 개념과 역사성 개념이 고전이 갖고 있는 두 가지 특성을 약화시켰다고 한다. 그래서 가다머는 고전을 다룰 때 이러한 역사학파의 접근방법에서 벗어나야 한다고 말한다. 가다머는 말한다.

"고전적인 것은 시대적 개념 또는 역사적인 스타일 개념 이상이라는 점, 다시 말해 역사를 초월하는 가치사상(übergeschichtlicher Wertgedanke)이 되고자 한다는 점에서 진실한 역사적 범주가 된다. 고전은 특정한 역사적 현상이라고 인정될 수 있는 성질을 보여주는 것이 아니라, 오히려 역사적 존재 그 자체의 탁월한 방식을 보여준다. 여기서 그 자체의 탁월한 방식이란 항상 새롭게 이루어지는 검증을 통해 진실한 것이 되도록 하는 보존방식을 역사적으로 실행하는 것을 말한다."[78]

"고전적인 것은 객관화될 수 있는 역사의식이 다루는 서술적인 개념과는 근본적으로 다르다. 고전적인 것은 역사의식마저도 포함하는 역사 현실 그 자체이다."[79]

이처럼 가다머는 고전은 한 시대의 역사적인 특성만을 전형적으로 반영하는 것이어서는 안 되고, 나아가 객관적으로 대상화된 역사의식, 즉 역사성을 표현하는 것이 되어서도 안 된다고 말한다.

(5) 고전의 무시간성

한편 가다머는 이렇게 고전이 스타일 개념과 객관화된 역사성으로부터 벗어났을 때, 고전은 무시간적인(zeitlos) 것이 된다고 한다. 그러면서 이러한 고전의 무시간성(Zeitlosigkeit)이 곧 역사적인 것의 존재방식이라고 한다.[80] 그러면 여기서 무시간성이란 무엇을 의미하는 것일까? 그리고 이러한 무시간성이 역사적인 것의 존재방식이라는 점은 무엇을 의미하는 것일까?

우선 무시간적이라는 말은 고전이 어느 한 시대에만 얽매이지 않는다

---

[78] H.-G. Gadamer, 앞의 책, 271쪽.
[79] H.-G. Gadamer, 앞의 책, 272쪽.
[80] H.-G. Gadamer, 앞의 책, 274쪽.

는 점을 말한다. 이는 고전이 스타일 개념으로부터 벗어났음을 함의한다. 더욱 구체적으로 생각해 보자. 어떤 작품이 고전으로서 현재의 우리에게 규범적인 것이 되려면, 단순히 과거 그 자체를 반영하는 것으로만 의미 있어서는 안 된다. 그것은 과거라는 시간을 넘어서 현재의 우리에게도 의미 있는 것이어야 한다. 즉 고전은 시간을 초월하는 무시간적인 것이어야 한다. 따라서 고전은 무시간성을 지녀야 한다.

그러면 이러한 무시간성이 오히려 역사적인 것의 존재방식이라는 것은 무슨 말인가? 이 문제는 가다머가 상정하는 역사성, 즉 영향사적 의식이 지닌 성격을 검토해야만 해결할 수 있다. 가다머가 볼 때, 역사는 헤겔이 말하는 것처럼 일정한 지향점을 향해 필연적으로 발전해가는 과정은 아니다. 그렇다고 그때그때 실재로서 존재하는 것도 아니다. 대신 역사는 모든 존재를 안고 있으면서 시간성 안에 내맡겨진 세계 그 자체다. 이때 역사라는 세계는 개방성을 띤다. 즉 과거만을 고수하지 않으면서 끊임없이 변해가는 그 자체가 바로 역사인 것이다. 그렇다고 역사가 과거와 단절된 채 단지 현재만을 반영하는 것은 아니다. 왜냐하면 역사는 이미 그 안에서 과거의 것을 전통의 형태로써 현재에 반영하고 있기 때문이다. 그러면 과거를 반영하는 전통이 어떻게 현재에 개방된 채로 수용되는가? 그 해답은 과거의 것이 현재의 관점에서 재해석되는 것, 다시 말해 과거의 것과 현재의 것이 융합되는 것에서 발견할 수 있다. 이를 가다머는 '지평융합'이라고 부른다.[81]

이러한 지평융합 과정에서 우리는 위에서 던진 의문을 해결할 실마리를 발견한다. 위에서 말한 것처럼, 지평융합이란 과거의 것(지평)과 현재의 것(지평)이 만나는 과정이다. 이를 고전에 적용하면 다음과 같이 말할

---

81 지평융합에 관해서는 이 책 제2장 제2절 V.4. 참고.

수 있다. 고전은 원래 과거를 반영하는 것인데, 고전이 지닌 무시간성으로 인해 고전은 현재의 관점에서도 의미 있는 것이 된다. 이때 고전의 무시간성이라는 말에는 이미 지평융합이라는 의미가 숨어 있다. 다시 말해, 고전의 무시간성 속에서 과거의 지평과 현재의 지평이 융합하고 있는 것이다. 왜냐하면 고전은 과거에 형성된 것으로서 과거의 지평을 그 안에 담고 있지만, 동시에 고전은 현재의 지평에서 재해석되기 때문이다. 이러한 점에서 고전의 무시간성은 역사적인 것의 존재방식이 된다. 역사적인 것은 항상 영향사적 의식 아래 놓이기 때문이다.

(6) 전통의 존재방식으로서 무시간성

이제 이러한 고전의 역사적인 무시간성을 전통에 대입해 보자. 이미 살펴본 것처럼, 고전은 우리의 전통을 담는다. 따라서 고전이 무시간적이라는 것은 곧 전통이 무시간적인 것이라는 점을 뜻한다. 여기서 우리는 전통이 한편으로는 무시간적으로, 다른 한편으로는 역사적으로 존재한다는 점을 알 수 있다. 그런데 이렇게 전통이 무시간적인 것이라면, 다시 말해 과거의 것과 현재의 것을 모두 반영하는 것이라면, 이러한 전통을 통해 형성되는 선입견과 이해과정 역시 이러한 특성을 지니게 된다. 즉 우리의 이해과정은 과거의 세계와 현재의 세계를 모두 반영하는 것이 된다.[82] 그래서 가다머는 말한다.

> "이해 그 자체는 주체성의 행위라고 생각할 수 없다. 오히려 이해는 끊임없이 과거와 현재를 매개하는 전승 과정으로 들어가는 것이라고 생각할 수 있다."[83]

---

82 H.-G. Gadamer, 앞의 책, 274쪽.
83 H.-G. Gadamer, 앞의 책, 274-75쪽.

V. 존재론적-해석학적 이해의 진행 과정[84]

1. 해석학적 순환

어떤 텍스트를 이해할 때 이해의 조건으로서 선입견이 개입하고, 이러한 선입견의 근거로서 전통이 작용한다고 할 때, 우리에게는 새로운 의문이 떠오른다. 권위와 전통에 기반을 둔 선입견의 영향 아래 놓여 있는 이해는 과연 어떤 과정을 통해 이루어지는가?[85] 그런데 우리는 이러한 의문에 대한 대답을 이미 앞에서 검토한 바 있다. 하이데거가 제시한 해석학적 순환이 바로 그것이다.

(1) 인식론적인 해석학적 순환

그런데 해석학적 순환은 사실 하이데거가 처음으로 제시한 것은 아니다. 이미 보편적 해석학을 시도한 독일의 성서해석학자 슐라이어마허(F.D.E. Schleiermacher)도 이러한 해석학적 순환을 제시한 바 있다.[86] 다만

---

84 아래에서 전개하는 내용은 가다머가『진리와 방법』에서 "시간간격의 해석학적 의미"(Die hermeneutische Bedeutung des Zeitenabstandes)라는 표제 아래서 전개하는 내용을 바탕으로 삼고 있다. 이에 관해서는 H.-G. Gadamer, 앞의 책, 275쪽 아래; 또한 H.-G. Gadamer, "Vom Zierkel des Verstehens", in: *Gesammelte Schriften*, Bd. 2 (Tübingen, 1986)도 아울러 참고.

85 H.-G. Gadamer, 앞의 책, 275쪽.

86 F.D.E. Schleiermacher, *Hermeneutik und Kritik* (Berlin, 1838); 슐라이어마허를 소개하는 국내문헌으로는 강돈구, "보편적 해석학의 기초로서의 언어와 사유",『해석학과 사회철학의 제문제』(일월서각, 1990), 11쪽 아래 참고; 해석학적 순환을 처음으로 직접 언급한 학자는 아스트(F. Ast)였다. F. Ast, "Grundlinien der Grammatik, Hermeneutik und Kritik", in: H.-G. Gadamer/G. Boehm (Hrsg.), *Seminar: Philosophische Hermeneutik* (Frankfurt/M., 1976), 111쪽 아래; 한편 슐라이어마허의 해석학적 순환에 관해서는 강돈구, "해석학적 순환의 인식론적 구조와 존재론적 구조: Schleiermacher와 Gadamer",『해석학과 사회철학의 제문제』(일월서각, 1990), 42쪽 아래 참고.

슐라이어마허가 제시한 해석학적 순환은 하이데거의 해석학적 순환처럼 존재론적으로 나아간 것은 아니라는 점에서 차이가 있다. 슐라이어마허는 텍스트를 이해하는 과정에서 부분과 전체 사이를 오가는 해석학적 순환이 나타난다고 한다. 즉 우리는 텍스트의 전체 의미를 통해 부분 의미를 예상하고, 다시 이러한 부분 의미를 확인함으로써 전체 의미를 이해할 수 있다고 한다. 그런데 가다머는 슐라이어마허가 제시한 부분과 전체의 순환에는 두 가지 측면이 담겨 있다고 한다. 객관적인 측면에서 진행되는 순환과 주관적인 측면에서 진행되는 순환이 바로 그것이다. 여기서 객관적인 순환이란 한 문장과 개별 단어 사이에서, 어느 한 작가가 쓴 개별 작품과 그의 전체 작품 사이에서 그리고 이러한 작가의 전체 작품과 그 작품의 해당 문학 장르 사이에서 나타나는 순환을 말한다. 이에 대해 주관적인 순환이란 작가의 체험과 저자 사이에서 펼쳐지는 순환을 말한다.[87] 가다머에 따르면, 이러한 부분과 전체 사이의 순환은 체험과 역사성 사이의 순환으로서 딜타이에게 수용된다.[88]

그러나 가다머는 아스트에게서 시작되어 슐라이어마허, 딜타이에게 이어지는 해석학적 순환이 과연 적절한 것인지 의문을 제기한다.[89] 먼저

---

[87] H.-G. Gadamer, 앞의 책, 275쪽; 필자는 이러한 객관적인 순환과 주관적인 순환이 바로 슐라이어마허가 해석방법으로 제시한 문법적 해석과 심리적 해석을 각각 반영하고 있는 것이 아닌가 생각한다. 즉 객관적인 순환은 문법적 해석을 할 때 드러나는 순환이고, 주관적 순환은 심리적 해석을 할 때 나타나는 순환이라는 것이다. 여기서 문법적 해석과 심리적 해석에 관해서는 R. E. Palmer, 앞의 책, 135-38쪽 참고.

[88] H.-G. Gadamer, 앞의 책, 275-76쪽; 그런데 여기서 가다머는 딜타이의 해석학적 순환이 구체적으로 무엇과 무엇 사이의 순환인지 언급하지는 않는다. 다만 필자는 딜타이가 말하는 해석학적 순환은 개별 텍스트와 전체 역사성 사이의 순환, 다시 말해 체험과 역사성 사이의 순환이 아닌가 생각한다. 이에 관해서는 H.-G. Gadamer, 앞의 책, 186쪽, 227쪽 아래 참고.

[89] H.-G. Gadamer, 앞의 책, 276쪽.

가다머는 우리가 텍스트를 이해한다는 것은 그 텍스트에 담겨 있는 저자의 의사 또는 저자 영혼의 골격 안으로 들어가는 것이 아니라고 하면서 슐라이어마허의 주관적인 순환을 비판한다. 오히려 우리가 텍스트를 이해한다는 것은 저자 자신에게도 영향을 미치는 관점으로 들어가는 것이라고 말한다.[90] 다시 말해, 우리가 추구해야 하는 이해의 목표는 저자의 정신이 아니라, 저자의 정신을 만들어가는 관점 그 자체라는 것이다.[91]

다음 가다머는 슐라이어마허의 객관적인 순환이 사태의 핵심에 도달하지 않았다고 한다.[92] 그 이유는 무엇일까? 가다머는 우리가 행하는 모든 의사소통과 이해는 '사태 안에서 동의'(Einverständnis in der Sache)하는 것을 그 목표로 한다고 본다.[93] 여기에는 두 가지 의미가 담겨있다. 첫째, 이해과정은 형식적인 과정이 아니라 내용적인 과정이라는 점이다. 둘째, 이해과정은 인식론적인 과정이 아니라 존재론적인 과정이라는 점이다. 첫째 의미는 사태 개념이 형식적인 개념이 아니라 내용적인 개념이라는

---

90 H.-G. Gadamer, 앞의 책, 276쪽.
91 이를 전통적인 법학방법론의 용어로 말하면, 우리는 '주관적 해석'이 아닌 '객관적 해석'을 통해 텍스트를 이해하고 해석해야 한다는 것이다. 다만 여기서 가다머의 이해론과 전통적인 법학방법론이 말하는 이해론 사이에는 이론적 전제라는 측면에서 차이가 있다는 점에 주의해야 한다.
92 H.-G. Gadamer, 앞의 책, 276쪽; 이때 말하는 '사태'(Sache)가 무엇을 지시하는지 문제될 수 있다. 이에 관해 필자는 가다머가 제시하는 사태를 어떤 객관적인 대상 또는 의미내용으로 이해해서는 안 된다고 생각한다. 이렇게 사태 개념을 파악하는 것은, 오히려 가다머가 극복하려 했던 객관주의로 되돌아갈 염려가 있기 때문이다. 그러면 사태란 무엇인가? 우선 가다머가 후설의 현상학적 방법론을 계승하고 있다는 점에 주의해야 한다. 이러한 점에서 사태 개념은 후설이 강조했던 '사태 그 자체'라는 표어와 일정한 관계를 맺는다. 이때 말하는 관계가 내포하는 의미는 바로 객관주의·실증주의로부터 벗어나는 것을 뜻한다. 따라서 사태를 객관주의의 관점에서 이해하는 것은 타당하지 않다. 그 대신 사태는 하이데거가 제시했던 존재론의 관점에서 바라보아야 한다. 그렇다면 사태란 실재 현실의 존재론적인 구조 그 자체를 뜻한다고 볼 수 있다.
93 H.-G. Gadamer, 앞의 책, 276쪽.

점에서 해명된다. 둘째 의미는 사태 안에서 동의가 이루어진다는 점에서 그 실마리를 찾을 수 있다. 왜냐하면 이는 곧 사태가 동의의 대상이 아니라는 점을 뜻하기 때문이다. 오히려 사태는 우리를 포함한다. 여기서 우리는 이러한 사태 개념이 가다머가 제시한 전통 개념과 비슷한 맥락을 지니고 있음을 확인할 수 있다.

물론 가다머는 슐라이어마허도 해석학의 과제는 이해를 통해 내용에 동의하는 것이라는 점을 인정했다고 한다. 이는 슐라이어마허가 그리스-로마라는 고전의 전통과 기독교 전통 사이에서 일정한 동의를 해야 하는 것이 해석학의 과제라고 본 점에서도 알 수 있다고 한다.[94] 그러나 가다머는 슐라이어마허가 이러한 해석학의 과제를 자연과학의 객관성 이념과 일치시키려 했다는 점에서 이를 비판한다. 왜냐하면 가다머가 볼 때, 해석학은 객관성이라는 이념 아래서 형식적인 것으로 전락했기 때문이다.[95] 그 결과 슐라이어마허가 제시한 객관적인 순환은 객관적인 저자의 의사 안에서 해소되어야 할 그 무엇이 되고 말았다고 한다.[96] 즉 객관적인 순환은 텍스트에 담긴 저자의 의사를 객관적으로 파악하는 순간 사라져야 할 그 무엇이 되었다는 것이다. 바로 이러한 이유에서 가다머는 슐라이어마허의 객관적인 순환이 사태의 핵심에 도달하지 못했다고 평가하는 것이다. 사태 안에서 동의를 한다는 것은 지속적으로 진행되어야 하는 순환 과정을 뜻하기 때문이다.

(2) 존재론적인 해석학적 순환

이처럼 가다머는 슐라이어마허의 해석학적 순환은 <주체-객체 모델>

---

[94] H.-G. Gadamer, 앞의 책, 276쪽.
[95] H.-G. Gadamer, 앞의 책, 277쪽.
[96] H.-G. Gadamer, 앞의 책, 277쪽.

에 입각한 객관적인 이해 개념에서 벗어나지 않았다고 진단한다. 그리고 이 점은 딜타이에게서도 마찬가지로 나타난다고 한다. 그러나 가다머는 이러한 인식론적인 해석학적 순환은 하이데거에 의해 존재론적인 것으로 전환된다고 한다. 왜냐하면 하이데거는 해석학적 순환을 이해과정의 필연적인 현상으로 보기 때문이다. 나아가 가다머에 따르면, 하이데거는 해석학적 순환은 전통적인 논리학에서 말하는 것처럼 피해야 할 순환논법은 아니라고 한다. 슐라이어마허처럼 궁극적인 이해에 도달했을 때 해소되는 운동이라고 말하지도 않는다. 그 대신 하이데거는, 가다머에 따르면, 해석학적 순환은 이해 과정의 가장 고유한 수행형식이라고 한다.[97] 그리고 그것은 끊임없이 지속되는 운동이라고 한다. 현존재가 세계 안에서 그 무엇인가를 계속 이해하는 한, 해석학적 순환도 끊임없이 계속 이루어진다는 것이다. 가다머의 해석학적 순환 및 지평융합은 이러한 하이데거의 해석학적 순환을 수용한 것이다.

2. 해석학적 순환의 확장: 전승의 운동과 완전성의 선취

(1) 해석학적 순환의 확장

가다머는 해석학적 순환을 자신의 존재론적 해석학에 수용하지만, 하이데거처럼 이를 현존재에서만 이루어지는 현상으로 한정하지는 않는다. 이와 달리 가다머는 해석학적 순환을 역사적으로 진행되는 '전승의 운동'으로 확장한다.[98] 가다머는 말한다.

---

[97] H.-G. Gadamer, 앞의 책, 277쪽.
[98] 여기서 '전승'은 독일어 'Überlieferung'을 번역한 것이다. 이때 전통과 전승의 관계가 문제될 수 있는데, 필자는 양자의 관계를 다음과 같이 규정할 수 있다고 생각한다. 전통은 현재 우리에게 지배적인 그 무엇으로, 다시 말해 권위적인 그 무엇으로 볼 수 있는 반면, 전승은 이러한 전통이 과거로부터 현재로 내려오는 과정 그 자체를 뜻한다는 것이다. 말을 바꾸면, 전통은 정적인 측면을 반영하는

"그러므로 순환은 형식적인 본성을 갖지 않는다. 순환은 주관적인 작용도 객관적인 작용도 아니다. 오히려 순환은 이해를 전승의 운동과 이해자의 운동 사이의 상호작용으로 묘사한다. 우리가 텍스트를 이해할 수 있도록 해주는 의미기대는 주체성의 행위가 아니라, 오히려 우리를 전승과 묶어주는 공통성을 통해 결정되는 것이다. 그런데 이러한 공통성은 우리가 전승과 맺는 관계에서 계속적으로 이루어지는 형성 작업을 통해 파악된다. 이러한 공통성은 우리가 이미 인정하고 있는 단순한 전제가 아니다. 오히려 우리가 이해하는 과정을 통해, 즉 전승과정에 참여하고 이를 통해 전승과정 그 자체가 더욱 확장되는 과정을 통해 우리가 이러한 공통성 그 자체를 만들게 된다. 그러므로 이해의 순환은 '방법적인' 순환이 아니라, 오히려 이해의 존재론적인 구조요소가 된다."[99]

이처럼 가다머는 해석학적 순환을 단순히 주체성의 인식론적인 행위로 파악하지 않는다. 그렇다고 하이데거처럼 현존재에게만 나타나는 이해과정으로 한정짓지도 않는다. 그 대신 가다머는 해석학적 순환을 전승과정 그 자체의 존재론적인 구조요소로 파악한다. 즉 가다머는 해석학적 순환을 이해자와 역사적인 전승과정 사이에서 펼쳐지는 존재론적인 운동과정으로 이해하는 것이다.

(2) 의미기대의 근거로서 공통성

나아가 가다머는 이러한 해석학적 순환과정에서 의미기대의 근거가 되는 의미의 공통성을 이끌어 낸다. 가다머는 이러한 의미의 공통성을 통해 우리가 특정한 텍스트를 이해할 수 있게 된다고 말한다. 그런데

데 반해, 전승은 동적인 측면을 지칭하는 것이라고 말할 수 있다.
[99] H.-G. Gadamer, 앞의 책, 277쪽.

가다머에 따르면, 이러한 공통성은 우리에게 이미 전제되어 있는 것은 아니다. 오히려 이러한 공통성은 우리와 전승 사이에서 이루어지는 해석학적 순환을 통해 계속해서 형성되는 그 무엇이다. 한 마디로 말해, 의미의 공통성은 고정되고 폐쇄된 것이 아니라, 유동적이고 개방적인 그 무엇이다.

(3) 이해의 형식적 전제로서 완전성의 선취

한편 가다머는 해석학적 순환을 통해 도출되는 새로운 해석학적 결과를 언급한다. '완전성의 선취'(Vorgriff der Vollkommenheit)가 그것이다.[100] 이를 가다머는 모든 이해를 이끄는 형식적인 전제(formale Voraussetzung)라고 한다.[101] 그러면서 이러한 완전성의 성취는 현실적으로 의미의 통일성을 갖춘 것만이 이해될 수 있다는 점을 보여준다고 한다.[102] 그렇다면 그 이유는 무엇인가? 이에 대해 가다머는 다음과 같이 말한다. 우리가 어떤 텍스트를 읽는 이유는 그 텍스트에 담겨 있는 어떤 의미, 즉 어떤 사태를 이해하기 위해서이다. 그런데 만약 그 의미 또는 사태가 명확하지 않다면, 다시 말해 여러 가지 다양한 의미로 이해되고 해석될 수 있다면, 우리는 이러한 텍스트를 완전하게 이해할 수 없다.[103] 따라서 우리가 특정한 텍스트를 완전하게 이해할 수 있으려면, 그 전제로서 이러한 텍스트에 담겨 있는 사태가 완전해야 한다. 바꿔 말해, 텍스트가 담고 있는 사

---

[100] *Wahrheit und Methode* 이외에 완전성의 선취를 소개하는 문헌으로는 G. Warnke, 이한우 (옮김), 『가다머의 철학적 해석학』(사상사, 1993), 141쪽 아래; 다만 이 번역서에서 번역자인 이한우는 이를 "완전성의 예기"로 옮기고 있다.
[101] H.-G. Gadamer, 앞의 책, 277-78쪽.
[102] H.-G. Gadamer, 앞의 책, 278쪽.
[103] 그러나 여기서 말하는 '완전한 이해'는 딜타이 식으로 텍스트에 담겨 있는 저자의 의미를 객관적으로 이해하는 것으로 보아서는 안 된다. 오히려 완전한 이해는 존재론의 시각에서 파악해야 한다.

태의 의미가 통일성을 갖추고 있을 때에 비로소 우리는 그 사태를 이해할 수 있다는 것이다. 여기서 우리는 가다머가 제시한 완전성의 선취가 무엇을 뜻하는지 해명할 수 있다. 즉 완전성의 선취란 텍스트의 의미가 통일성을 갖추고 있다는 점이 우리가 텍스트를 이해하기 이전부터 이미 전제되어 있음을 뜻한다는 것이다.

그런데 이때 가다머가 완전성의 선취를 이해의 형식적인 전제로 파악했다고 해서, 완전성의 선취가 칸트가 제시한 선험적 범주처럼 단지 형식적인 속성만을 지닌 것은 아니라는 점에 주의해야 한다. 왜냐하면 완전성의 선취는 내용적인 측면도 담고 있기 때문이다. 이에 대한 근거는 완전성의 선취가 텍스트에 담겨 있는 의미 그 자체를 문제 삼는다는 점에서 찾을 수 있다. 의미가 통일성을 갖추었다는 것이 바로 완전성의 선취를 뜻하기 때문이다. 그래서 가다머는 말한다.

> "따라서 우리의 모든 이해를 이끄는 완전성의 선취 그 자체가 바로 각각의 내용을 결정하는 것이라고 볼 수 있다. 이러한 사실은 독서를 안내하는 내재적인 의미통일성만을 전제로 하는 것은 아니다. 오히려 독자는 진실이라고 생각되는 것과 관계를 맺음으로써 형성되는 선험적인 의미기대를 통해 계속해서 이해를 하게 된다."[104]

그러면 이러한 완전성의 선취는 어떻게 형성되는가? 이는 이미 우리에게 선험적으로 전제되어 있다고 말할 수 있는가? 다시 말해, 완전성의 선취는 경험과는 무관한 것일까? 그러나 그렇지는 않다. 그 근거는 다음과 같이 말할 수 있다. 일단 완전성의 선취는 일종의 의미기대라고 말할 수 있다. 그런데 앞에서 인용한 것처럼, 가다머는 이러한 의미기대는 이

---

[104] H.-G. Gadamer, 앞의 책, 278쪽.

미 우리에게 전제된 것은 아니라고 말한다. 그 대신 의미기대는 이해자와 전승 사이에서 이루어지는 지속적인 순환운동을 통해 비로소 주어진다고 한다. 이렇게 보면, 완전성의 선취 역시 선험적으로 이미 전제되어 있는 것이 아니라, 전승의 해석학적 순환을 통해 비로소 부여되는 것이라고 보아야 한다. 요컨대, 완전성의 선취는 전승의 운동에 의해 형성되는 것이다. 그래서 가다머는 말한다.

"그래서 우리는 일정한 텍스트를 읽을 때 이러한 완전성을 전제로 한다. 그리고 이러한 전제가 불충분한 것으로 증명되었을 때, 즉 그 텍스트를 이해할 수 없을 때 비로소 우리는 전승을 의심하고, 어떻게 이러한 전승을 치유할 수 있는지 알아내려고 한다."[105]

한편 여기서 우리는 이러한 완전성의 선취가 이해의 조건인 선입견과 어떤 관계를 맺는지 알 수 있다. 원래 '선취'(Vorgriff)는 하이데거가 이해의 선구조로 제시한 것이다.[106] 그런데 가다머는 선취를 선입견으로 수용하고 있으므로, 완전성의 선취 역시 선입견의 일종으로 볼 수 있다. 사실이 그렇다면, 우리는 완전성의 선취를 다음과 같이 정리할 수 있다. 완전성의 선취란 선입견의 일종으로서, 텍스트에 담겨 있는 사태의 의미가 통일성을 갖추고 있다는 선입견을 말한다. 이러한 완전성의 선취는 선험적으로 이미 전제되어 있는 것이 아니라, 이해자와 전승 사이의 해석학적 순환운동에 의해 형성되는 것이다.[107]

---

105 H.-G. Gadamer, 앞의 책, 278쪽.
106 앞에서는 이기상 교수의 번역을 좇아 이를 '앞서 잡음'이라고 번역했다.
107 나아가 필자는 가다머가 제시한 완전성의 선취가 하이데거의 기획투사와 유사한 면이 있다고 생각한다. 이는 다음과 같이 논증할 수 있다. 원래 하이데거의 기획투사는 이해의 기본계획을 나타낸다. 이러한 기획투사는 현존재가 행하는 이해 과정 속에서 성장하거나 변경될 가능성을 갖고 있다. 그래서 하이데거는 이를

여기서 다음과 같은 의문을 던질 수 있다. 우리가 이해해야 하는 텍스트의 의미, 즉 텍스트에 담겨 있는 사태란 과연 무엇을 뜻하는가 하는 점이다. 이에 관해 가다머는 우선 사태가 텍스트 저자의 의사를 말하는 것은 아니라고 한다. 이는 가다머의 다음과 같은 언명에 잘 나타나 있다.

"그러므로 완전성의 선취는 텍스트가 자신의 주장을 완전하게 주장해야 한다는 형식을 포함할 뿐만 아니라, 이 텍스트가 말하는 것이 완전한 진실이라는 형식도 포함한다.
또한 여기에서 이해란 우선 사태 그 안에서 이루어지는 이해를 뜻하고, 그 다음으로 저자의 의견 그 자체는 떼어내고 이해해야 한다는 점을 뜻한다는 것이 증명된다."[108]

그렇다면 사태는 텍스트 안에 객관적으로 존재하는 의미내용을 말하는 것일까? 그렇지는 않다. 왜냐하면 가다머가 언급하는 사태는 존재론의 시각에서 파악해야 하기 때문이다. 그러므로 사태는 객관적인 실체로 이해해서는 안 된다. 오히려 사태는 이해자인 우리와 분리될 수 없는 것, 하이데거 식으로 표현하면 세계 그 자체를 뜻한다. 그래서 가다머는 말한다.

"해석학은, 이해하고자 하는 사람은 전승을 통해 말하게 되는 사태에 구속되고, 전승을 낳는 전통과도 관련을 맺는다는 점에서 출발해야 한다."[109]

'존재가능'이라고 표현하기도 한다. 그런데 이러한 기획투사의 특징은 개방된 성격을 띠고 있는 완전성의 선취와 비슷하다. 왜냐하면 완전성의 선취도 실제 텍스트를 이해하는 과정에서 변경될 여지를 갖고 있기 때문이다. 바로 이러한 점에서 필자는 양자가 비슷한 맥락 안에 놓여 있다고 생각한다.
108 H.-G. Gadamer, 앞의 책, 278쪽.

3. 이해과정에 존재하는 시간간격의 해석학적 의미

(1) 이해과정에 존재하는 시간간격

존재론적-해석학적 이해과정이 해석학적 순환구조를 띤다는 점은, 이해과정에 일정한 '시간간격'(Zeitenabstand)이 개재하고 있음을 암시한다. 이해가 한 순간에 이루어지지 않고, 일정한 시간적 흐름 또는 간격을 두고 이해가 이루어진다는 것이다. 그런데 하이데거가 이러한 시간간격을 존재의 시간성으로 문제 삼은 반면, 가다머는 이러한 시간간격을 해석학적 순환과 더불어 이해과정에서 제기되는 중요한 해석학적 문제로 본다.[110]

(2) 시간간격의 두 가지 속성

가다머가 문제 삼은 시간간격은 전승의 운동과정에 반영된다. 왜냐하면 전통은 전승을 통해 해석학적 순환운동을 하는데, 이 운동 속에는 과거와 현재 사이의 시간간격이 존재하기 때문이다. 이때 전통은 그 자체가 안고 있는 시간간격으로 인해 두 가지 대립되는 속성을 갖게 된다. '친근함'(Vertrautheit)과 '낯섦'(Fremdheit)이 그것이다. 전통의 전승과정은 항상 이러한 두 가지 대립되는 속성 사이에서 이루어진다. 그 때문에 전승은 한편으로는 우리에게 친숙한 것일 수 있지만, 다른 한편으로는 우리에게 낯선 것일 수도 있다.[111] 가다머에 따르면, 이해의 과정을 다루는

---

109 H.-G. Gadamer, 앞의 책, 279쪽.
110 바꿔 말해, 하이데거는 시간간격, 즉 시간성을 모든 존재에게 보편적으로 나타나는 현상으로 파악한 반면, 가다머는 이를 해석학의 고유한 문제로 규정한다.
111 이러한 점에서 전승의 전통은 그 안에 자기부정성을 갖고 있다고 말할 수 있다. 이를 가다머는 '해석학적 경험의 부정성'으로 지칭한다. 그리고 이를 분석하기 위해 헤겔의 변증법과 플라톤의 대화법을 원용한다. 이에 관해서는 H.-G. Gadamer, 앞의 책, 329쪽 아래 참고.

해석학은 이러한 전승의 친근함과 낯섦 사이에서 해석학의 과제를 수행해야 한다.112

(3) 시간간격이 유발하는 해석학적 문제

그런데 이렇게 친근함과 낯섦을 동시에 지니고 있는 시간간격이 이해 과정에 개입하게 되면, 다음과 같은 해석학적 문제가 등장한다. 저자가 원래 의도했던 텍스트의 의미와 현재 텍스트에 담겨 있는 의미 사이에 차이가 발생한다는 것이다. 가다머는 이러한 문제를 낭만주의 해석학 시대 이전에 활동했던 해석학자인 클라데니우스(Johann Martin Chladenius)가 이미 의식하고 있었다고 지적한다.113 그런데 가다머에 의하면, 클라데니우스는 이러한 문제를 해결하려 하지 않고, 오히려 이를 적극적으로 파악한다. 즉 클라데니우스는 텍스트가 원저자의 의사와는 달리 이해될 수 있다고 하면서 이를 긍정적으로 본다는 것이다. 가다머 역시 이러한 클라데니우스의 의견을 긍정적으로 평가한다. 그러면서 가다머는 이해는 재생산 행위가 아니라, 오히려 생산행위라고 말한다. 다시 말해, 이해는 원저자의 의사를 다시 재생산하는 것이 아니라, 원저자의 의사와는 무관하게 해당 텍스트의 의미를 현재의 상황에 맞게 생산하는 과정이라고 한다.114

그런데 가다머는 이러한 클라데니우스의 주장이 슐라이어마허에 의해 변질되었다고 한다. 가다머에 따르면, 슐라이어마허는 해석학의 과제

---

112 H.-G. Gadamer, 앞의 책, 279쪽.
113 이러한 클라데니우스의 주장에 관해서는 H.-G. Gadamer, 앞의 책, 172쪽 아래, 280-81쪽 참고.
114 H.-G. Gadamer, 앞의 책, 280쪽. 이러한 점에서 가다머는 우리가 남보다 텍스트를 더욱 잘 이해한다는 것은 있을 수 없다고 말한다. 단지 남들이 통상적으로 이해하는 것과는 달리 이해한다고 말하는 것으로 족할 뿐이라고 말한다.

를 텍스트에 담겨 있는 객관적인 역사의식 또는 저자의 의사를 이해하는 것으로 파악함으로써 이해를 생산행위가 아닌 재생산행위로 전락시켰다.115 이러한 경향은 딜타이에게 이어진다고 한다.

가다머에 따르면, 슐라이어마허 이후 변질된 클라데니우스의 주장은 이해 개념을 근본적으로 바꾼 하이데거의 기획에 의해 비로소 다시 획득된다. 왜냐하면 하이데거는 이해를 존재론적으로 전환하여 이를 현존재의 존재방식인 '실존'으로 파악했고, 이러한 맥락에서 해석학적 순환을 긍정적으로 평가했기 때문이다. 여기서 해석학적 순환을 긍정적으로 평가한다는 것은, 이해과정을 끊임없이 진행되는 생산과정으로 본다는 것을 의미한다. 그래서 가다머는 이러한 하이데거의 기획에 의해 시간간격이 생산적인 의미를 갖게 되었다고 말한다.116 이러한 근거에서 가다머 역시 하이데거에 의해 적극적인 의미를 갖게 된 시간간격을 받아들이는 것이다. 그러므로 가다머에 따르면, 이러한 시간간격의 대립적인 속성은 우리가 극복해야 하는 것이 아니다.

(4) 시간간격의 해석학적 의미

시간간격의 해석학적 의미를 더욱 구체적으로 살펴보자. 가다머에 따르면, 시간간격은 다음과 같은 의미를 갖는다. 먼저 시간간격은 텍스트의 의미에 차이를 불러일으킨다(차이성). 이를 통해 시간간격은 텍스트를 이해하는 과정을 재생산이 아닌 생산과정으로 만든다. 다음으로 시간간격은 텍스트의 진실한 의미를 밝혀준다. 그러나 이렇게 진실한 의미를 텍스트에서 이끌어내는 과정은 특정한 지점에서 종결되는 것이 아니라 오히려 무한한 과정을 겪는다.117 마지막으로 시간간격은 해석학의 고유

---

115 H.-G. Gadamer, 앞의 책, 281쪽.
116 H.-G. Gadamer, 앞의 책, 281쪽.

한 문제, 즉 진실한 선입견과 잘못된 선입견의 구별이라는 문제를 해결하는 데 기여한다(여과성).[118] 다만 여기서 주의해야 할 점은, 이러한 해석학의 고유한 문제 자체가 본질적으로 개방되어 있다는 것이다.[119] 다시 말해, 진실한 선입견과 잘못된 선입견을 구별하는 것 자체가 개방적이고 유동적이라는 것이다. 왜냐하면 진실함과 잘못됨을 구별하는 기준은 고정되어 있는 것이 아니라, 시간간격에 개방되어 있기 때문이다. 따라서 진실한 선입견과 잘못된 선입견을 구별하는 작업은 끊임없이 이루어지는 과정일 수밖에 없다.

(5) 중간요약

가다머에 따르면, 텍스트를 이해하는 과정에 해석학적 순환이 존재한다는 것은 이해과정에 시간간격이 놓여 있다는 것을 뜻한다. 이러한 시간간격은 전통에 전승이라는 시간성을 부여하여, '친근함'과 '낯섦'이라는 두 가지 대립되는 속성을 낳는다. 또한 시간간격은 저자의 의사와 텍스트의 의미를 분열시키는 해석학적 문제를 야기한다. 그러나 가다머에 의하면, 이러한 분열은 지양해야 할 것이 아니다. 오히려 텍스트를 이해할 때 나타나는 필연적인 현상이다. 그러므로 이해의 목표는 저자의 의사가 아니라 텍스트 그 자체의 의미가 되어야 한다. 이를 통해 텍스트를 이해하는 과정은 재생산과정이 아닌 생산과정이 된다. 이는 시간간격

---

[117] H.-G. Gadamer, 앞의 책, 282쪽.
[118] H.-G. Gadamer, 앞의 책, 282쪽. 다만 여기서 '진실한'(wahr) 것과 '잘못된'(falsch) 것을 전통적인 진리대응 이론에서 말하는 것과 같은 의미로 이해해서는 안 된다. 그 대신 가다머가 언급하는 진실한 선입견과 잘못된 선입견은 해석학적 진리이론에 따라 각기 구별해야 한다. 여기서 말하는 해석학적 진리이론에 관해서는 아래 제2장 제2절 VI.3. 참고.
[119] H.-G. Gadamer, 앞의 책, 283쪽.

이 텍스트를 이해하는 과정에서 생산적인 의미를 갖는다는 점을 보여준다. 이와 더불어 시간간격은 텍스트의 진실한 의미를 밝히고, 진실한 선입견과 잘못된 선입견을 구별하는 데 기여한다. 그런데 이러한 과정은 일회적인 과정이 아니라 지속적인 과정이다.

여기서 우리는 다음과 같은 점을 확인할 수 있다. 존재론적-해석학적 이해는 단지 텍스트에 담겨 있는 타인(저자)의 견해를 객관적으로 발견하는 것이 아니라는 점이다. 그뿐만 아니라, 이러한 이해는 시간에 개방되어 있다는 점이다. 그런데 이처럼 존재론적-해석학적 이해가 타인의 견해를 발견하는 것이 아니라면, 그것은 과연 무엇인가? 이에 관해 가다머는 나와 타인의 관계를 통일하는 것이 바로 역사성을 띠는 해석학적 이해의 대상이라고 한다. 그러면서 가다머는 사태를 적절하게 이해하는 해석학은 이해 그 자체를 통해 '역사현실'(Wirklichkeit der Geschichte)를 밝혀야 한다고 말하면서, 바로 이 때문에 '영향사'(Wirkungsgeschichte)를 언급할 필요가 있다고 한다. 왜냐하면 가다머는 이해의 본질을 영향사적 과정이라고 보기 때문이다.[120] 이때 우리는 새로운 문제와 만나게 된다. 영향사란 무엇인가?

4. 존재론적-해석학적 이해과정의 실현형태: 영향사적 원칙으로서 지평융합

(1) 개 념

영향사란, 말 그대로 쉽게 풀이하면, 우리의 이해과정에 영향을 미치는 시간적 흐름의 작용방식이라고 할 수 있다. 그런데 우리는 이해의 근거를 선입견이라고 보았고, 이러한 선입견의 바탕을 이루는 것으로

---

[120] H.-G. Gadamer, 앞의 책, 283쪽.

권위, 그 가운데서 대표적으로 전통이라고 보았다. 그리고 전통의 시간적 흐름을 전승이라고 보았다. 그러므로 영향사는 다시 이렇게 말할 수 있다. 영향사란 전승이 우리의 이해과정에 영향을 미치는 방식을 뜻한다. 이는 존재론적-해석학적 이해과정이 구체적으로 실현되는 형태라고도 할 수 있다.

(2) 영향사적 원칙: 대상에서 존재로

그런데 가다머에 따르면, 인간은 그 무엇인가를 이해할 때 이러한 영향사적 과정에서 벗어날 수 없다. 말을 바꾸면, 인간은 이러한 영향사적 과정을 그가 원했기 때문에, 즉 그가 방법으로서 선택했기 때문에 거치는 것은 아니라고 한다. 대신 영향사적 과정은 우리가 그 무엇인가를 이해하는 한 필연적으로 놓이게 되는 존재론적인 상황이라고 한다.[121] 이 때문에 가다머는 이를 영향사적 원칙이라고 표현한다.

원래 이러한 영향사는 역사의식을 강조했던 객관적 역사주의(역사학파)가 드러냈다. 역사학파에 따르면, 인간은 유한성을 지닌 존재이기에 시간과 공간을 초월하는 인식을 할 수 없고, 그 때문에 인간의 인식은 시간과 공간에 한정된 역사성을 반영할 수밖에 없다. 나아가 역사학파는 이러한 영향사(역사의식)가 작품에 미치는 영향을 객관적으로 이해해야 한다고 요구하였다.[122]

그러나 가다머는 이러한 역사학파의 영향사 이해를 거부한다. 가다머에게 영향사란 이해되어야 할 대상이 아니기 때문이다. 오히려 가다머에게 영향사란 이해의 존재방식, 더욱 구체적으로 말하면, 이해가 집행될 때 나타나는 한 요소이다. 그러면서 가다머는 이러한 영향사를 의식하는

---

121 H.-G. Gadamer, 앞의 책, 284쪽.
122 H.-G. Gadamer, 앞의 책, 284-85쪽.

것이 바로 과학의 필수적이고도 절박한 요구라고 본다.[123]

(3) 해석학적 상황과 지평 개념

그러면 영향사적 과정이 구체적으로 어떻게 진행되는지 알아보자. 이를 위해서는 먼저 해석학적 상황 그리고 이의 한 예인 지평이 무엇인지 짚고 넘어가야 한다.

가다머는 해석학적 상황에 관해 우선 상황이란 우리 이해자에게 대상으로 있는 것이 아니라고 한다. 따라서 우리는 상황에 대한 대상적 지식을 얻을 수 없다.[124] 그리고 이 점은 해석학적 상황에 대해서도 타당하다.[125] 따라서 해석학적 상황이란 우리가 인식해야 할 대상이 아니다. 오히려 우리는 이러한 해석학적 상황 안에 놓여있다고 한다. 이 때문에 가다머는 이러한 상황을 밝히는 것, 즉 '영향사적 반성'(wirkungsgeschichtliche Reflexion)을 할 수 없다고 한다.[126] 그러나 이것은 반성을 잘못했기 때문이 아니라, 이것이 곧 역사적 존재의 본질이기 때문이라고 한다. 그래서 가다머는 역사적 존재는 그에 대한 지식으로써 드러나지 않는다고 한다.[127]

이와 같이 해석학적 상황은 우리를 포함하는 그 무엇인데, 가다머는 이러한 해석학적 상황의 대표적인 경우로서 '지평'(Horizont)을 제시한다.[128] 이때 지평이란 어떤 한 관점으로부터 볼 수 있는 모든 것을 포괄하

---

[123] H.-G. Gadamer, 앞의 책, 285쪽.
[124] H.-G. Gadamer, 앞의 책, 285쪽.
[125] '해석학적 상황'이란 우리가 전승 아래 서 있고, 여기서 그 무엇인가를 이해한다는 상황을 말한다.
[126] '영향사적 반성'이란 영향사를 대상으로 보고 이를 반성적으로 다루는 것을 뜻한다. 그러므로 영향사를 존재로 보는 '영향사적 의식'과는 구별된다.
[127] H.-G. Gadamer, 앞의 책, 285쪽.
[128] H.-G. Gadamer, 앞의 책, 286쪽.

는 관점영역(Gesichtkreis)을 말한다.[129] 즉 지평이란 어느 일정한 관점을 반영하고 있는 그 무엇이다. 또한 가다머는 니체와 후설을 언급하면서 이러한 지평을 통해 인간은 자신의 유한성을 드러내면서, 동시에 이러한 유한성으로부터 벗어날 수도 있다고 말한다.[130] 요컨대, 지평이란 이해하는 우리가 벗어날 수 없는 해석학적 상황이다. 여기서 우리는 이러한 지평이 부여하는 한 가지 관점에 따라 그 무엇을 이해하게 된다. 바로 이러한 측면에서 가다머는 해석학적 상황을 취급한다는 것은, 우리가 전승에 직면해 서있다는 문제에 대해 올바른 문제지평을 얻는 것이라고 말한다.[131]

(4) 존재론적-해석학적 이해과정으로서 지평융합

그러면 이러한 지평을 이해과정에 적용해 보자.[132] 우선 역사학파는 우리가 어떤 텍스트를 이해한다는 것은 그 텍스트를 쓴 저자의 지평 안으로 들어가는 것이라고 한다. 다시 말해, 우리의 지평을 벗어나서 저자의 지평으로 들어가는 것이 텍스트 이해라고 한다. 그러므로 저자의 지평과 나의 지평은 서로 분리되어, 각각 독립된 것으로 존재하게 된다. 그러나 가다머는 이러한 생각에 반대한다. 가다머는 어떤 이해과정에 두 개의 별개 지평이 존재하는 것이 아니라고 한다. 이해란 나와 타인의 관계를 통일하는 것이기 때문에, 지평 역시 이해과정에서 나의 지평과 타인의 지평으로 분열될 수 없다고 한다. 역사학파가 본 것처럼, 만약 지평이 서로 독립해서 존재하는 것이라면, 그 결과 지평은 스스로 폐쇄

---

129 H.-G. Gadamer, 앞의 책, 286쪽.
130 H.-G. Gadamer, 앞의 책, 286쪽.
131 H.-G. Gadamer, 앞의 책, 286쪽.
132 이에 관해서는 H.-G. Gadamer, 앞의 책, 286-87쪽 참고.

되고 완결된 그 무엇이 된다고 한다.[133] 그러나 가다머는 이에 대해 의문을 표시하면서, 지평은 개방된 그 무엇이고, 동시에 끊임없이 운동한다고 한다. 이것은 전승이 끊임없이 해석학적 운동을 하는 것과 마찬가지라고 한다. 설사 이미 지나버린 과거의 지평이라 할지라도 고정된 시간과 공간에 얽매여 있는 것이 아니라, 이미 운동과정에 놓여있다고 한다.[134] 이처럼 지평은 폐쇄된 것이 아니라 개방된 것이면서 동시에 운동하는 것이기 때문에, 이해 역시 서로 분리된 지평을 전제로 해서 이루어지는 것이 아니라고 한다. 가다머는 말한다.

"그러므로 어떤 전승을 이해하는 것은 어떤 역사적 지평을 요구한다. 그러나 이 역사적 지평은 우리가 이러한 역사적 상황 안으로 들어가서 얻을 수 있는 것은 아니다. 오히려 이와 같은 상황 속으로 들어갈 수 있기 위해서, 항상 우리는 이미 지평을 가지고 있어야 한다."

여기서 우리가 이미 지평을 가지고 있어야 한다는 말은, 우리의 지평으로써 타인의 지평을 이해한다는 점을 의미한다. 이를 가다머는 '자기에게 들어감'(Sichversetzen)이라고 한다.[135] 이로써 타인을 이해한다는 것은 타인의 지평 안으로만 객관적으로 들어가는 것이 아니라, 자신의 지평을 통해 타인을 이해한다는 점이 분명해진다.[136] 이 언명을 통해 이해란 이미 지나버린 과거의 지평과 현재 자신의 지평이 융합하는 과정이라는 결론을 이끌어낼 수 있다.[137] 요컨대, 존재론적-해석학적 이해과정

---

133 H.-G. Gadamer, 앞의 책, 287쪽.
134 H.-G. Gadamer, 앞의 책, 288쪽.
135 H.-G. Gadamer, 앞의 책, 288쪽.
136 H.-G. Gadamer, 앞의 책, 288쪽.
137 H.-G. Gadamer, 앞의 책, 289쪽.

이란 곧 지평융합과정인 셈이다. 이는 우리가 무엇을 이해한다는 것, 달리 말해 영향사적 의식과 관련을 맺는 전승과 만난다는 것은 텍스트와 현재 사이에서 펼쳐지는 긴장관계를 경험하는 것이라는 점을 뜻한다.[138]

VI. 존재론적-해석학적 이해의 실천성

1. 해석학에서 적용이라는 문제

이미 여러 번 언급하였듯이, 해석학은 텍스트에 대한 이해와 해석을 다루는 과학이다. 그런데 우리는 해석학에 대한 이러한 정의에서 자칫 해석학을 실천과는 무관한 이론적인 과학으로 여길지도 모른다. 다시 말해, 해석학은 텍스트 이해를 주로 다루기 때문에 실천과학과는 거리를 두고 있다고 생각할지도 모른다. 그러나 이러한 생각과는 달리, 가다머는 자신의 존재론적 해석학에서 '적용'(Applikation)이라는 실천적인 문제를 중요한 테제로 다룬다.[139] 그러면서 가다머는 다음과 같은 논거를 통해 해석학은 본질적으로 실천적인 과학일 수밖에 없음을 논증한다.

먼저 가다머는 전통적인 해석학에 따라 텍스트에 대한 이해와 해석 그리고 적용이라는 개념을 각기 구별한다.[140] 하지만 그렇다고 해서 가다머가 이 개념을 서로 독립된, 다시 말해 서로 무관한 것으로 파악하는 것은 아니다. 그 대신 가다머는 이러한 이해와 해석 그리고 적용은 모두 통일된 과정으로 바라볼 수 있다고 말한다. 이는 곧 텍스트 이해는 해석이요, 이러한 해석은 다시 텍스트 적용이라는 점을 말해준다. 그러면서

---

138 H.-G. Gadamer, 앞의 책, 290쪽.
139 H.-G. Gadamer, 앞의 책, 290쪽 아래; 또한 G. Warnke, 앞의 책, 155쪽 아래 참고.
140 H.-G. Gadamer, 앞의 책, 291쪽.

가다머는 아리스토텔레스의 이론을 통해 이러한 자신의 주장을 뒷받침한다.[141]

그러면 어떻게 이해가 해석일 수 있고, 다시 해석은 적용일 수 있을까? 이러한 의문에 대해 우리는, 비록 가다머가 분명하게 해명하고 있는 것은 아니지만,[142] 다음과 같은 가다머의 이론에서 그 해답을 찾을 수 있다. 일단 가다머가 텍스트 이해를 단순히 이해자인 주체가 텍스트인 객체를 대상으로서 인식하는 것으로 파악하지 않는다는 점은 이미 살펴본 바와 같다. 그 대신 가다머는 텍스트 이해를 해석학적 순환이 역사적으로 확장된 지평융합과정으로 파악한다. 다시 말해, 텍스트 이해는 그 텍스트가 놓인 과거의 지평과 이해자가 처한 현재의 지평이 서로 순환적으로, 동시에 개방적으로 융합하는 과정인 것이다. 이때 말하는 지평이란 바로 이해자가 서있는 해석학적 상황을 뜻한다. 그런데 해석학적 상황은 이론적인 영역에 속하는 개념이 아니다. 오히려 해석학적 상황은 실천적인 영역에 속하는 것이다. 왜냐하면 해석학적 상황은 추상적이면서 닫힌 공간을 지칭하는 것이 아니라, 구체적이면서 열려있는 상황을 뜻하기 때문이다. 그러므로 텍스트 이해가 해석학적인 상황을 뜻하는 지평의 융합과정이라면, 우리는 다음과 같은 결론을 이끌어낼 수 있다. 이해는 실천적인 영역에 속하는 지평의 융합과정이라는 것이다. 달리 말해, 텍스트 이해자는 항상 일정한 해석학적 지평 아래 서있을 수밖에 없는데, 이 안에서 이해자는 당시의 전통에 의해 일정한 의미기대, 즉 선입견을 갖게 된다. 그리고 이러한 선입견으로써 텍스트를 이해하면서 이해자는 텍스트에 담긴 과거의 지평과 만나게 되고, 자신의 선이해로써 파악된 과거의 지평은 다시 이해자가 서있는 현재의 지평에 의해 교정된다(지평

---

141 H.-G. Gadamer, 앞의 책, 295쪽 아래.
142 물론 H.-G. Gadamer, 앞의 책, 295쪽 아래에서 이에 대한 단서를 발견할 수 있다.

융합). 즉 이해는 항상 지평이라는 실천적인 영역과 관련을 맺게 되는 것이다. 여기서 이해자가 선입견을 통해 텍스트에 담긴 과거의 지평과 만나는 과정을 해석이라고 하고(해석학적 순환), 이러한 해석이 지평 안에서 교정되는 것을 적용이라고 하며, 나아가 이러한 전체 과정을 이해라고 말할 수 있다면, 결국 우리는 <이해-해석-적용>이 모두 동일한 과정에 놓여 있다는 점을 확인할 수 있다.

2. 법률해석의 의미

이처럼 가다머는 텍스트에 대한 이해와 해석 그리고 적용을 모두 통일된 과정으로 파악함으로써 해석학의 실천성을 강조한다. 그러면서 가다머는 이러한 해석학의 실천성이 잘 나타나고 있는 영역이 바로 신학과 법학, 그 중에서도 특히 법학이라고 한다.[143] 가다머에 의할 때, 법률해석은 단순히 일반 철학적 해석학의 특수영역에 속하는 것이 아니라, 해석학의 실천성을 가장 전형적으로 보여주는 해석학의 영역인 것이다.[144]

3. 존재론적-해석학적 진리

그런데 이러한 해석학의 실천성과 관련하여, 그리고 앞에서 언급했던 시간간격의 해석학적 의미와 관련하여 한 가지 의문을 제기할 수 있다. 존재론적 해석학에 의할 때 과연 진리란 무엇인가 하는 의문이 곧 그것이다. 이러한 의문에 대해 가다머가 직접적인 대답을 제시하고 있는 것은 아니다.[145] 하지만 이미 완전성의 선취나 시간간격의 해석학적인 의

---

143 H.-G. Gadamer, 앞의 책, 294쪽.
144 H.-G. Gadamer, 앞의 책, 311쪽.
145 물론 이 연구의 분석대상인 가다머의 저서가 『진리와 방법』이라는 제목을 달고 있다는 점에서, 존재론적-해석학적 진리에 대한 가다머의 생각이 어느 정도 암시

미에 관한 가다머의 생각을 바탕으로 하면, 아래와 같이 존재론적 해석학의 진리이론을 추론할 수 있다고 생각한다.

일반적으로 진리이론은 다음과 같이 세 가지로 나눌 수 있다.[146] 진리대응이론,[147] 진리수렴이론,[148] 진리합의이론이 그것이다.[149] 여기서 진리대응이론은 우선 전제로서 일정한 진리주장에 대응하는 지시대상이 시간과 공간 속에서 실체로서 존재한다고 말한다. 그리고 이 지시대상은 경험적으로 검증할 수 있다고 한다. 따라서 일정한 진리주장이 참인지 거짓인지 여부는, 이 진리주장이 그 지시대상을 그대로 반영하고 있는지에 따라 판단된다고 한다. 이때 이러한 반영 여부는 경험적으로 검증할 수 있다고 한다.

이에 대해 진리수렴이론은 일단 진리대응이론과 마찬가지로 그 지시대상이 실체적으로 존재한다는 점은 인정한다. 다만 이 대상을 경험적으로 분명하게 확인하는 것은 현실적으로 어렵다는 점 역시 인정한다. 그래서 일정한 진리주장이 참인지 여부는 일단 다른 상대방의 동의 혹은

되어 있다.
146 이러한 진리이론에 관해서는 기본적으로 변종필,『형사소송에서 진실개념』(고려대 법학박사 학위논문, 1996), 74쪽 아래 참고.
147 진리대응이론은 크게 '존재론적-형이상학적 대응이론', '유물론적 반영이론', '논리적-경험주의적 모사이론'으로 세분화할 수 있다. 변종필, 위의 논문, 74-81쪽; 이러한 진리대응이론 가운데서 특히 논리적-경험주의적 모사이론이 의미 있다고 할 수 있다. 이에 관해서는 L. Wittenstein, *Tractatus Logico-Philosophicus* (London, 1992), 42쪽.
148 진리수렴이론의 대표자로는 아르투어 카우프만(Arth. Kaufmann)을 들 수 있다. 이에 관해서는 Arth. Kaufmann, "Über die Wissenschaftlichkeit der Rechtswissenschaft: Ansätze zu einer Konvergenztheorie der Wahrheit", in: *ARSP* (1986), 441쪽 아래 참고; 또한 변종필, 앞의 논문, 90쪽 아래 참고.
149 가장 대표적으로 하버마스를 들 수 있다. J. Habermas, "Wahrheitstheorien", in: *Vorstudien und Ergänzungen zur Theorie des Kommunikativen Handelns* (Frankfurt/M., 1984); 또한 변종필, 앞의 논문, 115쪽 아래; 이상돈,『법이론』(박영사, 1996) 등 참고.

합의를 통해 잠정적으로 획득할 수 있다고 한다. 하지만 이러한 잠정적인 진리에 모순되는 다른 근거가 제시되면, 이 잠정적인 진리는 진리성을 잃게 된다(반증원칙).150 진리수렴이론은 이러한 과정을 되풀이함으로써 결국에는 실체적으로 존재하는 진리대상에 수렴해갈 수 있다고 한다.

한편 진리합의이론은 진리대응이론이나 진리합의이론과는 달리, 진리주장의 지시대상인 진리가 실체로서 존재한다는 점을 인정하지 않는다. 따라서 진리는 항상 특정한 진리주장자와 그 상대방 사이의 합의를 통해서만 획득할 수 있다고 한다. 단 이때 주의해야 할 점은, 무조건 당사자 간에 합의가 이루어졌다고 해서 그 합의가 항상 참이 되는 것은 아니라는 점이다. 왜냐하면 이미 하버마스(J. Habermas)가 적절하게 제시하고 있듯이, 당사자 간의 합의가 참이 되려면 그 전제로서 이상적 대화조건이나 선험적 대화조건(K.-O. Apel) 또는 합리적 대화가 마련되어야 하기 때문이다. 그러므로 이러한 전제조건을 충족하지 못한 합의는 진리성을 부여받지 못하게 된다.

그렇다면 이러한 진리이론 가운데 가다머의 해석학적 진리이론은 어디에 속하는 것일까? 그게 아니라면, 해석학적 진리이론은 기존의 진리이론과는 구별되는 독자적인 진리이론이 되는 것일까? 우선 가다머의 해석학이 전통적인 <주체-객체 모델>을 엄격하게 비판하고 있다는 점에서 진리대응이론과는 합치하지 않는다. 그 이유는 진리대응이론은 가다머가 비판하는 <주체-객체 모델>을 밑바탕으로 삼고 있기 때문이다. 그뿐만 아니라, 가다머의 존재론적 해석학은 실체적인 진리 개념을 상정하고 있지 않고, 헤겔식의 모델처럼 일정한 진리주장이 수렴, 즉 일

---

150 반증원칙에 관해서는 K. Popper, *Logik der Forschung*, 2. Aufl. (Tübingen, 1966), 47쪽 아래; W. Hassemer, *Tatbestand und Typus* (Köln/Berlin/Bonn/München, 1968), 129쪽에서 다시 인용; 또한 변종필, 앞의 논문, 105쪽 아래 참고.

정한 종착지점을 향해 발전해 간다고도 하지 않는다. 따라서 해석학적 진리이론은 진리수렴이론과도 합치하지 않는다. 그렇다면 가다머의 해석학적 진리이론은 진리합의이론에 속하는 것일까?

가다머에 의하면, 텍스트를 이해하는 과정에서는 항상 이해의 선구조가 작용하게 된다. 그리고 이러한 이해의 선구조인 선입견은 그 시대를 지배하는 권위와 전통에 바탕을 둔다고 한다. 이때 권위는 억압적인 힘을 의미하는 것이 아니라, 이해자의 합의에 바탕을 둔 합리적인 것이라는 점은 이미 살펴보았다. 그런데 여기서 텍스트 이해란 텍스트에 담겨 있는 진리성을 찾아가는 것이라 할 수 있다. 그리고 텍스트 이해가 이해자의 선입견에 의해 이루어진다는 것은, 텍스트의 진리성이 텍스트 그 자체에 실체적으로 담겨있는 것이 아니라, 이해자의 선입견에 의해 조건 지어진다는 점을 뜻한다. 나아가 이렇게 진리성을 조건지우는 선입견이 이해자의 합의에 바탕을 둔 권위와 전통에 기초를 둔다는 것은, 진리성이 이해자와 전통 사이의 합의과정을 통해 형성된다는 점을 뜻한다고 할 수 있다. 그런데 앞에서 살펴본 것처럼, 이해자와 전통 사이의 합의과정은 해석학적 순환과정이 확장된 개방적인 지평융합의 모습을 보인다. 이를 달리 말하면, 이해자와 전통 사이의 관계는 일종의 대화과정이라 할 수 있다(영향사적 의식). 이렇게 볼 때, 우리는 다음과 같은 결론을 추론할 수 있다. 즉 가다머의 존재론적 해석학에 의할 때, 정당한 텍스트 이해를 뜻하는 진리성은 이해자와 전통 사이에서 이루어지는 개방적인 대화과정을 통해 형성된다는 것이다. 따라서 존재론적-해석학적 진리이론은 진리합의이론의 한 형태라고 말할 수 있다. 다만 해석학적 진리이론은 하버마스처럼 합리적 대화를 인정하지 않더라도, 이해자와 전통 사이의 해석학적 순환운동에 의해 형성되는 완전성의 선취 또는 이해과정에 담겨 있는 시간간격에 의해 진리성이 담보된다는 점에서 본래 의미의 진리합의이론과는 차이가 있다고 할 수 있다.

VII. 해석학의 보편성

가다머에 따르면, 이제 존재론적인 해석학은 단순히 텍스트 이해라는 정신과학의 영역만을 다루는 과학만을 지칭하는 것이 아닌 것이 된다. 오히려 정신과학 영역을 넘어서 자연과학까지 포괄하는 그야말로 보편적인, 그래서 말 그대로 존재론적인 해석학의 지위를 차지하게 된다. 그렇다면 과연 어떤 근거를 통해 이러한 가다머의 언명이 성립할 수 있는 것일까?

1. 영향사적 의식과 해석학적 경험

해석학의 보편성을 논의하려면, 논의의 출발점으로서 '영향사적 의식'과 '해석학적 경험'을 다루어야 할 필요가 있다. 앞에서 살펴본 것처럼, 가다머는 이해과정을 영향사적 의식이 작용하는 과정으로 파악한다.[151] 그런데 여기서 가다머가 제시하는 영향사적 의식은 헤겔의 절대정신이나 딜타이의 역사의식과는 분명 구별해야 할 필요가 있다. 왜냐하면 가다머의 영향사적 의식은, 가다머가 반성철학의 한계를 지적하고 있는 부분에서 확인할 수 있는 것처럼,[152] 헤겔의 절대정신이나 딜타이의 역사의식처럼 객관화된 의식이 아니기 때문이다. 이와는 달리 가다머의 영향사적 의식은 자기 스스로가 자율적으로 움직이는 그러면서 이해자

---

[151] 영향사적 의식은 일단 역사적 존재인 이해자의 존재방식이라고 정의내릴 수 있다.
[152] H.-G. Gadamer, 앞의 책, 324쪽 아래.

와 의식이 서로 주체와 객체로 분리된 것이 아닌 존재론적인 의식으로서 작용한다.[153]

이렇게 이해과정이 영향사적 의식이 작용하는 과정이라고 한다면, 우리는 이러한 영향사적 의식을 어떻게 파악하고 분석할 수 있을까? 바꿔 말해, 어떻게 우리는 전통 혹은 전승이 이해자의 선이해를 통해 텍스트 이해에 작용하는지 그리고 어떻게 지평융합이 펼쳐질 수 있는지 알 수 있는 것일까? 이는 바로 영향사적 의식의 분석문제라 할 수 있는데, 가다머는 이 문제를 '해석학적 경험'(hermeneutische Erfahrung)을 분석함으로써 해명한다.[154]

우리가 그 어떤 무엇을 이해하려면, 이러한 이해를 가능케 하는 이해의 조건이 우리에게 필요하다. 예를 들어, 어떤 예술작품을 감상하고 공감하는 행위는 우리가 단지 백지상태에 불과한 때에는 가능하지 않고, 그 대신 우리에게 이러한 감상과 공감을 가능케 하는 전제조건이 있어야 한다. 이를 근대 경험론은 경험이라고 하였고, 딜타이는 체험이라고 말했으며, 하이데거는 이해의 선구조라고 하였다. 이에 대해 가다머는 선입견을 이해의 조건이라고 파악했다는 점은 이미 본 바와 같다. 한편 가다머는 이러한 선입견이 권위와 전통에 근거를 둔다고 하는데, 이에 관해 다음과 같은 의문을 제기할 수 있다. 어떻게 권위와 전통이 선입견의 근거가 될 수 있는가 하는 의문이 그것이다. 이를 해결하기 위해 가다머가 제시하는 개념이 바로 해석학적 경험이다.

가다머에 따르면, 이해자는 항상 특정한 경험을 자신의 선입견으로 삼음으로써 텍스트를 이해할 수 있다고 한다. 예를 들어, 우리가 베토벤의 교향곡 제9번을 숭고하게 들을 수 있는 것은 이미 그 전에 우리에게

---

153 H.-G. Gadamer, 앞의 책, 324쪽.
154 H.-G. Gadamer, 앞의 책, 329쪽 아래.

서양 고전음악에 대한 해석학적 경험이 존재하기 때문이라고 한다. 그러나 가다머는 이러한 해석학적 경험을 근대 경험론이 강조한 경험이나 딜타이의 체험과 동일시해서는 안 된다고 한다.[155] 왜냐하면 가다머에 따르면, 해석학적 경험은 우리가 대상으로서 객관화할 수 있는 것이 아니기 때문이다. 오히려 이해자는 이러한 해석학적 경험의 한 부분으로 포함된다.

한편 가다머는 이러한 해석학적 경험은 단순히 이해자 개인이 경험한 것만을 지칭하는 것은 아니라고 한다. 그 대신 경험에는 이해자가 체험한 경험뿐만 아니라, 만들어진 경험도 포함된다고 한다.[156] 즉 가다머는 경험에는 이해자 개인이 체험하는 경험도 있지만, 이해자를 넘어서 공동체 전체가 만들어 낸 경험도 있다고 한다. 여기서 후자의 경험을 가능케 하는 것이 바로 권위와 전통이다. 가령 우리는 베토벤 교향곡 제9번에 대한 권위적인 또는 전통적인 감상법에 의해 영향을 받을 수 있는데, 이것이 후자의 한 예가 된다.

그런데 가다머는 이러한 이해자 개인이 체험한 경험과 공동체가 만들어낸 경험은 서로 대립할 때가 있다고 한다. 이를 가다머는 '경험의 부정성'(Negativität der Erfahrung)이라고 말한다. 그러면서 가다머는 이러한 경험의 부정성이 생산적인 힘을 발휘할 수 있다고 한다. 이는 경험이 변증법적 속성을 띤다는 점을 보여준다. 그렇다면 해석학적 경험은 헤겔이 말한 것처럼 변증법적인 자기발전운동을 해가는 것일까? 이에 대해 가다머는 그렇지는 않다고 한다. 왜냐하면 해석학적 경험은 객관적인 것이 아니므로, 헤겔의 객관정신처럼 변증법적인 운동을 통해 절대정신을 향해 수렴해 가는 것은 아니기 때문이라고 한다.[157] 그 대신 가다머는 해석

---

155 H.-G. Gadamer, 앞의 책, 329쪽 아래.
156 H.-G. Gadamer, 앞의 책, 335쪽.

학적 경험은 플라톤이 제시한 변증론-대화법(Dialektik)처럼 개방적인 대화 구조를 갖는다고 한다.158 요컨대, 가다머에 따르면 해석학적 경험은 체험된 것과 만들어진 것이라는 두 가지 속성을 지니는데, 이러한 두 속성은 경험의 부정성 때문에 서로 모순 및 갈등을 빚게 된다. 그러나 이러한 모순 및 갈등은 비록 변증법의 구조를 갖기는 하지만, 헤겔이 주장한 것처럼 절대정신을 향해 자기발전을 하는 것이 아니라, 끊임없이 개방적으로 운동해 가는 대화적인 구조를 갖는다.159

이제 우리는 이러한 해석학적 경험의 특성을 통해 영향사적 의식이 어떻게 이해과정에 작용하는지 파악할 수 있다. 즉 영향사적 의식은 해석학적 경험의 부정성과 대화적인 구조를 통해 그 스스로가 살아 있는 의식으로서 이해과정에 작용하는 것이다. 이때 권위와 전통에 바탕을 둔 선입견에 의해 펼쳐지는 지평융합은 바로 해석학적 경험의 부정성과 개방성을 통해 가능할 수 있게 되는 것이다.

2. 해석학의 보편성

한편 이러한 해석학적 경험과 관련하여 우리는 다시 다음과 같은 문제를 던질 수 있다. 자기부정성과 개방성이라는 구조를 갖고 있는 해석학적 경험은 어떤 방식으로 존재할 수 있는가? 나아가 해석학적 경험은 이해자뿐만 아니라 그 밖의 다른 사람들에게도 전달될 수 있는가? 이러한 문제에 대해 가다머는 바로 '언어'(Sprache)가 해석학적 경험을 담는 매개체가 된다고 한다.160 즉 우리는 언어를 통해서만 세계경험 혹은 해

---

157 H.-G. Gadamer, 앞의 책, 342-44쪽.
158 H.-G. Gadamer, 앞의 책, 344쪽 아래.
159 G. Warnke, 앞의 책, 168쪽 아래.
160 H.-G. Gadamer, 앞의 책, 391쪽.

석학적 경험을 할 수 있다고 한다.161 그러면서 가다머는 이러한 언어를 통해서 비로소 해석학적 이해가 이루어질 수 있다고 한다. 바꿔 말해, 가다머에 따르면, 언어가 곧 해석학적인 존재론의 지평이 되는 것이다. 이는 '언어는 존재의 집'이라고 한 하이데거의 생각을 수용한 것이라 할 수 있다.

그런데 가다머는 언어를 통해 해석학적 경험이 매개되는 현상은 단지 정신과학에만 독자적으로 존재하는 것은 아니라고 한다. 오히려 이러한 언어의 작용은 정신과학을 넘어서 심지어 자연과학에서도 마찬가지로 타당하다고 한다. 그래서 자연과학에서도 언어라는 매개를 통해 해석학적 경험이 전달될 수 있다고 한다. 이를 달리 말하면, 자연과학 영역에서도 해석학적 경험, 즉 영향사적 의식이 작용할 수 있음을 뜻한다. 요컨대, 자연과학에서도 해석학적인 이해과정이 펼쳐질 수 있다는 것이다. 바로 이러한 근거에서 가다머는 존재론적 해석학은 단지 정신과학 영역에만 머무르지 않고, 이를 넘어서 모든 과학에 대해 타당할 수 있는 보편적인 성격을 띤다고 한다.162

VIII. 중간결론

이제 지금까지 전개한 가다머의 존재론적 해석학을 다음과 같이 요약할 수 있다. 가다머는 딜타이처럼 해석학을 정신과학의 방법으로서 이해하는 것에 반대한다. 왜냐하면 해석학은 <주체-객체 모델>에 입각한 인식론적인 성격을 갖는 것이 아니라, 오히려 <주체-객체>가 서로 융

---

161 H.-G. Gadamer, 앞의 책, 415쪽.
162 H.-G. Gadamer, 앞의 책, 449쪽 아래.

합된 존재론적인 성격을 띠기 때문이다. 이를 가다머는 이해자가 이미 지니고 있는 선입견을 통해 정당화한다. 이러한 선입견은 하이데거가 전개한 이해의 선구조를 수용한 것이다. 나아가 선입견은 권위와 전통에 바탕을 두고, 전통은 고전이라는 형식으로 존재하게 된다. 한편 가다머는 선입견에 입각한 존재론적-해석학적인 이해는 해석학적 순환이 역사적으로 확장된 지평융합을 통해 진행된다고 한다. 이를 가다머는 영향사적 원칙이라고 말한다. 그런데 가다머는 이러한 영향사적 원칙이 단순히 정신과학 영역에만 한정되는 것이 아니라, 언어를 매개로 하여 심지어는 자연과학 영역에서도 타당할 수 있다고 한다. 그래서 존재론적 해석학은 말 그대로 보편적인 존재론으로서 자리 잡게 된다.

이와 같은 가다머의 존재론적 해석학은 그의 저서 『진리와 방법』이 출간된 이후 많은 반향을 불러 일으켰다. 이러한 반향은 문학비평이나 역사해석 또는 고전철학과 같은 정신과학 영역에만 한정되지 않고, 신학이나 법학 심지어는 자연과학에서도 많은 반향을 불러일으켰다. 그러나 가다머의 해석학이 매번 지지만 얻은 것은 아니다. 이미 이러한 존재론적 해석학에 반대하는 여러 유력한 비판이 제기되기도 하였다. 그 가운데서도 이탈리아의 법사학자 에밀리오 베티(Emilio Betti)와 독일의 사회철학자 위르겐 하버마스(Jürgen Habermas)가 제기한 비판은 주목할 만하다.[163], [164] 우선 에밀리오 베티는 가다머가 해석학의 방법론적인 측면을 너무 소홀

---

[163] E. Betti, "Zur Grundlegung einer allgemeinen Auslegungslehre", in: *Festschrift für E. Rabel* (Tübingen, 1954); E. Betti, *Die Hermeneutik als allgemeine Methode der Geisteswissenschaften* (Tübingen, 1962); 뒤 저술의 우리말 번역은 J. Bleicher, 권순홍 (옮김), 『현대 해석학: 방법, 철학, 비판으로서의 해석학』(한마당, 1986), 63쪽 아래.

[164] 이러한 비판에 관해서는 K.-O. Apel (Hrsg.), *Hermeneutik und Ideologiekritik* (Frankfurt/M., 1980); 이구슬, 앞의 논문; G. Warnke, 앞의 책, 179쪽 아래; J. Bleicher, 위의 책, 172쪽 아래 등 참고.

히 했다고 비판한다. 그리고 하버마스는 존재론적 해석학이 이데올로기에 의해 왜곡될 수 있음을 간과하고 있다고 비판한다. 하버마스가 보기에 가다머의 존재론적 해석학은 비판적인 힘을 결여하고 있다는 것이다. 그런데 여기서 이러한 비판의 타당성 여부를 상세히 논의할 여력은 없다. 사실 이러한 비판, 특히 하버마스의 비판은 상당한 설득력을 지닌다. 그렇다 하더라도 필자는 이러한 비판이 가다머가 구축한 이론적 성과를 뒤흔들 수 있다고 생각하지는 않는다. 왜냐하면 가다머가 <주체-객체 모델>과 방법에 대해 던진 비판은 철학적-인식론적 방법에 대한 근본적인 성찰을 이끌었다고 생각하기 때문이다. 바로 이러한 이유에서 가다머의 존재론적 해석학이 법학에 대해서도 영향을 미치게 된 것이라 할 수 있다.

제3장 독일 법해석학을 통한 해석학의 수용

제1절 법해석학을 통한 철학적-존재론적 해석학의 수용과정

I. 서설

가다머의 존재론적 해석학 또는 그 이전에 딜타이 등에 의해 정신과학의 보편적인 방법으로 정립된 철학적 해석학은,[1] 이미 가다머가 적절하게 지적한 것처럼,[2] 실제 분쟁해결을 목적으로 하는 법해석학에 긍정적으로 수용된다. 예를 들어, 딜타이류의 해석학은 독일의 대표적인 헌법학자인 루돌프 스멘트(R. Smend)에 의해 수용된다. 그리고 가다머가 정립한 존재론적 해석학은 민법학자인 칼 라렌츠(K. Larenz)와 요제프 에서(J. Esser), 법철학자이자 형법학자인 아르투어 카우프만(Arth. Kaufmann)과 빈프리트 하세머(W. Hassemer), 공법학자인 프리드리히 뮐러(F. Müller) 등이 받아

---

[1] 여기서 말하는 철학적 해석학은 가다머가 전개한 철학적-존재론적 해석학을 뜻하는 것은 아니다. 그 대신 법적 해석학에 대비되는 의미, 즉 일반적 해석학의 의미로 사용된 개념이다.
[2] H.-G. Gadamer, 앞의 책, 307쪽 아래.

들인다. 이와 같이 철학적 해석학은 법해석학에 많은 영향을 미쳤는데, 이러한 해석학 가운데서도 가다머의 존재론적 해석학이 미친 영향은 그 무엇보다도 크다. 따라서 이러한 가다머의 존재론적 해석학이 어떻게 법해석학에 구체화되었는가를 살펴보는 것도 큰 의미가 있다고 생각한다. 제3장에서는 이러한 문제의식에 입각하여, 가다머의 존재론적 해석학이 법해석학에 수용되는 과정을 본격적으로 논의하기에 앞서, 19세기와 20세기 초반에 독일의 법학방법론 또는 법해석학이 어떻게 전개되어 왔는지 간명하게 살펴본다.[3]

II. 19세기 독일의 법해석학

법학의 역사, 그 중에서도 법해석의 역사를 보면, 처음에 법해석은 동로마 시대에 집대성된 유스티니아누스 대법전을 주석하는 데서 출발했음을 간취할 수 있다.[4] 이는 일반 해석학이 성서를 주석하는 것에서 시작했다는 점과 비슷하다. 이렇게 로마법 대전을 주석하는 과정에서 주석학파가 형성되었고, 그 후 바르톨루스(Bartolus)를 중심으로 한 더욱 발전된 주해학파가 등장하였다.[5] 이와 같이 법해석학은 중세 로마법의 재발견 이래로 주로 로마법 대전을 기술적으로 주석·주해하는 수준에 머물러

---

3 19세기에 독일에서 전개된 법해석학은 엄격하게 말해 법해석학이라기보다는 법학방법론이라고 해야 할 것이다.
4 물론 현대 민사법학의 근원을 이루는 로마법은 이미 법해석에 관한 논의를 담고 있었다. 이에 관해서는 최병조, "로마시대의 법률이해와 법률해석: 서론적 고찰", 『로마법연구』(서울대학교출판부, 1995), 64쪽 아래 참고; 다만 여기서는 이렇게 로마제국 시대에 형성된 법해석학은 논외로 한다.
5 바르톨루스에 관해서는 최병조, "Bartolus: 법률들의 저촉에 관하여", 『로마법연구』 (서울대학교출판부, 1995), 498쪽 아래 참고.

있었다. 그런데 18-19세기에 이르러 독일의 성서해석학자인 슐라이어마허에 의해 보편적 해석학이 정립되고 이에 따라 해석방법이 형성되면서, 이에 영향을 받은 법해석학도 기존의 주석·주해학파의 수준을 넘어 독립된 학문의 모습을 갖추게 되었다. 이러한 모습은 바로 19세기 독일의 법학자 사비니(F. C. v. Savigny)가 정립한 해석방법에서 발견할 수 있다.[6] 한편으로는 역사법학을 제창하고, 다른 한편으로는 법학방법론의 기초를 마련한 사비니는 문법적 해석, 논리적 해석, 체계적 해석, 역사적 해석이라는 네 가지 해석방법을 제시하였다. 그런데 이때 주의해야 할 점은, 비록 사비니가 해석방법을 제시하고는 있지만, 그렇다고 해서 그가 법관의 해석을 넓게 인정하지는 않았다는 것이다.[7] 이는 바로 18-19세기의 시민혁명과 계몽주의를 거쳐 형성된 입법자의 우위와 법관의 법률에 대한 엄격한 구속 이념을 반영한 것이다.

이렇게 사비니에 의해 그 기초가 마련된 법해석학(법학방법론)은 그의 제자 푸흐타(G. F. Fuchta)와 독일 민법전(BGB)의 기초자 중 한 명인 빈트샤이트(B. Windscheid) 등에 의해 개념법학으로 발전한다.[8] 개념법학은 법체계는 사비니가 언급한 민족정신을 담고 있으면서 그 자체 완전무결하다고 말한다.[9] 따라서 이러한 완전한 법체계를 정돈하고, 그 개념내용을

---

6 칼 라렌츠는 사비니가 우리가 몸담고 있는 법학의 한 기원을 열어주었다고 한다. K. Larenz, *Methodenlehre der Rechtswissenschaft* (München, 1991), 7쪽 아래.
7 Arth. Kaufmann/W. Hassemer, 심헌섭 (역), 『현대법철학의 근본문제』(박영사, 1991), 74쪽.
8 푸흐타에 관해서는 Arth. Kaufmann/W. Hassemer, 위의 책, 75쪽 아래; 빈트샤이트에 관해서는 K. Larenz, 앞의 책, 28쪽 아래; 그러나 하세머는 푸흐타를 완전히 개념법학자로만 이해할 수 없다고 한다. 왜냐하면 푸흐타는 사비니와 마찬가지로 법학에 민족정신이라는 실질적인 준거점을 끌어들이고 있기 때문이라고 한다. Arth. Kaufmann/W. Hassemer, 앞의 책, 77쪽.
9 특히 푸흐타가 이러한 주장을 한다. G. F. Fuchta, *Cursus der Institutionen*, Bd. 1, 9. Aufl. (Leipzig, 1881), 21-22쪽; Arth. Kaufmann/W. Hassemer, 앞의 책, 75쪽

더욱 분명하게 밝히는 것이 바로 법학의 임무가 된다. 이를 위해 개념법학은 법개념이 실체적으로 존재한다는 점을 전제로 하여 이를 밝히기 위한 방법으로 삼단논법을 도입한다. 한편 이러한 개념법학적 전통은 19세기 당시 자연과학의 발전과 더불어 대두하기 시작했던 실증주의적 방법론의 영향을 받은 법실증주의로 이어졌다. 그리고 이러한 법실증주의적 전통은 후기 예링(R. v. Jhering)의 이익법학이나 칸토로비츠(H. Kantorowicz)의 자유법론 그리고 에를리히(E. Ehrlich)의 법사회학이라는 반론에 부딪히기도 했지만, 한스 켈젠(H. Kelsen)의 순수법학에 이르러 그 절정을 맞게 된다.[10]

정리하면, 19세기 독일 법해석학은 아직 철학적 해석학의 흐름을 수용하지 않고 있었다고 말할 수 있다. 이에 대한 이유로서 바로 법률에 대한 법관의 엄격한 구속이념을 들 수 있다. 그 때문에 철학적 해석학의 전통은 20세기에 접어들어서야 비로소 법학에 수용되기 시작한 것이다.

III. 20세기 초반 독일의 법해석학: 철학적 해석학의 초기 수용

20세기에 접어들면서 독일 법학은 철학적 해석학의 관점을 반영하기 시작하였다. 그 대표적인 경우로서 라드브루흐(G. Radbruch)가 전개한 '사물의 본성론'(Natur der Sache)을 들 수 있다. 주지하다시피 라드브루흐는 신칸트학파에 입각한 방법이원론과 가치상대주의를 자신의 법철학에 대한 이론적 기초로 삼고 있었다. 그러나 라드브루흐는 이후 존재와 당위를 엄격하게 구별하는 방법이원론에 난점을 있음을 깨닫고 이를 극복하고자

에서 다시 인용.
10 이에 관해서는 K. Larenz, 앞의 책, 24쪽 아래.

하였다. 그 결과 라드브루흐가 전개한 것이 바로 사물의 본성론이라는 사고형태였다. 여기서 라드브루흐는 '사물'(Sache)이라는 존재적인 요소와 '본성'(Natur)이라는 당위적 요소를 사물의 본성론이라는 사고형태를 통해 서로 연결함으로써 방법이원론을 극복하려 하였다. 이 점은 라드브루흐의 유명한 언명인 "이념의 소재규정성", "소재의 이념규정성"에서 잘 드러난다.[11] 그런데 이처럼 존재와 당위를 엄격하게 구별하지 않고 서로가 연결되어 있다고 보는 사고방식은, 카우프만(Arth. Kaufmann)이 적절하게 평가하고 있는 것처럼,[12] 해석학적 사고와 유사하다고 할 수 있다. 왜냐하면 해석학적 사고에 의하더라도, 존재와 당위, 바꿔 말해 규범과 현실이 엄격하게 단절되는 것은 아니기 때문이다. 하지만 비록 라드브루흐의 법철학에 해석학적 사고가 스며있다 하더라도, 그가 본격적으로 해석학적 사고를 수용한 것이라고 평가할 수는 없다고 생각한다.

한편 이러한 해석학적 사고의 초기 모습은 민법학자이자 법사학자였던 헬무트 코잉(Helmut Coing)에게서도 발견할 수 있다.[13] 다만 코잉도 가다머를 비판했던 에밀리오 베티와 마찬가지로, 해석학을 정신과학의 방법으로서만 규정하려 하였다. 따라서 코잉이 볼 때, 법해석학은 법규범을 적정하게 해석하도록 하기 위한 방법으로서 의미 있을 뿐이었다.

이외에 헌법 영역에서는 루돌프 스멘트(Rudolf Smend)에게서 초기 해석학의 모습을 찾아볼 수 있다.[14] 공법학자로서 통합론을 정립한 스멘트는 딜타이의 정신과학적 흐름을 이어받고 있는 리트(T. Litt)의 방법론을 원용

---

11 Arth. Kaufmann/W. Hassemer, 앞의 책, 168쪽; Arth. Kaufmann, *Rechtsphilosophie* (München, 1997), 44쪽.
12 Arth. Kaufmann, 위의 책, 44쪽.
13 이에 관해서는 H. Coing, *Die juristische Auslegungsmethoden und die Lehren der allgemeinen Hermeneutik* (Köln/Opladen, 1959) 참고.
14 스멘트의 해석론에 관해서는 R. Smend, "Verfassung und Verfassungslehre", in: *Staatsrechtliche Abhandlungen* (Berlin, 1968), 119쪽 아래 참고.

하여 헌법을 새롭게 이해하고자 하였다.15 스멘트는 기존의 법실증주의나 결단주의처럼 헌법을 국가의 조직과 작용에 관한 규범으로만 또는 정치적 통일체의 결단이라는 사실적인 모습으로만 파악하지는 않고, 그 대신 일정한 가치체계로 이해하려 하였다. 그러면서 스멘트는 헌법을 전체로서 이해하고 해석하고자 하였다. 나아가 스멘트는 헌법의 생활규범성을 강조하여, 헌법을 단지 추상적인 규범으로만 바라보지 않고, 헌법을 구체적인 현실 속에서 생동적으로 통합되어 가는 과정으로 파악하였다. 여기서 우리는 스멘트가 딜타이의 정신과학적 해석학을 도입하여 헌법을 이해하고 해석하고 있음을 파악할 수 있다. 왜냐하면 첫째, 헌법을 일정한 가치체계로 보는 것이나 헌법을 전체로서 이해하려는 것은 딜타이가 강조한 역사이성과 합치하는 면이 있고, 둘째, 헌법의 생활규범성은 딜타이가 강조한 체험과 상통하는 면이 있기 때문이다. 그리고 바로 이 점 때문에 스멘트의 헌법이해는 아직 인식론적 해석학에 머물러 있다고 평가할 수 있다.

20세기 초반에 해석학적 사고를 펼친 학자로서 마지막으로 소개할 사람은 법철학자이자 형법학자인 칼 엥기쉬(Karl Engisch)라 할 수 있다. 가령 '상위명제와 생활사안 사이에 시각의 오고 감'이라는 엥기쉬의 유명한 언명은 규범과 사안 간의 상응관계를 전적으로 보여주는 법해석학의 대표적인 언명이라 할 수 있기 때문이다.16 그러나 엥기쉬 역시 아직 존재론적 해석학을 수용하지는 않았다고 진단할 수 있을 것이다. 따라서 가다머의 존재론적 해석학을 본격적으로 수용하기 시작한 법해석학의 모습은 아마도 요제프 에서나 아르투어 카우프만에게서 비로소 찾을 수 있지 않을까 생각한다.

---

15 스멘트의 통합론에 관한 소개로는 계희열, 『헌법학(상)』(박영사, 1996), 34쪽 아래 참고
16 K. Engisch, *Logische Studien zur Gesetzesanwendung* (Heidelberg, 1943), 15쪽.

제2절 요제프 에서의 법해석학

I. 서론

칼 라렌츠(Karl Larenz), 에른스트 폰 캐머러(Ernst von Caemmerer)와 더불어 당대 독일의 대표적인 민법학자이자 법이론가라 할 수 있는 요제프 에서 (Josef Esser)는 1970년에 첫 출간된『법발견에서 본 선이해와 방법선택: 법관에 의한 재판실무의 합리성 보장』에서 가다머가 제시한 철학적-존재론적 해석학을 전격적으로 수용한 법해석학을 전개한다.[1] 여기서 에서는 법관이 실제로 행하는 재판실무를 분석함으로써 전통적인 법학방법론과 법해석론이 안고 있는 허구성을 비판한다. 특히 '방법에 대한 믿음'이 실제 재판과정에서는 별 의미가 없다는 점을 지적한다.[2] 그러면서 에

---

[1] J. Esser, *Vorverständnis und Methodenwahl in der Rechtsfindung* (Frankfurt/M., 1970); 가다머는『진리와 방법』후기에서 자신의 존재론적 해석학을 법해석학으로 수용한 대표적인 문헌으로 에서의 이 책을 언급한다. H.-G. Gadamer, 앞의 책, 521쪽(Nachwort); 요제프 에서를 소개하는 국내연구로는 김형석, "법발견에서 원리의 기능과 법학방법론: 요제프 에서의 원칙과 규범을 중심으로",『서울대학교 법학』제57권 제1호(2016. 3), 1-59쪽; 이계일, "판결의 법산출성을 강조하는 법이론의 입장에서 본 법관법: 에서, 피켄처, 뮐러를 중심으로",『법철학연구』제19권 제3호 (2016. 12), 9쪽 아래 등 참고; 칼 라렌츠에 관해서는 K. Larenz, 앞의 책; K. Larenz, 양창수 (역),『정당한 법의 원리』(박영사, 1990), 특히 193-95쪽의 역자 후기 참고; 라렌츠의 해석학 수용을 다루고 있는 M. Frommel, *Die Rezeption der Hermeneutik bei Karl Larenz und Josef Esser* (Elbesbach, 1981)도 참고; 에른스트 폰 캐머러를 소개하는 국내문헌으로 양창수, "에른스트 폰 캐머러 소묘: 우리 민법학에 대한 약간의 시사를 덧붙여",『민법연구』제1권(박영사, 1993), 29쪽 아래 참고; 여기서 양창수 교수는 캐머러가 전개한 부당이득의 유형론·불법행위론을 중심으로 소개하면서 캐머러의 비교법적·사물논리적·평가적 방법론을 소개한다. 한편 이러한 캐머러의 방법론이 표현된 대표적인 문헌으로는 E. v. Caemmerer, "Bereicherung und unerlaubte Handlung", in: *Gesammelte Schriften*, Bd. 1 (Tübingen, 1968), 333쪽 아래 참고.

[2] J. Esser, 위의 책, 7쪽(Einleitung).

서는 법을 발견하는 과정이 실제로 어떤 모습을 띠고 있는지 드러내기 위해 가다머의 해석학적 사고를 원용한다. 이 과정에서 에서는, 가다머가 명예를 회복시킨 '선입견'(Vorurteil) 개념을 '선이해'(Vorverständnis)라는 개념으로 정면에서 수용한다. 이러한 해석학적 사고와 선이해 개념을 통해 에서는 법관이 행하는 재판실무가 방법이나 해석규칙이 아니라, 그 배후에 놓여 있는 다른 그 무엇에 의지하고 있다는 점을 보여주고자 하였다.

그러나 에서는 철학적-존재론적 해석학에만 의지하지는 않는다. 에서는 철학적-존재론적 해석학을 법해석학에 그대로 관철하여 적용하면, 에밀리오 베티가 적절하게 비판한 것처럼, 실제 법해석과정이 해석자의 자의나 비합리적인 전통에 의해 왜곡될 수 있다는 점을 인식하고 있었다.[3] 그래서 에서는 한편으로는 가다머의 철학적-존재론적 해석학을 자신의 법해석학에 수용하면서도, 다른 한편으로는 판결의 정당성과 합리성을 확보하기 위해 하버마스가 제시한 진리합의이론과 루만이 정립한 체계이론의 관점을 비판적으로 수용한다.[4] 나아가 법관이 내린 판결에 대해 합의를 이끌어 내기 위한 전제로서 피벡(T. Viehweg)이 내놓은 토픽적 사고, 즉 문제중심적 사고를 원용한다.

아래에서는 이러한 에서의 법해석학을 다음과 같은 순서로써 분석하고자 한다. 먼저 에서의 이론적 출발점이 무엇인지 검토한다(II). 이때 방법이원론과 삼단논법에 대한 에서의 비판이 논의의 초점이 될 것이다. 다음으로 에서가 철학적-존재론적 해석학을 수용하여 재구성한 법발견 과정을 살펴본다(III). 바로 여기서 에서가 가다머의 철학적-존재론적 해석학을 어떻게 수용하고 있는지 집중적으로 분석할 것이다. 그리고 나선

---

3 J. Esser, 앞의 책, 139쪽.
4 물론 요제프 에서가 하버마스의 합의이론을 전적으로 수용했는지 여부는 명확하지 않다.

이렇게 철학적-존재론적 해석학으로써 재구성된 법발견 과정에 어떻게 합리성을 부여할 수 있는지 알아본 후(IV), 중간결론을 맺도록 한다(V).

II. 이론적 출발점

에서의 이론적 출발점을 한 마디로 표현하면, '방법적 사고에 대한 비판'이라고 말할 수 있다. 이는 해석학을 정신과학의 방법으로 정초한 딜타이의 시도를 비판하는 데 자신의 이론적 출발점을 두었던 가다머와 유사하다.[5] 다만 가다머가 정신과학 전반을 적용영역으로 하는 철학적 해석학을 비판대상으로 삼았던 반면, 에서는 방법이원론과 전통적인 삼단논법을 비판대상으로 하고 있다는 점에서 차이가 있다.

1. 방법이원론 극복

(1) 방법이원론과 순수법학

잘 알려져 있는 것처럼, 방법이원론은 19세기 후반에 등장한 독일의 신 칸트학파가 제시한 것으로서, 사실성을 대변하는 존재영역과 규범성 또는 가치관련성을 대변하는 당위영역을 엄격하게 구별하는 방법론을 말한다. 이러한 방법이원론은 '신 칸트학파'라는 명칭이 시사하는 것처럼 칸트에게서 비롯한다.

이미 앞에서도 간략하게 소개한 것처럼,[6] 칸트는 인간이 지닌 이성을 순수이성과 실천이성으로 구별한다. 순수이성은 자연과학적 이성을 말

---

5 이 책 제2장 제2절 II. 1. 참고.
6 이 책 제2장 제1절 II. 1. 참고.

한다. 이에 대해 실천이성은 도덕적·규범적 이성을 말한다. 그런데 순수이성에 대해서는 인과적 법칙과 이러한 법칙의 검증가능성이 인정되는 반면,[7] 실천이성에서는 이러한 인과적 법칙과 검증가능성이 인정되지 않는다. 오히려 실천이성 영역에서는 '이율배반(Antinomie)'이 나타난다. 그래서 순수이성을 대변하는 자연과학과 실천이성을 대변하는 규범과학은 그 방법적 기초라는 점에서 서로 구별된다.

그런데 칸트가 정립한 이러한 순수이성과 실천이성의 준별, 순수이성 안에서 등장하는 물자체와 인식 간의 단절은 헤겔에 의해 비판적으로 지양된다. 헤겔은 칸트가 제시한 인간 이성의 한계를 이른바 '개념의 변증법적 운동과정'으로써 극복하려 한다. 개념의 변증법적인 운동을 통해 이성이 '물자체'까지 포섭할 수 있도록 함으로써 인식과 물자체 간의 단절을 지양하고, 나아가 역사적 이성법칙을 통해 순수이성과 실천이성을 통일함으로써 양자의 대립을 지양하고자 한 것이다.

그러나 이러한 헤겔의 객관적 관념론은,[8] 19세기에 급속히 성장하고 있던 자연과학과 산업혁명에 바탕을 둔 자본주의 성장 그리고 이러한 자본주의의 모순점을 해결하려 했던 칼 마르크스(Karl Marx)의 변증법적-역사적 유물론에 의해 비판을 받는다.[9] 칼 마르크스가 볼 때 헤겔의 관념적 철학은 현실을 해석하고 변혁하는 데 더는 힘을 발휘할 수 없기 때문이다. 그래서 마르크스는 관념적인 철학을 물질적인 경제학으로 대신하고자 하였다.

---

[7] 그러나 이때 인간 인식의 근원이 되는 '물자체(Ding an sich)'까지 인식주체가 인식할 수 있는 것은 아니다. 이러한 점에서 인간의 순수이성은 분명한 한계를 갖고 있다.
[8] 그러나 앞에서도 언급하였듯이, 헤겔의 관념론을 객관적인 것으로만 파악하는 데는 의문이 없지 않다.
[9] 이에 관해서는 우선 K. Marx, 김세균 (감수), "정치경제학의 비판을 위하여: 서문", 『마르크스/엥겔스 저작선집』 제2권(박종철 출판사, 1991), 477쪽 참고.

이제 철학은 위기에 빠진 것처럼 보였다. 이때 이러한 위기감을 해결하기 위해, 즉 한편으로는 자연과학의 성장에 대응하면서도, 다른 한편으로는 철학을 경제학적 사고로 대체하려는 마르크스의 시도에 대항하여 정신과학의 독자성을 확립하기 위해 등장한 것이 바로 신 칸트학파였다. 신 칸트학파는 칸트가 제시한 순수이성과 실천이성의 준별을 재해석하여, 이를 존재와 당위를 엄격하게 구별하는 방법론으로 재구성하였다. 이를 통해 도출된 것이 바로 방법이원론이다. 특히 신 칸트학파 중에서 남서독일학파는 이러한 방법이원론을 원용하여 자연과학과 정신과학의 방법적 차이를 드러내려 하였다. 그러면서 자연과학에서는 엄격한 가치중립성을 그리고 정신과학, 특히 규범과학에서는 가치상대주의를 고수하였다. 이러한 신 칸트학파의 방법이원론은 19세기와 20세기 초반을 거치면서 많은 정신과학에 영향을 미쳤는데, 법학에서는 한스 켈젠이 정립한 순수법학을 통해 가장 극명하게 표현되었다.[10]

독일의 공법학자이자 법이론가인 한스 켈젠은 19세기와 20세기를 거치면서, 당시 법학이 존재과학인 사회학, 심리학 등에 얽매여서 순수성을 잃어가고 있다고 비판한다.[11] 그러면서 켈젠은 이러한 현상이 법학의 독자성·중립성·객관성을 상실시킬 것이라고 진단한다. 이 때문에 켈젠은 방법이원론을 도입하여 이러한 현상을 극복하려 한다. 켈젠에 따르면, 존재와 당위는 엄격하게 구별된다. 그런데 법학은 법규범을 다루는 학문으로서 당위 영역에 속한다. 그러므로 법학은 존재를 대상으로 하는 사회학이나 심리학, 더 나아가 정치학과 같은 학문과는 구별되어야 한다고 말한다. 또한 켈젠은 이러한 존재적 요소가 법학에 스며들어서는 안

---

10 켈젠의 순수법학에 관해서는 우선 H. Kelsen, 변종필·최희수 (공역), 『순수법학』 (길안사, 1999) 참고.
11 Arth. Kaufmann/W. Hassemer, 앞의 책, 89쪽.

된다고 한다. 법학은 당위를 다루는 규범학으로서 그 순수성을 엄격하게 유지해야 한다고 말한다. 이렇게 함으로써 법학은 부당한 정치권력이나 사회적 편견으로부터 해방되어 엄격하게 객관성을 유지할 수 있게 된다고 한다. 요컨대, 켈젠에게 방법이원론은 바로 법학의 객관성을 보장하기 위한 수단이었다고 말할 수 있다.[12]

방법이원론 그리고 이에 바탕을 두어 형성된 순수법학은 법학이 갖고 있는 고유한 특성을 부각시킨 점에서 일단 그 의의가 있다. 그러나 이러한 방법이원론과 순수법학은, 비록 이론적으로는 정교하고 설득력이 있어 보이기는 하지만,[13] 현실적으로 법규범을 제정하는 과정에서 그리고 법을 해석하고 적용하는 과정에서 현실적인 요소가 개입하고 있다는 점을 간과하고 있다. 이 점은 순수법학으로 대표되었던 법실증주의가 나치와 같은 불법국가 상황에서는 원래 의도했던 법규범의 순수성과 객관성을 유지할 수 없었다는 점을 보더라도 알 수 있다.[14][15] 그래서 제2차 세계대전 이후 독일에서는 이러한 방법이원론과 순수법학적·법실증주의적 사고를 극복하기 위해, 라드브루흐를 비롯한 많은 학자에 의해 다양한

---

12 Arth. Kaufmann, 앞의 책, 14쪽.
13 Arth. Kaufmann/W. Hassemer, 앞의 책, 94쪽과 각주(16)에서 인용하고 있는 칼 라렌츠의 언명 참고.
14 그러나 순수법학과 법실증주의를 완전히 같은 것으로 이해할 수는 없다. 법실증주의는 다양한 형태의 실증주의, 가령 사회학적 실증주의도 포함하는 개념이기 때문이다. 이에 관해서는 Arth. Kaufmann, 앞의 책, 13쪽; 한편 순수법학이 바탕으로 삼았던 신 칸트학파는 실증주의에 반대하는 경향을 띤다는 견해도 제시된다. F. Saliger, 윤재왕 (역),『라드브루흐의 공식과 법치국가』(길안사, 2000), 21쪽.
15 이에 관해서는 우선 심재우, "결정주의적 헌법개념과 규범주의적 헌법개념",『유진오선생 화갑기념논문집』(1975), 103쪽 아래 참고; 물론 그렇다고 해서 나치 불법국가의 결과를 모두 법실증주의에게만 귀속시킬 수는 없다고 생각한다. 법적 논리구조의 측면에서 본다면, 자연법론도 법실증주의와 마찬가지의 구조를 갖는다고 평가할 수 있기 때문이다. 이에 관해서는 F. Saliger, 위의 책, 18쪽과 각주 (19)에 소개된 문헌 참고.

논의가 전개되었다.16 이 가운데는 바로 요제프 에서가 정립한 법해석학도 포함된다.

(2) 요제프 에서에 의한 방법이원론 극복

에서가 방법이원론을 극복하려 한다는 점은, 비록 이 점을 명시적으로 언급하고 있는 것은 아니지만, 우선 에서가 제시한 법 개념을 통해 확인할 수 있다.17 에서는 『법발견에서 본 선이해와 방법선택』 제1절에서 법을 "자율적이지만" 동시에 합의능력에 의존하는 질서프로그램이라고 말한다.18 여기서 에서는 사실성과 규범성을 엄격하게 구별하는 방법이원론과는 달리, 법규범이 사회현실과 일정한 연결점을 획득하고 있다고 말한다.19 이를 뒷받침하기 위해, 에서는 니클라스 루만(Niklas Luhmann)이 전개한 체계이론을 긍정적으로 수용한다.20 21 이를테면 에서는 법이 폐쇄되고 완결된 그리고 고정된 것이 아니라, 자율적으로 성장해가는 체계라고 말한다. 이때 법은 단순히 자기 안에서만, 달리 말해 규범성 안에서만 그리고 규범성을 통해서만 성장해 가는 것은 아니라고 한다. 그 대신 이미 루만도 지적하고 있는 것처럼,22 에서는 법이 언어라는 매체를 통해 자신을 둘러싸고 있는 환경과 소통을 함으로써 체계적 자율성을 획득

---

16 이에 관해서는 U. Neumann, 윤재왕 (역), "1945년 이후 독일의 법철학", 『현대 법철학의 흐름』(법문사, 1996), 439쪽 아래 참고.
17 에서가 방법이원론을 극복하려 한다는 점에서 우리는 에서의 해석학적 관점을 읽을 수 있다.
18 J. Esser, 앞의 책, 14쪽 아래.
19 예를 들어, 법관이 재판을 통해 일정한 사회적 기능을 담당하는 것을 들 수 있다.
20 루만의 체계이론에 대해서는 우선 N. Luhmann, *Soziale Systeme: Grundriß einer allgemeinen Theorie* (Frankturt/M., 1984) 참고.
21 J. Esser, 앞의 책, 17쪽.
22 N. Luhmann, *Ökologische Kommunikation* (Opladen, 1986), 40쪽.

할 수 있다고 말한다.²³ 그런데 이때 '환경'(Umwelt)이란 규범성을 지칭하는 것이 아니라 사실성을 뜻한다고 할 수 있다. 이렇게 볼 때, 에서가 제시하는 자율적인 법 개념 안에는 이미 사실성과 상호작용을 하고 있는 법규범의 특성이 담겨 있음을 알 수 있다.²⁴ 이는 에서의 법 개념이 방법이원론을 넘어서고 있음을 보여준다.

방법이원론을 넘어서려는 에서의 시도는 규범성과 사실성에 대한 사고에서도 드러난다. 왜냐하면 에서는 규범성과 사실성이 서로 엄격하게 구별되는 것이 아니라, 오히려 서로 연결된다고 보기 때문이다. 이는 에서가 '존재적인 당위'(Seinsollen)를 법인식의 대상이라고 보는 것에서도 확인할 수 있다.²⁵ 에서는 존재와 당위가 서로 연결된 존재적인 당위를 인정함으로써 규범성과 사실성을 분리해서 이해하지 않는 것이다. 또한 에서는 일정한 규범이 지녀야 할 규범력이 단지 법규정을 통해서만 인정되는 것은 아니라고 한다.²⁶ 그 대신 에서는 독일의 공법학자인 콘라드 헤세(K. Hesse)를 인용하면서,²⁷ 규범력이 법규정 이외에 다른 그 무엇에 의해 형성될 수 있음을 시사한다.²⁸

---

23 J. Esser, 앞의 책, 16쪽.
24 그래서 칼 라렌츠는 요제프 에서가 문제변증론자이면서도 개방된 체계를 인정하고 있다고 평가한다. K. Larenz, 앞의 책, 137쪽.
25 J. Esser, 앞의 책, 32쪽.
26 일정한 규범의 효력, 즉 규범력을 규범 그 자체를 통해서만 근거 지으려는 대표적인 견해로 순수법학을 들 수 있다. H. Kelsen, 앞의 책, 301쪽 아래.
27 K. Hesse, *Die normative Kraft der Verfassung* (Tübingen, 1959), 3쪽 아래; J. Esser, 앞의 책, 32쪽.
28 그러나 그렇다고 해서 에서가 규범성의 독자성을 전적으로 무시하는 것은 아니다. 비록 에서는 사회적 현실 또는 질서가 규범에 상응하는 힘을 가진다 하더라도, 이 자체가 규범이 되는 것은 아니라고 한다. 그 대신 규범은 원칙적으로 사회적 현실과는 독립된 '실존'(Existenz)으로서 타당성을 요구한다고 말한다. J. Esser, 앞의 책, 32쪽. 이는 설사 규범이 사실성과 관련을 맺으면서 형성되고 유지된다 하더라도, 규범이 현실적 요구에 그대로 구속될 수 없다는 점을 뜻한다.

방법이원론을 넘어서려는 에서의 시도는 '법논리'와 '사물논리'라는 개념을 통해서도 나타난다.[29] 먼저 에서는 법체계 안에서는 '논리'가 법적 판단의 정당성을 통제한다고 한다.[30] 그런데 전통적으로 이러한 논리는 아리스토텔레스 이래로 일정한 대전제로부터 결론을 이끌어 내는 형식논리 또는 진술논리(Aussagelogik)로 이해되었다. 이에 따라 법논리는 일정한 대전제인 법적 명제로부터 법적 분쟁에 대한 결론을 연역적으로 도출해 내기 위한 방법으로 이해되었다. 이러한 사고는 가치중립성을 표방하는 실증주의 이념에서 가장 잘 나타났다.[31] 하지만 에서는 이렇게 법논리를 사실성으로부터 분리하는 것에 반대한다. 에서는 사회과학에서 논의되는 가치중립성을 법학에 그대로 원용할 수 없다고 말한다. 왜냐하면 법적 개념은 '서술적'(deskriptiv)인 것이 아니라 '규범적'(präskriptiv)인 것이기 때문이다.[32] 따라서 법학은 가치중립적일 수 없고, 오히려 가치지향성을 띤다고 한다. 그래서 에서는 법논리는 일관된 가치를 지니고 있는 사물논리라고 말한다.[33] 이와 같이 에서는 법논리와 사물논리를 엄격하게 구별하지 않고, 법논리가 바로 일관된 가치를 담고 있는 사물논리라고 함으로써 방법이원론적 사고를 극복하고 있다.

방법이원론을 극복하려는 에서의 이론적 작업은 그가 제시하는 법발견 과정에서 가장 잘 표현된다. 에서는 법관이 법을 발견하여 구체적인 사안에 적용해 가는 과정을 단순히 사안을 규범에 대입하는 과정으로 이해하지 않는다. 그 대신 에서는 사안과 규범이 유추적인 상응관계에

---

29 이에 관해서는 J. Esser, 앞의 책, 103쪽 참고.
30 J. Esser, 앞의 책, 103쪽.
31 J. Esser, 앞의 책, 104-105쪽.
32 왜냐하면 서술적인 것과는 달리 규범적인 것은 항상 일정한 가치를 지향하기 때문이다.
33 J. Esser, 앞의 책, 105쪽.

있다고 말한다.34 더 나아가 에서는 법발견 과정에는 항상 법관의 선이해가 개입한다는 점을 인정한다.35 이는 곧 법관의 선이해를 통해 사안과 규범이 단절되지 않고 해석과정에서 서로 융합한다는 점을 뜻한다.36 이처럼 에서가 볼 때, 법발견 과정에서 사안과 규범, 달리 말해 존재와 당위는 서로 분리되지 않는다. 오히려 서로 상응관계, 바꿔 말해 해석학적 순환관계를 맺는다. 그러므로 방법이원론에 입각한 법발견 사고는 지양된다.

2. 삼단논법적 법학방법론 비판

(1) 전통적인 삼단논법

두 번째 이론적 출발점은 삼단논법적 법학방법론에 대한 비판이다. 이것은 앞에서 언급한 방법적 믿음에 대한 비판의 연장선상에 있다고 말할 수 있다. 아니 바로 방법적 믿음에 대한 에서의 비판이 가장 충실하게 드러난 논증지점이라고 할 수 있다. 그럼 본격적인 논의에 앞서, 전통적인 삼단논법부터 간략하게 살펴보도록 한다.37

원래 삼단논법은 법학방법론만의 고유한 사고틀은 아니다. 오히려 삼단논법은 법학을 넘어서, 모든 학문의 근원인 철학적 사고틀에 속하는

---

34 J. Esser, 앞의 책, 104쪽. 이는, 비록 에서가 분명하게 언급한 것은 아니지만, 카우프만이 제시한 법실현 과정과 유사하다. 카우프만도 법실현 과정을 규범과 사안 간의 상응관계로 파악하기 때문이다.
35 J. Esser, 앞의 책, 7쪽 아래, 133쪽 아래 등 참고.
36 이를 더욱 구체적으로 표현하면, 우선 사안과 규범이 서로 상응관계를 이루면서, 동시에 이러한 사안과 규범이 해석자의 선이해를 통해 해석주체와 융합한다고 말할 수 있다. 이는 에서가 가다머의 존재론적 해석학을 수용하여, 단순히 사안과 규범 사이에서 진행되는 해석학적 순환에 머무르지 않고, 해석주체와 해석대상(사안과 규범)의 융합을 꾀하는 존재론적 해석학으로 나아가고 있음을 보여준다.
37 전통적인 삼단논법과 이를 더욱 발전시킨 삼단논법에 관해서는 H. J. Koch/H. Rüßmann, *Juristische Begründungslehre* (München, 1982), 14쪽 아래 참고.

것이라 말할 수 있다. 예컨대, 고대 그리스의 철학자 아리스토텔레스가 집대성한 형식논리학이 바로 법학적 삼단논법의 원형이라 할 수 있다. 이러한 형식논리학은 연역적 논리학이라고도 하는데,[38] 일정한 대전제로부터 연역적으로 어떤 사안에 대한 판단을 이끌어 낸다는 점에서, 개별 사실로부터 결론을 도출해 내는 귀납적(자연과학적) 논리학과 차이를 보인다.[39] 이러한 연역적 형식논리학은 선험적으로 타당한 대전제로부터 개별 사실에 대한 판단을 추출함으로써 판단의 객관성과 정당성을 확보하고자 하였다. 즉 어떠한 주관적인 선입견도 배제한 상태에서 명석판명한 판단을 획득하려 한 것이다(데카르트). 법학적 삼단논법은 이러한 형식논리학에서 사용하는 삼단논법을 수용한 것이다. 그 의도는 법적 판단과정에 법관의 선입견을 제거함으로써 객관적이면서 정당한 판결을 얻으려는 것이었다. 이러한 의도는 근대 법치국가의 산물인 엄격한 권력분립 원칙과 입법자의 우위(입법국가) 그리고 법률에 대한 법관의 엄격한 구속 이념 및 해석금지 요청과 맞물려 타당한 것으로 승인되었다.

법적 삼단논법은 세 가지 단계로 구성된다. 대전제인 법적 구성요건과 소전제인 사안 그리고 사안을 구성요건에 포섭하여 결론을 획득하는 과정이 그것이다. 이러한 법적 삼단논법은 구체적으로 다음과 같이 작동한다. 우선 구체적인 법적 분쟁이 발생하면, 법관은 이를 일정한 사안으로 정돈한다. 그리고 이와 관련되는 법적 구성요건을 찾는다. 법적 구성요건을 발견하면, 법관은 여기에서 당해 사안에 적용될 수 있는 법적 의미내용을 구체화한다. 여기서 법적 구성요건은 법적 언어로 구성된다. 그런데 법적 삼단논법에 따르면, 이러한 법적 언어에는 '개념의 핵'(Begriffskern)과

---

[38] 연역적 논리학에 바탕을 둔 대표적인 학문이 바로 수학이다. 이에 관해서는 H. Seifert, *Einführung in die Wissenschaftstheorie* (München, 1980), 105쪽 아래 참고
[39] H. Seifert, 위의 책, 133쪽 아래.

'개념의 뜰'(Begriffshof)이 의미론적으로 담겨 있으므로, 법관은 이를 발견하기만 하면 된다.[40] 마지막으로 이러한 발견 과정이 끝나면, 법관은 구체화된 법적 구성요건의 의미내용에 당해 사안을 '포섭'(Subsumtion)한다.[41]

(2) 삼단논법의 한계

그러나 에서는 전통적인 삼단논법에 한계가 있음을 지적한다.[42] 먼저 에서는 법관이 삼단논법으로써 사안을 해결하려면, 법적 구성요건 안에 있는 법적 개념을 구체화할 필요가 있다고 한다.[43] 그런데 이 경우 법 개념의 한계를 어떻게 획정할 것인지가 문제된다고 한다. 에서는 이 문제를 독일 민법 제833조가 규정하는 '가축'(Haustier) 개념을 예로 하여 문제 삼는다.[44] 이에 관해 에서는 가령 개가 가축에 해당하는가 하는 문제

---

[40] 이 용어에 관해서는 P. Heck, "Gesetzesauslegung und Interessenjurisprudenz", in: *AcP* 112 (1914), 46쪽 참고; 이 용어의 번역은 이상돈 교수의 번역을 따랐다. 이상돈, 『법이론』(박영사, 1996), 87쪽 참고; 한편 이를 '개념적 핵심'과 '개념적 주변영역'으로 번역하는 경우도 있다. F. Saliger, 앞의 책, 35쪽; 그런데 여기서 한 가지 주의해야 할 점이 있는데, 비록 헤크가 이렇게 법 개념을 분석했다고 해서, 그가 전적으로 개념법학자에 해당하는 것은 아니라는 점이다. 오히려 헤크는 위 논문의 제목에서도 알 수 있듯이 이익법학을 정립한 학자로 평가된다. 이익법학에 관해서는 K. Larenz, 앞의 책, 49쪽 아래 참고.

[41] 공법학자이자 법학방법론가인 라인홀트 치펠리우스(R. Zippelius)는 여전히 이러한 삼단논법적 방법론에 입각하여 법학방법론을 전개한다. R. Zippelius, *Juristische Methodenlehre* (München, 1990), 39쪽 아래; 한편 이러한 삼단논법적 법학방법론은 국내에서도 사례연습을 위한 기본방법론으로서 여전히 지배적인 영향력을 발휘하고 있다. 예를 들어 김형배, "민법사례의 해결방법", 『사례연구 민법연습』(법문사, 1995), 23쪽 아래 참고.

[42] 그러나 에서가 삼단논법을 서술하고 있는 『법발견에서 본 선이해와 방법선택』, 45-50쪽만 보면, 에서가 삼단논법이라는 사고를 자체를 비판하는 것인지는 분명하지 않다. 다시 말해, 대전제인 법적 구성요건과 소전제인 사안이라는 기본구조 자체를 무시하는 것인지는 명확하지 않다. 이에 대해 독일의 법이론가인 모니카 프롬멜은 에서가 삼단논법 자체를 비판한 것이 아니라, 단지 도식적인 포섭과정을 비판한 것이라고 평가한다. M. Frommel, 앞의 책, 106쪽.

[43] J. Esser, 앞의 책, 45쪽.

는 어려움이 없이 해결할 수 있다고 한다. 그러나 예컨대 박테리아나 아메바 등과 같은 미세생물을 집에서 어떤 목적으로 기른다고 할 때, 이러한 생물을 가축에 포섭시킬 수 있는가의 문제는 쉽게 해결할 수 없다고 한다.[45] 왜냐하면 '개'의 경우에는 일상언어적으로 볼 때 가축이라는 점이 분명하지만, 박테리아나 아메바 같은 경우는 일상언어나 언어관습(Konventionalsprache)을 통해서는 해결할 수 없기 때문이다. 이러한 이유에서 법적 개념은 다른 근거를 통해 구체화할 수밖에 없다고 한다. 이때 에서가 제시하는 것이 바로 법규범의 목적, 즉 입법목적(ratio legis)이다.[46] 예를 들어, 전기가 동산에 해당하는가 여부는 동산이 갖고 있는 일상언어적 의미에 의해서가 아니라, 그 동산을 규정하는 법규범의 목적에 따라 결정된다고 한다. 그래서 같은 개념이라도 법규범의 목적에 따라 달리 이해될 수 있다고 한다.[47] 물론 그렇다고 해서 에서가 일상언어의 의미를 완전히 무시하는 것은 아니다. 에서는 기본적으로 삼단논법에 따라 결론을 도출할 때 일상언어가 어느 정도 역할을 한다는 점을 인정한다.[48]

그런데 이렇게 법적 구성요건 개념이 일상언어가 아니라 입법목적에 의해 구체화된다는 점은 전통적인 삼단논법과는 맞지 않는다. 그 이유는 다음과 같다. 삼단논법은 연역적 사고를 그 특징으로 한다. 따라서 대전제인 법적 구성요건은 경험과는 무관하게 확정될 수 있어야 한다. 그런데 법적 개념이 입법 목적에 따라 형성된다는 것은, 대전제인 법적 개념

---

[44] J. Esser, 앞의 책, 45-46쪽.
[45] J. Esser, 앞의 책, 46쪽.
[46] J. Esser, 앞의 책, 46쪽.
[47] J. Esser, 앞의 책, 46쪽. 이는 우리 형법학과 민법학에서 사람 개념의 범위를 달리 파악하고 있다는 점에서도 알 수 있다. 가령 민법학은 태아가 전부 노출되었을 때부터 사람으로 인정하는 반면, 형법학에서는 진통만 시작해도 사람으로 인정한다.
[48] J. Esser, 앞의 책, 46쪽.

이 연역적으로만 구성되는 것은 아니라는 점을 시사한다. 왜냐하면 에서에 따르면, 규범의 목적은 선험적으로 주어지는 것이 아니라, 개별적·구체적인 '사물'(Sache)로부터 획득되기 때문이다.[49] 이 때문에 에서는 전통적인 삼단논법은 유지되기 어렵다고 한다. 특히 대전제인 법적 구성요건으로부터 곧바로 기본적인 의미를 도출하여 사안에 적용하는, 달리 말해 사안을 대전제에 무작정 포섭하는 과정은 더 이상 유지되기 어렵다고 한다.[50] 에서는 말한다.[51]

"구성요건표지는 사안과 규범이라는 양 측면으로, 이성적인 정돈이라는 문제가 제기되는 재판절차가 시작할 때 확정되어 있는 것이 아니라, 재판절차가 진행되는 과정에서 확정된다. (...) 그런 점에서 다음과 같은 점은 새로운 것이 아니라, 오늘날까지 거의 예외 없이 승인되고 있다. 전체 포섭과정은 그 의미와 정당성이라는 점에서 결코 전적으로 또는 우월하게 논리적인 절차로 개념화할 수는 없다는 것이다."

(3) 방법다원주의

근대 인식론은 올바른 방법을 선택함으로써 진리에 도달할 수 있다고 믿었다(방법에 대한 믿음). 이러한 '방법에 대한 믿음'은 역사학파와 이를 이은 딜타이까지 이어진다. 그 때문에 보편적 해석학을 시도한 슐라이어마허나 정신과학의 독자성을 제창한 딜타이는 해석학을 올바르게 사용함으로써 텍스트에 담긴 체험 및 이러한 체험에 구체화된 역사이성을 객관적으로 이해할 수 있다고 믿었다. 이러한 방법에 대한 믿음은 법학에도

---

[49] J. Esser, 앞의 책, 106쪽.
[50] J. Esser, 앞의 책, 71쪽.
[51] J. Esser, 앞의 책, 51쪽.

투영되어 삼단논법과 사비니의 네 가지 해석방법으로 구체화되었다.52

그러나 에서는 이러한 '네 가지 방법'을 임의로 분리하여 평가할 수 없다는 사비니의 언명을 인용하면서, 해석방법이 과연 정당하고 참된 해석결과를 이끌어 낼 수 있는지에 의문을 제시한다. 그 이유는 아직까지 개별사례에서 네 가지 방법 가운데 무엇을 선택해야 하는지가 해명되지 않았다는 점에서 찾을 수 있다.53 그러면서 에서는 독일 연방법원(BGH)의 민사판례를 분석함으로써, 법원실무는 구체적인 사례에 따라 방법을 선택하는 방법다원주의를 택하고 있다는 결론을 내린다.54 그 예로서 에서는 다음과 같은 민사판례를 인용한다.

"객관화된 입법자의 의사를 파악해야 하는 목적은, 서로를 보완하는 해석방법인 규범문언의 해석, 규범의 의미관련 해석, 법률실질과 형성역사를 통한 해석에 의해 달성된다."55

그러면 판례가 대변하고 있는 이러한 방법다원주의는 해석방법이 정상적으로 기능하지 못하는 한계상황을 보여주는 것인가? 에서는 그렇지 않다고 말한다. 왜냐하면 해석자는 항상 사회질서가 수용할 수 있는 정당한 해석결과를 목적으로 하여 방법을 선택하기 때문에, 이러한 방법다원주의가 나타날 수밖에 없다고 한다. 따라서 에서에 따르면, 이러한 방법다원주의는 한계상황이 아니라 정상상황을 의미한다.56 그래서 에서

---

52 J. Esser, 앞의 책, 121쪽. 다만 에서는 사비니가 이러한 '해석방법'(Canones)을 '요소'(Elemente)라고 지칭했다는 점을 강조한다.
53 J. Esser, 앞의 책, 122쪽.
54 J. Esser, 앞의 책, 122쪽.
55 BGHZ 49, 221(223); J. Esser, 앞의 책, 122쪽에서 다시 인용.
56 J. Esser, 앞의 책, 123쪽.

는 해석방법 간의 서열을 만들 수 없고, 따라서 형식화된 해석요소 밖에 있는 평가규준이 필요하다고 말한다.[57] 그러면서 여전히 이러한 해석방법의 한계를 간과하고 있는 전통적인 법학방법론가들을 비판한다.[58] 결론적으로 말해, 에서는 방법이 어떤 결론을 이끌어 내는 것이 아니라, 정당한 결론 또는 사안이 방법을 선택하게 한다고 함으로써 방법적 사고를 넘어서고 있다.[59]

3. 개념법학에서 평가법학으로

지금까지 진행한 논의를 정리하면, 에서는 개념법학에서 벗어나 평가법학(Wertungsjurisprudenz)으로 나아갔음을 알 수 있다.[60] 이 점은 에서가 법적 개념을 어떻게 파악했는지 검토함으로써 검증된다. 이미 삼단논법에 대한 비판에서 확인한 것처럼, 에서는 법적 개념이 의미론적으로 또는 일상언어에 의해 미리 주어지는 것이 아니라고 한다. 물론 법적 개념은 상당부분 일상언어에 의존하기는 하지만, 이는 궁극적으로는 법규범의 목적에 의해 결정된다고 한다. 다시 말해, 법적 개념을 구체화하는 포섭

---

[57] J. Esser, 앞의 책, 124쪽; 또한 J. Esser, *Grundsatz und Norm in der richterlichen Fortbildung des Privatrechts* (Tübingen, 1990), 117쪽 아래, 특히 122-127쪽 참고.
[58] J. Esser, 앞의 책, 124쪽 각주(30)에서 에서는 칼 라렌츠, 칼 엥기쉬 그리고 헬무트 코잉을 비판하고 있다. 그런데 이때 유의해야 할 점은, 이 당시(1970년) 칼 라렌츠는 아직 철학적 해석학을 수용하기 전이었다는 점이다. 칼 라렌츠는 1975년에 출간된 『법학방법론』제3판에서 종전의 견해를 바꾸어 철학적 해석학을 수용한다. 이에 관해서는 M. Frommel, 앞의 책, 1쪽 참고. 라렌츠는 제1판과 제2판 당시에는 아직 신 헤겔주의의 영향 아래 있었다고 스스로 말하고 있다. 이러한 점에 비추어 보면, 라렌츠에 대한 에서의 비판은 라렌츠가 철학적 해석학을 수용하기 이전에 전개했던 법학방법론에 대해서만 타당할 뿐이다.
[59] 이에 관해 모니카 프롬멜은 에서가 법률해석의 사안관련성을 강조하고 있다고 평가한다. M. Frommel, 앞의 책, 129쪽.
[60] 이에 관해서는 우선 K. Larenz, 앞의 책, 119쪽 아래 참고.

과정은 이미 주어져 있는 의미론적 효력에 의해 결정되는 것이 아니라, 구체적인 판결에 의해 그 정당성이 결정된다는 것이다.61

한편 앞에서 본 것처럼, 에서는 법규범의 목적도 구체적인 사안, 즉 사물논리를 통해 획득된다고 한다. 그런데 이때 법규범의 목적이 사물논리를 통해 주어진다는 것은, 법규범의 목적이 일정한 평가과정을 거침으로써 획득된다는 것으로 바꿔 말할 수 있다. 왜냐하면 에서가 볼 때 사물논리도 선험적으로, 달리 말해 실체존재론적으로 선재하는 것은 아니기 때문이다.62 이렇게 보면, 사물논리는 법관의 평가작업을 통해 확정되고, 다시 이렇게 확정된 사물논리로부터 법규범의 목적이 획득된다고 말할 수 있다. 이러한 이유에서 에서는 평가를 규범적으로 표현한 것이 곧 법적 개념이라고 한다.63

이와 같이 에서는 법적 개념은 의미론적으로 선재하는 것이 아니라, 법관의 평가작업을 통해 구성된 법규범의 목적에 의해 확정된다고 한다. 따라서 에서가 개념법학을 넘어서고 있다는 점은 분명하다. 그리고 비록 그 자신이 평가법학을 직접 언급하고 있는 것은 아니지만,64 에서가 법발견 과정을 정당화하기 위해 이른바 '문제변증론'(Topik)을 수용하고 있다는 점을 고려할 때,65 그를 평가법학자로 파악하는 것은 무리가 없다.66

---

61 J. Esser, 앞의 책, 53-54쪽.
62 장영민, 『법발견 방법론에 관한 연구』(서울대 법학박사 학위논문, 1990), 65쪽.
63 J. Esser, 앞의 책, 54쪽.
64 요제프 에서는 『법발견에서 본 선이해와 방법선택』 제5절 5.에서 "개념의 의미와 이익평가"라는 말을 사용하고 있을 뿐이다. J. Esser, 앞의 책, 53쪽.
65 J. Esser, 앞의 책, 151쪽 아래; 또한 M. Frommel, 앞의 책, 219쪽 아래 참고.
66 이와 관련하여 칼 라렌츠는 이익법학과 평가법학을 구별하고 있음을 지적해 둔다. K. Larenz, 앞의 책, 119쪽 아래. 여기서 라렌츠는 19세기 말에 후기 예링 등을 중심으로 하여 전개된 법학을 이익법학으로 분류하고(43쪽 아래), 이에 대해 20세

그러면 이렇게 에서의 법이론이 개념법학에서 평가법학으로 나아간 다고 할 때, 이는 구체적으로 어떤 실익을 가져올까? 이러한 논의는 단순히 이론만을 위한 이론에 불과한 것은 아닐까? 그렇지는 않다. 이러한 논의는 민법 도그마틱의 견지에서도 실천적인 의미를 갖는다. 이 점은 민법 도그마틱에서 논의되는 무효 및 취소 개념을 보더라도 알 수 있다.

먼저 무효 및 취소 개념부터 살펴본다. 일반적으로 '무효'(Nichtigkeit)란 일정한 법률행위가 효력요건을 갖추지 못하여 처음부터 그 법적 효과를 발생시키지 못하는 법적 상태를 말한다. 이에 대해 '취소'(Anfechtung)란 일단 특정한 법률행위가 의욕하는 법적 효과는 발생했지만, 이러한 법률행위에 하자가 있어 특정한 당사자가 이를 주장하면 그 법률효과를 처음부터 소급적으로 소멸시키는 법적 행위를 말한다.[67] 그런데 개념법학의 관점을 강조하는 쪽에서 보면, 무효와 취소 개념은 실체존재론적으로 서로 엄격하게 구별된다. 특히 무효는 비록 사실적으로 행위가 이루어졌다 하더라도, 법적으로는 '존재론적인 없음'(無)이 된다는 점에서 법적으로 여전히 행위가 존재하는 취소와는 구별된다. 이에 반해 에서와 같이 평가법학을 강조하는 측면에서 이 문제를 보면, 무효와 취소를 어떻게 개념화하고 구별할 것인가 하는 문제는 결국 법적 평가의 문제가 된다. 즉 무효와 취소를 어떻게 개념화하는 것이 당해 민법규정이 추구하는 목적에 합치하는가 여부에 따라 무효와 취소 개념이 결정된다는 것이다. 따라서 무효는 법적인 관점에서 보더라도 '존재론적으로 없음'이 아니

기에 전개되기 시작한 법이론적 흐름을 평가법학이라고 부른다. 그런데 라렌츠가 평가법학의 대표적인 예로 테오도르 피벡(T. Viehweg)이 제시한 문제변증론을 거론하고(124쪽), 요제프 에서를 문제변증론자로 이해한다는 점에 비추어 볼 때(167쪽), 에서를 평가법학자로 규정하는 것은 무리가 없다고 생각한다.

[67] 곽윤직 (편집대표), 『민법주해(III)』(박영사, 1992), 258쪽(무효와 취소 전론)(김용담 집필).

라, '평가적으로 없음'일 뿐이라는 것이다.[68]

그러면 이러한 무효 및 취소 논의는 구체적으로 어떤 실익이 있는가? 이 점은 우리 민법이 규정하는 채권자 취소제도(민법 제406조)에서 드러난다. 우리 민법 제406조 제1항은 다음과 같이 말한다. "채무자가 채권자를 해함을 알고 재산권을 목적으로 한 법률행위를 한 때에는 채권자는 그 취소 및 원상회복을 법원에 청구할 수 있다. 그러나 그 행위로 인하여 이익을 받은 자나 전득한 자가 그 행위 또는 전득당시에 채권자를 해함을 알지 못한 경우에는 그러하지 아니하다." 이때 채권자가 법원에 청구할 수 있는 권리를 채권자 취소권이라고 한다. 이러한 채권자 취소권이 인정되려면, 주관적인 요건으로서 채무자에게 사해의사가 존재해야 하고, 객관적인 요건으로서 사해행위가 있어야 한다. 그런데 이 경우 이른바 통정허위표시(민법 제108조)에 의한 법률행위(위장매매 등)가 사해행위인지 여부가 민법학에서 논의된다. 왜냐하면 통정허위표시에 의한 법률행위는 민법상 무효인데, 이렇게 무효인 법률행위를 과연 취소할 수 있는지가 문제되기 때문이다.[69] 우선 이를 부정하는 견해는, 무효인 법률행위는 존재론적으로 없는 것이므로 취소할 대상이 없다는 이유에서 이를 부정한다. 이 견해는 무효와 취소를 개념법학적으로 사유한 것이라 볼 수 있다. 이에 반해 비록 가장행위가 무효인 법률행위라 할지라도, 법원이 그 행위에 대해 무효확인을 하기 전까지는 법률행위의 외관을 갖기 때문에, 채권자 보호의 측면에서 이를 취소할 수 있다고 한다.[70] 이 견해

---

[68] 이러한 점에서 독일의 민법학자인 플루메(W. Flume)가 법률행위의 무효는 그 행위 전부를 없는 것으로 보는 것이 아니라, 단지 당해 법률행위가 의욕했던 효과만이 없다고 주장한 점에는 설득력이 있다고 생각한다. 이러한 플루메의 견해에 관해서는 곽윤직 (편집대표), 위의 책, 262쪽 참고.

[69] 이에 대한 학설대립은 김형배, 『채권총론』(박영사, 1993), 442쪽 참고.

[70] 판례도 통정한 허위표시에 의한 법률행위를 취소할 수 있다고 한다. 대법원 1963. 11. 28. 선고 63다493 판결 등 참고.

는 개념법학적 사고를 엄격하게 관철하기보다는 채권자 보호라는 평가요소를 수용함으로써 구체적 타당성을 확보하려는 것이라 할 수 있다.[71] 이처럼 무효 및 취소에 관한 논의, 나아가 개념법학 및 평가법학에 관한 논의는 단순한 이론적인 문제가 아니라, 실제적인 문제를 해결하는 데 실익이 있는 논의라 할 수 있다.

III. 철학적-존재론적 해석학을 통해 재구성된 법발견 과정

지금까지 살펴본 요제프 에서의 출발점을 분석하면, 에서가 해석학적 관점을 자신의 법해석학 안에 수용하고 있다는 점을 알 수 있다. 물론 이러한 에서의 생각은 가다머의 『진리와 방법』이 공간되기 전에 출간한 『법관에 의한 사법형성에서 본 원칙과 규범』에서도 상당 부분 피력되고 있다.[72] 그러므로 엄밀하게 말한다면, 에서의 법해석학적 사고가 전적으로 가다머를 좇아 형성된 것이라고 말할 수는 없다. 그렇다 하더라도 에서가 바탕으로 삼고 있는 이론적 출발점이 가다머의 해석학과 많은 부분에서 유사하다는 점에서 에서가 기본적으로 가다머의 철학적-존재

---

[71] 필자는 이러한 견해 대립 가운데서 취소를 긍정하는 견해가 타당하다고 생각한다. 무효 역시 일정한 법적 평가에 의해 형성된 개념이라고 할 때, 이러한 상황에서는 무효에 대한 법적 평가가 채권자 취소제도의 규범목적과 조화를 이룰 수 있어야 하기 때문이다. 이와 관련하여 독일의 민법학자이자 법이론가인 파브로프스키(Hans-Martin Pawlowski) 역시 플루메와 비슷하게 무효가 법적으로 없음이 아니라, 행위자가 의욕한 효과부분에 한해서만 없는 것이 된다고 한다. 이에 대한 근거로서 이렇게 무효를 판단해야만 법률행위가 무효가 된 후 발생하는 청산관계(부당이득반환 관계)를 논리일관되게 설명할 수 있다고 말한다. 이에 관해서는 윤진수, "법률행위의 무효: Pawlowski의 무효개념을 중심으로", 『법률행위의 사적 전개와 과제』(이호정 교수 화갑기념논문집)(박영사, 1998), 254쪽 아래 참고.
[72] 이 책은 1956년에 첫 공간되었다. J. Esser, *Grundsatz und Norm in der richterlichen Fortbildung des Privatrechts* (Tübingen, 1990), VII쪽(Vorwort).

론적 해석학을 수용한 것이라고 평가할 수 있다. 그러면 가다머의 철학적-존재론적 해석학이 어떻게 에서의 법해석학에 수용되었는지 살펴보도록 한다.

1. 법발견의 의의와 과제

에서는 '법발견'(Rechtsfindung)은 단순히 법률텍스트를 특정한 해석방법에 따라 해석하는 것을 의미하는 것은 아니라고 한다. 그 대신 에서는 '법발견' 또는 '법인식'(Rechtserkenntnis)이란 법규범에 따라 사안을 판단하는 일련의 과정 전체를 뜻하는 것이라고 말한다.[73] 그런데 여기서 에서가 정의하는 법발견 과정은 전통적인 법적 삼단논법에 따라 이루어지는 과정을 지칭하는 것은 아니다. 에서는 도식적인 삼단논법적 추론과정, 특히 포섭과정 자체를 비판적으로 바라보기 때문이다. 그 대신 에서는 법을 발견하는 과정에 법관의 선이해가 개입한다는 점을 인정한다.[74] 나아가 이러한 선이해는 법관이 사안을 확정하는 과정뿐만 아니라 법규범을 구체화하는 과정에서도 작용한다고 말한다. 또한 에서는 이러한 선이해를 매개로 하여 규범과 사안이 서로 상응관계를 맺는다고 한다. 예를 들어, 에서는 법관이 법규범을 탐색할 때 '생활현실'(Lebenswirklichkeit)이 선이해를 매개로 하여 개입하고, 반대로 사안을 확정할 때 법규범 혹은 법규범의 목적이 선이해를 통해 개입한다고 한다.[75] 이 때문에 에서에 따르면, 해석방법이 법적 결론을 이끌어내는 것이 아니다. 오히려 해석방법은 법관의 선이해를 통해 이미 결정된 법적 결론을 사후적으로 뒷받침하는 수단에 불과하다.[76] 요컨대 에서에 따르면, 법을 발견하는 과정은

---

[73] J. Esser, 앞의 책, 27쪽.
[74] J. Esser, 앞의 책, 8쪽 아래, 27쪽 등 참고.
[75] J. Esser, 앞의 책, 27쪽.

법관의 선이해가 일체 배제되는 논리적이고 방법적인 추론과정이 아니라, 법관의 선이해가 투영되는 형성적인 과정이다.

이렇게 에서는 사안과 규범을 확정하는 과정에 법관의 선이해가 스며든다고 보기 때문에, 전통적인 법학방법론이 '해석'(Auslegung), '흠결보충'(Lückenfüllung) 그리고 '형성'(Fortbildung)을 각각 구별하는 것에 대해서도 의문을 제기한다. 에서가 볼 때, 이러한 개념구별은 단지 '외관상 문제'(Scheinploblematik)에 불과하기 때문이다.[77] 에서는 그 이유를 아래와 같이 말한다. 에서에 따르면, 전통적인 법학방법론은 법규범에 흠결이 존재하는가 여부에 따라 법발견과 법형성(Rechtsfortbildung)을 구별한다고 말한다.[78] 이에 따르면, 법규범에 흠결이 없을 때 이러한 법규범의 의미내용을 확정하는 것은 법발견이 된다. 이에 반해 법규범에 흠결이 있으면 이를 보충할 필요가 생기는데, 이때 사용하는 방법이 바로 법형성이라고 한다. 그리고 이러한 법형성 가운데 가장 대표적인 경우가 바로 '유추'(Analogie)라고 한다. 이처럼 전통적인 법학방법론에 따르면, 해석은 법을 발견하는 것인 반면, 유추는 법을 형성하는 것이라는 점에서 양자는 구별된다고 한다.[79] 다시 말해, 해석이 이미 법규범 안에 담겨 있는 구체적인 의미내용을 발견하는 것인데 반해, 유추는 당해 사안과 유사한 다른 법규범을 끌어오는 것이라고 한다.[80]

하지만 에서는 이러한 전통적인 구별을 비판한다. 우선 에서는 흠결보

---

76 J. Esser, 앞의 책, 7쪽 아래 등 참고. 이는 방법에 대한 에서의 회의를 보여준다.
77 J. Esser, 앞의 책, 117쪽.
78 이러한 흠결문제에 관해서는 J. Esser, 앞의 책, 174쪽 아래.
79 K. Larenz, 앞의 책, 381쪽 아래; K. Engisch, *Einführung in das juristische Denken* (Stuttgart, 1983), 150쪽; R. Zippelius, 앞의 책, 61쪽 아래; 한편 이러한 유추문제에 관한 논쟁을 다루고 있는 국내문헌으로는 신동운 외, 『법률해석의 한계』(법문사, 2000) 참고.
80 J. Esser, 앞의 책, 180쪽.

충 문제가 해석과 동떨어진 별개의 문제가 아니라, 해석과정의 한계상황에 해당하는 문제라고 한다.[81] 이는 곧 흠결보충이 해석과 명확하게 구별되는 것이 아니라, 흠결보충 역시 해석의 한 유형에 속한다는 점을 뜻한다. 다음으로 에서는 포섭과 같은 삼단논법적 추론과정의 구조에도 유추적 사고가 담겨 있다고 한다.[82] 왜냐하면 에서는 법관이 삼단논법에 따라 사안을 법규범에 포섭하는 과정도 사안과 법규범 간의 유사성 비교를 통해 이루어지는 과정이라고 보기 때문이다. 결국 이러한 에서의 논의를 종합해 보면, 해석과 유추 사이에, 나아가 법발견과 법형성 간에 본질적인 차이가 없다. 이러한 근거에서 에서는 해석, 흠결보충, 법형성을 각각 구별하는 전통적인 법학방법론에 의문을 제기하는 것이다.

2. 법발견의 근거로서 선이해

(1) 의의

에서는 종래의 전통적인 해석학이 텍스트가 담고 있는 역사적 의미를 파악하는 데 주력했다고 한다.[83] 그래서 이러한 역사적 의미를 발견하기 위한 방법론으로서 해석학을 이해했다고 한다. 그 결과 해석(Auslegung)을 위한 기술론(Kunstlehre)으로서 해석학(Hermeneutik)을 정돈하려는 희망을 품었다고 한다.[84] 즉 해석학은 텍스트에 담긴 역사적 이성 또는 입법자의 의사를 있는 그대로, 다시 말해 객관적으로 이해하기 위한 방법이라는 것이다. 에서에 따르면, 해석학에 대한 이러한 이해를 슐라이어마허, 딜타이 그리고 사비니에게서 발견할 수 있다.[85] 그러나 에서는 해석학을

---

81 J. Esser, 앞의 책, 175쪽.
82 J. Esser, 앞의 책, 180쪽.
83 가다머 이전의 해석학을 말한다.
84 J. Esser, 앞의 책, 133쪽.

이렇게 방법론으로서, 바꿔 말해 인식론적으로 이해하는 것에 반대한다. 왜냐하면 법관이 법률텍스트를 해석하고 방법을 선택하는 과정에 법관의 '선이해'(Vorverständnis)가 작용한다고 보기 때문이다.

에서는 『법발견에서 본 선이해와 방법선택』 곳곳에서 선이해가 방법선택의 실질적인 근거가 된다고 반복해서 말한다. 그런데 이러한 선이해는 바로 가다머가 명예회복시킨 선입견을 법적인 관점에서 달리 말한 것이다. 즉 에서는 가다머가 이해과정에서 필수불가결한 요소로 보았던 선입견 개념을 수용하고 있는 것이다.[86] 다만 가다머가 '선입견'(Vorurteil)이라는 용어를 주로 사용한 반면, 에서는 '선이해'(Vorverständnis)를 주로 사용하고 있다는 점에서 차이가 있다.[87]

에서에 따를 때 선이해는 사안에 적합하게 법률텍스트를 이해하는 데 작용하는 이해조건이 된다. 동시에 선이해는 법적 구성요건의 전제가 되는 사안을 이해하고 확정하게 하는 조건이 된다. 요컨대 선이해는 사안과 규범을 이해하기 위한 이해의 전제조건이 된다.[88] 또한 선이해는 법관이 해석방법을 선택하는 데 실질적인 근거가 된다.[89]

그러나 이에 대해 다음과 같은 비판이 제기될 수도 있다.[90] 에서가 선이해를 너무 심리적인 것으로 파악한다는 비판이 그것이다. 이러한 비판은 선이해가 법관의 심리에 의해 좌우될 수 있다는 점을 염려한

---

85 J. Esser, 앞의 책, 133-134쪽.
86 J. Esser, 앞의 책, 135쪽.
87 같은 민법학자이자 법학방법론가인 칼 라렌츠는 『법학방법론』 제3판 이후 해석학을 수용하면서, 가다머의 선입견을 '의미기대'(Sinnerwartung)라는 개념으로 원용한다. M. Frommel, 앞의 책, 86쪽 아래 참고.
88 J. Esser, 앞의 책, 135쪽.
89 J. Esser, 앞의 책, 136쪽.
90 법관의 선이해를 심리학적인 관점에서 다루는 문헌으로 G. Bohne, *Psychologie der richterliche Urteilsbildung* (Köln, 1948) 참고.

다. 그러나 이 같은 비판은 타당하지 않다. 그 이유는 다음과 같이 말할 수 있다. 먼저 에서가 원용하고 있는 가다머의 선입견 개념을 잠시 살펴보자. 가다머는 선입견을 모든 이해의 조건으로 본다. 그런데 이러한 선입견은 단순히 해석자 개인의 것을 의미하지는 않는다. 오히려 이것은 공동체 구성원의 합리적 승인에 바탕을 둔 권위와 전통에 의해 형성된 그 무엇이다. 따라서 선입견은 주관적인 것이라기보다는 합리성에 바탕을 두면서 공동체적인 성격을 갖는 이해조건이다. 그러므로 선입견은 단순히 심리적인 현상을 뜻하는 것은 아니다. 그런데 에서가 이러한 가다머의 선입견을 자신의 선이해 개념으로 수용하고 있다는 점에서 볼 때, 에서의 선이해를 심리적인 조건으로만 이해할 수는 없다고 생각한다. 물론 에서가 선이해의 근거를 가다머와 동일하게 권위와 전통에서만 찾는 것은 아니다. 그렇다 하더라도, 에서가 선이해를 법발견의 가능조건으로 파악하면서도 이러한 선이해가 법관이 속하는 직업적 전통 아래 놓여있다고 말한다는 점, 이러한 선이해는 같은 직업에 속하는 전문가 사이의 논의를 거쳐 검증되어야 한다고 주장한다는 점을 고려할 때, 에서의 선이해를 심리적인 것으로만 볼 수는 없다고 생각한다.[91]

(2) 선이해의 근거

그러면 이러한 선이해의 근거가 되는 것은 과연 무엇인가? 이에 관해 가다머는 합리적인 승인에 바탕을 둔 권위와 전통을 선입견의 근거로

---

[91] J. Esser, 앞의 책, 137쪽; 한편 이러한 선이해는 단지 법률텍스트를 해석하는 데만 작용하는 것은 아니다. 선이해는, 이미 가다머도 해석학에서 이해 문제를 적용까지 염두에 두어 파악하고 있는 것처럼, 법규범을 사안에 적용하여 결론을 도출하는 과정 전체를 지배하는 조건이 된다. 따라서 선이해를 '해석'(Auslegung)에만 연결하는 것은 너무 좁은 이해방식이라고 말할 수 있다.

본다는 점은 앞에서 살펴보았다. 가다머에 따르면, 선입견의 근거를 이루는 것은 개인적이고 주관적이면서 심리적인 것이 아니다. 선입견의 근거를 이루는 것은 우리가 전통이라고 부르는, 면면한 역사성을 지니고 있는 그러면서도 고정된 실체가 아닌 개방된 과정으로서 우리가 고전이라고 부르는 곳에서 찾을 수 있는 그 무엇이다. 한 마디로 말해, 가다머에 따르면 선입견의 근거를 이루는 것은 역사적이면서 공동체적인 성격을 갖는 전통이다.

그러면 에서는 이러한 가다머의 견해를 그대로 수용하고 있는가? 이에 대해 독일의 형법학자이자 법이론가인 프롬멜(M. Frommel)은 자신의 박사학위 논문인 『칼 라렌츠와 요제프 에서의 해석학 수용』에서 아래와 같이 에서가 제시한 선이해의 특징을 분석한다.[92] 먼저 프롬멜은 법관은 "사회적 의식과 도그마틱적 질서전통 사이의 매개자"라는 에서의 언명을 인용한다.[93] 여기서 도그마틱적 전통은 항상 시간과 사회에 의해 그 내용이 정해지는 것이며, 동시에 고정된 것이 아니라 개방된 것이라 한다. 그런데 이러한 사회적 의식과 도그마틱적 질서전통 중에서 에서가 말한 선이해의 바탕을 이루는 것은 도그마틱적 질서전통이라고 한다. 즉 프롬멜에 따르면, 에서가 선이해의 근거로 상정하는 것은 특수한 법적 관점과 관련을 맺는 의식내용이라는 것이다.[94]

이러한 프롬멜의 분석은 어느 정도 타당하다고 생각한다. 왜냐하면 에서 자신도 『법발견에서 본 선이해와 방법선택』에서 선이해는 법관의 해석에 대해 논쟁을 벌여야 하는 사회적 집단과 관련을 맺고 있다고 암시하기 때문이다.[95] 이렇게 볼 때, 에서가 말하는 선이해의 근거는 가다

---

[92] M. Frommel, 앞의 책, 90쪽 아래.
[93] J. Esser, 앞의 책, 137쪽.
[94] M. Frommel, 앞의 책, 90쪽.

머가 언급하는 선입견의 근거와는 차이가 있다. 물론 양자가 집단성을 갖는다는 점에서는 공통점을 갖는다. 그렇지만 가다머가 사회 구성원 전체의 전통을 언급하는 반면, 에서는 법관과 관련을 맺는 전문가 그룹을 말한다는 면에서 양자 간에는 차이가 있다.

한편 이에 관해 다음과 같은 의문이 떠오른다. 법관의 선이해가 법적인 관점을 담고 있는 집단적인 것이라면, 법관 개인이 갖게 되는 선이해는 에서의 선이해 개념에 포함되지 않는 것일까? 이러한 의문에 대해 요제프 에서는 『법발견에서 본 선이해와 방법선택』 서론(Einleitung)에서 법적용자의 선이해는 동질적이지도 통일되어 있지도 않고, 다양한 형태를 띠고 있다고 한다. 이러한 선이해에는 법관의 직업적인 선이해뿐만 아니라, 개인적인 선이해도 포함된다고 말한다.[96] 이러한 언명만을 놓고 보면, 에서가 법관 개인이 지닌 선이해도 법발견의 조건이 되는 선이해에 해당한다는 점을 긍정한다고 이해할 수도 있다. 그러나 모니카 프롬멜은 다른 문헌을 거론하면서 에서가 이 점을 명시적으로 부정하고 있다고 이해한다.[97] 이에 의하면, 에서는 법관의 개인적인 경험은 단지 구체적인 사례에 법을 적용할 때 사용하는 중요한 요소라고만 한다는 것이다.[98]

(3) 선이해의 통제 필요성

에서는 가다머의 선입견과 전통 개념을 긍정적으로 수용하지만, 동시에 이러한 선이해와 전통이 이데올로기에 의해 왜곡될 수 있다는 점 역

---

95 J. Esser, 앞의 책, 137쪽.
96 J. Esser, 앞의 책, 10쪽.
97 J. Esser, "Möglichkeit und Grenze des dogmatischen Denkens im modernen Zivilrecht", in: *Wege der Rechtsgewinnung* (Tübingen, 1990), 363쪽 아래; M. Frommel, 앞의 책, 90쪽.
98 M. Frommel, 앞의 책, S. 90-91.

시 알고 있었다. 특히 에서는 하버마스의 이데올로기 비판적 학문이론을 원용하면서,[99] 법관이 법을 적용할 때 이미 특정한 전통 안에 놓여 있다는 것 그리고 법을 적용하면서 이러한 전통을 형성한다는 것은, 법관이 법을 적용함으로써 특정한 사회화 과정에 편입된다는 점을 의미한다고 말한다.[100] 그런데 에서는 법관이 이렇게 사회화 과정에 편입될 때 두 가지 위험이 도사린다고 한다. 첫째는 이데올로기에 의해 통제되는 선이해를 잘못된 의식으로 파악하지 못하는 위험이다. 둘째는 법관이 비판적 반성을 하지 못하게 하는 법체계의 자율적인 성장 위험이다. 에서는 말한다.[101]

"정치적으로 획일화된 법이해는 이데올로기에 의해 통제된 선이해를 '잘못된 의식'으로 판단하지 못하게 하는 진리독점을 낳는다. 이에 반해 법의 총체적인 체계자율은 해석자가 선이해의 조건과 동기를 비판적으로 성찰하여 합리적인 정당성 통제로 나아가는 것을 금지한다. 그리고 이데올로기에 의해 밀폐되어 있으면서 자율적으로 움직이는 법체계를 정치적 독점의 손아귀로 집어넣는다."

이러한 이유에서 에서는 법발견 과정의 조건이 되는 법관의 선이해를 이성적이고 정당한 사고가 될 수 있도록 해야 한다고 말한다.[102]

3. 해석학적 순환과 적용 문제

앞에서 언급한 것처럼,[103] 기초존재론을 확립하려 한 하이데거는 우리

---

99 J. Habermas, *Zur Logik der Sozialwissenschaften* (Frankfurt/M., 1982), 157쪽.
100 J. Esser, 앞의 책, 138쪽.
101 J. Esser, 앞의 책, 138쪽.
102 J. Esser, 앞의 책, 138쪽.

가 그 무엇을 이해하는 행위는 단순히 수동적으로 또는 직선적·일회적으로 이루어지는 것이 아니라고 한다. 오히려 이해과정은 이해주체와 이해객체 사이를 오가는 해석학적 순환과정을 형성한다고 한다. 나아가 이러한 해석학적 순환은 가다머에게 수용되어, 이른바 지평융합이라는 영향사적 과정으로 더욱 확대된다는 점도 이미 본 바와 같다.

가다머의 선입견을 자신의 법해석학에 받아들인 요제프 에서는 이러한 해석학적 순환과정 역시 법발견 과정에 원용한다. 에서는 법관이 규범을 이해하고 사안을 확정하는 과정은 단순히 삼단논법적인 단계적 과정을 거치는 것이 아니라, 해석학적 순환과정을 거친다고 한다. 에서는 말한다.

> "해석학적 순환은 규범필요성과 해결가능성에 대한 선입견이 없으면, 무엇이 정의로운 해결인가라는 질문을 받았을 때 규범을 말함으로써 그 대답을 제시할 수 없다는 점에서, 규범에 대한 문제제기와 이에 대한 대답의 관계 안에 그리고 사안(Tatsache) 안에 이미 놓여 있다."[104]

그뿐만 아니라, 해석학적 순환은 법을 적용하는 행위에서도 나타난다고 한다.[105] 이를 에서는 '적용순환'이라고 한다.[106] 에서가 볼 때, 법을 적용하는 행위는 법규범의 의미내용을 일방적으로 적용하는 행위가 아니다. 그 대신 적용과 규범이해는 항상 순환관계를 이루면서 진행된다. 에서는 이를 아래와 같이 말한다.[107]

---

103 이 책 제2장 제1절 III.3. 참고.
104 J. Esser, 앞의 책, 134쪽.
105 M. Frommel, 앞의 책, 101쪽.
106 이처럼 규범을 해석하고 적용하는 과정에서 모두 해석학적 순환이 등장한다는 것은 에서가 해석과 적용을 구별하지 않는다는 점을 시사한다. 이는 가다머의 주장과도 일치한다. 가다머의 적용론에 관해서는 이 책 제2장 제2절 VI. 참고.

"이러한 의미에서 적용행위는 이해가능성에 의존하고, 이해가능성은 적용에 대한 사고(Anwendungsvorstellung)에 의존한다. 이미 말한 것처럼, 도그마틱 해석에서 나타나는 적용순환이라고 이해할 수 있는 이러한 순환은 재판에 담긴 목적구상이 법을 적용하는 과정에 미치는 영향을 더욱 섬세하게 파악할 수 있도록 한다."

그런데 이러한 에서의 주장에 대해서는 더욱 분명하게 해명해야 할 부분이 있다. 첫째는 에서가 이러한 해석학적 순환을 단지 인식론적 순환으로만 파악하고 있는 것인지, 아니면 존재론적 순환으로까지 이해한 것인지 하는 점이고, 둘째는 에서의 해석학적 순환이 가다머의 해석학적 순환과 어떤 차이가 있는가 하는 점이다. 이에 대해서는 다음과 같이 대답할 수 있다.

우선 에서의 해석학적 순환이 단지 인식론적 순환에만 머문 것인지, 아니면 존재론적 순환으로 나아간 것인지 살펴본다. 인식론적 순환이란 해석학적 순환이 해석대상 사이에서만 진행되는 것을 말한다.[108] 예를 들어, 해석대상인 규범과 사안 사이에서만 순환을 인정하면, 이것이 곧 인식론적 순환이 된다. 이러한 순환은 이미 칼 엥기쉬가 말한 "규범과 사안 사이에서 시선의 오고감"이라는 언명에서 찾을 수 있다.[109] 이러한 인식론적 순환은 텍스트의 의미내용을 객관적으로 이해하려는 인식론적 해석학을 전제로 한다. 그러나 에서의 해석학적 순환은 여기에만 머무르지 않는다. 왜냐하면 에서는 해석학적 순환이 선이해를 통해 진행된다는 점을 인정하기 때문이다. 선이해를 통해 순환이 진행된다는 점은, 곧 해

---

107 J. Esser, 앞의 책, 136쪽.
108 이 책 제2장 제2절 V.1.(1) 참고.
109 W. Hassemer, 이상돈 (역), "법해석학", 배종대 · 이상돈 (편), 『형법정책』(세창출판사, 1998), 62쪽에서 다시 인용.

석주체가 해석대상에 개입한다는 점을 의미하기 때문이다. 따라서 에서가 인정하는 해석학적 순환은 인식론적 순환이 아니라 존재론적 순환이라고 보아야 한다.

다음 에서가 말하는 해석학적 순환과 가다머가 주장하는 해석학적 순환 사이에 어떤 차이점이 있는지 알아본다. 가다머는 하이데거가 전개한 해석학적 순환을 지평융합이라는 역사적 사건으로 확장한다. 해석학적 순환을 현존재만의 문제로 한정하지는 않는 것이다. 이에 관해 에서는 가다머처럼 지평융합이라는 개념을 직접적으로 사용한 것 같지는 않다. 그 대신 에서는 '기대지평'(Erwartungshorizont)이라는 개념을 사용한다.[110] 이러한 기대지평은 가다머의 지평 개념과 유사한 점이 있다. 그러나 에서가 법발견 과정을 기대지평의 융합이라는 역사적-사회적 사건으로 확대한 것인지는 분명하지 않다. 이 점에서 가다머와 에서 간의 차이를 지적할 수 있을 것이다.

IV. 법발견 과정의 합리성 보장

1. 문제 상황

(1) 두 가지 위험성

이와 같이 에서는 가다머의 철학적-존재론적 해석학을 수용하여 자신의 법해석학을 정립한다. 그러나 이러한 에서의 법해석학은, 에서 자신도 이미 지적하고 있는 것처럼,[111] 다음과 같은 두 가지 위험성에 직면한

---

110 J. Esser, 앞의 책, 137쪽.
111 이 책 제4장 III.2.(3) 참고.

다. 첫째는 이데올로기에 의한 선이해 왜곡이다. 둘째는 반성적 비판을 불가능하게 하는 법체계의 성장이다. 먼저 이데올로기에 의한 선이해 왜곡이란 법관의 선이해가 이데올로기가 지배하는 전통에 의해 왜곡될 수 있음을 뜻한다. 이 점은 가다머의 존재론적 해석학에 대해서도 그대로 타당하다. 이를 간파한 하버마스가 가다머의 해석학을 이데올로기 비판의 측면에서 지적했다는 것은 주지의 사실이다.[112] 다음 반성적 비판을 불가능하게 하는 법체계의 성장이란 법체계가 자율성을 갖고 스스로 성장하여 구성원을 지배하게 되는 현상을 말한다. 에서는 이러한 위험을 니클라스 루만에게서 발견한다. 에서는 한편으로는 법체계에 대한 루만의 사회학적 관점을 긍정적으로 평가하면서도,[113] 이러한 사회학적인 관점이 자칫 법의 고유한 가치나 원칙을 파괴할 수 있다는 우려를 표시한다. 그러면서 에서는 『법발견에서 본 선이해와 방법선택』에서 루만의 저작 가운데 『절차를 통한 정당화』를 집중 분석하면서 이를 비판한다.[114] 아래서는 본격적인 논의에 앞서 루만에 대한 에서의 비판을 검토하도록 한다.

(2) 루만의 체계이론과 그 비판

체계이론에 대한 에서의 비판을 소개하기 전에 루만의 체계이론을 간단하게 소개하도록 한다.[115] 루만은 현대사회가 점점 복잡해지면서, 전체 사회가 다양한 사회적 하부체계로 분화된다고 한다. 여기서 말하는 '사

---

112 이 책 제2장 제2절 VIII. 참고.
113 J. Esser, 앞의 책, 12쪽.
114 N. Luhmann, *Legitimation durch Verfahren*, 2. Aufl. (Frankfurt/M., 1989); J. Esser, 앞의 책, 202쪽 아래.
115 니클라스 루만의 체계이론에 관한 소개로는 우선 N. Luhmann, *Ökologische Kommunikation* (Opladen, 1986) 참고.

회적 체계'(soziales System)란 서로 다른 인간의 행위를 연결하는 의미연관 관계를 말한다.[116] 이러한 사회적 체계는 각각 독자적인 사회적 기능을 수행한다. 이를 통해 각 체계들은 사회의 복잡성, 더욱 정확하게 말해 '환경'(Umwelt)의 복잡성을 감축한다. 한편 이렇게 사회의 복잡성을 감축하기 위해 사회적 체계 자체는 점점 복잡해진다. 이때 체계는 자신의 환경과 소통을 함으로써 자율적으로 성장하고 작동한다. 이러한 체계이론에 따르면, 법도 사회적 하부체계에 속한다. 따라서 법체계도 다른 사회적 하부체계들과 마찬가지로 자율적으로, 다시 말해 자기준거적으로 작동한다. 그러면서 법체계는 사회현상의 복잡성을 감축하고 이를 통해 수범자들의 행위기대를 안정화한다. 이때 법체계는 조건 프로그램과 이항코드를 사용하여 작동한다.

한편 루만은 에서가 주로 문제 삼는 저작 『절차를 통한 정당화』에서 법체계 안에서 법적 절차가 갖는 의미를 새롭게 해석한다. 여기서 제시된 루만의 주장을 간략하게 요약하면 다음과 같다. 우선 루만은 법적 절차를 통해 법이 정당성을 획득한다고 본다. 즉 법이 특정한 자연법적인 또는 실체적인 정의를 통해 정당성을 얻는 것이 아니라고 한다. 나아가 루만은 이러한 법적 절차가 사회구성원들에게 학습과정이라는 의미를 부여하고, 이러한 절차 안에서 사회구성원은 절차가 부여한 역할에 따라 행동하게 된다고 말한다. 그리고 루만은 이러한 절차 안에서 정의, 진리, 가치라는 개념은 실질적인 내용을 갖는 것이 아니라, 사회체계의 기능유지라는 관점에 의해 기능화된다고 한다. 결론적으로 말해, 에서는 법적 절차를 법체계 안에서 펼쳐지는 소통구조라 하면서, 이러한 법적 절차를 통해 법체계는 정당화되고 안정화된다고 한다.

---

[116] N. Luhmann, 위의 책, 115쪽.

이러한 루만의 체계이론에 대해, 에서는 한편으로는 법발견 과정도 사회학적인 관점에서 고찰할 필요가 있다고 하면서 긍정적으로 평가한다.[117] 이는 에서가 법적 체계나 도그마틱 자체를 모두 부정하는 것은 아니라는 점에서도 발견할 수 있다.[118] 그러나 다른 한편으로 에서는 루만의 체계이론을 다음과 같이 비판한다.

먼저 에서는 루만이 체계의 기능보호나 복잡성 감축이라는 기능주의적 관점에만 너무 치우쳐 정의와 같은 법적 가치를 도외시한다고 비판한다. 이러한 비판은 특히 절차를 통한 법체계의 정당화에 집중된다. 이외에 에서는 루만의 절차주의가 진리를 기능 개념으로 전락시켰다고 비판한다.[119] 이러한 에서의 비판은 루만의 역할분리론에 대해서도 이어진다. 에서는 절차 안에서 사회구성원은 절차가 부여한 역할만을 수행하고 특히 재판과정이 당사자의 역할에 의존한다는 루만의 견해가 절차과정을 너무 사회학적인 견지에서만 파악한 것이라고 비판한다.[120] 그 결과 루만은 법발견 과정에서 선이해가 차지하는 역할을 무시하고 있다고 말한다.[121] 또한 에서는 비판적 사회이론의 관점에서 루만의 체계이론이 체계적·도그마틱적 사고에만 너무 의존하고 있다고 평가한다.[122] 그러면서 루만의 체계이론을 '신실증주의'라고 진단한다.[123] 결론적으로 에서는, 프리드리히 뮐러(F. Müller)를 인용하면서,[124] 법발견 과정에 작용하는 법

---

117 J. Esser, 앞의 책, 12쪽.
118 J. Esser, 앞의 책, 87쪽 아래.
119 J. Esser, 앞의 책, 203쪽.
120 J. Esser, 앞의 책, 205쪽 아래.
121 J. Esser, 앞의 책, 208쪽.
122 J. Esser, 앞의 책, 209쪽.
123 J. Esser, 앞의 책, 209-210쪽.
124 F. Müller, "Kritik an Krieles 'Theorie' der Rechtsgewinnung", in: AöR 168 (1970), 154쪽 아래.

정책적인 판단요소도 법률에 구속되어야 한다고 하고,125 이러한 점에서 루만이 제시한 합리성은 비이성적인 것이라고 한다.126

루만에 대한 에서의 비판은 루만이 구분한 목적 프로그램과 조건 프로그램에 대해서도 계속된다.127 원래 목적 프로그램과 조건 프로그램이라는 구별은 행정법 영역, 특히 재량행위이론에서 발전한 개념이다. 여기서 목적 프로그램이란 법규범이 조건관계가 아닌 목적관계로 규정되어 있는 형태를 말한다. 이러한 목적 프로그램으로 구조화된 법규범은 보통 일반조항 형태를 띤다. 예컨대, 우리 헌법 제34조 제2항은 "국가는 사회보장·사회복지의 증진에 노력할 의무를 진다."고 규정하고 있는데, 이러한 규정형태가 바로 대표적인 목적 프로그램 규정이라 할 수 있다. 이에 대해 조건 프로그램이란 법규범이 일정한 요건과 효과를 담고 있는 형태를 말한다. 이는 일반적인 규율형태다. 예를 들어, 민법 제390조 본문은 "채무자가 채무의 내용에 좇은 이행을 하지 아니한 때에는 채권자는 손해배상을 청구할 수 있다."고 정하고 있는데, 이러한 규율형태가 바로 조건 프로그램에 해당한다. 그런데 루만은 이러한 구별을 긍정적으로 평가하면서, 입법과정에서는 목적 프로그램을 그리고 사법과정에서는 조건 프로그램을 각각 적용해야 한다고 말한다. 입법과정에서는 입법자가 일정한 정책을 입법을 통해 구체화해야 할 필요가 있기 때문이고, 이에 반해 사법과정에서는 법관이 입법자가 결정한 입법목적을 법적 분쟁에 적용할 필요가 있기 때문이라고 한다. 이러한 루만의 주장

---

125 J. Esser, 앞의 책, 210쪽.
126 J. Esser, 앞의 책, 212쪽.
127 법규범을 조건 프로그램과 목적 프로그램으로 구별하는 것은 알렉시(R. Alexy)처럼 법규범을 '원칙'과 '규칙'으로 구별하는 것과도 상통한다. 왜냐하면 규칙은 조건관계로 구성되는 반면, 원칙은 목적관계로 구성된다고 볼 수 있기 때문이다. R. Alexy, *Theorie der Grundrechte*, (Frankfurt/M., 1986), 71쪽 아래.

은 목적 프로그램에는 목적사고 또는 이익형량 사고가 사용되지만, 조건 프로그램에는 목적사고가 개입할 수 없다는 점에 바탕을 둔 것이기도 하다.

하지만 에서는 이러한 루만의 주장을 오해라고 지적한다.[128] 왜냐하면 에서가 볼 때 이익형량을 통해 구체화되는 목적사고는 목적 프로그램뿐만 아니라 조건 프로그램에서도 나타나기 때문이다.[129] 비록 조건관계로 법규정이 규율되어 있다 하더라도 이러한 법규정을 구체적인 법적 분쟁에 적용할 때는 법관이 단순히 기계적으로 사안을 규범에 포섭하기만 하면 되는 것은 아니라는 것이다. 나아가 일정한 사안이 조건 프로그램의 요건에 해당하는가 여부도 역시 법규범의 목적에 바탕을 둔 이익형량 사고에 의해 결정된다고 한다.[130]

이외에도 에서는 루만이 '복잡성'(Komplexität) 개념을 다양하게 사용하고 있다고 비판한다.[131] 루만이 제시하는 복잡성 감축이 여러 가지 의미로 이해될 수 있어서 자칫 혼란을 가져올 수 있다는 것이다. 가령 복잡성 감축은 자칫 법적 구성요건의 단순화를 의미할 수도 있다고 한다. 그러나 에서는 루만이 언급하는 복잡성 감축이 이러한 구성요건의 단순화를 지칭하는 것이 되어서는 안 된다고 한다.[132] 왜냐하면 현대사회에서 법적 구성요건의 세분화는 이미 피할 수 없는 현상이기 때문이다.

---

128 J. Esser, 앞의 책, 142쪽.
129 J. Esser, 앞의 책, 142쪽 아래.
130 이와 마찬가지로 행정재량과 계획재량을 질적인 면에서 구별할 필요가 없다는 견해가 제시된다. 류지태, 『행정법신론』(신영사, 1999), 79쪽 아래 참고.
131 J. Esser, 앞의 책, 146쪽.
132 J. Esser, 앞의 책, 146쪽. 그러나 이러한 에서의 지적은 루만의 원래 의도를 오해한 것이라고 생각한다. 왜냐하면 루만은 복잡성 감축이 법체계의 복잡성까지 감축하는 것으로 파악하지는 않기 때문이다. 이 점을 지적하는 이상돈·홍성수, 『법사회학』(박영사, 2000), 193쪽 아래 참고.

이와 같이 에서는 한편으로는 루만의 체계이론이 법체계의 자율적인 성장과정을 반영하고 있다면서 긍정적으로 보기는 하지만, 다른 한편으로는 법적 가치를 도외시하고 있다는 점에서 비판하고 있다. 그러므로 이러한 에서의 비판점에 근거해 볼 때, 루만의 체계이론은 법체계가 작동하는 모습, 특히 법발견 과정을 사회학적인 관점에서 적절하게 관찰하기는 하지만, 이를 합리성이라는 관점 아래서 제대로 통제하기는 어렵다고 할 수 있다. 한 마디로 말해, 루만의 체계이론은 법발견 과정을 합리적으로 통제하기에는 부적절하다. 그 때문에 법발견 과정을 합리적인 과정으로 만들 수 있는 다른 그 무엇이 필요하다.

(3) 법도그마틱에 의한 합리성 통제 가능성과 그 한계

그렇다면 이러한 법발견 과정의 합리성을 전통적인 의미의 법개념, 법도그마틱, 체계, 해석방법으로써 통제할 수 있을까?[133] 그러나 에서의 주장을 고려하면, 다음과 같은 이유에서 법도그마틱 등은 법발견 과정의 합리성 또는 정당성을 통제할 수 없다고 생각한다.

먼저 법개념을 분명하게 확정하는 작업은, 법개념의 의미내용이 선험적으로 확정되어 있는 것이 아니라 일정한 규범목적에 따라 구체화된다는 점에서, 법발견 과정을 합리적으로 통제할 수 없다. 규범목적 역시

---

[133] 여기서 법도그마틱과 해석방법의 관계를 분명히 해야 할 필요가 있다. 이에 관해서는 다음과 같이 양자를 구별할 수 있지 않을까 한다. 일단 해석방법은 법규범을 담고 있는 법률텍스트의 의미내용을 구체적으로 확정하기 위한 방법이라 할 수 있다. 예컨대, 문법적 해석, 체계적-논리적 해석, 역사적 해석, 목적론적 해석이 이러한 해석방법에 해당한다. 이에 대해 법도그마틱이란 이러한 해석방법을 통해 구체화한 법규범의 의미내용 또는 이러한 의미내용 사이의 연관관계를 의미하는 것이 아닌가 한다. 예를 들면, 민법영역에서는 법률행위 및 불법행위 체계 그리고 형법영역에서는 범죄체계가 바로 대표적인 법도그마틱이라 할 것이다. 이를 더욱 넓게 말하면, 실정법을 해석방법으로써 구체화하고 체계화한 결과물을 법도그마틱이라 할 수 있다.

이미 확정되어 있는 것이 아니어서, 다시 해석자의 해석과정을 거쳐야 하기 때문이다. 예를 들어, 민법학에서 확립되어 있는 법률행위 개념만으로는 민사분쟁의 해결과정을 합리적으로 만들 수는 없다. 그 이유는 첫째, 법률행위 개념 자체가 선험적으로 주어진 것이 아니라, 가령 계약이나 단독행위 등과 같은 개별적인 법적 행위로부터 귀납적으로 획득한 결과물이라는 점,[134] 둘째, 법률행위 개념의 본질적 구성요소인 의사표시 역시 다시 해석을 필요로 하는 개념이라는 점에서 찾을 수 있다.[135]

나아가 법도그마틱도 법발견 과정을 합리적으로 통제할 수 없다. 이는 법도그마틱이 한 단계 발전하여 형성된 법적 체계에 대해서도 마찬가지다. 왜냐하면 법도그마틱은 이미 해석자가 선택한 해석결과만을 반영한 것에 지나지 않기 때문이다. 그리고 전통적인 개념법학에 바탕을 둔 법도그마틱은 개념과 개념 또는 도그마틱과 체계 간의 논리일관성·통일성만을 강조하여 구체적인 법적 분쟁 안에 담겨있는 당사자 사이의 이익요소를 간과하거나,[136] 변화된 사회의 요구에 제대로 응답할 수 없기 때문이다.[137] 그래서 에서는 법도그마틱만으로는 법발견 과정의 합리성 및 정당성을 보장할 수 없다고 한다.[138] 또한 이러한 법도그마틱은 사회비판적인 힘 역시 갖지 못한다고 말한다.[139]

---

[134] 이에 관해서는 곽윤직 (편집대표), 『민법주해(II)』(박영사, 1992), 85쪽(법률행위 전론)(송덕수 집필) 참고. 여기서 송덕수 교수는 법률행위 개념은 선험적인 개념이라는 라렌츠에 반대하여, 플루메를 따라 개별 행위유형을 추상화한 것이라고 설명한다.

[135] 이는 이른바 의사표시의 본질론이라는 이름 아래 전개되는 의사주의, 표시주의, 효력주의, 신의사주의 간의 논쟁을 보면 알 수 있다. 이에 관해서는 곽윤직 (편집대표), 위의 책, 120쪽 아래(법률행위 전론)(송덕수 집필) 참고.

[136] J. Esser, 앞의 책, 95쪽. 특히 무비판적인 체계형성에 대해 이러한 지적을 하고 있다.

[137] J. Esser, 앞의 책, 90쪽.

[138] J. Esser, 앞의 책, 96쪽.

(4) 자연법적 사고에 의한 통제 가능성과 한계: 법원칙의 의미

이처럼 전통적인 법도그마틱적 사고가 법발견 과정의 합리성을 보장할 수 없다면, 자연법적 사고를 그 대안으로 제시할 수 있을까? 그러나 이에 대해서도 에서는 부정적인 태도를 보인다. 왜냐하면 법도그마틱 사고에 대한 대안으로 자연법적 사고를 제시하는 것은, 법실증주의에 대한 대안으로 자연법을 거론하는 것이라고도 볼 수 있는데, 이때 에서는 법실증주의가 안고 있는 문제점을 자연법 역시 안고 있다고 보기 때문이다. 다시 말해 법실증주의적 사고와 자연법적 사고는 서로 동질적인 구조를 띠고 있기 때문에,[140] 자연법적 사고를 통해서도 법발견 과정의 합리성을 보장할 수 없다고 한다. 이를 더욱 자세하게 말하면 아래와 같다.

전통적으로 자연법적 사고는 실정법을 넘어서는 원칙, 가치, 사물의 본성과 같은 개념으로써 실정법 체계를 정당하게 규제하고자 하였다.[141] 그런데 이때 전통적인 자연법 사고는 실체존재론에 입각하여, 원칙이나 가치 또는 사물의 본성은 인간이 인식하거나 이해하기 이전부터 존재하는 것으로 전제하였다. 이렇게 실정화되지 않은 개념을 통해 실정법이 지닌 흠결을 치유하려 하였다. 그러나 에서는 특히 원칙 개념을 중심적으로 거론하면서,[142] 이러한 전통적인 자연법 사고에 이의를 제기한다.

---

139 J. Esser, 앞의 책, 89쪽.
140 J. Esser, *Grundsatz und Norm in der richterlichen Fortbildung des Privatrechts* (Tübingen, 1990), 11쪽. 여기서 동질적인 구조란 첫째, 완결되고 흠결이 없는 법체계가 선험적으로 존재한다는 것, 둘째, 이러한 법체계는 논리적인 추론과정을 통해 도출할 수 있다는 사고를 말한다.
141 다만 사물의 본성론은 단순히 전통적인 자연법론만을 대변하는 것은 아니라고 생각한다. 이에 관해서는 이 책 제5장 III. 2. 참고.
142 에서는 『법관에 의한 사법형성에서 본 원칙과 규범』에서 이러한 원칙 개념을 비교법적인 관점에서 다룬다.

에서는 이러한 개념이 선험적으로 존재하는 것은 아니라고 한다.[143] 왜냐하면 에서는 원칙 개념도 일정한 가치평가를 통해 구체화된다고 보기 때문이다.[144] 이는 곧 원칙이나 가치와 같은 자연법적 사고도 일정한 이익형량을 통해 형성된다는 점을 뜻한다. 따라서 자연법적 사고 그 자체가 법발견 과정을 통제하기 위한 기준이 될 수 없는 것이다.

2. 법발견 과정에 대한 합의를 통한 합리성 보장

(1) 재판에 대한 합의가능성

그러면 어떻게 법발견 과정의 합리성과 투명성을 보장할 수 있을까? 나아가 정당성은 어떻게 획득할 수 있을까? 이러한 의문에 대해 에서는 다음과 같이 그 대안을 제시한다. 바로 재판과정, 즉 법발견 과정에 대한 합의가능성이다. 법관이 내린 재판에 합리성 및 정당성이 있다고 다른 관련자가 합의할 수 있다면, 이러한 재판에 합리성을 인정할 수 있다는 것이다.

그런데 이렇게 에서가 제시하고 있는 합의가능성이라는 관점은, 하버마스가 전개한 진리합의이론과 유사한 면이 있다. 물론 프롬멜도 적절하게 지적하고 있듯이, 에서가 『법발견에서 본 선이해와 방법선택』을 공간한 때는 1970년이었고, 하버마스의 진리합의이론이 정립되어 발표된 때는 1971년이었다.[145] 그리고 에서가 자신의 저작에서 하버마스의 이

---

143 J. Esser, *Vorverständnis und Methodenwahl in der Rechtsfindung* (Frankfurt/M., 1970), 161쪽.
144 J. Esser, 위의 책, 163-164쪽. 원칙이나 가치가 형량을 통해 구체화된다는 사고는 드워킨(R. Dworkin)과 알렉시(R. Alexy)에서도 찾아볼 수 있다. 이에 관해서는 R. Dworkin, "The Model of Rules" (1967), *Faculty Scholarship Series*, Paper 3609; R. Alexy, *Theorie der Grundrechte* (Frankfurt/M., 1986), 71쪽 아래 참고.
145 M. Frommel, 앞의 책, 209쪽. 여기서 프롬멜은 다음과 같은 하버마스의 저작을

저작을 직접 인용하고 있지는 않다는 점에서 볼 때, 에서의 주장이 전적으로 하버마스의 이론에 의존한 것이라고는 말할 수 없다. 그러나 하버마스의 의사소통행위 이론에 대한 단서가 이미 1967년에 제2판이 나온 『이론과 실천』에 담겨 있고, 여기에 실린 논문 "교조주의, 이성 그리고 재판"이 요제프 에서의 『법발견에서 본 선이해와 방법선택』에 인용되어 있다는 점을 고려하면,146 에서가 하버마스의 이론을 참고했을 가능성이 높다. 또한 하버마스의 해석학적 사고가 이미 1968년에 출간된 『인식과 관심』에 드러나 있다는 것도 이를 뒷받침해 준다.147

다른 한편 에서는 재판의 정당성뿐만 아니라 이성적인 재판을 강조한다.148 그런데 이는 에서가 『법발견에서 본 선이해와 방법선택』 서론에서 말하고 있는 것처럼, 독일의 공법학자인 마르틴 크릴레(M. Kriele)의 '이성적인 재판이론'에 힘입은 바가 크다.149 그런데 크릴레 역시 재판의 정당성 근거로서 합의 개념을 전개하는 있다는 점에서 볼 때,150 에서의 합의이론은 크릴레의 이론에 대해서도 그 연결점을 찾을 수 있다고 생각한다. 이러한 이유에서 아래서는 우선 논의의 전제로서 에서가 제시한 합의가능성 또는 합의능력(Konsensfähigkeit)과 하버마스 및 크릴레가 전개

    인용한다. J. Habermas, "Vorbereitende Bemerkungen zu einer Theorie der Kommunikativen Kompetenz", in: J. Habermas/N. Luhmann, *Theorie der Gesellschaft oder Sozialtechnologie: Was leitet die Systemforschung?* (Frankfurt/M., 1971), 101쪽 아래.

146 J. Habermas, "Dogmatismus, Vernunft und Entscheidung", in: *Theorie und Praxis* (Frankfurt/M., 1967), 231쪽; J. Esser, 앞의 책, 138쪽; J. Habermas, *Zur Logik der Sozialwissenschaften* (Frankfurt/M., 1982), 157쪽.

147 J. Habermas, *Erkenntnis und Interesse* (Frankfurt/M., 1968); M. Frommel, 앞의 책, 209쪽.

148 J. Esser, 앞의 책, 138, 149쪽 등 참고.

149 J. Esser, 앞의 책, 12쪽.

150 J. Esser, 앞의 책, 12쪽.

한 합의 개념을 비교하도록 한다.

(2) 합의개념 비교

먼저 하버마스가 제시한 진리합의이론을 간단하게 살펴본다.[151] 하버마스는 특정한 진리주장의 진리성을 그 진리주장과 지시대상 간의 일치에서 찾고자 하지 않는다(진리대응이론 비판).[152] 그 대신 특정한 당사자가 제시한 진리주장의 타당성 요구를 상대 당사자가 합의할 수 있는가 여부로 진리성 여부를 판단한다. 각 당사자가 특정한 진리주장의 타당성 요구에 합의하면, 그 진리주장은 진리로서 인정된다는 것이다. 이때 한 가지 주의해야 할 점이 있다. 무조건 당사자가 합의한다고 해서 진리로 인정되는 것은 아니라는 점이다. 각 당사자의 합의가 진리로서 승인되려면, 이상적 대화상황을 전제로 해야 한다. 여기서 이상적 대화상황이란 모든 관련자가 어떤 외부의 강제를 받지 않은 채 자유롭고 평등하게 의미를 부여하고 주장하며 설명하고 정당화할 수 있는 동시에 이러한 주장의 타당성 요구를 근거 짓거나 반박할 수 있는 상황을 말한다. 또한 각 당사자의 행위기대에 상호성이 인정되는 상황, 즉 어느 한 당사자의 행위규범에 특권적인 의미를 부여하지 않는 상황을 뜻한다.[153]

---

151 하버마스의 진리합의 이론에 관해서는 J. Habermas, "Wahrheitstheorien", in: *Vorstudien und Ergänzungen zur Theorie des Kommunikativen Handelns* (Frankfurt/M., 1984), 127쪽 아래 참고.
152 그 이유는 다음과 같다. 진리대응이론은 특정한 진리주장이 그 지시대상과 일치할 것을 전제로 하는데, 그렇게 되기 위해서는 다시 진리주장을 구성하는 개개 언어가 그 대상을 반영할 수 있어야 한다. 그런데 문제는 언어가 그 대상을 그대로 반영할 수 없다는 것이다. 언어 그 자체가 지닌 불확정성 때문에, 언어는 항상 그 지시대상과 불일치하는 긴장관계에 놓일 수밖에 없다. 이 때문에 언어로 구성되는 진리주장 역시 그 진리대상과 일정한 긴장관계에 놓인다. 이러한 이유에서 하버마스는 진리대응이론을 그대로 고수하기 어렵다고 한다.
153 M. Frommel, 앞의 책, 215쪽. 그런데 하버마스는 이러한 이상적 대화상황이 많은

그러면 에서가 제시하는 합의가능성은 이러한 하버마스의 진리합의이론과 동일한 것일까? 그렇지는 않다. 왜냐하면 프롬멜이 적절하게 지적하고 있듯이, 하버마스의 진리합의이론은 이상적 대화상황이라는 전제를 염두에 두고 있는 데 반해,[154] 에서는 이러한 이상적 대화상황을 명시적으로 상정하지는 않기 때문이다. 또한 하버마스의 진리합의이론은 보편적인 언어행위를 대상으로 하는 데 반해, 에서의 합의는 재판이라는 전문적인 언어행위를 대상으로 한다는 점에서 차이가 있다.[155] 하지만 하버마스 자신도 인정하는 것처럼,[156] 진리합의이론을 재판과정 혹은 법적 영역에도 적용할 가능성이 있다는 점에서 양자의 합의는 서로 연결될 수 있다.[157] 한편 에서 자신도 이러한 합의가 가능하기 위한 전제로서 대화상대자의 대화능력과 지적능력 그리고 합리적으로 매개된 인식에 바탕을 둔 설득가능성을 제시하고 있다는 점에서,[158] 에서의 합의이론은 하버마스의 그것과 어느 정도 관련을 맺는다고 생각한다.[159]

비판을 받자 이후 '합리적 대화'라는 개념을 더욱 많이 사용한다. 이에 관해서는 변종필, 앞의 논문, 120쪽 각주(118) 참고.

154 M. Frommel, 앞의 책, 216-217쪽.
155 법관의 재판을 언어행위, 즉 말행위로 이해하는 견해로는 이상돈, 『법이론』(박영사, 1996), 370쪽 참고.
156 J. Habermas, *Faktizität und Geltung*, (Frankfurt/M., 1992), 154쪽 아래. 여기서 하버마스는 대화원칙을 민주주의원칙으로 구체화하여 법영역에 적용한다.
157 이처럼 소송을 대화의 한 형태로 인정하는 견해로는 이상돈, 『형사소송원론』(법문사, 1993), 31쪽 아래; 이와 달리 소송을 대화로 볼 수 없다는 반대 견해로는 W. Hassemer, *Einführung in die Grundlagen des Strafrechts* (München, 1990), 130쪽 아래 참고.
158 J. Esser, 앞의 책, 24-25쪽. 그러나 이러한 전제가 하버마스의 이상적 대화상황과 같은 것이라고 분명하게 말할 수는 없다.
159 모니카 프롬멜은 에서와 하버마스의 차이점을 다음과 같이 정리한다. 에서의 합의이론은 양 당사자의 이익을 조정하고 가치평가를 한다는 점, 사회적 갈등을 염두에 두고 있다는 점 그리고 법관이 사회적·정치적 힘을 해석을 통해 고정시켜서는 안 된다는 점을 염두에 두고 있다는 이유에서 하버마스의 합의이론과

다음 크릴레의 법발견론과 에서의 법발견론을 비교한다.[160] 크릴레의 법발견론은 에서의 법발견론과 어떤 공통점과 차이점을 갖고 있을까? 우선 에서가 재판의 합리성, 이성성을 강조한다는 점에서 크릴레의 법발견론과 공통점을 갖는다. 그리고 에서 역시 크릴레가 원용한 문제변증론을 긍정적으로 수용하고 있다는 점에서도 역시 공통된다고 생각한다. 다만 에서와 크릴레 모두 합의를 거론하기는 하지만,[161] 크릴레가 이성법적 고려에서 언급하는 합의가 의사소통행위의 관점에서 본 합의인지는 분명하지 않다. 다시 말해, 크릴레의 합의가 하버마스의 진리합의이론과

차이가 있다는 것이다. M. Frommel, 앞의 책, 219쪽.
160 여기서 크릴레의 법발견론을 간략하게 설명하면 다음과 같다. 크릴레는 일련의 판례들을 검토함으로써 법관에 의한 법발견, 특히 헌법발견 과정이 실제 어떻게 이루어지는가를 분석한다. 이를 통해 헌법을 발견하는 데, 즉 헌법을 해석하는 데 전통적인 법률해석 방법론이 적용될 수 없음을 간파한다. 왜냐하면 크릴레가 볼 때 헌법규범, 특히 기본권 규범들은 불확정 개념을 담은 일반조항 구조를 취하고 있고, 곳곳에 흠결을 갖고 있기 때문이다. 물론 이러한 결점들을 법원이 판례를 축적함으로써 어느 정도 메꿀 수는 있지만, 그렇게 하더라도 여기에는 일정한 한계가 있다고 한다. 결국 전통적인 해석방법이나 선례를 통해서도 헌법규범이 안고 있는 여러 문제점들을 극복할 수 없다고 한다. 그래서 크릴레는 그 대안으로 법관이 헌법재판을 할 때 이성법적인 고려를 해야 한다고 말한다. 이때 이성법적인 고려란 자연법적인 의미에서 말하는 이성법을 지칭하는 것은 아니다. 그 대신 이는 이성적인 능력을 지닌 판단 주체들이 합리적인 논증을 거쳐 결론을 도출하는 방식을 말한다. 여기서 다음 두 가지 관점을 발견할 수 있다. 첫째는 판단전제로서 이성적인 능력이 필요하다는 점이고, 둘째는 합리적인 논증을 거쳐야 한다는 점이 그것이다. 우선 이성적인 능력은 하버마스가 언급한 이상적 대화상황과 비슷한 맥락을 지닌다. 동시에 이는 '이성'(Vernunft)에 대한 신뢰를 말하는 것이기도 하다. 다음 합리적인 논증을 강조한다는 점은 이미 전통적인 해석방법에서 벗어나고 있음을 시사한다. 또한 합리적인 논증을 실현하기 위해서는 단순히 판단주체 한 사람의 결정이 아니라 여러 사람의 참여, 다시 말해 상호주관적인 합의가 필요하다는 것을 보여준다. 이러한 합리적인 논증을 위해 크릴레는 특히 피벡이 제시한 '문제변증론'(Topik)을 검토한다. 이러한 크릴레의 법발견론에 관해서는 M. Kriele, *Theorie der Rechtsgewinnung* (Berlin, 1976) 참고.
161 J. Esser, 앞의 책, 12쪽.

같은 맥락에 서있는지는 분명하지 않다. 이러한 근거에서 에서의 합의가
능성이 하버마스와 같은 맥락에 놓인다고 말할 수 있다면,162 에서와 크
릴레 사이에는 약간의 차이가 보인다고 생각한다.

(3) 합의 개념의 의미와 체계적 지위

이상의 비교를 통해 볼 때, 에서의 합의 개념에는 다음과 같은 두 가지
의미가 담겨 있다. 첫째, 합의가 이루어지는 데 필요한 전제조건을 요청
한다. 이성적인 능력이 바로 그것이다. 이를 에서는 대화상대자의 대화
능력과 지적 능력이라고 말한다.163 물론 이것은 엄밀한 의미에서 볼 때,
하버마스가 강조한 이상적 대화 상황과 동일한 것은 아니다. 에서는 규
범적으로 제한된 실제 상황을 염두에 두고 있기 때문이다. 둘째, 합의는
의사소통 과정을 전제로 한다. 그런데 이러한 의사소통은 사회적 갈등을
염두에 둔 것이어서, 이익형량적 또는 가치평가적 의사소통이라는 성격
을 갖는다.

그런데 여기서 한 가지 문제가 제기된다. 에서는 이렇게 한편으로는
판결의 합의가능성을 언급하면서도, 다른 한편으로는 판결의 정당성·
납득가능성·이성성을 말하고 있는데, 이 경우에 합의가능성과 정당성
·납득성·이성성은 어떤 관계에 있는가 하는 문제가 그것이다. 에서
자신은 이를 분명하게 밝히고 있지는 않다. 이에 대해 프롬멜은 이러한
개념들을 분석하면서, 에서가 이 개념을 동의어로 사용하고 있다는 결론
을 내린다.164 판결의 정당성과 합의가능성, 납득성, 이성성을 동일한 의

---

162 프롬멜은 에서가 합의능력을 두 가지 방식으로 사용한다고 이해한다. 첫째는
문제변증론(Topik)의 의미이고, 둘째는 하버마스가 말한 합의의 의미이다. M.
Frommel, 앞의 책, 210쪽.
163 J. Esser, 앞의 책, 24-25쪽.
164 M. Frommel, 앞의 책, 212쪽.

미로 사용한다는 것이다. 이러한 프롬멜의 분석은 일면 타당하다고 생각한다. 그러나 위의 개념은 다음과 같이 체계화하는 것이 에서의 주장을 파악하는 데 더욱 적절하지 않을까 생각한다.165 먼저 재판의 합의가능성은 재판의 합리성을 보장하기 위한 근거가 된다. 다음 재판의 이성성은 재판에 대한 합의의 전제가 된다는 면에서 합의가능성과 같은 의미가 된다. 나아가 납득성도 합의가능성에 포함된다고 할 수 있다. 다만 재판의 정당성은 재판의 합의가능성을 가능케 하는 전제가 된다는 점에서 다른 개념과는 차이가 있다고 생각한다.

3. 합의를 가능케 하는 두 가지 근거로서 정당성 통제와 체계성 통제

그럼 에서는 재판의 합의를 이끌어 내기 위한 근거로서 무엇을 제시하고 있는가? 이에 대해 우선 재판의 정당성을 한 가지 근거로 제시할 수 있다. 이때 재판의 정당성은 다시 재판결과의 정당성과 재판과정의 정당성으로 구별할 수 있다. 에서에 의하면, 재판결과의 정당성은 문제변증론을 통해,166 재판과정의 정당성은 '명증성'(Evidenz)을 통해 통제될 수 있다.167 또한 에서는 재판의 합의를 이끌어내기 위한 또 다른 근거로서 재판의 체계성(논리일관성)을 든다. 재판의 체계성은 법적 개념, 도그마

---

165 그 근거를 다음과 같이 제시할 수 있다고 생각한다. 우선 에서는 『법발견에서 본 선이해와 방법선택』 서론 및 제1절 "테마와 출발점"에서 재판의 합리성을 보장하기 위한 근거로서 재판의 합의가능성을 언급한다. 이는 특히 에서가 서론에서 크릴레의 작업을 긍정적으로 평가하면서 합의를 논하고 있다는 점에서 확인된다. 다음 에서는 제6절에서 '정당성확신'(Die Richtigkeitsüberzeugung)이라는 제목 아래 재판의 정당성 통제를 논증한다. 여기서 위의 서술관계를 체계적으로 이해하면, 재판의 합리성은 합의가능성을 통해 보장되고, 다시 합의가능성은 재판의 정당성에 의해 획득되는 것이 아닌가 한다.
166 J. Esser, 앞의 책, 151쪽 아래.
167 J. Esser, 앞의 책, 168쪽 아래.

틱 그리고 법체계 구성으로써 달성된다. 모니카 프롬멜은 이러한 정당성과 체계성을 '정당성 통제'와 '부합성 통제'(Stimmigkeitskontrolle)라고 부르기도 한다.168

그러면 이러한 정당성 통제와 부합성 통제는 서로 별개의 통제방식인가? 그러나 프롬멜이 적절하게 지적하고 있듯이,169 이는 별개의 독립된 통제방식이 아니라, 서로 조화될 수 있는 것이다. 왜냐하면 정당성과 부합성·체계성은 모두 재판의 합의를 도출하기 위한 각각의 부분에 해당하기 때문이다. 에서 자신도 문제중심적 사고와 체계적 사고가 순환관계에 놓인다고 말함으로써 이를 긍정하고 있다.170 아래에서는 이러한 정당성 통제와 체계성 통제를 검토하도록 한다.

4. 재판의 정당성 통제

(1) 문제변증론을 통한 정당성 통제

재판의 정당성은 '문제변증론'(Topik)을 통해 실현할 수 있다.171 그러면

---

168 M. Frommel, 앞의 책, 222쪽; '부합성 통제'라는 용어는 장영민 교수의 번역을 따랐다. 장영민, 앞의 논문, 63쪽.
169 M. Frommel. 앞의 책, 223-224쪽.
170 J. Esser, 앞의 책, 156쪽; J. Esser, *Grundsatz und Norm in der richterlichen Fortbildung des Privatrechts* (Tübingen, 1990), 44쪽 아래, 218쪽 아래; 이를 지적하는 M. Frommel, 앞의 책, 129-130쪽.
171 여기서 독일어 'Topik'을 어떻게 번역할 것인지가 문제될 수 있다. 이에 관해서는 주로 헌법학에서 여러 번역어가 제시되었다. 가령 권영성 교수는 이를 '논상론'이라고 하고, 허영 교수는 '관점론'이라고 한다. 또한 계희열 교수는 이를 '문제변증론'이라고 번역한다. 권영성, "헌법해석학의 방법론에 관한 연구", 『헌법연구』 제3집(1995), 59쪽; 허영, 『헌법이론과 헌법(상)』(박영사, 1989), 98쪽; 계희열, 『헌법의 해석』(고려대학교출판부, 1992), 43쪽 각주(113) 참고. 이 가운데서 '문제변증론'이라는 번역어가 원어의 의미를 가장 잘 반영한다고 생각한다. 법철학자인 김영환 교수나 민법학자인 김형배 교수도 이를 문제변증론이라고 번역한다. 김영환, "법적 논증이론의 전개과정과 그 실천적 의의", 『현대 법철학의 흐름』

문제변증론이란 무엇을 말하는가? 문제변증론이 법해석 또는 법발견의 역사에서 본격적으로 대두하기 시작한 것은 1953년 독일의 민법학자이자 법이론가인 테오도르 피벡(T. Viehweg)이 『문제변증론과 법학』을 출간하면서부터이다.172 이 책에서 피벡은 전통적인 공리적·체계적 사고에 반대하는 문제중심적 사고를 제시하였다. 이러한 피벡의 문제변증론은 다시 에서의 『원칙과 규범』(1956)에서 논의되었고, 1963년에는 공법학자인 호르스트 엠케(H. Ehmke)에 의해 헌법해석 방법론으로 수용되었다.173 그 후 문제변증론은 크릴레의 『법발견론』에서 체계사고와 양립할 수 있는 사고형태로 발전하였는데,174 요제프 에서는 『발견에서 본 선이해와 방법선택』에서 이러한 크릴레 식의 문제변증론을 정당성 통제의 방안으로 원용한 것이다.175

이러한 문제변증론은 전통적으로 다음과 같이 이해되었다. 문제변증론이란 기존의 공리적 체계로부터 일정한 문제에 대한 결론을 이끌어내기보다는 그 문제 또는 관점(Topoi)에 중점을 두어 해당 문제를 해결하는 데 가장 적절한 방안을 기존 체계에 얽매이지 않고 탐색하는 방안을 말한다는 것이다. 이 때문에 문제변증론은 통상 체계사고에 대립하는 사고형태로 인정되었다. 이에 따르면, 문제변증론은 체계사고에 대해 다음과 같은 특징을 갖는다. 체계사고가 대전제인 체계를 문제해결의 출발

(법문사, 1996), 146쪽; 김형배, "법률의 해석과 흠결의 보충", 『민법학연구』(박영사, 1986), 14쪽. 따라서 이 책에서는 이를 문제변증론으로 번역하고자 한다. 다만 경우에 따라서는 '토픽'이라는 용어를 사용하기도 한다.

172 T. Viehweg, *Topik und Jurisprudenz* (München, 1953).
173 H. Ehmke, "Prinzipien der Verfassungsinterpretation", in: *Veröffentlichungen der Vereinigung der Deutschen Staatsrechtslehrer*, Heft 20 (1963).
174 M. Kriele, 앞의 책, 50쪽; J. Esser, *Vorverständnis und Methodenwahl in der Rechtsfindung* (Frankfurt/M., 1970), 153쪽.
175 J. Esser, 위의 책, 151쪽 아래.

점으로 보는 반면, 문제변증론은 문제 또는 논점을 출발점으로 파악한다는 것이다. 그리고 체계사고가 포섭과 해석방법을 중시하는 반면, 문제변증론은 논증(Argumentation)을 중요하게 여긴다는 것이다. 이것이 문제변증론에 대한 전통적인 이해방식이었다.

그러나 에서는 문제변증론을 이렇게 이해하는 데 반대한다. 물론 에서는 문제변증론이 문제중심적 사고라는 점은 인정한다.[176] 그러나 그렇다고 해서 문제변증론이 체계사고와 대립하는 것은 아니라고 한다. 다만 문제변증론은 체계사고가 완결된 것은 아니라고 할 뿐이라고 한다.[177] 그러면서 에서는 한편으로는 체계사고의 유용성을 인정하면서, 다른 한편으로는 문제변증론의 중요성을 논증한다. 그러면 어떻게 문제변증론이 재판의 정당성을 통제할 수 있을까?

문제변증론은 특정한 문제를 해결할 때, 그 해결결과가 체계에 합치하는가 하는 점보다는 그 결과가 과연 정당한가에 초점을 둔다. 그리고 이러한 결과를 도출하는 논증 과정이 합리적인가를 고려한다. 그런데 이러한 문제변증론은 법발견 과정에 대한 해석학적 이해와 양립할 수 있다. 왜냐하면 해석학적 사고도 모든 법이해를 법적용이라고 보고, 이러한 법적용에 법관의 선이해가 결정적인 역할을 하며, 해석방법은 단지 이러한 선이해를 통해 도출된 결과의 합리성을 정당하게 해주는 논증도구에 불과하다고 보기 때문이다.[178] 에서는 이렇게 문제변증론과 해석학적 사고는 그 전체적인 구조가 비슷해서, 문제변증론은 다음과 같은 방법으로써 해석학적 사고가 왜곡되지 않도록 할 수 있다고 한다. 해석결

---

176 J. Esser, 앞의 책, 155쪽.
177 J. Esser, 앞의 책, 152-153쪽.
178 물론 해석학적 사고는 이른바 해석학적 순환을 인정한다는 점에서 문제변증론과 차이가 있다.

과를 이끈 선이해가 과연 정당한 선이해인지 판단하게 하고,[179] 해석결과를 이끌어내기 위한 논증 과정이 납득할 수 있는 것인지 검토하게 함으로써 해석학적 사고가 왜곡되지 않도록 할 수 있다는 것이다.[180] 이때 해석결과를 이끈 선이해가 정당한 선이해인지 여부는 그 해석결과에 합의가능성을 인정할 수 있는지 여부로 판단할 수 있고,[181] 논증 과정의 납득성은 논증의 명증성과 체계합치성으로 판단할 수 있다고 한다. 요컨대, 문제변증론은 문제사고인 동시에 목적사고라 할 수 있는데,[182] 일정한 해석결과가 이러한 목적에 합치하는지 그리고 이러한 해석결과를 이끌어낸 해석과정에 설득력을 인정할 수 있는지 여부를 판단함으로써 문제변증론은 해석의 정당성을 통제할 수 있다고 한다.[183]

그러면 어디서 이러한 문제변증론의 구체적인 모습을 찾을 수 있을까? 민법학의 영역에 한정해서 볼 때, 다음과 같은 경우를 그 예로 거론할 수 있다. 우선 채권각론에서 논의되는 위험책임론을 들 수 있다.[184]

---

179 J. Esser, 앞의 책, 154쪽.
180 J. Esser, 앞의 책, 154쪽.
181 J. Esser, 앞의 책, 154쪽.
182 J. Esser, 앞의 책, 157쪽.
183 그런데 이러한 문제변증론에 대해서는 다음과 같은 의문을 제기할 수 있다. 에서가 말한 것처럼 문제변증론이 체계사고와 조화될 수 있다면, 문제변증론이 전통적인 해석방법과도 어울릴 수 있는가 하는 의문이 그것이다. 이러한 의문을 에서가 명확하게 해명하고 있는지는 분명하지 않다. 다만 에서는 문제변증론이 체계사고와 조화될 수 있다고 본다는 점에서, 이러한 의문을 다음과 같이 풀어낼 수 있다고 생각한다. 문제변증론은 전통적인 해석방법과도 양립할 수 있다는 것이다. 문제변증론은 일정한 문제를 정당하게 해결하기 위해 논증이라는 수단을 사용한다. 이때 논증수단으로 보통 인정되는 것으로서 '큰 것'(大)은 '작은 것'(小)을 포함한다는 대소포함규칙이나 반대추론과 같은 논증규칙을 언급할 수 있다. 그런데 이러한 논증수단에는 전통적인 해석방법도 포함될 수 있다고 생각한다. 특히 체계적 해석이나 목적론적 해석이 논증수단으로 원용될 가능성이 높다. 이렇게 볼 때, 문제변증론과 전통적인 해석방법은 일정한 한도에서 양립할 수 있다.
184 위험책임에 관해서는 우선 김형배, "위험책임론", 『민법학의 회고와 전망』(박영사, 1992), 773쪽 아래 참고.

원래 전통적인 민법학은 불법행위 영역에서 과실책임만 인정하였다. 그런데 이러한 과실책임 체계만으로는 해결할 수 없는 각종 현대형 사건, 즉 위험사고가 발생하면서 새로운 문제해결 방식이 필요하게 되었다. 이러한 필요성에 부응하기 위해 등장한 것이 바로 불법행위 책임과는 독립된 위험책임 체계라는 사고방식이다.[185] 위험책임은 이른바 위험지배라는 위험영역이론으로써 위험사고에 대한 정당한 해결을 모색하는 동시에, 새롭게 위험책임 체계를 형성함으로써 체계합치성 역시 고려한다. 이러한 이유에서 위험책임론을 에서가 의도하는 문제변증론의 대표적인 경우라고 할 수 있는 것이다. 이외에 우리 민법 제756조 제3항이 규정하는 피용자에 대한 사용자의 구상권을 제한하려는 해석론이나,[186] 대법원 전원합의체 판결을 통해 확립된 국가배상법 제2조의 구상권 인정범위에 대한 판례의 태도를 그 예로 거론할 수 있다.[187] 나아가 채권총론 영역의 예를 본다면, 민법 제390조를 해석하는 문제, 즉 채무불이행 체계를 독일과 같이 이행불능, 이행지체, 적극적 채권침해·불완전 이행의 세 가지 유형으로만 볼 것인지, 아니면 제390조를 모든 채무불이행 유형을 포괄하는 일반규정으로 볼 것인지의 논의를 문제변증론의 한 형태로 볼 수 있다.[188]

---

[185] 이와 관련한 불법행위법의 변천에 관해서는 E. v. Caemmerer, "Wandlungen des Deliksrechts", in: *Gesammelte Schriften*, Bd. 1 (Tübingen, 1968), 452쪽 아래; 양창수, "불법행위법의 변천과 가능성", 『민법연구』 제3권(박영사, 1995), 307쪽 아래 참고.

[186] 김형배, "사용자책임과 구상권의 제한", 『민법학연구』(박영사, 1986), 532쪽 아래.

[187] 대법원 1996. 2. 15. 선고 95다38677 전원합의체 판결; 이 판결에 관해서는 김동희, 『행정법 I』(박영사, 1997), 459쪽.

[188] 이에 관한 논의로는 김형배, "우리 민법의 채무불이행법체계", 『민법학연구』(박영사, 1989), 114쪽 아래; 조규창, "민법 제390조와 적극적 채권침해", 『민법학논총』(곽윤직 교수 화갑기념논문집)(박영사, 1985), 344쪽 아래 등 참고. 한편 이와 관련하여 양창수 교수는 제390조가 포괄적인 채무불이행책임을 규정한 것으로

(2) 가치에 의한 문제변증론의 구속

위에서 살핀 것처럼, 에서가 문제변증론을 재판의 정당성을 확보하기 위한 수단으로 사용한다고 할 때, 다음과 같은 문제 역시 제기될 수 있다. 문제변증론이 추구하는 문제의 정당성 및 목적의 정당성을 어떻게 판단할 수 있는가 하는 문제가 그것이다. 법관의 선이해가 왜곡될 수 있는 것처럼, 문제변증론의 목적 또한 이데올로기에 의해 혹은 기능적 효율성만 강조하는 체계사고에 의해 남용될 수 있지 않은가? 이 때문에 에서는 재판의 정당성을 보장하기 위한 또 다른 방안으로서 가치구속성을 언급한다.189 문제변증론이 가치에 구속될 수 있어야만 그 정당성을 확보할

이해하면서, 이행거절을 새로운 채무불이행 유형으로 제시한다. 양창수, "독자적인 채무불이행유형으로서의 이행거절", 『민법연구』 제4권(박영사, 1996), 121쪽 아래 참고; 이뿐만 아니라 민법 제470조가 규정하는 "채권의 준점유자에 대한 변제"를 신뢰책임의 관점에서 새롭게 해석하려는 시도나 부동산 명의신탁에서 판례가 확립한 소유권의 관계적 귀속, 물권변동의 예외로서 인정되고 있는 부분들, 쌍무계약이 무효 또는 취소되었을 때 제기되는 사실적 계약관계, 민법 제2조가 규정하는 신의칙에 관한 각종 쟁점들은 민법상 문제변증론이 적용된 대표적인 문제영역으로 이해할 수 있다. 이러한 문제변증론 이외에 우리 법학이 방법론으로서 흔히 사용하는 비교법적 사고도 재판의 정당성을 보장하기 위한 수단에 해당한다고 이해할 수 있다. 물론 에서가 이러한 비교법적 사고를 『법발견에서 본 선이해와 방법선택』에서 독립된 항목으로 제시하는 것은 아니다. 하지만 이미 에서가 『원칙과 규범』을 서술하면서 법원칙의 다양한 형태를 도출하기 위해 비교법적 관점을 원용하고 있다는 점을 고려할 때, 비교법적 사고도 재판의 정당성을 보장하기 위한 방안으로 볼 수 있다. 그렇다면 비교법적 사고는 어떤 체계적 지위를 갖는가? 특히 문제변증론과 비교할 때 양자는 어떤 관계를 맺는다고 이해할 수 있는가? 이는 에서가 『법발견에서 본 선이해와 방법선택』에서 어느 정도 암시하고 있듯이, 문제변증론의 한 부분으로 자리매김할 수 있다. 예컨대, 에서는 기존 체계에 얽매이지 않는 문제변증론이 구현된 법영역으로 국제사법을 언급하는데(156쪽), 이는 곧 비교법적 사고가 문제변증론의 논증방법으로 사용될 수 있음을 암시하는 것이다. 왜냐하면 국제사법을 만들기 위해서는, 결국 각 국가의 민사법체계를 비교할 수밖에 없기 때문이다. 결론적으로 말해, 비교법적 방법은 바로 정당한 문제를 설득력 있게 해결하기 위한 수단으로서 그 의미가 있다고 할 수 있다.

189 J. Esser, 앞의 책, 159쪽 아래.

수 있다는 것이다. 그러면 에서가 의도하는 가치구속성이란 과연 무엇인가? 아래서는 다음과 같은 논점을 중심으로 하여 이 문제를 살펴보고자 한다. 첫째, 가치구속성을 강조한다는 것은 다시 자연법적 사고로 되돌아간다는 것을 뜻하는가? 둘째, 가치란 무엇을 말하는가? 특히 이익 또는 원칙과 어떤 차이가 있는가? 셋째, 이러한 가치는 어떻게 형성되는가? 넷째, 가치사고가 법체계의 체계성을 무너뜨리는 것은 아닌가?

첫째, 에서가 주장하는 가치구속성이 다시 자연법적 사고를 원용하는 것은 아닌지 문제된다. 그러나 에서가 분명하게 말하고 있는 것처럼, 이러한 사고가 자연법적 사고로 다시 되돌아가는 것은 아니다. 에서는 미리 주어진 가치질서를 인정하지 않기 때문이다. 오직 입법자가 헌법에 합치하게 가치를 실정화했을 때만 법관은 이를 고려할 수 있다고 한다.[190] 또한 에서는 존재론적인 의미에서 가치의 선존재를 전제하는 것은 너무 과도한 요구를 하는 것이라고 한다.[191] 이러한 에서의 언명에서 볼 때, 그가 언급하는 가치구속성이 자연법적 사고로 되돌아가는 것을 의미하는 것은 아니라는 점은 분명하다.

둘째, 에서가 의도하는 가치는 무엇일까? 이에 대해 에서는 가치가 두 가지 의미를 갖는다고 말한다. 첫째, 가치는 법적인 것과는 구별되는 것으로서 상호주관적으로 승인된 특정한 '우선성'(Präferenzen)을 뜻한다. 가령 양속규범(Sittenkodex), 이데올로기, 문화를 이러한 의미의 가치로 거론할 수 있다. 둘째, 가치는 법적으로 보호되는 목적을 뜻한다. 예를 들어, 법익을 들 수 있다. 그런데 에서는 이 가운데서 후자의 가치가 바로 자신이 의도하는 가치라고 한다. 예컨대 독일 기본법이 규정하는 인간의 존엄성이나 생명이 바로 자신의 의도하는 대표적인 가치라고 한다.[192]

---

[190] 그 예로서 에서는 비례성 원칙을 언급한다. J. Esser, 앞의 책, 160쪽.
[191] J. Esser, 앞의 책, 161쪽.

셋째, 그렇다면 이러한 가치는 어떻게 형성되는가? 실체존재론적인 의미에서 미리 주어진 것이 아니라면, 이를 어떻게 인식할 수 있는가? 이에 대해 에서는 가치는 형량을 통해 구체화된다고 말한다.193 가치는 경우에 따라 동일한 법체계 안에서 서로 충돌할 수도 있기 때문이다. 그뿐만 아니라, 에서는 이러한 형량에 대해 이성적으로 합의할 수 있어야 한다고 말한다.194 이러한 과정을 거쳐야만 비로소 가치는 재판의 정당성을 보장할 수 있는 구속기준이 된다.195

넷째, 이러한 가치구속성에 관해서는 다음과 같은 반론이 제기된다. 바로 법체계의 안정성이나 법적 논증 과정의 명증성을 파괴할지도 모른다는 우려가 그것이다. 에서는 이러한 비판을 스멘트 학파에 대한 포르스트호프(E. Forsthoff)의 반론에서 읽어낸다.196 그러나 에서는 가치사고가 법체계를 개조할지도 모른다는 포르스트호프의 비판을 다시 반박하면서, 탈도그마틱적인 가치사고에 의해서도 명증성을 창출할 수 있다고

---

192 J. Esser, 앞의 책, 161쪽. 그러면 이러한 가치는 이익이나 원칙과 어떻게 구별될 수 있을까? 이에 대해 에서 자신이 분명하게 말한 바는 보이지 않는다. 다만 에서의 논의를 참고하면, 각 개념을 아래와 같이 구별할 수 있지 않을까 생각한다. 일단 가치란 법적 가치를 뜻한다는 점은 이미 보았다. 이에 반해 이익은 법적 가치를 포함하는 더욱 넓은 의미로 이해할 수 있다. 가령 법적 구속성을 고려하지 않는 경제적 이익도 이익 개념에 포함시킬 수 있다. 한편 원칙은 이미 규범적인 관점을 담고 있다는 점에서 가치와 거의 같은 의미로 사용할 수 있다고 생각한다. 예를 들어, 민주주의 원칙은 법적 원칙인 동시에 법적으로 보호할 만한 가치라고 볼 수 있는 것이다.

193 J. Esser, 앞의 책, 163-164쪽.

194 J. Esser, 앞의 책, 161쪽.

195 그러나 엄밀하게 말하면, 이는 일종의 순환논증이라고 말할 수 있다. 왜냐하면 재판의 합의가능성을 보장하기 위해 정당성이 필요하고, 이러한 정당성을 보장하기 위해 재판의 가치구속성이 필요한데, 이러한 가치는 다시 합의를 필요로 하기 때문이다. 에서는 이를 분명히 하지는 않았지만, 이를 해석학적 순환의 한 형태로 부를 수 있다고 본다.

196 E. Forsthoff, "Die Umbildung des Verfassungsgesetz", in: *Festschrift für C. Schmitt* (Berlin, 1959), 35쪽 아래; J. Esser, 앞의 책, 164쪽에서 다시 인용.

한다.197 이러한 재반론은 에서의 가치 개념이 이성적인 합의가능성을 염두에 두고 있다는 면에서 설득력이 있다고 생각한다.

5. 재판의 체계성 통제

(1) 법적 개념 · 도그마틱 · 체계의 의미

이미 문제변증론을 설명하면서 살펴본 것처럼, 에서는 체계나 도그마틱을 전적으로 무의미한 것으로 이해하지는 않는다. 에서는 체계사상도 재판의 합리성을 보장하기 위한 방안으로 여긴다.198 그러면 에서에게 이러한 개념이나 도그마틱 · 체계 등은 어떤 의미를 갖는가?

먼저 법적 개념의 의미를 본다. 이에 관해 에서는 법적 개념은 일정한 법적 평가나 가치를 개념을 통해 승인하고 안정화한다는 점에서 그 의미가 있다고 한다.199 왜냐하면 만약 법적 개념이 분명하게 확정되어 있지 않다면, 법관은 매 사건마다 개념을 구성하고 사안을 해결해야 하기 때문이다. 그런데 이러한 방법은 법관에게 무거운 부담이 된다. 이러한 이유에서 법적 개념을 구성하는 것은 유용하다고 한다.200

이 점은 도그마틱이나 체계에 대해서도 마찬가지라고 한다. 가령 도그마틱은 법관이 특정한 문제를 해결할 때, 해석방법을 선택하거나 논증하는 과정에서 그 부담을 줄여준다고 한다. 나아가 어떤 가치평가가 적절한 것인지 판단하는 데 그만큼 인적 · 물적 자원을 사용하는 것을 줄일

---

197 J. Esser, 앞의 책, 164-165쪽.
198 이 점 때문에 칼 라렌츠는 에서를 문제변증론자인 동시에 개방된 체계를 인정하는 학자로 소개한다. K. Larenz, 앞의 책, 167쪽.
199 J. Esser, 앞의 책, 101쪽.
200 예컨대 당사자 간에 이루어진 특정한 행위가 법적으로 구속력이 있는지가 문제된다고 할 때, 법관은 그 행위가 법률행위에 해당하는지 판단함으로써 문제를 해결할 수 있다.

수 있다고 한다.201 또한 도그마틱이나 체계는 문제변증론의 논증 과정을 합리적으로 통제할 수 있다고 한다. 그런데 이때 에서는 도그마틱이나 체계가 이러한 기능을 수행할 수 있으려면, 다음과 같은 요건을 충족해야 한다고 말한다.

우선 도그마틱이 사회변화에 적응할 수 있어야 한다고 말한다.202 이렇게 되기 위해서는 도그마틱이 역사적인 관점에 집착해서는 안 된다고 한다. 달리 말해, 역사적 해석에 의지하여 도그마틱을 구성하는 것은 적절하지 않다고 말한다. 오히려 도그마틱은 현재의 목적에 따라 구성되어야 한다고 말한다. 이는 곧 에서가 도그마틱을 구성할 때, 주관적 해석보다는 객관적 해석을 우선시 하는 것이라고 이해할 수 있다.203 이는 동시에 도그마틱이 시대상황에 따라 자율적으로 변해야 한다는 점을 시사하는 것이기도 하다.204 그렇다고 에서가 헤겔처럼 특정한 목표를 향해 발전해 가는 법체계를 의도하는 것은 아니다. 오히려 에서가 추구하는 법학은 사비니의 역사법학과 비슷하다고 말한다.205

다음 도그마틱이나 체계는 이성적인 합의를 이끌 수 있는 가치평가를 담을 수 있어야 한다.206 그렇지 않으면, 도그마틱은 자기목적적으로 교조화된 것으로 전락하기 때문이다. 따라서 가치평가와 합치할 수 있는 한도에서만 체계와 도그마틱은 재판의 합리성을 보장하기 위한 수단으

---

201 J. Esser, 앞의 책, 88쪽.
202 J. Esser, 앞의 책, 90쪽.
203 하지만 에서가 전통적인 의미의 객관적 해석을 인정하는 것은 아니다. 전통적인 의미의 객관적 해석은 해석학적 사고와는 어울리지 않기 때문이다.
204 이 점에서 에서의 도그마틱은 가다머가 언급한 전통이나 고전의 무시간성과 비슷한 뉘앙스를 풍긴다. 가다머가 전개한 전통과 무시간성은 이 책 제2장 제2절 참고.
205 J. Esser, 앞의 책, 93쪽.
206 J. Esser, 앞의 책, 96-97쪽.

로 의미 있을 수 있다고 한다.207

(2) 체계사고의 두 가지 예

그러면 이렇게 요제프 에서가 제기하는 도그마틱과 체계 개념을 구체적으로 어디에서 찾을 수 있을까? 바꿔 말해, 에서가 재판의 체계성 통제를 위해 제시한 개방적 도그마틱 · 체계 개념은 어떻게 구체화될 수 있는 것일까? 이러한 의문에 대해서는 일단 다음과 같은 두 가지 체계사고를 예로 들 수 있을 것이다. 에서 자신이 전개한 위험책임체계와 독일의 사법학자 카나리스(C.-W. Canaris)가 정립한 신뢰책임체계가 바로 그것이다.

먼저 위험책임체계부터 간단하게 검토한다.208 에서가 체계화한 위험책임체계는 민법의 전통적인 책임체계인 과실책임체계를 보완하기 위해 등장한 것이다. 원래 근대 민법은 자유주의적 사고에 입각하여, 행위자에게 과실이 있을 때만 책임을 지게 하는 과실책임원칙을 기본으로 삼았다. 그러나 이러한 과실책임원칙은 사회가 점점 복잡해지고 이에 따라 각종 거대한 위험이 증가함으로써 더 이상 일관되게 관철하기 어렵게 되었다. 왜냐하면 과실책임원칙을 일관되게 고집하게 되면, 오히려 불합리한 결과가 빚어지는 경우가 발생하기 때문이다. 바꿔 말해, 과실책임이라는 기존의 법체계를 통해서는 해결할 수 없는 새로운 위험토포스가 등장하게 된 것이다. 이러한 이유에서 에서는 이러한 위험토포스를 적절하게 해결할 수 있는 새로운 책임체계를 도입하였는데, 이것이 곧

---

207 카나리스는 이러한 체계를 '내적 체계'라고 말한다. C.-W. Canaris, *Systemdenken und Systembegriff in der Jurisprudenz* (Berlin, 1983), 19쪽.
208 에서의 위험책임체계에 관해서는 J. Esser, *Grundlagen und Entwicklung der Gefährdungshaftung*, 2. Aufl. (München, 1969); J. Esser, "Die Zweispurigkeit unseres Haftpflichtrechts", in: *Wege der Rechtsgewinnung* (Tübingen, 1990), 23쪽 아래 참고.

위험책임체계인 것이다.[209] 에서는 한편으로는 위험토포스라는 쟁점을 적절하게 해결할 수 있으면서도, 다른 한편으로는 이러한 쟁점해결을 합리적이면서도 안정적으로 수행할 수 있도록 하기 위해 위험책임체계라는 새로운 체계를 형성한 것이다. 나아가 이러한 위험책임은 사회의 합의를 이끌어 내고 있다는 점에서,[210] 에서가 정립한 위험책임체계는 그가 제시하는 개방적 체계 개념에도 합치한다.

다음 카나리스가 교수자격취득 논문에서 정립한 신뢰책임체계(System der Vertrauenshaftung)를 살펴본다. 하지만 그 전에 신뢰책임체계를 정립한 카나리스의 방법론을 우선 검토할 필요가 있다. 일반적인 실정민법학자와는 달리, 카나리스는 자신의 스승인 칼 라렌츠와 마찬가지로 법학방법론에도 일가견이 있는 학자이다. 이를 예증하듯 "법률의 흠결확정과 보충"이라는 주제로 박사학위 논문을 쓰기도 했다.[211] 그러나 카나리스는 요제프 에서와는 달리 존재론적인 해석학을 본격적으로 수용하지는 않았다. 그 대신 칼 라렌츠처럼 기본적으로는 전통적인 법학방법론에 충실하게 방법론을 전개한다.[212] 이 때문에 카나리스는 다른 법해석학자들과는 달리 체계적 사고를 강조한다.[213] 그 결과 등장한 것이 곧 신뢰책임체

---

209 위험책임체계는 행위자의 과실이 아니라 위험원 관리자의 위험관리를 책임귀속 근거로 삼는다.
210 지배적인 민법도그마틱은 위험책임을 입법론으로뿐만 아니라 해석론으로서도 인정하고 있다.
211 C.-W. Canaris, *Die Feststellung von Lücken im Gesetz* (Berlin, 1983).
212 물론 칼 라렌츠도 후기에 이르러서는 해석학적 사고를 자신의 법학방법론에 받아들이고 있다. 가령 M. Frommel, 앞의 책, 1쪽 참고. 하지만 라렌츠의 방법론 교과서를 일별하면, 그가 여전히 기본적인 법학방법론의 틀을 유지하고 있음을 확인할 수 있다.
213 다만 이때 주의해야 할 점은, 카나리스가 강조하는 체계는 완결된 체계가 아니라 개방된 체계라는 점이다. 이러한 카나리스의 체계 개념에 관해서는 C.-W. Canaris, *Systemdenken und Systembegriff in der Jurisprudenz* (Berlin, 1983), 63쪽 아래.

계라 할 수 있다.[214]

카나리스는 독일 사법 전반, 그 중에서도 특히 민법상 외관대리와 상법상 상업장부 그리고 어음법상 항변이론을 검토하면서, 종래의 법률행위책임 체계나 불법행위책임 체계로는 포섭할 수 없는 별도의 책임영역이 있음을 발견한다. 이를테면 당사자의 의사표시라는 법률행위요건이나 독일 민법 제823조 아래가 규정하는 불법행위 요건을 충족하지 않는 경우에도, 거래 상대방이 본인을 신뢰하도록 한 특정한 신뢰형성행위가 이루어진 경우에는 거래 상대방에 대해 본인이 일정한 책임을 져야 하는 경우가 있다는 것이다. 가령 민법상 외관대리의 경우에는 비록 본인의 대리권 수여라는 법률행위가 없다 하더라도 일정한 외관요건을 충족하면, 본인은 그 대리인의 상대방에 대해 책임을 부담해야 한다. 그러면 이러한 책임을 어떻게 이해해야 하는가? 이를 법률행위책임의 일종으로 취급할 것인가? 그러나 만약 이렇게 하면, 기존의 법률행위체계 자체에 모순을 가져올 수도 있다. 바로 이러한 이유에서 카나리스는 이러한 독립된 책임영역을 적절하게 취급할 수 있으면서도, 기존의 법률행위책임과 모순 없이 병존할 수 있는 제3의 책임영역으로서 신뢰책임체계를 형성한 것이다. 즉 신뢰책임체계는 에서가 요구하는 요건을 충족하고 있는 개방된 체계로서 사법영역에서 그 역할을 수행하기 위해 등장한 것이다.

V. 중간결론

이제 요제프 에서의 법해석학을 아래와 같이 요약할 수 있다. 에서는 방법이원론과 전통적인 삼단논법을 비판하는 데서 법해석학의 출발점

---

214 C.-W. Canaris, *Die Vertrauenshaftung im deutschen Privatrecht* (München, 1971).

을 찾는다. 이를 통해 자신의 법해석학을 전통적인 개념법학에서 평가법학으로 이전시킨다. 나아가 에서는 가다머의 존재론적 해석학을 전적으로 수용하여, 법발견 과정에 선이해가 작용하고 해석학적 순환이 이루어짐을 인정한다. 그러면서 법발견과 법형성 사이에 본질적으로 차이가 없음을 논증한다. 하지만 에서는 단지 존재론적인 법해석학에만 머무는 것은 아니다. 이와 달리 에서는 법발견 과정의 합리성을 보장하려 한다. 이를 위해 재판에 대한 합의가능성이라는 전제와 이를 충족시키기 위한 재판의 정당성 통제와 체계성 통제를 제시한다.

제3절 아르투어 카우프만의 법해석학

I. 서설

가다머의 철학적-존재론적 해석학은 법철학·형법에서는 당대 최고의 법철학자로 평가받았던 아르투어 카우프만(Arthur Kaufmann)에 의해 수용된다.[1] 이는 카우프만 자신이 45년 동안 수행했던 법철학의 체험을 회상하면서 직접 한 언명에서도 확인된다.[2] 여기서 카우프만은 자신의 학문적 바탕으로서 라드브루흐의 가치관련적인 신 칸트주의, 야스퍼스(K. Jaspers)의 실존철학, 뢰비트(K. Löwith)의 철학적 인간학과 함께 가다머의 철학적 해석학을 언급한다.[3] 이 가운데서 해석학은, 카우프만이 수행한 법철학 및 형법학의 전체 모습을 개관할 때, 그 무엇보다도 중요한 의미를 갖는다. 왜냐하면 김영환 교수가 지적하고 있는 것처럼,[4] 카우프만이 자신의 학문적 역정 중반 이후에 집중적으로 수행한 과제는 바로 해석학적 사고 또는 이에 바탕을 둔 작업이었기 때문이다. 특히 카우프만에게

---

[1] 김영환, "아르투어 카우프만의 생애와 법철학", 『법철학과 사회철학』 제2집(1993), 136쪽; 물론 카우프만은 형법학자라기보다는 법철학자로 볼 수 있다. 하지만 카우프만이 초기에는 형법 도그마틱에 관심을 기울였다는 점에서 그를 형법학자로도 볼 수 있다고 생각한다. 카우프만의 초기 학문활동에 관해서는 W. Hassemer, "Die Hermeneutik im Werk Arthur Kaufmanns", in: W. Hassemer (Hrsg.), *Dimensionen der Hermeneutik* (Heidelberg, 1982), 3-4쪽 참고. 카우프만을 분석하는 그 밖의 국내문헌으로는 김영환, "아르투어 카우프만의 인격적 법이론", 『법철학연구』 제9권 제1호(2006. 5), 117-144쪽 등 참고. 한편 우리 법학계에서는 이제는 법철학과 형법을 제도적으로 명확하게 구분하고 있지만, 독일 법학에서는 여전히 형법학자가 법철학을 함께 하는 경우가 오히려 일반적이라는 점을 지적해 두고 싶다.
[2] Arthur Kaufmann, "Fünfundvierzig Jahre erlebte Rechtsphilosophie", in: *ARSP* (1989).
[3] 이에 관해서는 김영환, "아르투어 카우프만의 생애와 법철학", 『법철학과 사회철학』 제2집(1993), 138쪽 각주(6)도 참고.
[4] 김영환, 위의 논문, 144쪽 참고.

서 해석학은, 그의 제자 하세머(W. Hassemer)가 평가하고 있듯이, 단순히 특정한 방법론을 의미하는 것이 아니라, 전체 학문의 기초 또는 구조가 되는 것이기에 자못 중요한 의미를 갖는다고 할 수 있다.[5] 따라서 철학적-존재론적 해석학이 독일 법해석학에 어떻게 수용되어 갔는가를 밝히려는 일환으로서 카우프만이 전개한 법해석학을 분석하고, 이러한 작업이 어떤 결실을 가져왔는지 살펴보는 것도 큰 의미가 있다.

II. 카우프만의 법철학 개관

본격적인 논의에 들어가기에 앞서, 카우프만이 전개한 법철학의 전체 모습을 개관하기로 한다. 카우프만이 전개한 법철학을 전체적으로 조망하면,[6] 위에서 언급한 것처럼, 그의 법철학을 크게 두 단계로 구분할 수 있다. 전반기에는 법존재론을 중심으로 하여 법철학을 전개하였다면, 중반 이후에는 법해석학의 관점을 수용하여 법철학·법이론적 작업을 수행했다고 평가할 수 있다. 한 마디로 말해, 학문생활의 전반기에는 법존재론이, 후반기에는 법해석학이 카우프만의 법철학을 대변한다고 말할 수 있다. 그런데 이때 주의해야 할 점은, 이러한 법존재론과 법해석학이 카우프만의 법철학 전체 발전과정 안에서 서로 단절되어 병존한 것은 아니라는 점이다. 오히려 법존재론과 법해석학은 서로 연결되는 것이며, 다만 그 강조점을 달리하는 것일 뿐이다. 아니 더 정확하게 말하면, 카우

---

5 W. Hassemer, 앞의 논문, 2쪽. 여기서 하세머는 카우프만이 이러한 해석학적 사고를 원용하여 객관성을 의문 없이 받아들이는 자연과학조차도 비판하고 있다고 한다. 같은 논문, 각주(8)과 이곳에서 언급하는 논문 참고.
6 이에 관해서는 우선 김영환, 앞의 논문, 135쪽 아래; 또한 해석학의 관점에서 카우프만의 법철학을 개관하는 W. Hassemer, 앞의 논문, 1쪽 아래 참고.

프만이 법존재론 안에서 갖고 있던 문제의식이 더욱 구체적으로 발전한 결과 등장한 것이 곧 법해석학이라고 할 수 있다. 법존재론이 정당한 법이 과연 무엇인가를 찾으려고 한 노력이었다면, 법해석학은 이러한 정당한 법이 어떻게 실현될 수 있는가를 탐구하려 한 작업이었다고 할 수 있는 것이다. 이러한 점에서 볼 때, 카우프만의 법철학은 시간이 지나면서 비록 법존재론에서 법해석학으로 무게중심이 옮겨가기는 했지만, 끊임없이 정당한 법을 추구하려 한 점에서 연속성과 자기발전성을 갖고 있다고 평가할 수 있다. 그렇다면 이러한 카우프만 법철학의 출발점을 이루는 것은 과연 무엇일까?

III. 카우프만 법철학의 출발점

1. 자연법과 법실증주의의 대립 극복

아르투어 카우프만의 법철학은, 그의 스승인 라드브루흐가 전개한 법철학이 시사하고 있는 것처럼,[7] 오랫동안 지속되어 온 전통적인 자연법과 법실증주의 사이의 대립을 지양하려는 데 그 출발점을 두고 있다. 이러한 양자 간의 대립을 지양하는 방법으로서 카우프만은 단순히 자연법과 법실증주의 가운데 어느 한 쪽을 선택하는 방법, 즉 양자택일하는 방법을 선택하는 대신 다른 방법을 선택한다. 바로 전통적인 자연법 개념을 새롭게 구성하는 것과 법의 존재론적 기초를 마련하는 것이 그것이다.

---

[7] 카우프만은 라드브루흐가 자연법과 실정법 간의 양자택일을 넘어섰다고 평가한다. Arth. Kaufmann, *Rechtsphilosophie* (München, 1997), 39쪽 아래.

(1) 구체적이고 역사적인 자연법 구성: 시대에 적합한 자연법

자연법과 법실증주의 간의 대립을 극복하기 위해, 카우프만은 우선 전통적인 자연법 개념을 새롭게 구성한다. 그럼 왜 카우프만은 전통적인 자연법 개념을 재구성함으로써 이러한 대립을 지양하려 하는가? 그 이유를 법인식론적 관점과 제2차 세계대전 이후 펼쳐진 독일의 상황에서 찾을 수 있다.

먼저 법인식론적인 이유를 살펴본다. 전통적인 관점에 따르면, 자연법이란 시간과 공간을 초월해 존재하는 추상적인 법을 말한다.[8] 자연법은 어떤 지역에서나 그리고 시간이 흐르는 것에 관계없이 타당한 보편적인 법이다. 이러한 자연법은 실체로서 존재한다. 따라서 우리는 이러한 자연법을 인식할 수 있고, 이렇게 인식한 자연법을 통해 실정법이 지닌 불완전성을 극복할 수 있다고 한다. 그러나 자연법은 그 자신이 지니고 있는 일반성과 추상성 때문에 그리고 시간과 공간을 초월하는 절대주의성 때문에, 현실적으로 인식하기가 어려웠다.[9] 나아가 이러한 현실 때문에, 자연법은 자칫 그 적용자에 의해 자의적으로 남용될 위험을 항상 안고 있었다. 이에 반해 법실증주의는 오직 우리가 경험적으로 검증할 수 있는 규범만을 법으로 인정하려 한다.[10] 특히 법률실증주의는 입법자에 의해 제정된 법률만을 유일한 법의 원천으로 바라보려 한다. 왜냐하

---

8 Arth. Kaufmann, "Naturrecht und Geschichtlichkeit", in: *Rechtsphilosophie im Wandel* (Köln/Berlin/Bonn/München, 1984), 4쪽; 한편 자연법에 관한 포괄적인 문헌으로는 박은정,『자연법사상』(민음사, 1987) 참고.

9 Arth. Kaufmann, "Die ontologische Struktur des Rechts", in: *Rechtsphilosophie im Wandel* (Köln/Berlin/Bonn/München, 1984), 118쪽.

10 법실증주의의 이론적 바탕이 되는 실증주의의 특성을 한 마디로 표현한다면, 반형이상학이라 할 수 있다. 이러한 실증주의 사고에 관해서는 Arth. Kaufmann, "Rechtspositivismus und Naturrecht in erkenntnistheoretischer Sicht", in: *Rechtsphilosophie im Wandel* (Köln/Berlin/Bonn/München, 1984), 69쪽 아래.

면 대의제 민주주의 국가에서 입법자는 다른 어떤 국가기관보다도 우월한 지위를 누리며, 이러한 입법자에 의해 제정된 법률만이 경험적으로 검증될 수 있는 객관적인 규범이기 때문이다. 이처럼 전통적인 자연법론과 법실증주의는 서로 상반된 성격을 가지고 있어서, 양자는 서양 법철학사 안에서 오랫동안 서로 대립해 왔다.

그런데 카우프만은 전통적인 자연법론과 법실증주의가 서로 상반되는 것처럼 보이지만, 인식론의 관점에서 분석하면, 양자는 서로 공통된 속성을 갖는다고 한다.[11] 자연법론과 법실증주의 모두 일정한 대전제로부터 사안해결에 적합한 해결책을 논리적으로 추론하려 한다는 점, 나아가 양자 모두 <주체-객체 모델>에 입각한 방법적 사고에 바탕을 두고 합리적인 법체계를 구성하고 있다는 점에서 그렇다는 것이다. 그러므로 카우프만이 볼 때, 자연법론과 법실증주의는 어느 한 쪽만을 강조하는 일면성을 가지면서도 서로 공통된 성격을 보이기 때문에, 양자 가운데 한 쪽을 선택하는 것은 양자 사이의 대립을 지양하기 위한 해결책이 될 수는 없다고 한다. 그래서 카우프만은 이러한 전통적인 자연법론과 법실증주의를 지양하는 제3의 방법을 선택한다. 그것은 다름 아닌 자연법 개념을 재구성하는 것이다.

그러면 왜 카우프만은 자연법 개념을 다시 구성함으로써 전통적인 자연법론과 법실증주의 간의 대립을 극복하려 하는가? 여기에는 바로 두 번의 세계대전을 겪은 독일의 역사적 상황이 결부되어 있다. 특히 히틀러에 의해 대두한 국가사회주의와 이로써 닥쳐온 제2차 세계대전이라는 악몽 때문에, 독일 법학계는 다시 자연법론에 눈을 돌리게 되었다. 이를 가장 대표적으로 보여주는 예가 바로 1946년에 구스타프 라드브루흐가

---

11 Arth. Kaufmann, *Analogie und "Natur der Sache"* (Heidelberg, 1965), 15쪽.

쓴 "법률적 불법과 초법률적 법"이다.[12] 이 논문에서 라드브루흐는 참을 수 없는 부정의가 존재할 때는 정의가 법적 안정성에 우선한다는 그 유명한 라드브루흐 공식을 제시하는데, 이는 바로 독일 법학계가 이른바 '자연법 르네상스'를 맞기 시작했다는 점을 보여준다.[13] 그러나 이때 주의해야 할 점은, 그 당시 전개된 자연법론은 전통적인 자연법론을 지향하는 것은 아니었다는 것이다. 이미 19세기 말에 루돌프 슈탐러(R. Stammler)에 의해 "변화하는 자연법" 개념이 제시된 이래, 전후 등장한 자연법론은 초시간적인 의미를 지닌 전통적인 자연법이 아니라, 역사성과 결합된 구체적 자연법을 지향하고 있었다. 다시 말해, 법의 역사적 제약성과 객관적인 정당성을 종합하려는 시도가 새로운 자연법이론을 통해 이루어진 것이다.[14] 이를 가장 잘 표현한 것이 바로 라드브루흐, 하인리히 미타이스(H. Mitteis), 막스 뮐러(M. Müller), 베르너 마이호퍼(W. Maihofer)의 자연법론이라 할 수 있다.[15] 이렇게 독일 법학계는 전후 구체적 자연법으로 대표할 수 있는 자연법 르네상스를 맞게 되는데, 이러한 상황 속에서 카우프만도 마찬가지로 자연법 개념을 새롭게 구성함으로써 전통적인 자연법론과 법실증주의 사이의 대립을 뛰어넘으려 한 것이다.

카우프만은 이러한 자연법이론을 그가 1957년에 쓴 "자연법과 역사

---

12 G. Radbruch, "Gesetzliches Unrecht und übergesetzliches Recht", in: R. Dreier/S. L. Paulson (Hrsg.), *Rechtsphilosophie* (Heidelberg, 1999), 211쪽; 또한 이를 분석하는 F. Saliger, 앞의 책 참고.

13 이 개념에 대해서는 U. Neumann, 앞의 논문, 450쪽.

14 Arth. Kaufmann, "Naturrecht und Geschichtlichkeit", in: *Rechtsphilosophie im Wandel* (Köln/Berlin/Bonn/München, 1984), 5쪽.

15 G. Radbruch, *Die Natur der Sache als juristische Denkform* (Darmstadt, 1965), 157쪽 아래; H. Mitteis, *Über das Naturrecht* (Berlin, 1948), 7쪽; M. Müller, *Existenzphilosophie im geistigen Leben der Gegenwart* (Heidelberg, 1958), 105쪽; W. Maihofer, *Recht und Sein* (Frankfurt/M., 1958), 121쪽; Arth. Kaufmann, 위의 논문, 5쪽.

성"이라는 논문에서 본격적으로 전개한다. 이 논문에서 카우프만은 이른바 '시대에 적합한 법으로서 자연법'을 제시한다.[16] 그러면 카우프만은 어떻게 시대에 적합한 법으로서 구체적·역사적인 자연법을 정초하는가? 우선 카우프만은 기존에 자연법에 대해 제기된 각종 논의, 특히 상대주의, 역사주의, 절대주의를 검토한다.[17] 그러면서 이러한 논의가 자연법 문제를 올바르게 파악하지 못했다고 비판한다. 왜냐하면 카우프만이 볼 때 이러한 논의는 법의 역사성이라는 존재론적인 측면을 간과했기 때문이다.[18] 따라서 이러한 법의 역사성을 도외시하는 절대주의는 받아들이기 어렵다고 한다. 그렇다고 카우프만이 역사주의를 승인하는 것은 아니다. 카우프만에 따르면, 역사주의는 비록 법의 역사성을 긍정하기는 하지만, 객관성을 도외시하고 상대주의에 빠짐으로써 자연법이 담고 있는 내용적 정당성을 놓치고 있기 때문이다. 그래서 카우프만은 이러한 난점을 피하기 위해, 존재론적인 법의 역사성을 담을 수 있는 구체적이고 역사적인 자연법을 전개하는 것이다.

카우프만에 따르면, 법은 존재론적으로 볼 때 역사성을 띨 수밖에 없다. 그 이유를 카우프만은 법의 본질과 실존 사이에서 나타나는 존재론적인 차이 때문이라고 한다.[19] 이때 법의 본질이란, 카우프만에 의하면, 법이 원래 갖추어야 할 모습이다. 이에 대해 법의 실존이란 현재 이 시점에서 법이 갖추고 있는 모습을 말한다. 그러면서 카우프만은 법의 본질

---

16 한편 이 논문은 카우프만의 법해석학이라는 관점에서 볼 때도 그 의미가 있다. 왜냐하면 여기서 카우프만의 해석학적 사고가 본격적으로 전개되고 있기 때문이다. 이 논문에서 카우프만은 자연법에 역사성이라는 개념을 결합하고 있는데, 이러한 역사성은 딜타이나 가다머의 해석학 모두에게 큰 의미가 있는 개념요소가 되기 때문이다. 이에 관해서는 W. Hassemer, 앞의 논문, 4쪽.
17 Arth. Kaufmann, 앞의 논문, 8쪽 아래.
18 Arth. Kaufmann, 앞의 논문, 17쪽.
19 Arth. Kaufmann, 앞의 논문, 19쪽.

이 구체적으로 표현된 것이 자연법이고, 법의 실존으로 볼 수 있는 것이 바로 실정법이라고 한다.[20] 그런데 카우프만이 볼 때, 이러한 법의 본질과 실존, 달리 말해 자연법성과 실정성은 항상 긴장관계에 놓일 수밖에 없다.[21] 그 이유는 실정법 자체가 모든 시대에서 타당할 수는 없기 때문이다. 그러면 왜 실정법은 필연적으로 항상 타당할 수는 없는 것일까? 이에 대해 카우프만은 다음과 같이 답변한다. 법과 마찬가지로, 법의 규율대상인 인간 역시도 시간성과 역사성을 자신의 존재구조로 갖고 있기 때문에,[22] 어느 한 시간과 공간을 규율대상으로 하는 실정법도 변할 수밖에 없다는 것이다. 그런데 이 경우에 실정법은 자의적으로 변해야 하는 것이 아니라 일정한 기준 아래서 변해야 하는데, 이러한 기준으로 카우프만이 제시하는 것이 바로 내용적 정당성을 지닌 자연법인 셈이다. 다만 이때 주의해야 할 점은, 비록 카우프만이 내용적 정당성의 기준으로서 자연법을 제시하고 있지만, 그렇다고 이러한 자연법이 전통적인 의미의 초시간적인 자연법은 아니라는 것이다. 이미 앞에서 충분히 논증한 것처럼, 카우프만이 의도하는 자연법은 역사적이고 구체적인, 즉 시대에 적합한 자연법이다. 따라서 이러한 자연법도 실정법과 마찬가지로 변할 수밖에 없다. 그렇다면 어떻게 자연법은 시대에 적합하게 상응할 수 있을까? 이에 대한 대답은 위에서 본 자연법성과 실정법성의 긴장관계에서 찾을 수 있다. 이미 본 것처럼, 실정법은 인간이 지닌 존재론적인 역사성 때문에 변하기 마련이다. 그런데 이러한 실정법의 필연적인 성격은 한편으로는 자연법의 내용적 정당성에 구속을 받으면서도, 다른 한편으로는 그 기준이 되는 자연법에 다시 영향을 미치게 된다. 이로써 양자

---

20 Arth. Kaufmann, 앞의 논문, 18-19쪽.
21 Arth. Kaufmann, 앞의 논문, 17쪽 아래.
22 Arth. Kaufmann, 앞의 논문, 20쪽.

는 상호보충적인 긴장관계에 놓이게 되고, 이를 통해 자연법은 고정된 것이 아니라 가변적인 것으로서 시대에 적합한 법의 역할을 수행할 수 있게 된다. 요컨대, 카우프만에게 법과 법의 규율대상이 되는 인간은 존재론적으로 역사성을 지닐 수밖에 없고, 이러한 존재론적인 역사성은 법의 본질인 자연법성과 법의 실존인 실정법성 사이의 긴장관계로 나타나, 결국 시대에 적합한 구체적이고 가변적인 자연법 개념이 등장할 수 있도록 하는 것이다. 한 마디로 말해, 카우프만에게 정당한 법이란 곧 시대의 변화에 순응하는 자연법인 셈이다.

이렇게 카우프만은 전통적인 자연법 개념에 역사성을 결합함으로써 자연법이냐 아니면 법실증주의냐는 양자택일 문제를 극복하고 있다. 그러면 법해석학의 관점에서 볼 때, 이러한 카우프만의 시도는 어떤 의의를 갖는 것일까? 그 대답은 카우프만이 제시한 '존재론적인 법의 역사성'이라는 표어에서 찾을 수 있다고 생각한다. 즉 카우프만은 비역사적이었던 전통적인 자연법에 역사성을 도입하고 있는데, 이러한 역사성이야말로 딜타이나 가다머와 같은 철학적 해석학자들이 주된 관심을 가졌던 주제였다는 점을 상기할 필요가 있다. 그러므로 우리는 바로 이러한 카우프만의 시도에서 해석학적인 관점의 단초를 발견할 수 있고, 이러한 점에서 이러한 카우프만의 시도에 담겨 있는 의의를 알아볼 수 있다. 이러한 해석학적인 관점을 통해, 카우프만은 자연법과 법실증주의의 대립을 극복하고 있는 것이다.

(2) 법의 존재론적 기초 마련

한편 카우프만은 법에 대한 존재론적 기초를 마련함으로써 자연법과 법실증주의 사이의 대립을 지양하려 한다. 이러한 노력은 이미 위에서 소개한 "자연법과 역사성"에서 '법의 본질과 실존 간의 존재론적 차이'

라는 말로써 그 단서가 표현되기는 했다. 그러나 이에 대한 본격적인 논의는 아무래도 카우프만이 1962년에 쓴 "법의 존재론적 구조"에서 발견할 수 있다.23 이 논문에서 카우프만은 이른바 법의 '본질'(Essenz)과 '실존'(Existenz) 사이에서 드러나는 존재론적 차이라는 테제 아래 법의 존재론적 기초를 정초한다.

우선 카우프만은 "자연법과 역사성"에서 주장한 바와 마찬가지로 법실증주의와 전통적인 자연법론이 법이 지닌 어느 일면만을 보고 있다고 말한다.24 그러면서 카우프만은 자연법성과 실정성은 서로 단절된, 다시 말해 양자택일해야만 하는 법의 본성이 아니라, 법이라는 존재자의 서로 다른 양측면이라고 한다. 카우프만이 볼 때, 자연법성과 실정법성은 법의 양극성(Polarität)일 뿐이라는 것이다.25 그래서 카우프만은 이 양자를 모두 포괄할 수 있는 법의 존재론적 구조를 마련하려 한다. 그것이 바로 법의 본질과 실존 사이의 존재론적 차이다. 그러면 어떻게 카우프만은 본질과 실존 간의 존재론적 차이를 밝히고 있는가?

카우프만에 의할 때, 본질과 실존이라는 개념은 존재하는 것, 즉 존재자(Seiende)의 두 가지 속성에 해당한다.26 바꿔 말해, 본질과 실존은 서로 단절되어 대립하는 그런 개념쌍이 아니다. 따라서 카우프만이 볼 때, 본질과 실존 가운데서 어느 것이 우월한가라는 문제는 핵심을 찌르는 것이 아니다. 본질과 실존은 한 존재자의 다른 쪽 속성을 보여주는 것에 불과할 뿐이다. 이는 존재자의 구성요소에 해당한다.27 다만 카우프만은 본질

---

23 Arth. Kaufmann, "Die ontologische Struktur des Rechts", in: *Rechtsphilosophie im Wandel* (Köln/Berlin/Bonn/München, 1984), 101쪽 아래.
24 Arth. Kaufmann, 위의 논문, 101쪽 아래.
25 Arth. Kaufmann, 앞의 논문, 108쪽 아래.
26 Arth. Kaufmann, 앞의 논문, 111쪽.
27 Arth. Kaufmann, 앞의 논문, 112쪽.

과 실존이 존재론적 차이 때문에 달리 나타날 뿐이라고 한다. 쉽게 말해, 존재자가 원래 존재해야 할 형태가 본질이라면, 지금 이 시점에서 존재하고 있는 모습이 실존인데, 이 양자 간에는 존재론적으로 차이가 있을 수밖에 없기 때문에 항상 서로 별개인 듯이 긴장관계를 맺는다고 이해하면 될 것이다.

그런데 사실 이러한 존재론적 차이라는 개념은 카우프만 자신만이 독자적으로 제시한 것은 아니다. 카우프만이 논문 "법의 존재론적 구조"에서 직접 소개하고 있는 것처럼,[28] 이미 하이데거가 그의 저서『존재와 시간』에서 존재론적 차이를 제시하고 있다. 다만 카우프만과 하이데거 사이에 차이가 있다면, 카우프만은 존재자 안에서 드러나는 본질과 실존 간의 존재론적 차이를 언급하고 있는 반면, 하이데거는 오히려 '존재'(Sein)와 '존재자'(Seiende) 간의 존재론적 차이를 제시하고 있다는 점이다. 그런데 여기서 이러한 하이데거의 존재론적 차이를 자세히 설명하지는 않고자 한다. 이에 관해서는 이미 앞에서 어느 정도 서술하였으므로,[29] 여기서는 카우프만이 하이데거의 존재론적 차이를 어떻게 평가하는지만 간단히 밝히고자 한다.

카우프만은 하이데거가 존재와 존재자 사이의 차이를 드러냄으로써, 존재론적 물음에 대해 선험적인 근거를 제시한 부분은 긍정적으로 평가한다.[30] 그러나 카우프만은 하이데거가 존재와 존재자를 구별하면서, 존재에 더 중점을 두어 기초존재론을 전개한 것은 비판적으로 바라본다. 왜냐하면 카우프만이 볼 때, 존재자 중심의 사고에 의해 빚어진 '존재망각'(Seinsvergessenheit)에 문제를 느끼고 '존재물음'(Seinsfrage)을 제기함으로써

---

28 Arth. Kaufmann, 앞의 논문, 112쪽 아래.
29 이 책 제2장 제1절 III.3. 참고.
30 Arth. Kaufmann, 앞의 논문, 117쪽.

기초존재론을 마련하려 했던 하이데거의 작업은 자칫 존재신비주의로 나아갈 수 있기 때문이다. 실제로 카우프만은, "언어는 존재의 집"이라면서 존재와 언어의 관련성을 강조하고, 나아가 존재자가 아닌 존재 그 자체를 직관하려 했던 후기 하이데거 사상에서 존재신비주의를 읽어낸다.31 또한 카우프만은 하이데거가 존재의 개방성을 강조하면서, 인식론과 논리를 거부한 것도 비판적으로 바라본다. 그 이유는 카우프만이 볼 때, 인식론과 논리가 없으면 과학적 철학 자체가 성립할 수 없기 때문이다.32

그러면 왜 카우프만은 존재와 존재자 간의 존재론적 차이를 밝히려 했던 하이데거의 작업에 반대하는 것일까? 그 이유는 카우프만이 기초존재론이 아닌 부분존재론, 즉 법존재론에 대한 존재론적 기초를 마련하

---

31 Arth. Kaufmann, 앞의 논문, 114쪽. 그러나 이와 같은 카우프만의 하이데거 해석이 과연 정당한 것인지는 의문이 든다. 왜냐하면 존재와 언어의 관련성을 강조하면서, 존재자를 넘어서 존재 그 자체를 바라보려 했던 하이데거의 작업은, 오히려 존재 문제를 올바르게 판단하고 있다고 생각하기 때문이다. 카우프만은 하이데거가 전개한 존재와 존재자 간의 존재론적 차이를 마치 전통적인 의미의 본질과 현상 간의 차이로 이해하는 듯하다. 그러나 만약 실제로 카우프만이 이렇게 하이데거의 존재론을 이해했다면, 이는 오해라고 생각한다. 하이데거가 존재와 존재론을 구별함으로써 의도했던 것은, 기존의 형이상학적인 실체존재론을 되살리려 한 것이 아니라, 오히려 이러한 실체존재론에 의해 잊혔던 존재 그 자체의 개방성을 보여주고자 한 것이기 때문이다. 이는 하이데거의 주저『존재와 시간』에서도 분명히 드러나고 있다. M. Heidegger, 앞의 책, 2-4쪽.

32 Arth. Kaufmann, 앞의 논문, 114쪽. 그러나 이러한 카우프만의 생각은 해석학의 관점에서 볼 때 설득력이 있는 것은 아니라고 생각한다. 왜냐하면 오히려 해석학은 이러한 논리와 인식론적 사고가 지닌 한계를 넘으려는 데서 출발하기 때문이다. 이러한 점에서 볼 때, "법의 존재론적 구조"를 쓸 당시에는 아직 카우프만이 가다머 식의 존재론적 해석학을 수용하지 않고 있었다는 점을 확인할 수 있다. 그러나 그 후 카우프만은 1982년에 쓴 "법해석학의 존재론적 기초에 관한 생각"에서 자연과학적 객관성을 한계를 논증함으로써, 이렇게 초기에 가졌던 생각에서 벗어나 해석학적 사고를 거의 전적으로 수용하고 있다. 이에 관해서는 Arth. Kaufmann, "Gedanken zu einer ontologischen Grundlegung der juristische Hermeneutik", in: *Beiträge zur Juristischen Hermeneutik* (Köln/Berlin/Bonn/München, 1984), 89쪽.

고자 했다는 점에서 찾을 수 있다. 카우프만에 의하면, 법존재론은 법의 존재방식에 관한 이론이다. 그런데 이때 법은, 카우프만에 의할 때, 존재가 아니라 존재자에 해당한다. 법은 일정한 시간과 공간 속에서 일정한 형태를 지닌 채 존재하고 있기 때문이다.[33] 따라서 법존재론은 법이라는 존재자에 대한 존재론이 되어야 하지, 어떤 선험적인 존재에 대한 존재론이 되어서는 안 된다고 한다. 또한 카우프만은 모든 법의 출발점은 인간이 되어야 하는데 인간 역시 존재자에 속하므로, 결국 법존재론은 존재자에 대한 존재론이 되어야 한다고 본다.[34] 바로 이러한 점에서 카우프만은 하이데거의 존재론적인 차이를 비판하는 것이다. 그러면서 카우프만은 존재자 안에서 드러나는 본질과 실존이라는 존재론적 차이만이 법존재론에서 의미가 있다고 말한다.

한편 카우프만은 이렇게 하이데거의 존재론을 검토하면서, 아울러 이러한 하이데거의 기초존재론을 법존재론으로 원용하고 있는 베르너 마이호퍼(Werner Maihofer)의 시도를 비판한다.[35] 카우프만이 볼 때, 한편으로 하이데거의 존재론적인 틀을 원용하면서, 다른 한편으로 인간의 존재형태로부터 법의 존재형태를 유추하려는 마이호퍼의 시도는 적절하지 않다. 그 이유는, 카우프만이 이해하기에, 인간존재로부터 법존재를 추론하는 것은 존재자로부터 법존재론을 추론하는 것인데, 이것은 이미 기초존재론이 아닌 부분존재론에 불과하기 때문이다. 카우프만에 따르면, 기

---

33 이는 가령 성문법을 생각하면, 어느 정도 수긍이 갈 것처럼 보인다. 그러나 이렇게 법을 존재가 아닌 존재자로 이해하는 카우프만의 견해에 대해서는 의문이 떠오른다. 왜냐하면 존재자란 곧 실체존재를 일컫는데, 법은 실체존재로 이해할 수 없다고 보기 때문이다. 오히려 법은 사회구성원의 합의에 의해 형성되는 관계존재적인 측면이 강하다고 생각한다.

34 Arth. Kaufmann, "Die ontologische Struktur des Rechts", in: *Rechtsphilosophie im Wandel* (Köln/Berlin/Bonn/München, 1984), 115-117쪽.

35 Arth. Kaufmann, 위의 논문, 116-117쪽.

초존재론은 존재자가 아닌 존재 그 자체에 문제의 출발점을 두어야 하기 때문이다. 다만 한 가지만은 긍정적으로 생각할 수 있는데, 바로 유추라는 방법이다. 카우프만은 마이호퍼가 인간존재로부터 법존재를 유추하려 했던 시도는 긍정적으로 평가하면서, 후에 이러한 유추를 자신의 중요한 관점으로 수용하기 때문이다.36

이와 같이 카우프만은 한편으로는 하이데거의 존재론적 차이를 수용하면서도, 다른 한편으로는 존재와 존재자를 구별한 그의 생각에 반대함으로써, 자신만의 독특한 법존재론을 전개한다. 그렇다면 카우프만이 바라보는 법존재론의 특징은 무엇인가? 이를 한 마디로 말하면, 곧 '존재론적인 법의 역사성'이라 할 수 있다.37 이미 "자연법과 역사성"에서 카우프만이 이에 대한 단서를 보여준 것처럼, 이는 법의 본질과 실존 간의 존재론적 차이로 인해 빚어지는 역사성을 말한다. 카우프만에 따르면, 법이라는 존재자의 본질과 실존 사이에는 항상 존재론적으로 차이가 있을 수밖에 없어서, 이 양자는 항상 긴장관계를 맺게 된다. 그리고 이러한 긴장관계가 역사성을 구성한다고 말한다.38

여기서 한 가지 질문을 더 해보고자 한다. 왜 법의 본질과 실존은 서로 존재론적 차이를 보일 수밖에 없는가? 이에 관해서는 이미 앞에서 언급하였으므로, 여기서는 이에 대한 카우프만의 추가적인 답변 한 가지만을

---

36 그러나 후에 카우프만은 "법해석학의 존재론적 기초에 관한 생각"에서 마이호퍼의 법존재론에 대한 이러한 비판적 평가를 수정하면서, 그의 작업은 관계적 존재론을 밝힌 선구적 작업이라고 긍정적으로 평가한다. 이에 관해서는 Arth. Kaufmann, "Gedanken zu einer ontologischen Grundlegung der juristische Hermeneutik", in: *Beiträge zur Juristischen Hermeneutik* (Köln/Berlin/Bonn/München, 1984), 99쪽 각주(38) 참고.

37 Arth. Kaufmann, "Die ontologische Struktur des Rechts", in: *Rechtsphilosophie im Wandel* (Köln/Berlin/Bonn/München, 1984), 117쪽 아래.

38 Arth. Kaufmann, 위의 논문, 120쪽.

더 보태려 한다. 이를 카우프만은 다음과 같이 말한다. 법의 규율대상이 되는 인간은 그 스스로가 자유로울 수밖에 없으므로, 인간 그리고 법에게 역사성이 있을 수밖에 없다는 것이다. 이를 뒷받침하기 위해 카우프만은 막스 셸러(M. Scheler)와 게렌(A. Gehlen)의 언명을 인용한다.[39] 인간은 자신을 둘러싼 세계에 대해 개방적이고 자유로울 수 있어서 역사에 지배되지 않고, 그 대신 일정한 역사성을 창조한다는 것이다. 물론 그렇다고 해서 카우프만은 인간이, 사르트르(J. P. Sartre)가 말한 것처럼,[40] 절대적으로 자유로운, 바꿔 말해 실존이 본질에 앞서는 것은 아니라고 한다. 카우프만은 막스 뮐러를 원용하면서 인간은 한편으로는 자유롭지만, 다른 한편으로는 자신을 객관화할 수 있는 능력이 있기 때문에 항상 자신의 본질과 실존 간의 긴장관계를 유지할 수 있다고 말한다.[41] 그렇기 때문에 인간은 자기 자신의 행위에 대해 위험을 부담하고 그 결과에 대해 책임을 질 수 있다고 한다. 결국 카우프만은 이러한 인간의 자유성과 책임성을 바탕으로 하여 시간성과 역사성이 인간존재의 존재구조라는 결론을 내린다. 이러한 결론으로부터 법의 본질과 실존 간의 존재론적 차이, 법의 존재론적인 역사성을 이끌어낸다.

그런데 이에 관해 다시 한 가지 의문이 떠오른다. 그렇다면 카우프만이 전개한 존재론은 실체존재론인가, 아니면 관계존재론인가? 사실 논문 "법의 존재론적 구조"만 놓고 보면, 과연 카우프만이 어떤 존재론을 취한 것인지 분명하지 않다. 일단 카우프만이 전통적인 자연법 개념에서 벗어나 시대에 적합한 구체적 자연법을 전개한 점에서, 그를 전통적인

---

[39] M. Scheler, *Die Stellung des Menschen im Kosmos* (München, 1947), 37쪽 아래; A. Gehlen, *Der Mensch* (Frankfurt/M., 1950), 33쪽 아래; Arth. Kaufmann, 앞의 논문, 120쪽.
[40] S. P. Sartre, *L'existentialisme est un humanisme*, 37쪽.
[41] Arth. Kaufmann, 앞의 논문, 121쪽.

실체존재론자로 이해하기는 어렵다. 그렇다고 그를 하이데거나 가다머 식의 관계존재론자로 파악하기는 어려운 것이, 카우프만 자신은 하이데 거의 존재론에 반대하고 있고, 본질이라는 개념을 사용하면서 법의 존재 론적 차이를 드러내고 있기 때문이다. 이렇게 볼 때 이 초기 저작에서 카우프만이 제시한 존재론은 오히려 전통적인 실체존재론에 더 가깝다 는 느낌을 준다. 그런데 이에 관해 카우프만은 후에 출간된 자신의 논문 집『변화하는 법철학』제2판 서문에서 이미 그 전부터 자신은 분명 실체 존재론자는 아니었다고 말한다.[42] 그러므로 그의 언명을 존중하여, 여기 서 카우프만이 정립한 법존재론은 전통적인 실체존재론이 아닌 관계존 재론으로 이해하는 것이 일단은 타당하다.[43]

2. 방법이원론 극복: 사물의 본성론

카우프만이 전개한 법철학의 출발점으로서 두 번째로 언급할 수 있는 테제가 방법이원론 극복이다. 카우프만은 존재와 당위를 엄격하게 구별 하는 신 칸트주의적인 방법이원론을 넘어서려 하였다. 이를 위해 카우프 만이 선택한 이론이 바로 사물의 본성론(Natur der Sache)이다.

독일의 신 칸트학파는 20세기 초반 당시 철학, 사회학 등 정신과학 영역에서 막강한 영향력을 행사하고 있었다. 그런데 이는 법학 영역에서 도 마찬가지였다. 예를 들어, 공법학자인 한스 켈젠이 신 칸트학파의 방 법이원론에 따라 순수법학을 주창한 것이나, 형법학자이자 법철학자인

---

42 Arth. Kaufmann, *Rechtsphilosophie im Wandel* (Köln/Berlin/Bonn/München, 1984), VII쪽(Vorwort zur zweiten Auflage).
43 하지만 그렇다고 하더라도, 카우프만이 관계존재론을 제시하면서 하이데거의 기 초존재론을 비판한 것은 분명 적절하지 않다고 생각한다. 왜냐하면 하이데거의 기초존재론이야말로 대표적인 관계존재론이라고 할 수 있기 때문이다.

라드브루흐가 이러한 방법이원론에 근거를 두고 가치상대주의를 주장한 것은 이미 주지의 사실이다.[44] 하지만 이렇게 강력한 영향력을 발휘하고 있던 신 칸트주의적인 방법이원론은 서서히 여러 반대론자들에 의해 비판에 직면하게 되었다. 예를 들어 율리우스 빈더(J. Binder), 칼 라렌츠(K. Larenz) 등을 중심으로 한 신 헤겔주의는 존재와 당위를 변증법적인 관계로 봄으로써 방법이원론을 넘어서고자 하였다.[45] 이러한 맥락에서 초기에는 방법이원론을 수용하여 가치상대주의를 주장하였던 라드브루흐도 존재와 당위를 엄격하게 구별하는 방법이원론에 난점이 있다는 점을 깨닫고, 사물의 본성론으로써 이를 극복하려 하였다.[46] 여기서 사물의 본성은 사물이라는 존재 안에 본성이라는 특정한 가치가 내재하고 있다는 점을 보여준다.[47] 이는 사물과 본성이 서로 단절된 것이 아니라, 서로 관련을 맺고 있음을 암시한다. 이는 라드브루흐가 말한 "가치관련적 현실성" 또는 "소재의 이념규정성", "이념의 소재규정성"을 통해 드러난다.[48] 그런데 이때 한 가지 주의해야 할 점이 있는데, 라드브루흐가 제시한 사물의 본성은, 이미 카우프만이 적절하게 지적하고 있듯이,[49] 특정한 법의 원천이나 구체적인 자연법을 지칭하는 것이 아니라 '사고형태'(Denkform)를 의미한다는 것이다. 바꿔 말해, 라드브루흐가 제시한 사물의

---

44 이 책 제3장 제1절 II.1. 참고.
45 Arth. Kaufmann, "Durch Naturrecht und Rechtsposotivismus zur juristische Hermeneutik", *Beiträge zur Juristischen Hermeneutik* (Köln/Berlin/Bonn/München, 1984), 80쪽.
46 Arth. Kaufmann, 위의 논문, 80쪽.
47 사물의 본성에 관한 기본적인 내용에 관해서는 Arth. Kaufmann, *Analogie und "Natur der Sache"* (Heidelberg, 1965), 44쪽 아래.
48 Arth. Kaufmann, 위의 책, 18쪽 각주(40).
49 Arth. Kaufmann, "Durch Naturrecht und Rechtsposotivismus zur juristische Hermeneutik", *Beiträge zur Juristischen Hermeneutik* (Köln/Berlin/Bonn/München, 1984), 80쪽.

본성론은 특정한 내용을 담는 그 무엇이 아니라 법적 사고방법의 한 형태라는 것이다. 라드브루흐의 제자인 카우프만은 이러한 사물의 본성론을 방법이원론을 넘어서기 위한 사고의 틀로서 원용한 것이다.

그렇다면 카우프만은 이렇게 사고의 틀로서 의미 있는 사물의 본성론을 어떻게 사용하고 있는가? 이에 대한 대답은 카우프만이 전개한 법실현 과정에서 찾을 수 있다. 아래에서 다시 자세하게 검토하겠지만, 카우프만은 법이 실현되는 과정을 단순히 법적 사안을 대전제인 법규범에 도식적으로 포섭시키는 삼단논법적 과정으로 이해하지 않는다. 그 대신 카우프만은 다음과 같은 그 유명한 언명으로써 법실현 과정을 이해한다. 법실현 과정이란 '존재와 당위의 상응과정'이라는 것이다. 그런데 카우프만에 따르면, 이러한 상응과정을 매개하는 것이 곧 사물의 본성이다. 구체적으로 말해, 사물의 본성을 기초로 하여 존재와 당위가 상응하고, 이를 통해 구체적인 법이 형성된다고 한다. 이처럼 카우프만은 법실현 과정을 존재와 당위의 상응과정이라고 이해하고, 이러한 상응과정의 매개자로서 사물의 본성을 원용함으로써 방법이원론을 극복하고 있는 것이다.

IV. 카우프만의 법해석학

앞에서 살펴보았듯이,[50] 카우프만은 그의 학문적 여정 전반기에는 법존재론에, 후반기에는 법해석학에 집중하였다. 이 양자는 카우프만의 관점에서 볼 때, 서로 별개의 영역이 아니라 서로를 제약하거나 보완해주는, 바꿔 말해 내적인 관련을 맺고 있는 영역이었다. 카우프만은 법존재론이 정당한 법이 무엇인가에 대한 대답이었다고 한다면, 법해석학은

---

50 이 책 제5장 II. 참고.

이러한 정당한 법이 법실현 절차에서 어떻게 이해될 수 있는가에 대한 답변이었다고 한다.[51] 이렇게 볼 때 카우프만이 법해석학에 몰두한 것은, 역사적인 현실과 구체적인 인간에 바탕을 둔 정당한 법이 무엇인가를 밝히려 했던 그의 전 학문적 여정에서 볼 때, 어쩌면 당연한 귀결점이었는지도 모른다. 달리 말해, 법해석학은 정당한 법을 찾고자 했던 카우프만의 필연적인 과정이었다고 할 수 있다. 아래에서는 이러한 카우프만의 문제의식에 입각하여, 그의 법해석학을 소개하고자 한다.[52]

1. 법의 역사성: 존재론적인 법의 역사성에서 해석학적인 법의 역사성으로

카우프만의 법해석학은 그의 학문적 여정이 중반 이후에 접어들면서 본격화되었지만, 이미 앞에서 언급한 것처럼 그가 법존재론에 몰두한 때부터 그 단서가 보이기 시작했다. 예를 들어, 카우프만이 1957년에 쓴 "자연법과 역사성"에서 제시된 존재론적인 법의 역사성을 단서로서 거론할 수 있다. 왜냐하면 이 논문에서 카우프만은 법이 존재론적으로 역사성을 가질 수밖에 없다고 하는데, 이러한 역사성이야말로 철학적 해석학에서 중요하게 여기는 요소이기 때문이다. 이 점은 예를 들어 딜타이가 텍스트에 담긴 역사성을 발견하기 위한 방법론으로서 해석학을 바라보았고, 가다머가 텍스트를 이해하는 데 필수적인 조건인 선입견의 근거

---

[51] Arth. Kaufmann, *Beiträge zur Juristischen Hermeneutik* (Köln/Berlin/Bonn/München, 1984), VII쪽(Vorwort).
[52] 다만 여기서 한 가지 지적하고 싶은 것은, 카우프만의 법해석학은 그의 법철학이 성장해가는 것에 발맞추어 서서히 성장해 갔다는 점이다. 그러므로 카우프만의 법해석학을 정확하게 소개하려면, 그의 학문여정에 따라 시간순서로써 법해석학을 소개해야 한다. 그러나 이 책에서는 서술의 편의를 위해, 특정한 해석학적 테제에 따라 카우프만의 법해석학을 소개하는 것에 만족하고자 한다.

를 전통으로 보았다는 점에서 확인된다. 그러므로 카우프만이 초기에 자연법을 역사성과 결부시켜 이해했다는 점에서 그에게 해석학적 관점이 어느 정도 배태되어 있었다고 말할 수 있다. 하지만 그렇다고 하더라도, 카우프만의 초기 관점이 완전히 해석학적이었다고 말할 수는 없을 것이다.

이렇게 카우프만이 초기에 내비쳤던 역사성이라는 관점은, 그가 1969년에 쓴 "해석학의 관점에서 본 법의 역사성"이라는 논문에서 본격적으로 해석학적인 측면에서 재정립된다.53 이 논문에서 카우프만은 법의 역사성이라는 논점을 다음 두 가지 관점에서 접근할 수 있다고 말한다. 첫째는 법철학적·법존재론적 관점이고, 둘째는 법이론적·방법론적 관점이다.54 그런데 카우프만은 첫째 관점으로 법의 역사성을 검토하여 획득한 결과가 바로 존재론적인 법의 역사성이라고 한다. 그러면서 이 논문에서 카우프만은 법이론적·방법론적 관점, 즉 해석학적인 관점에서 법의 역사성을 검토한다.55

카우프만은 법이 역사성을 지니는 이유는, 해석학적인 관점에서 볼 때, 법이 언어와 밀접한 관련을 맺고 있기 때문이라고 한다.56 그 이유는 다음과 같다. 우선 법규범은 언어로 구성된다. 그런데 카우프만이 볼 때, 언어는 '현실'(Wirklichkeit)을 구성하는 기능을 한다. 이러한 기능은 그 동안 간과되어왔던 것이다.57 이 점을 카우프만은 가다머, 하버마스, 베티

---

53 Arth. Kaufmann, "Die Geschichtlichkeit des Rechts im Licht der Hermeneutik", *Beiträge zur Juristischen Hermeneutik* (Köln/Berlin/Bonn/München, 1984), 25쪽 아래.
54 Arth. Kaufmann, 위의 논문, 28쪽.
55 이렇게 카우프만은 법이론적·방법론적 관점을 해석학적인 관점과 동일하게 보고 있는데, 이를 통해 아직 카우프만이 딜타이 식의 인식론적 해석학에서 벗어나지 못했음을 추측할 수 있다.
56 Arth. Kaufmann, 앞의 논문, 29쪽.

와 같은 해석학자를 인용하면서 뒷받침한다.[58] 카우프만에 따르면, 언어 안에서 비로소 정신은 그 무엇을 생각할 수 있고, 사물을 인식할 수 있고, 또한 자기 자신을 인식할 수 있다.[59] 나아가 바로 이러한 점 때문에, 인간에게 역사성이 있듯이 언어에게도 역사성이 존재한다고 한다.[60] 인간의 역사성은 당연히 언어에 담기기 때문이다. 물론 합리주의, 예를 들어 논리실증주의 같은 경우는 이러한 언어의 역사성을 무시하였지만, 카우프만은 이러한 논리실증주의의 견해는 타당하지 않다고 말한다. 설사 사고의 객관성과 명증성을 강조하는 논리실증주의의 견해가 비록 자연과학에서는 타당할지 모른다 하더라도, 카우프만은 자연과학의 객관성과 정신과학의 객관성 사이에는 분명 차이가 있다고 한다.[61] 그러므로 정신과학의 중요한 수단인 언어는 역사성을 갖게 되고, 이러한 역사성은 다시 법에 영향을 미쳐, 그 결과 법은 역사성을 가질 수밖에 없다고 말한다.

이상의 논의를 정리하면 다음과 같다. 인간은 역사성을 갖는다. 이러한 인간의 역사성은 언어에 반영된다. 인간은 언어를 통해 사고할 수 있고 인식할 수도 있으며, 이로써 언어는 현실을 형성하기 때문이다. 이렇게 언어에 반영된 역사성은, 언어가 법규범을 구성한다는 점에서 볼 때, 다시 법에 영향을 미쳐 결국 법은 역사성을 지닌다. 이것이 바로 카우프만이 해석학적인 관점에서 바라본 법의 역사성이다.

이와 같이 카우프만은 법의 역사성을 강조하는데, 이는 존재론적인

---

57 Arth. Kaufmann, 앞의 논문, 33쪽.
58 그러나 베티, 가다머, 하버마스를 모두 같은 계열의 해석학자로 이해하는 것은 타당하지 않다. 왜냐하면 가다머가 철학적-존재론적 해석학을 정립한 반면, 베티는 해석학을 정신과학의 방법으로 그리고 하버마스는 해석학을 비판이론으로 바라보기 때문이다. 이에 관해서는 이 책 제2장 제2절 VIII. 참고.
59 Arth. Kaufmann, 앞의 논문, 32쪽.
60 Arth. Kaufmann, 앞의 논문, 36쪽.
61 Arth. Kaufmann, 앞의 논문, 44쪽.

측면에서 그리고 해석학적인 측면에서 정당화된다. 이러한 카우프만의 작업에서 우리는 다음과 같은 점을 이끌어낼 수 있다. 첫째, 카우프만이 해석학적 사고의 기본 틀인 역사성을 자신의 법철학에 수용했다는 점이고, 둘째, 그가 법과 언어의 관련성에 주목하게 되었다는 점이다. 특히 두 번째 점은 해석학적인 관점에서 볼 때 중요한데, 왜냐하면 존재론적 해석학을 정립한 가다머 역시 언어라는 이해의 매개체를 통해 해석학의 보편성을 주장하고 있기 때문이다. 카우프만이 후에 딜타이 식의 인식론적인 해석학에서 벗어나, 가다머 식의 존재론적 해석학을 수용하게 되는 것도 이러한 언어의 중요성을 인지했기 때문이라고 말할 수 있다.

2. 법실현 과정의 구조: 존재와 당위의 상응

(1) 개관

"자연법과 역사성", "법의 존재론적 구조"에서 비쳤던 카우프만의 해석학적 사고는, 그가 1965년에 출간한 『유추와 사물의 본성』에서 본격적으로 전개된다. 이 저작은 카우프만의 법철학 전체에서 볼 때도 그야말로 기념비적인 작품이라고 생각하는데,[62] 여기서 카우프만은 전통적인 삼단논법 사고를 비판하면서 해석학적 사고에 따라 법실현 과정을 분석한다. 아래에서는 어떻게 카우프만이 법실현 과정을 분석하고 있는지 이 저작의 순서에 따라 검토한다.

(2) 극복할 수 없는 법학의 문제로서 유추

이 저작 첫 머리에서 카우프만은 먼저 19세기의 법학자 푸흐타의 언

---

62 하세머는 이 저작을 통해 카우프만의 법해석학이 새로운 정점을 맞이했다고 평가한다. W. Hassemer, 앞의 논문, 8쪽.

명을 인용하면서 유추와 사물의 본성이 서로 밀접한 기능적 관계에 있다고 말한다.[63] 그런데 아쉽게도 오늘날 대부분의 법학방법론은 이 양자를 서로 별개의 것으로 보고 있다고 한다. 예를 들어, 칼 라렌츠는 유추와 사물의 본성을 각각 독립적인 법발견 원칙으로 보고 있다고 한다. 그러나 카우프만은 이 양자가 서로 별개의 것은 아니라고 한다.[64]

한편 카우프만에 의할 때, 법률실증주의는 이러한 양자를 모두 부정적인 의미로 본다는 측면에서 양자를 같은 맥락으로 이해한다. 법률실증주의에 따를 때, 이러한 유추와 사물의 본성은 모두 비정상적인 법발견방법이 되기 때문이다. 하지만 카우프만은 이러한 생각에 반대한다. 일단 카우프만에 따르면, 법발견 과정은 모두 유추적이기 때문이다. 다시 말해, 유추라는 문제는 법학이 떨쳐버릴 수 없는 문제인 것이다. 그러면서 카우프만은 법문언의 한계를 통해 유추금지를 실현하려는 기획에 대해서도 회의적인 반응을 보인다. 카우프만이 볼 때, 모든 형법해석은 유추적일 수밖에 없기 때문이다.

그렇다면 왜 그동안 이러한 문제, 즉 유추금지는 실현되기 어렵다는 문제가 은폐된 것일까? 이에 대해 카우프만은 두 가지 이유를 제시한다. 첫째, 나치정권을 경험했다는 시대적인 상황, 둘째, 유추에 대한 법률실증주의의 논리적 구조가 바로 그것이다. 하지만 비록 이러한 이유가 있다 하더라도, 카우프만은 더 이상 이 문제를 은폐할 수 없다고 본다. 이 문제는 법발견 과정에서 정당한 법을 발견하려는 노력과도 관련을 맺기 때문이다.

(3) 법실현 과정

---

63 아래에서 행하는 설명은 기본적으로 Arth. Kaufmann, *Analogie und "Natur der Sache"* (Heidelberg, 1965), 1-9쪽을 참고하였다.
64 K. Larenz, 앞의 책, 366쪽.

그러면 카우프만이 볼 때, 법실현 과정은 어떤 모습을 띠는가? 이미 여러 논문에서 강조했듯이, 카우프만은 법실현 과정이 단순히 자연법론과 법실증주의 어느 한 쪽을 선택함으로써 해명되는 것은 아니라고 한다. 그 대신 이 양자를 넘어설 수 있는 새로운 방안을 모색한다. 그러면서 카우프만은 다음과 같은 3단계 구조를 법실현 과정으로 제안한다. 제1단계는 추상적이면서 일반적인, 초실정적이고 초역사적인 법원칙, 제2단계는 구체적이면서 일반적인, 형식적이면서 실정화된 현행 법률, 제3단계는 구체적이면서 실질적으로 실정화된 역사법적인 법을 말한다. 이를 요약해서 다시 말하면, < 법이념 ⇨ 법규범 ⇨ 법적 재판>이 된다고 한다. 그런데 이때 각 단계는 서로 단절된 것이 아니다. 오히려 카우프만은 이러한 법실현 단계가 서로 밀접하게 관련되어 있다고 한다. 법이념 없는 법규범은 없고, 법규범이 없는 법적 재판 역시 없다고 한다. 하지만 그렇다고 해서 단지 법규범이 법이념으로부터만 나오는 것은 아니고, 또 법적 재판이 법규범에 의해서만 행해지는 것도 아니라고 한다.[65] 그러면서 카우프만은 이 가운데 어느 한 쪽만을 강조하는 규범주의와 결정주의 모두 비판한다.

나아가 이러한 비판은 자연법론과 법실증주의에 대해서도 마찬가지로 적용된다고 한다. 그 이유는 자연법론과 법실증주의가 외관상 서로 대립하는 것처럼 보이지만, 실상은 양자 모두 삼단논법적 사고 또는 체계적인 사고를 한다는 점에서 비슷하기 때문이다. 이를테면 이미 극복했다고 생각하는 19세기 개념법학적 사고가 아직도 여러 법률문헌에 남아 있고, 법률에 흠결이 없다는 믿음도 여전히 고수되고 있다는 것이다.[66] 그러나 카우프만에 의할 때, 이러한 사고는 모두 타당하지 않다. 왜냐하

---

65 Arth. Kaufmann, 앞의 책, 12-13쪽.
66 Arth. Kaufmann, 앞의 책, 15-16쪽.

면 법실현 과정은 위에서 본 것처럼 법이념, 법규범, 법적 재판 모두 관련되어 있는 과정이고, 따라서 목적론적 사고와 유사한 과정이기 때문이다. 그리고 그 사고란 바로 유추사고를 말한다.[67]

(4) 존재와 당위의 상응으로서 법과 법발견 과정

위에서 언급하였듯이, 카우프만에 의하면 법이념이 없는 법규범은 존재하지 않는 것처럼, 법규범이 없는 법적 재판도 가능할 수 없다. 이를 달리 말하면, 구체적인 법규범은 자신이 규율해야 할 생활사안을 고려해서만 형성될 수 있다. 따라서 법은 존재와 당위의 상응이다.[68] 이 경우에 상응은 바로 유추를 뜻한다. 그리고 유추란 각 비교대상 사이의 유사성을 검토하는 것을 말한다. 이렇게 볼 때, 법은 존재와 당위 사이의 유사성을 비교해 도출한 결과물이라고 이해할 수 있다. 카우프만이 볼 때, 법인식은 항상 유추적인 인식이다.[69] 그런데 카우프만은 이러한 유추적 사고가 결코 새로운 것은 아니라고 한다. 왜냐하면 이미 오래 전부터 이러한 유추적 사고는 존재해 왔기 때문이다. 이렇게 말하면서 카우프만은 이러한 유추적 사고의 계보를 토마스 아퀴나스 철학부터 탐색하기 시작하여, 현재의 형법 도그마틱 안에서도 이러한 유추적 사고를 발견할 수 있다고 지적한다.[70] 가령 전도된 구성요건 착오를 불능미수로 다루려는 것이나, 주식회사의 신용훼손을 인간에 대한 명예훼손과 같이 파악하려는 것 그리고 전기절도에서 전기를 물건의 일종으로 취급하려는 것 모두 유추적 사고의 전형이라고 한다.[71]

---

[67] Arth. Kaufmann, 앞의 책, 17쪽; 그러면서 카우프만은 작스(W. Sax)를 인용한다. W. Sax, *Das Strafrechtliche "Analogieverbot"* (Göttingen, 1953), 35쪽.
[68] Arth. Kaufmann, 앞의 책, 18쪽.
[69] Arth. Kaufmann, 앞의 책, 19쪽.
[70] Arth. Kaufmann, 앞의 책, 20-26쪽.

나아가 카우프만은 이러한 유추적 사고, 즉 존재와 당위의 상응이라는 사고는 법발견 과정에서도 마찬가지로 나타난다고 한다. 법을 발견하는 과정은 존재와 당위의 상응과정, 달리 말해 생활사안과 규범 간의 상응과정이라는 것이다. 그렇기 때문에 카우프만은 법적 사안을 규범에 대입하려는 전통적인 삼단논법적 법학방법론은 타당하지 않다고 말한다. 법발견 과정은 존재와 당위의 상응과정이므로, '포섭'(Subsumtion) 개념도 다시 설정해야 한다고 지적한다. 그러면서 카우프만은 규범과 사안이 서로 상응하는 과정이 바로 포섭이라고 말한다.

한편 카우프만은 이러한 법발견 과정은 구체적으로 두 가지 과정에 의해 진행된다고 한다.[72] 첫째는 생활사안을 규범적으로 평가하는 과정이다. 이 과정은 단순히 삼단논법적 추론과정에 의해 전개되는 것은 아니라고 한다. 오히려 이는 규범적 관점에 사안을 상응시키는 과정이다. 둘째는 사안의 관점에서 규범을 구체화하는 과정, 즉 해석과정이다. 그런데 이때 주의해야 할 점은, 이 두 과정이 서로 별개로 또는 순차로 진행되는 것이 아니라 동시에 진행된다는 것이다.[73] 카우프만에 의할 때, 규범을 통해 사안을 구체화하는 과정 그리고 사안을 통해 규범을 구체화하는 과정은 동시에 진행된다. 유추적인 상응과정을 통해서 말이다.

이렇게 카우프만은 법과 법발견 과정을 모두 존재와 당위의 상응과정으로 본다. 그런데 이에 관해서는 다음과 같은 의문을 제기할 수 있다. 만약 법실현 과정이 상응과정, 바꿔 말해 유추과정이라고 한다면, 어떻게 법해석과정에 한계를 설정할 수 있는가? 더욱 구체적으로 말해, 어떻게 형법해석에서 허용되는 해석과 금지되는 유추를 구별할 수 있는가?

---

71 Arth. Kaufmann, 앞의 책, 26쪽.
72 Arth. Kaufmann, 앞의 책, 38쪽.
73 Arth. Kaufmann, 앞의 책, 40쪽.

이에 대해 카우프만이 형법상 문언의 가능한 의미가 그 한계기준이 될 수 없다고 한 것은 이미 살펴보았다. 그 대신 카우프만은 다른 해결책을 제시한다. '사물의 본성' 혹은 이것이 구체적으로 표현된 '유형'(Typus)이 그것이다.

(5) 해석의 한계기준으로서 사물의 본성과 유형

카우프만은 사물의 본성을 존재와 당위, 사안과 규범을 상응시키는 기초로 본다.[74] 또한 카우프만은 사물의 본성을 규범정의와 사안정의를 매개하는 수단으로 이해하기도 한다. 나아가 사물의 본성은 특히 죄형법정주의 원칙과 그 파생원칙인 유추금지 원칙이 지배하는 형법해석에서 그 한계를 그어주는 역할을 한다고 본다. 이렇게 사물의 본성은 존재와 당위를 서로 매개하는 동시에 종래 법문언이 담당하던 해석의 한계설정 기능을 수행한다.

그러면 어떻게 해서 사물의 본성이 위와 같은 기능을 수행할 수 있는가? 이는 다음과 같이 해명할 수 있다. 사물의 본성이란 사물, 즉 존재 안에 담겨있는 본성, 달리 말해 규범성을 말한다. 바꿔 말하면, 사물의 본성이란 사안 속에 내재하는 규범성이라 할 수 있다. 이를 카우프만은 달리 '유형'이라고 말한다. 그래서 카우프만은 라드브루흐를 인용하면서 사물의 본성을 통해 행하는 사고는 곧 유형론적 사고라고 한다.[75] 카우프만에 따르면, 이러한 유형론적 사고야말로 존재와 당위가 상응하도

---

74 Arth. Kaufmann, 앞의 책, 44쪽.
75 G. Radbruch, "Klassenbegriff und Ordnungsbegriffe im Rechtsdenken", 46쪽 아래; Arth. Kaufmann, 앞의 책, 47쪽; 이러한 유형을 비교적 자세하게 소개하는 국내문헌으로는 남기윤, 『유형론적 방법론과 회사법의 신이론』(학우출판사, 1999), 21쪽 아래 참고. 여기서 남기윤 교수는 독일에서 전개된 유형이론을 검토하면서, 이를 우리의 회사법학에 수용할 수 있는지 논의한다.

록 하는 바탕이 된다. 왜냐하면 존재와 당위가 상응하는 과정이란 서로가 서로에게 있는 유사성을 발견하는 과정이라고 볼 수 있는데, 이때 이러한 유사성을 바로 유형이라고 달리 말할 수 있기 때문이다. 이러한 근거에서 유형, 즉 사물의 본성이 존재와 당위를 상응시키는 근거가 되는 것이다.[76]

이렇게 유형이 행하는 기능은 형법해석의 한계 문제에서도 마찬가지로 나타난다. 카우프만은 형법상 유추금지라는 기획은 법률적 구성요건에 근거를 두고 있는 불법유형에 기초를 두어서만 실현될 수 있다고 한다.[77] 따라서 만약 특정한 형법구성요건 해석이 그 구성요건이 의도하는 불법유형을 일탈하면서 이루어지면, 그것이 금지되는 유추라고 이해할 수 있다.

그런데 여기에서 한 가지 주의해야 할 부분이 있다. 유형은 정의될 수 있는 것이 아니라 묘사될 수 있을 뿐이라는 것이다.[78] 따라서 형사입법자는 이러한 유형을 '예시적 방법'(exemplifizierende Methode)으로써 형법규범에 예시할 수 있을 뿐이고, 법관은 법을 발견할 때 단지 이를 참조할 수 있을 뿐이다.[79] 이를 달리 말하면, 유형 그 자체는 고정된 것이 아니라 가변적인 것이라고 이해할 수 있다. 동시에 유형은 형사입법자에 의해 묘사될 수도 있지만, 구체적인 법적 분쟁 속에서 법관에 의해 구체화될 수도 있음을 암시한다.[80]

---

76 Arth. Kaufmann, 앞의 책, 48쪽.
77 Arth. Kaufmann, 앞의 책, 52쪽.
78 Arth. Kaufmann, 앞의 책, 50쪽: "Ein Typus kann nicht 'definiert', sondern nur 'beschrieben' werden."
79 Arth. Kaufmann, 앞의 책, 50쪽.
80 이제 이상의 논의를 정리하면 다음과 같다. 법과 법발견 과정은 존재와 당위의 상응과정, 즉 유추적 과정이다. 이때 유추과정은 사물의 본성, 즉 유형에 의해 실현된다. 이 점은 형법해석의 한계에 대해서도 마찬가지다. 형법상 유추금지는

(6) 중간결론

지금까지 『유추와 사물의 본성』을 중심으로 하여, 카우프만이 바라본 법실현 과정을 검토하였다. 그런데 이 저작에서 카우프만이 제시하는 주장은 이후 많은 논쟁을 불러일으켰다. 이 논쟁은 네 가지 쟁점, 즉 형법상 유추금지, 법발견 과정, 사물의 본성과 유형, 해석학의 수용이라는 쟁점을 중심으로 하여 전개되었다. 이 가운데서도 특히 유추금지 문제는 많은 논란을 야기하였는데, 그 후 카우프만은 1982년에 제2판이 출간된 『유추와 사물의 본성』 후기에서 이러한 쟁점에 대해 답변하고 있다.[81] 이 답변 중에서 형법상 유추금지 문제는 눈여겨 볼 필요가 있다고 생각되어 아래에서 간략하게 소개하기로 한다.

우선 카우프만은 자신이 형법상 유추금지가 완전히 무의미하다고 주장한 것은 아님을 분명히 한다. 그 대신 자기가 시도하려 한 것은 유추금지 문제를 좀 더 정확하게 직시하는 것이라고 한다. 그러면서 카우프만은 해석과 유추 사이에 질적인 차이가 있다고 보았던 종래의 지배적인 견해를 비판하면서, 해석과 유추 간에는 이러한 질적인 차이가 없다고 반박한다. 왜냐하면 원래 해석은 유추적이기 때문이다.[82] 그러면 이렇게 모든 해석이 유추적이라고 할 때, 형법상 유추금지는 실현될 수 없는 기획인가? 그렇지는 않다. 이미 앞서 보았듯이, 카우프만은 다른 방법으로써 이를 실현하려 한다. 바로 유형이라는 방법으로 말이다. 그런데 이와 관련하여 카우프만은 아주 중요한 반론을 소개한다. 그의 제자인 하세머가 주장한 다음과 같은 반론이다. 하세머는 카우프만이 내놓은 유형도 해석의 산물이어서, 이는 해석의 한계기준이 될 수 없다고 한다.[83]

불법유형에 기초를 두어서만 실현될 수 있다.
81 Arth. Kaufmann, 앞의 책, 60쪽 아래(Nachwort zur zweiten Auflage).
82 Arth. Kaufmann, 앞의 책, 61-62쪽.

하지만 이에 대해 카우프만은 슈트라텐베르트(G. Stratenwerth)를 인용하면서, 여전히 불법유형이 해석의 한계기준으로 작용할 수 있다고 재반박한다.[84]

3. 선이해와 해석학적 순환

방금 보았듯이, 카우프만은 『유추와 사물의 본성』에서 법발견 과정을 존재와 당위의 상응과정이라고 봄으로써 해석학의 관점을 자신의 법철학에 본격적으로 수용한다. 그러나 여기에서 카우프만은 아직 가다머가 강조한 선입견 또는 선이해를 분명하게 의식하지는 않고 있다. 이것은 요제프 에서가 『유추와 사물의 본성』 제1판이 출판되고 나서 5년이 지난 1970년에 출간한 『법발견에서 본 선이해와 방법선택』에서 선이해 문제를 본격적으로 다루고 있는 것과 비교하면 분명 차이가 있는 부분이다. 그 이유는 아마도 카우프만의 법해석학이 아직 완전하게 가다머의 법해석학을 수용하지는 않았다는 점에서 찾을 수 있을지 모른다. 여하간 『유추와 사물의 본성』에서는 존재와 당위의 상응만이 제시될 뿐, 해석학의 주요 테제라 할 수 있는 선이해나 해석학적 순환이 거론되지는 않는다.[85]

---

83 W. Hassemer, *Tatbestand und Typus* (Köln/Berlin/Bonn/München, 1968), 164쪽; Arth. Kaufmann, 앞의 책, 67쪽.
84 G. Stratenwerth, *Strafrecht*, 50쪽; Arth. Kaufmann, 앞의 책, 68쪽. 이처럼 카우프만은 자신의 이론에 대한 반론을 재반박하면서, 자신의 견해를 확고히 한다. 이는 다른 세 가지 쟁점에 대해서도 마찬가지다. 그러면 이러한 카우프만의 반론은 설득력이 있는가? 이를 정면에서 다루는 것은 이 책에서는 유보하기로 한다. 다만 이러한 의문은 아마도 이 책의 작업이 진행되면서 서서히 해명될 수 있을 것이다. 하여튼 이러한 카우프만의 주장은 그의 법해석학 전체에서 볼 때 아주 중요한 지점을 차지하고, 이로써 카우프만은 법존재론에서 벗어나 법해석학으로 본격적으로 넘어갔다고 평가할 수 있다.
85 물론 카우프만이 엥기쉬를 인용하면서 "해석과정에서 시선의 오고감" 또는 "존재와 당위의 상응"이라는 표현을 사용하고 있다는 점에서 그가 해석학적 순환을

그러나 그 후 카우프만은 1975년에 쓴 논문 "자연법과 법실증주의를 지나 법해석학으로"에서 이러한 선이해를 명시적으로 인정한다. 이 논문에서 카우프만은 다음과 같은 논증을 통해 선이해가 법규범에 대한 이해조건이 된다는 점을 긍정한다. 일단 카우프만은 자연과학에서 인정하는 것과 같은 의미의 객관성이 법학에서는 가능할 수 없다고 말한다.[86] 그 이유는 법학에서는 주체와 객체가 자연과학의 경우처럼 분명하게 구별될 수 있는 것은 아니기 때문이다. 그 대신 법학, 특히 법을 해석하는 과정에서는 주체와 객체가 서로 혼융된다고 한다. 카우프만에 따르면, 법관이라는 주체의 인격성이 판결형성이라는 객체에 개입한다는 것이다. 여기에서 카우프만은 법관의 인격성을 더욱 구체적으로 말해, '선입견', '확신'(Überzeugungen), '이익', '상황'(Befindlichkeit)이라고 한다. 이들은 개인적 혹은 사회적 형태로서 존재한다. 따라서 법규범을 이해하는 작업은 위와 같은 이해의 조건이 결부되어 이루어지는 창조적인 작업이다.[87] 결국 카우프만은 이러한 논리전개를 통해 법이해에 해석자인 법관의 선이해가 이해의 조건으로서 개입한다는 점을 긍정한다.

인정했다고 볼 여지도 있다. 그러나 일단 해석학적 순환에는 인식론적인 순환과 존재론적인 순환이 있다는 점을 상기할 필요가 있고, 카우프만이 인정하는 해석학적 순환이 이 양자 가운데 어디에 속하는지가 분명하지 않다는 점에서 그가 하이데거-가다머 식의 해석학적 순환을 수용하고 있다고는 아직 명확하게 말할 수 없다.

[86] Arth. Kaufmann, "Durch Naturrecht und Rechtspositivismus zur juristische Hermeneutik", *Beiträge zur Juristischen Hermeneutik* (Köln/Berlin/Bonn/München, 1984), 87쪽. 이 시점에서 카우프만은 최소한 자연과학에서는 객관성이 존재할 수 있는 것처럼 말하고 있다. 그러나 그 후 카우프만은 이러한 자연과학에서조차도 객관성을 인정하기 어렵다고 말한다. Arth. Kaufmann, "Gedanken zu einer ontologischen Grundlegung der juristischen Hermeneutik", *Beiträge zur Juristischen Hermeneutik* (Köln/Berlin/Bonn/München, 1984), 89쪽.

[87] Arth. Kaufmann, "Durch Naturrecht und Rechtspositivismus zur juristische Hermeneutik", *Beiträge zur Juristischen Hermeneutik* (Köln/Berlin/Bonn/München, 1984), 88쪽.

그러면 카우프만은 해석학적 순환은 인정하는가? 이에 관해서는 다음과 같이 말할 수 있다. 비록 카우프만이 『유추와 사물의 본성』에서 칼 엥기쉬를 인용하면서 존재와 당위의 상응을 주장하기는 했지만, 이러한 태도가 과연 해석학적 순환을 본격적으로 긍정한 것인지는 아직 분명하지 않다. 그런데 그 후 카우프만은 1969년에 쓴 "해석학의 관점에서 본 법의 역사성"에서 해석학적 순환을 본격적으로 수용하기 시작하여, 1973년에 쓴 "법발견에서 순환추론에 관해"에서는 해석학적 순환을 독립된 주제로 다룬다.

우선 카우프만은 "해석학의 관점에서 본 법의 역사성"에서 칼 엥기쉬가 그의 저작 『논리연구』(1943)에서 처음 제시한 "규범과 생활사안 사이에서 시선의 오고감"을 소개한다. 이를 통해 카우프만은 법발견 과정이 이러한 규범과 생활사안 사이의 상응과정이라는 점을 다시 한 번 강조한다. 그러면서 이러한 상응이야말로 하이데거, 가다머, 하버마스, 코레트 등이 인정했던 해석학적 순환이라고 하고, 이러한 해석학적 순환은 모든 이해과정에서 나타난다고 한다.[88]

이렇게 제시된 해석학적 순환은 카우프만이 1973년에 집필한 "법발견에서 순환추론에 관해"에서 독립된 테제로서 다루어진다. 이 논문에서 카우프만은 종래 법학에서 제시되어 왔던 순환추론에 대해 논의한다. 카우프만에 따르면, 이미 법학에서는 이러한 해석학적 순환 이전에도 다른 형태의 순환추론이 언급되어 왔다. 가령 포이어바흐(J.A.v. Feuerbach)는 자연법적인 순환추론을 전개하였고,[89] 이와 달리 켈젠은 실증주의적

---

88 M. Heidegger, 앞의 책, 151쪽 아래; H.-G. Gadamer, 앞의 책, 250쪽 아래; J. Habermas, *Erkenntnis und Interesse* (Frankfurt/M., 1973); E. Coreth, *Grundfragen der Hermeneutik* (Freiburg, 1969); Arth. Kaufmann, "Die Geschichtlichkeit des Rechts im Licht der Hermeneutik", *Beiträge zur Juristischen Hermeneutik* (Köln/Berlin/Bonn/München, 1984), 50-51쪽.

인 순환을 제시하였다고 한다.⁹⁰ 그 후 이러한 자연법적인 순환이나 실증주의적인 순환과는 달리, 법발견 과정에서 순환구조를 논증하려는 시도가 이루어졌는데, 카우프만은 이것이 해석학적 순환이라고 말한다. 이러한 해석학적 순환의 단서는 이미 라드브루흐가 1913년에 출간한『법학입문』에서 발견할 수 있고, 칼 엥기쉬에 의해 더욱 발전된다고 한다.⁹¹ 이후 이러한 해석학적 순환은 하이데거-가다머-하버마스를 중심으로 하여 발전한 철학적-해석학적 순환이 법해석학에 수용됨으로써 더욱 확고하게 자리를 잡게 되었다고 한다. 그 예로서 카우프만은 요제프 에서가 전개한 해석학적 순환을 소개한다.⁹² 그러면서 카우프만은 하이데거를 인용하면서 이러한 해석학적 순환은 우리가 극복해야 할 것이 아니라, 정당하게 수용해야 할 그 무엇이라는 결론을 내린다.⁹³ 결론적으로 말해, 카우프만은 법발견 과정에서 해석학적 순환이 등장하는 것을 긍정적으로 평가한다.⁹⁴

4. 선이해의 근거

이처럼 카우프만이 선이해를 법을 이해하기 위한 전제조건으로 바라

---

89 Arth. Kaufmann, "Über den Zirkelschluß in der Rechtsfindung", *Beiträge zur Juristischen Hermeneutik* (Köln/Berlin/Bonn/München, 1984), 66쪽.
90 Arth. Kaufmann, 위의 논문, 70쪽.
91 G. Radbruch, *Einführung in die Rechtswissenschaft* (Stuttgart, 1961), 166쪽; K. Engisch, 앞의 책, 82쪽; Arth. Kaufmann, 앞의 논문, 73쪽.
92 J. Esser, 앞의 책, 139쪽 아래; 여기서 카우프만은 1972년에 출간된 제2판을 인용한다. Arth. Kaufmann, 앞의 논문, 74-76쪽.
93 M. Heidegger, 앞의 책, 148쪽 아래, 310쪽 아래; Arth. Kaufmann, 앞의 논문, 77쪽.
94 그러면서 카우프만은 해석학적 순환은 단순한 순환이 아니라 나선형의 순환이라고 본 하세머의 견해를 소개한다. W. Hassemer, 앞의 책, 107쪽 아래; Arth. Kaufmann, 앞의 논문, 77쪽.

본다면, 이러한 선이해는 무엇을 근거로 하여 형성되는 것일까? 이에 관해 가다머는 권위와 전통을 선이해의 근거로 보았고,[95] 요제프 에서는 법관이 속한 전문가 집단의 질서전통을 선이해의 근거로 보았다는 것은 이미 본 바와 같다.[96] 그렇다면 카우프만은 무엇을 선이해의 근거로 보는가? 그러나 이에 대해 카우프만이 구체적이면서 분명하게 제시하고 있는 것은 보이지 않는 것 같다. 다만 "자연법과 법실증주의를 지나 법해석학으로"에서 간략하게나마 이를 언급한다. 여기서 카우프만은 법관이 지닌 선입견이나 확신, 이익, 상황 등을 선이해의 구체적인 형태로 제시한다.[97] 그러면서 카우프만은 이러한 선이해는 개인적 또는 사회적 형태를 띤다고 말한다. 이렇게 볼 때 카우프만이 제시하는 선이해는 가다머의 그것과는 분명 다른 것처럼 보인다. 왜냐하면 가다머는 선이해(선입견)의 근거로서 공동체적인 성격을 갖는 권위 및 전통을 내세우기 때문이다. 이러한 공동체적인 성격은 요제프 에서가 제시한 선이해에서도 마찬가지로 찾아볼 수 있다. 그러나 달리 생각하면, 비록 카우프만이 선이해의 근거를 명시적으로 밝히고 있는 것은 아니지만, 그가 전개한 법철학 전체를 고려해 볼 때 카우프만이 제시한 선이해의 근거를 단순히 위에서 언급한 것만으로 한정할 수는 없다고 생각한다. 그 이유는 다음과 같다.

카우프만이 초기에 몰두한 영역은 이른바 법존재론이었다. 이러한 법존재론에서 카우프만이 제시한 대표적인 견해가 바로 법의 존재론적인 역사성이었다. 그 후 이러한 법의 역사성을 카우프만이 해석학적인 관점에서, 즉 법과 언어의 관계라는 관점에서 다시 정초하였다는 점은 이미

---

95 이 책 제2장 제2절 IV. 참고.
96 이 책 제3장 제2절 III. 2. (2) 참고.
97 Arth. Kaufmann, "Durch Naturrecht und Rechtsposotivismus zur juristische Hermeneutik", *Beiträge zur Juristischen Hermeneutik* (Köln/Berlin/Bonn/München, 1984), 88쪽.

살펴보았다. 그런데 필자는 이러한 법의 역사성에서, 비록 카우프만이 이를 명시적으로 언급한 것은 아니지만, 선이해의 근거를 논리적으로 추론할 수 있다고 생각한다. 법의 역사성이 바로 그것이다. 다시 말해, 법의 역사성이 바로 선이해의 근거가 될 수 있는 것이다. 만약 그렇다면 그 근거는 무엇인가?

카우프만은 법실현 과정을 존재와 당위의 상응과정이라고 한다. 이 과정은 해석자인 법관의 선이해가 개입하는 순환과정이다. 존재에 해당하는 사안을 확정할 때 당위에 속하는 법규범이 해석자의 시각을 통해 매개되고, 다시 규범을 구체화할 때 사안의 관점이 이에 개입한다는 것이다. 그런데 이처럼 규범과 사안이 해석자의 선이해에 담겨 서로 개입한다고 할 때, 다음과 같은 명제를 도출할 수 있다. 선이해의 근거는 존재와 당위의 순환적 상응성이라는 것이다. 그런데 이러한 존재와 당위의 상응성은 단순히 법발견 과정에서만 찾아볼 수 있는 것은 아니다. 그 이유는 법을 제정하는 과정 그 자체도 이러한 존재와 당위의 상응성 혹은 긴장관계와 관련을 맺기 때문이다. 그런데 이러한 존재와 당위의 상응성-긴장관계야말로 법의 존재론적인 역사성에 대한 배후근거가 된다는 점을 우리는 이미 확인하였다. 그러므로 우리는 여기서 다음과 같은 논리적 과정을 추론할 수 있다. 법발견 과정은 존재와 당위의 상응과정이다. 이때 존재와 당위는 각각 이해자의 선이해로 작용한다. 그런데 존재와 당위의 상응과정은 법을 제정하는 과정에서도 등장한다. 이를 카우프만은 법의 존재론적인 역사성의 근거라고 하였다. 이러한 근거에서 법의 역사성이 선이해의 근거가 된다고 말할 수 있는 것이다.

한편 법의 역사성이 선이해의 근거가 된다는 점은 법과 언어의 관계를 통해서도 논증할 수 있다. 카우프만에 따르면, 법은 언어로 구성된다. 그런데 이러한 언어는 단순히 현실에 포함된 구성요소가 되는 것만이 아니라, 오히려 현실 그 자체를 형성하는 근거가 된다. 인간은 언어를 통해서만 사고하고 그 무엇을 인식할 수 있으며, 동시에 언어를 매개로 해서만 의사소통을 할 수 있기 때문이다. 그래서 언어는 인간의 현실을 반영하면서도, 이러한 현실을 형성하기도 한다. 그런데 인간은 존재 그 자체가 시간성과 역사성을 가질 수밖에 없는데, 이러한 인간 존재의 속성은 언어에 의해 반영되고 동시에 근거 지어진다. 이는 곧 언어 자체에 역사성이 있음을 말한다. 이러한 언어의 역사성은 다시 법에 영향을 미쳐 법의 역사성을 근거 짓는다. 그런데 가령 법관이 특정한 법규범을 이해하려면 반드시 언어에 의해 매개되어야 한다. 따라서 선이해는 바로 언어로 구성된다. 이러한 언어는 역사성을 갖고 있으므로, 선이해 자체도 역사성을 가질 수밖에 없다. 바로 법의 역사성을 말이다. 결국 선이해의 근거가 법의 역사성이 된다는 점은 법과 언어의 관계를 통해서도 정당화된다.

5. 법실현 과정에서 방법이라는 문제

이제 카우프만이 자신의 법해석학에서 '방법'(Methode)을 어떻게 바라보고 있는지 살펴본다. 이 문제를 살펴보고자 하는 이유는, 법을 발견하는 과정에서 방법에 어떤 의미를 부여하는가에 따라 카우프만이 자연과학적인 실증주의에 머물러 있는지, 아니면 딜타이 식의 정신과학으로 나아갔는지, 그것도 아니면 가다머처럼 방법에 대한 믿음을 포기하고 완전히 존재론적인 해석학으로 넘어왔는지 파악할 수 있기 때문이다. 그런데 이 쟁점에 관해 카우프만의 저작을 일별하면, 크게 두 가지 단계로 나눌 수 있다. 딜타이 식의 정신과학적 방법론에 머물러 있던 단계와 가다머의 존재론적 해석학을 완전히 수용하여 방법에 대해 비판적으로 바라보는 단계가 바로 그것이다.

첫 번째 단계는 카우프만이 1961년에 공간한 "인식론적 관점에서 본 법실증주의와 자연법"에서 일단 그 단서를 발견할 수 있다. 여기에서 카우프만은 반형이상학으로서 등장한 실증주의와 형이상학 문제를 검토하면서, 정신과학 영역에서 형이상학은 피할 수 없는 것임을 논증한다.[98] 그러면서 카우프만은 딜타이의 관점을 수용한다. 카우프만은 자연과학과는 구별되는 정신과학의 특성을 언급하고, 이러한 정신과학에 접근하기 위한 방법으로서 딜타이가 제시한 이해 개념을 받아들인다. 나아가 이해의 합리성을 근거 짓기 위해 이른바 '객관화된 주관성' 또는 '상호주관성' 문제를 다룬다.[99] 이렇게 보면, 비록 카우프만이 자연과학적인 방법을 법실증주의처럼 법학에 도입하는 것에는 반대하고 있지만, 딜타이와 마찬가지로 정신과학인 법학의 고유한 방법론을 모색한다는 점에서 아직 방법에 대한 믿음을 완전히 버린 것은 아니라고 말할 수 있다.

이러한 정신과학적 방법에 대한 믿음, 즉 비록 자연과학적 객관성을 추구하는 것은 아니지만 법학의 고유한 객관성을 정초하려는 카우프만의 노력은 "해석학의 관점에서 본 법의 역사성"에서 다시 등장한다. 물론 여기서 카우프만은 법과 언어의 관련성을 논증하면서 해석학에서 언어의 중요성을 통찰한 가다머를 인용하고 있기는 한다.[100] 그리고 자연과학의 객관성과 정신과학의 객관성 사이에 차이가 있다는 점을 인정한다.[101] 사실 여기에서 카우프만이 주장한 정신과학의 객관성이 무엇을

---

[98] Arth. Kaufmann, "Rechtspositivismus und Naturrecht in erkenntnistheoretischer Sicht", in: *Rechtsphilosophie im Wandel* (Köln/Berlin/Bonn/München, 1984), 69-73쪽.
[99] Arth. Kaufmann, 위의 논문, 97쪽.
[100] Arth. Kaufmann, "Die Geschichtlichkeit des Rechts im Licht der Hermeneutik", *Beiträge zur Juristischen Hermeneutik* (Köln/Berlin/Bonn/München, 1984), 32쪽.
[101] Arth. Kaufmann, 위의 논문, 44쪽.

의미하는 것인지는 분명하지 않다. 그것이 <주체-객체 모델>에 입각한 근대 인식론의 객관성을 뜻하는 것인지, 아니면 다른 유형의 합리성을 뜻하는 것인지는 확실하지 않다.[102] 다만 그 이전에, 예컨대 1960년에 출판한 "법철학적 상대주의를 극복하기 위한 생각"에서 인식론적 상대주의를 극복하기 위한 방안으로 상호주관성이나 의사소통을 제시하고 있다는 점을 고려하면, "해석학의 관점에서 본 법의 역사성"에서 언급하는 객관성은 일반적인 의미의 객관성이 아니라, 상호주관성의 의미를 갖는 합리성을 뜻하는 것일지도 모른다.[103] 그렇다 하더라도 아직 카우프만이 방법론이라는 관점 아래 자연과학의 객관성과 정신과학의 객관성을 구별하고 있다는 근거에서 그가 방법에 대한 믿음을 완전히 저버린 것은 아니라고 생각한다.

그런데 이렇게 카우프만이 지니고 있던 방법에 대한 믿음은 그가 가다머의 존재론적 해석학을 전적으로 수용함으로써 포기된다. 이러한 태도의 일단은 카우프만이 1975년에 공간한 "자연법과 법실증주의를 지나 법해석학으로"에서 찾아볼 수 있다. 이 논문에서 카우프만은 법을 이해하는 과정에서는 자연과학의 경우처럼 주체와 객체가 분리되는 것은 아니라고 하면서, 법관의 선이해가 이해의 조건으로서 판결형성과정에 개입한다는 점을 인정한다.[104] 이는 가다머가 제시한 선이해를 전적으로

---

102 이와 관련하여 객관성과 합리성은 분명 구별해야 할 필요가 있다. 왜냐하면 일반적으로 객관성이란 <주체-객체 사고>에 입각한 자연과학적 객관성을 의미하는 반면, 합리성이라는 개념 안에는 다양한 하위 개념이 포함될 수 있기 때문이다. 예를 들어, 하버마스가 강조한 의사소통적 합리성은 비록 합리성 개념에 속하기는 하지만, 그것은 객관성이 아니라 상호주관성을 강조한다는 점에서 객관성의 의미에는 포함되지 않는다고 생각한다.
103 Arth. Kaufmann, "Gedanken zur Überwindung des rechtsphilosophischen Relativismus", in: *Rechtsphilosophie im Wandel* (Köln/Berlin/Bonn/München, 1984), 57쪽 아래.
104 Arth. Kaufmann, "Durch Naturrecht und Rechtsposotivismus zur juristische

수용한 것으로 볼 수 있다.105 나아가 이러한 태도는 카우프만이 딜타이 식의 해석학에서 가다머 식의 해석학으로 나아갔음을 보여준다.

그러나 방법적 사고 혹은 <주체-객체 모델>에 대한 카우프만의 비판은 아무래도 그가 1982년에 쓴 "법해석학의 존재론적 기초에 대한 생각"에서 본격적으로 발견할 수 있다. 카우프만의 존재론적 법해석학을 분명하게 보여주는 이 기념비적인 논문에서 그는 다음과 같은 논증 과정으로써 방법적 사고 또는 <주체-객체 모델>을 비판한다. 우선 카우프만은 종래 그가 보여줬던 것과는 달리, 자연과학에서도 <주체-객체 모델>을 유지하기 어렵다고 말한다. 이에 대한 예로서 양자역학의 성과를 언급한다.106 그리고 카우프만은 주체-객체 분리에 대한 아도르노의 비판, 즉 <주체-객체 모델>은 이데올로기적 주체주의라는 아도르노의 주장을 소개하면서, 이러한 <주체-객체 모델>은 법학에서도 적합하지 않다고 말한다.107 그러면서 결국 카우프만은 해석학에 대해 다음과 같은 결론에 도달한다. 해석학은 과학적인 방법론은 아니라는 것이다. 그 대신 해석학은 언어이해의 가능성에 대한 선험적인 조건을 탐구하는 것이라고 한다.108 이러한 카우프만의 언명은 그가 이제는 방법에 대한 믿음을 완전히 버리고, 가다머 식의 철학적-존재론적 해석학을 법해석학에 완전히 수용하고 있음을 보여준다.

Hermeneutik", *Beiträge zur Juristischen Hermeneutik* (Köln/Berlin/Bonn/München, 1984), 87쪽.
105 실제로 카우프만은 이 논문 86쪽 아래에서 가다머의 『진리와 방법』을 인용하고 있다.
106 Arth. Kaufmann, "Gedanken zu einer ontologischen Grundlegung der juristischen Hermeneutik", *Beiträge zur Juristischen Hermeneutik* (Köln/Berlin/Bonn/München, 1984), 89쪽.
107 T. Adorno, *Negative Dialektik* (Frankfurt/M., 1966), 72쪽 아래; Arth. Kaufmann, 위의 논문, 91쪽.
108 Arth. Kaufmann, 앞의 논문, 91-92쪽.

V. 해석학적 사고의 한계와 극복방안

1. 해석학적 사고의 한계

이미 한스 게오르그 가다머나 요제프 에서의 해석학을 살펴볼 때 드러난 것처럼, 해석학적 사고는 일정한 한계를 안고 있다. 해석의 객관성이나 방법성을 포기함으로써, 텍스트 해석 또는 법률해석이 객관성을 상실하고 해석자에 의해 자의적으로 흐를 염려가 있다는 것이다. 그런데 이러한 염려는 카우프만의 법해석학에서도 마찬가지로 되풀이된다. 왜냐하면 카우프만 역시 가다머의 철학적-존재론적 해석학을 전적으로 수용하고 있기 때문이다. 그러므로 에밀리오 베티나 위르겐 하버마스가 가다머에 대해 던졌던 비판은 카우프만의 법해석학에 대해서도 마찬가지로 타당하다. 그런데 카우프만은 이미 이러한 문제를 의식하고 있었다. 카우프만은 해석학적 사고의 한계를 알고 있었고, 그래서 이에 대한 대안도 나름대로 제시하였다. 아래서는 해석학적 사고의 한계를 극복하기 위해 카우프만이 제시한 방안, 다시 말해 법실현 과정의 정당성과 합리성을 근거 짓기 위한 카우프만의 시도를 살펴보기로 한다.

2. 극복방안

(1) 수렴원칙-상호주관성-의사소통

일단 결론부터 말한다면, 카우프만이 제시한 극복방안은 바로 수렴원칙과 상호주관성, 의사소통을 바탕으로 하여 법해석의 정당성 및 합리성을 추구하는 것이라 할 수 있다. 이러한 관점은 아직 카우프만이 해석학적 사고를 본격적으로 수용하기 전에 쓴 "법철학적 상대주의를 극복하기 위한 생각"(1960)에서 처음 제시되었다.[109] 이러한 관점은 카우프만이

해석학을 받아들인 이후 더욱 발전하여 법해석의 정당성을 보장하기 위한 대안으로 원용된다.110 나아가 이러한 기본관점은 카우프만이 정년퇴임기념으로 한 강연『근세 이후의 법철학』에서 수렴원칙, 논증원칙, 반증원칙으로 구체화된다.111 그러면서 카우프만은 이러한 원칙들의 존재근거로서 법의 존재론적인 기본관계인 인간(인격)을 제시한다. 아래서는 이러한 세부원칙들과 카우프만이 말년에 제시한 해석학적 존재론을 살펴보기로 한다. 더불어 카우프만이 해석의 한계기준으로 제시했던 사물의 본성과 유형사고를 다시 한 번 정리하고자 한다.

(2) 진리이론으로서 수렴원칙

'수렴원칙'(Konvergenzprinzip)은 카우프만이 진리이론 혹은 정의이론으로 제시한 원칙이다. 이 때문에 수렴원칙을 진리수렴이론이라고도 말한다. 수렴원칙은 특정한 진리주장이 진리인가를 판가름하게 하는 척도가 된다. 이러한 수렴원칙을 일단 정의하면, 한 진리주장이 다른 상대방의 합의를 얻어내고, 이러한 합의가 내용적 정당성을 담고 있는 진리의 궁극적인 목표를 지향하는 한에서, 그 진리주장은 진리로서 잠정적으로 인정될 수 있다는 것을 말한다. 이러한 개념정의에서 우리는 수렴원칙이 한편으로는 의사소통에 바탕을 둔 상호주관적인 합의를 추구하면서도,

---

109 Arth. Kaufmann, "Gedanken zur Überwindung des rechtsphilosophischen Relativismus", in: *Rechtsphilosophie im Wandel* (Köln/Berlin/Bonn/München, 1984), 57쪽 아래.
110 예컨대 Arth. Kaufmann, "Die Geschichtlichkeit des Rechts im Licht der Hermeneutik", *Beiträge zur Juristischen Hermeneutik* (Köln/Berlin/Bonn/München, 1984), 52쪽; Arth. Kaufmann, "Durch Naturrecht und Rechtsposotivismus zur juristische Hermeneutik", *Beiträge zur Juristischen Hermeneutik* (Köln/Berlin/Bonn/München, 1984), 87쪽 등 참고.
111 Arth. Kaufmann, *Rechtsphilosophie in der Nach-Neuzeit* (Heidelberg, 1990), 33쪽.

다른 한편으로는 단순히 절차적 정당성에만 만족하지 않고 일정한 내용적 정당성을 담보하고자 하는 것을 알 수 있다.112

카우프만의 법철학에서 이러한 수렴원칙이 본격적으로 제시된 것은, 아마도 그가 1960년에 쓴 "법철학적 상대주의를 극복하기 위한 생각"이지 않을까 생각한다. 이 논문에서 카우프만은 인식의 주관성과 관점성을 인정하면서도, 인식론적 상대주의를 극복하기 위한 대안으로 수렴원칙을 제시한다. 이때 카우프만은 이러한 수렴원칙의 단서를 브룬너(A. Brunner)에게서 발견한다.113 카우프만에 따르면, 브룬너는 각각의 주체가 지니고 있는 진리의 주관적인 요소는 서로 대립하여 상대방을 약화시키거나 또는 각자 지양되어 단일한 객관적인 통일체로 나아간다고 한다. 브룬너는 이와 비슷한 사고를 헤겔에서 발견한다.114 카우프만은 이러한 브룬너의 주장 및 이와 유사한 헤겔의 주장을 수용한다. 이로써 카우프만은 인식론적 상대주의 또는 진리의 주관성을 극복하기 위한 새로운 대안으로서 수렴원칙을 정립한다. 그러면서 카우프만은 이러한 진리수렴이론의 타당성을 논증하기 위해, 헤겔이 『정신현상학』 서문에서 말한 "진리는 전체다."라는 언명을 인용한다.115 이러한 헤겔의 언명은 각자가 지니고 있는 주관적 인식을 수렴함으로써 비로소 전체 진리가 형성된다는 의미로 이해할 수 있다. 이렇게 볼 때 진리수렴이론에서 말하는 진리란, 헤겔의 절대정신이 그런 것처럼, 특정한 이상적인 종착점을 향해 끊임없이 나아가는 그런 과정이라고 할 수 있다. 이것이 바로 카우프만이

---

112 Arth. Kaufmann, 위의 책, 32쪽 아래.
113 A. Brunner, *Erkenntnistheorie* (Köln, 1945), 77쪽 아래; Arth. Kaufmann, "Gedanken zur Überwindung des rechtsphilosophischen Relativismus", in: *Rechtsphilosophie im Wandel* (Köln/Berlin/Bonn/München, 1984), 57쪽.
114 G. F. W. Hegel, *Enzyklopädie*, § 449.
115 G. F. W. Hegel, *Phänomenologie des Geistes*, Vorrede; Arth. Kaufmann, 앞의 논문, 63쪽.

의도하는 수렴원칙이다.

이러한 진리수렴이론은 전통적인 진리이론인 진리대응이론 그리고 하버마스, 루만 등을 통해 제시된 절차적 진리이론과는 분명 차이가 있다. 먼저 진리대응이론은 <주체-객체 모델>과 실체존재론에 바탕을 두고 있다고 할 수 있는데, 카우프만은 분명 이 양자를 모두 부정하고 있기 때문이다. 나아가 진리수렴이론은 절차적 진리이론, 즉 루만의 기능적·절차적 진리이론이나 하버마스의 진리합의이론과도 차이가 있다. 그 이유는 다음과 같다. 첫째, 루만의 진리이론은 체계의 기능유지에 중점을 두어 기능화·체계합리화 되어있다. 그런데 카우프만은 바로 이 점을 지적한다. 카우프만에 따르면, 모든 진리는 인간-인격을 바탕으로 삼아야 하는데, 루만의 진리는 체계의 기능유지에만 몰두하여, 이러한 인간을 도외시하고 있다는 것이다.[116] 둘째, 카우프만은 하버마스의 진리합의이론을 공허하다고 비판한다. 비록 하버마스가 이상적 대화상황이나 더욱 나은 논증의 힘으로써 진리합의이론의 정당성을 추구하기는 하지만, 카우프만이 볼 때 과연 무엇이 더욱 나은 논증인지 판단할 기준이 없다는 이유에서 이러한 논증원칙은 공허하다고 한다.[117] 그렇기 때문에 카우프만은 내용을 도외시한 절차적 진리 및 정의이론은 수용하기 어렵다고 한다. 이러한 근거에서 카우프만은 수렴원칙을 진리이론으로 수용하고 있는 것이다.[118]

(3) 논증원칙과 반증원칙

---

[116] Arth. Kaufmann, "Gedanken zu einer ontologischen Grundlegung der juristischen Hermeneutik", *Beiträge zur Juristischen Hermeneutik* (Köln/Berlin/Bonn/München, 1984), 97쪽.
[117] Arth. Kaufmann, 앞의 책, 31쪽.
[118] Arth. Kaufmann, 앞의 책, 37쪽.

카우프만은 위와 같은 수렴원칙이 가능하려면, 각 진리주장자가 일정한 법적 대화에 참여하여 서로 합리적 의사소통을 할 수 있어야 한다고 말한다. 그리고 이를 가능하게 하려면, 그 전제로서 '자유로운 논증공동체'(Argumentationsgemeinschaft)가 존재해야 한다고 본다.[119] 그런데 이러한 장치는 바로 진리에 대한 상호주관성을 확보하려는 것으로 이해할 수 있다. 카우프만은 이러한 전제를 통해 각 진리주장자가 자유로운 논증공동체 안에서 서로 합리적 대화(rationaler Diskurs)를 할 수 있도록 함으로써 수렴원칙을 달성하려 하는 것이다. 이를 카우프만은 논증원칙이라고 부른다.

그러나 이러한 논증원칙만으로는 진리수렴을 충분히 실현할 수 없다. 만약 하버마스와 같이 진리합의이론을 전제로 한다면 앞에서 언급한 합리적 대화로도 충분할 수 있지만, 카우프만이 이러한 진리합의이론에 찬성하지 않는 것은 이미 살펴보았다. 그래서 카우프만은 이러한 논증원칙을 보충하기 위한 원칙으로 '반증원칙'(Fallibilitätsprinzip)을 제시한다.[120] 이때 반증원칙이란 특정한 진리주장은 그것에 오류가 존재하지 않는 한에서만 잠정적으로 진리로 인정받을 수 있다는 것을 말한다. 카우프만은 이러한 반증원칙을 논증원칙에 적용하면, 비록 특정한 진리주장이 논증을 통해 합의에 이르렀다 하더라도 그 합의에 오류가 발생하는 한 그 합의는 진리로 인정받을 수 없다고 말한다. 카우프만은 이러한 반증원칙의 근거를 비판적 합리주의를 제창한 칼 포퍼(K. Popper)에게서 발견한다.

---

119 Arth. Kaufmann, 앞의 책, 33쪽.
120 Arth. Kaufmann, 앞의 책, 33쪽 아래. 원래 독일어 'Fallibilitätsprinzip'을 그대로 번역하면 '오류성원칙'이 될 것이다. 그러나 이러한 오류성 원칙이 담고 있는 의미는 비록 특정한 주장이 당사자 간의 합의를 통해 진리로서 인정되었다 하더라도, 여기에는 항상 오류가 있을 수 있으므로 이러한 진리는 단지 잠정적으로만 진리일 수밖에 없다는 점을 뜻한다. 따라서 이 단어를 칼 포퍼가 주장한 'Falsifikationsprinzip', 즉 '반증원칙'이라고 바꿔 번역하는 것도 무방하다고 생각한다.

이러한 칼 포퍼의 이론을 통해 카우프만은 진리합의이론의 결점을 보완하면서도, 진리의 개방성과 다원성을 추구하고자 하는 것이다.

(4) 해석학적 존재론으로서 관계존재론

이외에 카우프만이 해석학적 사고의 한계에 대한 대안으로 제안하는 것으로 해석학적 존재론을 거론할 수 있다. 관계존재론으로 특징지을 수 있는 이 존재론은 그야말로 카우프만 법해석학에 한계를 그어주는 핵심적인 테제라 할 수 있다. 수렴원칙, 논증원칙, 반증원칙도 이러한 관계존재론에 근거를 두어서만 비로소 의미가 있다고 볼 수 있다.[121] 이러한 관계론적 사고는, 카우프만 자신이 언급하고 있듯이, 이미 그가 법존재론에 몰두하던 시대부터 배태되었다고 할 수 있다. 그 중에서도 이러한 관계존재론이 본격적으로 제시된 것은, 카우프만이 1982년에 쓴 "법해석학의 존재론적 기초에 대한 생각"이라 할 수 있다. 여기서 카우프만은 법발견 과정에서는 <주체-객체 모델>이 적용되기 어렵고, 그 대신 해석학적 사고가 적용된다고 한다. 그러면서도 카우프만은 법발견 과정에서는 과연 '처분할 수 없는 것'을 인정할 수 없는지 의문을 제기한다. 이에 대한 대답으로 카우프만이 내놓은 것이 바로 관계존재론이다. 카우프만은 존재론적 사고를 통해 법발견 과정에서도 '처분할 수 없는 것'을 설정할 필요가 있다고 말하는데, 이때 제시하는 존재론은 실체존재론이 아니라 관계존재론이라고 한다. 그러면서 이러한 관계존재론의 사상적 연원을 칸트에게서 발견한다. 왜냐하면 카우프만에 따르면, 칸트 이후로 인간은 대상이 아니라 관계로 취급되기 때문이다.[122]

---

121 이 점은 카우프만이 『근세 이후의 법철학』 결론으로서 법의 존재론적 기본관계인 인격을 제시하고 있다는 점에서도 확인할 수 있다. Arth. Kaufmann, 앞의 책, 40쪽 아래.

그렇다면 관계존재론이란 무엇을 말하는가? 이것은 시간과 공간 속에서 존재하는 어떤 실체를 파악하려는 것이 아니라, 인간과 인간의 관계 안에서 형성되는 존재를 밝히려는 것이라 할 수 있다. 따라서 관계존재론으로서 해석학적 사고에 한계를 긋는다는 것은, 인간과 인간 사이에서 형성되는 존재를 해석자가 자의적으로 처분해서는 안 된다는 점을 뜻한다.[123] 그런데 카우프만은 이러한 기획을 이미 베르너 마이호퍼가 수행했다고 지적한다. 그러면서 과거 자신이 "법의 존재론적 구조" 등에서 마이호퍼를 비판했던 것을 수정하면서, 이러한 마이호퍼의 작업들을 매우 주목할 만한 것으로 인정한다.[124]

결국 이상의 논의에서 우리는 다음과 같은 결론을 이끌어낼 수 있다. 카우프만의 법철학 및 법해석학은 초기 법존재론에서 시작하여, 법해석학적 사고를 거친 후, 다시 인격을 중심으로 한 관계존재론적·해석학적 사고로 나아갔다는 것이다.

VI. 중간결론

독일의 대표적인 법철학자이자 형법학자라 할 수 있는 아르투어 카우

---

122 Arth. Kaufmann, "Gedanken zu einer ontologischen Grundlegung der juristischen Hermeneutik", *Beiträge zur Juristischen Hermeneutik* (Köln/Berlin/Bonn/München, 1984), 96쪽.

123 카우프만이 『유추와 사물의 본성』에서 해석의 한계로서 제시했던 사물의 본성, 유형도 바로 이러한 관계존재론적 사고의 한 형태라고 말할 수 있다. 왜냐하면 사물의 본성 또는 유형은 사물 안에 내재하는 유사성인데, 이러한 유사성 역시 사물 그 자체로 형성되는 것이 아니라, 인간과 사물의 관계 속에서만 파악될 수 있기 때문이다. 이러한 점에서 카우프만이 하세머의 반론에 대해 다시 반박한 것이 과연 설득력이 있는지에 관해서는 의문이 없지 않다.

124 Arth. Kaufmann, 앞의 논문, 98쪽 각주(38).

프만은 자연법과 법실증주의의 대립 그리고 에서와 마찬가지로 방법이원론을 극복하려는 데서 자기 법철학의 출발점을 마련한다. 이를 위해 카우프만은 구체적이고 역사적인 자연법을 구성하고, 법의 존재론적 기초를 마련하면서, 사물의 본성론을 새롭게 전개한다. 한편 이러한 작업을 통해 그 기초가 마련된 법존재론적 문제의식은, 카우프만이 자기 학문의 중반 이후에 접어들면서 법해석학으로 구체화된다. 여기서 카우프만은 구스타프 라드브루흐와 칼 엥기쉬의 관점을 발전시켜 법실현 과정을 존재와 당위의 상응관계로 파악한다. 나아가 학문적 여정의 후기에 이르러서는 존재론적 해석학의 기본요소인 선이해와 해석학적 순환을 인정함으로써 거의 완전한 존재론적 법해석학의 모습을 갖추게 된다. 그러나 다른 한편 카우프만은 존재론적 해석학이 가질 수 있는 한계를 인정하면서 이를 수렴원칙, 논증원칙, 반증원칙 및 해석학적 존재론으로 극복하려 한다.

제4절 빈프리트 하세머의 법해석학

I. 서설

아르투어 카우프만에 의해 그 기초가 마련된 형법해석학은 그의 제자인 빈프리트 하세머(Winfried Hassemer)에 의해 더욱 정교하게 발전한다.[1] 하세머는 1968년에 출간한『구성요건과 유형』에서 카우프만이『유추와 사물의 본성』(1965)에서 전개한 해석학적 사고를 바탕으로 하여 형법해석학의 문제, 구성요건의 의미, 구성요건과 유형의 관계 등을 고찰한다. 하세머가 이러한 고찰을 통해 획득한 성과는 다시 그의 스승인 카우프만에게 영향을 미쳐, 그 후 카우프만이 해석학적 사고를 자신의 법철학에 본격적으로 수용하도록 하는 데 기여한다. 이러한 점에서 볼 때, 하세머의 법해석학은 독일 법해석학의 전개과정에서 상당한 의미를 갖는다. 아래서는 바로 이러한 하세머의 법해석학을 살펴보려 한다. 이때 위에서 소개한『구성요건과 유형』, 1973년에 초판이 나온『범죄의 이론과 사회학』, 1984년에 출간된『형법기초입문』이 주된 분석대상이 될 것이다.

---

[1] 하세머의 법해석학과 형법학을 다룬 국내연구는 그리 많지 않다. 하세머의 형법학에 관해서는 양천수, "인격적 법익론: 의미와 한계 그리고 재구성 가능성",『성균관법학』제21권 제1호(2009. 4), 275-296쪽; 홍영기, "형벌을 통한 규범신뢰의 강화: 미완의 구상, 하세머의 적극적 일반예방",『고려법학』제77호(2015. 6), 301-356쪽 등 참고.

II. 구성요건 해석에 대한 기존의 방법론 비판

1. 문제제기

하세머가 『구성요건과 유형』에서 중점적으로 다루는 문제는 구성요건 해석이라는 테마이다. 형법해석은 바로 형법 구성요건을 해석하는 데서 출발하기 때문이다. 다시 말해, 법관이 범죄와 형벌을 규율하는 구성요건을 해석해야만 비로소 형법적 사안을 해결할 수 있기 때문에, 구성요건 해석은 형법해석학에서 그 무엇보다 중요한 의미를 갖는다.

그러면 구성요건을 어떻게 해석할 수 있고, 또 어떻게 해석해야만 하는 것일까? 이에 대해서는 일단 다음과 같이 생각할 수 있다. 우선 구성요건은 구성요건표지로 세분화된다. 그러므로 이러한 개개의 구성요건표지를 분석함으로써 구성요건의 의미를 해석할 수 있다고 생각할 수 있다. 하세머는 이와 같은 사고를 대변하는 것으로 형식적·연역적 해석이론을 언급한다.[2] 그러나 아래에서 더욱 자세하게 살펴보겠지만 하세머는 이렇게 구성요건표지를 분석하는 것만으로는 구성요건을 해석할 수 없다고 말한다. 왜냐하면 구성요건과 구성요건표지의 의미를 해석할 때 서로가 맺는 관계는 일방적인 관계가 아니라 상호적인 관계이기 때문이다. 달리 말해 구성요건표지의 의미연관이 구성요건의 의미를 결정하기도 하지만, 그 반대로 구성요건 자체가 구성요건표지 각각의 의미를 형성하기도 한다.[3] 따라서 구성요건표지를 해명하는 것만으로 구성요건의 의미가 밝혀지는 것은 아니다. 나아가 하세머에 따르면, 이것 역시 아래에서 더욱 자세하게 검토하겠지만, 구성요건 자체는 단순히 규범

---

[2] 이러한 형식적·연역적 해석이론에 관해서는 W. Hassemer, *Tatbestand und Typus* (Köln/Berlin/Bonn/München, 1968), 17쪽 아래 참고.
[3] W. Hassemer, 위의 책, 13쪽.

성만을 갖는 것이 아니라 일정한 현실관련성도 갖는다. 그렇기 때문에 하세머는 이러한 현실관련성을 도외시하고, 오직 형법 구성요건 그 자체로부터만 형식적・연역적으로 구성요건의 의미를 구체화하는 것은 그리 설득력이 있는 방법은 아니라고 한다.4

이러한 형식적・연역적 방법 이외에 달리 생각할 수 있는 방법으로 귀납적 해석방법을 생각할 수 있다.5 이는 구성요건의 현실관련성에 착안점을 둔 것으로서, 영미에서 많이 사용하는 사례중심적 해결방법이 그 한 가지 예로서 거론할 수 있을 것이다.6 그러나 일단 결론부터 말한다면, 하세머는 이러한 경험중심적인 귀납적 방법만으로 형법 구성요건을 해석하는 데에 회의감을 표명한다.7 그러면 이러한 형식적・연역적 방법과 귀납적 방법은 어떻게 형법 구성요건을 해석하려는 것일까? 그리고 여기에는 왜 한계가 있는 것일까?

2. 형식적・연역적 해석방법의 의미와 그 한계

구성요건을 형식적・연역적으로 해석하려는 방법을 한 마디로 표현하면 바로 삼단논법이라 할 수 있다. 이러한 삼단논법은 형법적 분쟁을 다음과 같은 세 가지 단계로 정형화하여 해결하려 한다. 대전제인 형법 구성요건을 소전제인 형법적 분쟁에 적용하여 그 결론을 이끌어 내려는 것이다.8 이러한 삼단논법은 철학의 한 분과인 형식논리학뿐만 아니라 법학방법론으로서도 오랜 역사를 지니고 있다. 가깝게는 19세기 독일

---

4 하세머를 이를 'Subordination'이라고 표현한다. W. Hassemer, 앞의 책, 18쪽.
5 이에 관해서는 W. Hassemer, 앞의 책, 47쪽 아래.
6 이를 '결의론적 해결방법'(Kasuistik)이라고 말하기도 한다.
7 W. Hassemer, 앞의 책, 63-64쪽.
8 W. Hassemer, 앞의 책, 17쪽.

법학계를 풍미했던 개념법학에서도 이러한 사고를 찾을 수 있고, 좀 더 가깝게는 한스 켈젠의 순수법학에서 이러한 모델을 발견할 수 있다. 그런데 이러한 삼단논법적 법학방법론, 즉 형식적·연역적 해석방법론은 최근에도 여전히 더욱 발전된 형태로 살아남고 있다. 특히 이러한 해석론은 20세기 초반 영국과 오스트리아를 중심으로 하여 풍미한 논리실증주의, 언어분석철학, 기호논리학의 성과를 수용하여 구성요건을 기호화하고 해석절차를 정형화하여 구성요건을 투명하고 객관적으로 해석하려 한다. 하세머는 이러한 시도를 한 대표적인 법학자로서 클룩(U. Klug)과 슈라이버(R. Schreiber)를 언급한다.[9]

클룩과 슈라이버를 중심으로 하여 전개된 연역적·형식적 법논리학 (dedutive-formale juristische Logik)은 프랑스의 철학자 파스칼(B. Pascal)이 제시한 전제로부터 출발한다.[10]

- 명확하지 않고 모호한 개념은 그것을 분명하게 정의하지 않는 한 허용될 수 없다.
- 개념을 정의할 때는 완전하게 알 수 있거나 이미 설명된 개념만을 사용할 수 있다.
- 오직 완전하게 자명한 것만이 공리로서 원용될 수 있다.
- 분명하지 않은 모든 문장은 증명되어야 한다. 이때 이러한 문장을 증명하려면 이미 우리가 승인하고 증명한 공리나 문장을 이용해야 한다.
- 사고할 때는 개념정의를 이미 정의된 사물에 접목시켜야 한다.

---

9 논리실증주의와 분석철학에 관해서는 J. O. Urmson, 분석철학, 참고; 기호논리학은 I. M. Corpi, 논리학 입문, 339쪽 아래 참고; 클룩의 저작으로는 U. Klug, *Juristische Logik*, 4. Aufl. (Berlin/Heidelberg/New York, 1982); 슈라이버의 저작으로는 R. Schreiber, *Logik des Rechts* (Berlin/Heidelberg/New York, 1962); W. Hassemer, 앞의 책, 20쪽.
10 W. Hassemer, 앞의 책, 21쪽.

이어서 이러한 전제를 충족하기 위해 구성요건을 기호화하는 작업을 착수한다. 왜냐하면 구성요건 또는 구성요건표지를 구성하는 언어는 그 자체 다양한 의미를 포함할 수 있기 때문이다. 그러므로 이를 분명하고 일의적인 기호로 바꿔서 구성요건의 의미를 분명하게 만들 수 있다는 것이다.

그런데 하세머에 의하면, 이렇게 구성요건을 기호화하는 작업은 두 가지 측면에서 진행된다. '구문론적인 측면'(syntaktische Ebene)과 '의미론적인 측면'(semantische Ebene)이 바로 그것이다.[11] 먼저 구문론적인 측면에서 구성요건을 기호화한다는 것은 구성요건을 이루는 문장 및 단어 상호간의 관계를 기호로써 정형화하는 것을 뜻한다. 구성요건을 구성하는 각 문장이나 단어를 기호를 통해 구조화·정형화함으로써 구성요건의 의미를 분명하게 파악하려는 것이다. 그러나 하세머는 이러한 구문론적인 분석은 단지 구성요건을 형식적으로 구조화하는 것, 달리 말해 문장을 형식적으로 표현한 것에 지나지 않는다고 한다.[12] 그 이유는 이러한 작업만으로는 구성요건이 지시하는 의미를 밝힐 수 없기 때문이다. 구성요건 자체는 일정한 현실성을 지향하고 있기에, 구성요건을 이루는 문장 상호간의 관계를 분석하는 이러한 구문론적 분석은 해석학적인 견지에서 볼 때 큰 의미가 없다는 것이다. 이 때문에 등장한 것이 의미론적인 분석이다. 의미론적인 분석은 구성요건표지 그 자체가 갖는 의미를 구체적인 사안을 상정하여 세분화함으로써 해명하려 한다. 예를 들어, 독일 형법 제242조가 규정하는 '절취'를 '불법영득의사를 갖고 가져가는 것'으로 세분화하는 것을 들 수 있다.[13] 의미론적 분석은 이러한 세분화를 계속 진행함으로써 구성요건과 사안을 서로 연결시키려고, 바꿔 말해 사안을

---

[11] W. Hassemer, 앞의 책, 26쪽 아래, 34쪽 아래.
[12] W. Hassemer, 앞의 책, 34쪽.
[13] W. Hassemer, 앞의 책, 36쪽.

구성요건에 포섭하려 한다.

  그러나 하세머는 이렇게 구문론적인 분석과 의미론적인 분석으로써 구성요건을 기호화하고 그 의미를 분명하게 분석하려는 시도에 대해 회의적인 태도를 보인다.[14] 하세머는 이러한 형식적·연역적 분석은 한계를 가질 수밖에 없다고 지적한다. 우선 구문론적인 분석은 사안이라는 현실성과 관련을 맺지 않는다는 점에서 한계를 갖는다는 것은 이미 본 바와 같다. 나아가 의미론적인 분석 역시 다음과 같은 문제점을 갖는다. 의미론적인 분석이 의도하는 것처럼 구성요건을 상위개념과 하위개념으로 세분화할 수 있다면, 어떻게 특정한 하위개념이 상위개념에 속할 수 있는지 의미론적 분석은 밝혀주지 않는다는 것이다. 예를 들어, '절취'란 구성요건표지를 '불법영득의사를 갖고 재물을 가져가는 것'이라는 하위개념으로 세분화한다고 할 때, 어떤 근거에서 절취가 이렇게 세분화되는지 의미론적 분석은 명확히 보여주지 않는다.[15] 오히려 어떤 경우에는 하위개념이 상위개념을 혹은 구성요건표지가 구성요건의 의미 자체를 결정하기도 한다. 이상의 논의에서 볼 때, 하세머는 형식적·연역적 법논리학은 구성요건을 해석하기 위한 적절한 방법론으로 원용할 수 없다고 한다. 동시에 이러한 결론은 구성요건 자체가 분석적인 구성물도 그렇다고 형식적·추상적인 개념도 아니라는 점을 시사한다.[16] 물론 하세머는 이러한 방법에 한계가 있다고 해서 이처럼 구성요건을 구조화·기호화·정형화하는 것에 아무런 의미가 없다고 보는 것은 너무 성급한 판단이라고 한다.[17] 그 이유는 아마도 하세머가 이러한 정형화 방법

---

14 W. Hassemer, 앞의 책, 39-40쪽.
15 물론 이러한 예 자체는 하세머가 소개한 것은 아니다. 다만 하세머도 이와 비슷한 취지의 반론을 하고 있다. 가령 W. Hassemer, 앞의 책, 39쪽 참고.
16 W. Hassemer, 앞의 책, 44쪽.
17 W. Hassemer, 앞의 책, 43쪽.

에 일정한 의미를 부여하기 때문이지 않나 추측해 본다.[18] 하여간 이러한 형식적·연역적 방법은 일정한 한계를 가질 수밖에 없기에 하세머는 이와 반대되는 귀납적 방법을 그 대안으로 검토한다.

3. 귀납적 방법의 의미와 한계

앞에서 본 형식적·연역적 방법론과는 달리, 귀납적 방법은 경험적 사실자료인 사안을 귀납적으로 분석함으로써 구성요건의 의미를 해명하려 한다. 이 방법은 구성요건의 의미에 대해 일정한 가설을 세우고, 이 가설을 뒷받침할 수 있는 관련 정보를 수집하여, 이 정보가 당해 가설을 과연 어느 정도로 검증하는가에 따라 구성요건의 의미를 파악하려 한다.[19] 그러므로 귀납적 방법에서 관건이 되는 것은 과연 가설을 뒷받침할 수 있는 정보가 무엇인지 그리고 이를 어떻게 수집할 수 있는지 하는 점이다.[20] 그런데 하세머는 이러한 정보에 관한 문제를 검토한 후, 결론적으로 귀납적 방법 역시 구성요건을 해석하는 데 적절한 방법이 될 수 없다고 말한다. 그 이유는 귀납적 방법 그 자체에서 찾을 수 있다. 앞에서 언급한 것처럼, 귀납적 방법은 구성요건에 대한 가설을 설정한 후 이를 뒷받침할 수 있는 정보를 수집한다. 그런데 여기서 알 수 있는 것처럼, 정보는 가설에 의존한다. 달리 말해, 관련 정보는 가설로부터 전적으로 자유로울 수는 없다.[21] 이 점에서 우리는 귀납적 방법이 순수하게 경험적일 수는 없다는 점을 간취할 수 있다. 또한 실제 재판절차에서 가설

---

18 이 점은 하세머가 전개한 법익론에서 잘 드러난다. 하세머의 법익론에 관해서는 이 책 제3장 제4절 IX. 참고.
19 W. Hassemer, 앞의 책, 51쪽.
20 W. Hassemer, 앞의 책, 52쪽.
21 W. Hassemer, 앞의 책, 52쪽.

과 관련되는 모든 정보를 수집할 수는 없다는 점 그리고 설사 모든 정보를 거의 수집할 수 있다 하더라도 과연 어느 정도로 수집해야 가설을 검증할 수 있는지, 어떤 정보가 검증을 위한 것으로 허용될 수 있는지 등과 같은 논점도 귀납적 방법의 한계를 보여주는 근거가 된다.[22] 왜냐하면 이러한 쟁점을 풀려면 바로 구성요건 혹은 구성요건에 대한 가설이 쟁점해결을 위한 전제로서 개입해야 하기 때문이다.[23] 이러한 근거에서 하세머는 순수한 경험적·귀납적 방법 역시 구성요건을 적절하게 해석하는 방법으로 원용할 수 없다고 말한다. 그리고 결국 이러한 점에서 다음과 같은 결론을 확정할 수 있다고 말한다. 구성요건 자체가 지닌 해석학적 기능을 제대로 파악하면서 구성요건을 해석하려면, 연역적 또는 귀납적 방법 중 어느 한 쪽만을 선택해서는 안 된다는 것이다. 그 대신 연역적 방법과 귀납적 방법을 모두 원용해야만 비로소 구성요건을 온전하게 해석할 수 있다는 것이다. 그러면 왜 구성요건을 해석하려면, 이 양자의 방법을 모두 사용해야만 하는가? 연역적 방법과 귀납적 방법을 사용한다는 것은 무엇을 뜻하는가? 첫째 물음에 대해서는 구성요건의 언어성을, 둘째 물음에 대해서는 구성요건의 유형성을 그 대답으로 제시할 수 있다.

III. 구성요건 해석의 전제로서 구성요건의 언어성

1. 서설

빈프리트 하세머는 구성요건을 해석하기 위한 전제로서 우선 구성요

---

[22] W. Hassemer, 앞의 책, 63쪽.
[23] W. Hassemer, 앞의 책, 63쪽.

건의 언어성에 주목한다.24 그러면서 이러한 언어성이 구성요건을 해석할 때 어떤 영향을 미치는지 검토한다. 그 결과 구성요건이 지닌 언어성 때문에 형식적·연역적 방법이나 경험적·귀납적 방법 가운데 어느 한 쪽만 가지고서는 구성요건을 제대로 해석할 수 없다는 점을 이끌어 낸다. 더 나아가 구성요건은 추상적인 개념의 집합이 아니라 바로 '유형'(Typus)이라는 점을 밝혀낸다. 그러면 어떻게 구성요건의 언어성으로부터 이러한 결론이 도출되는 것일까?

2. 언어의 정확성

이미 말한 것처럼, 구성요건은 언어, 더 정확히 말해 개별 단어와 문장으로 구성되어 있어서 구성요건을 제대로 해석하려면 이러한 단어와 문장의 언어적 속성을 밝혀야 한다. 그런데 하세머는 이 경우에 다음과 같은 두 가지 의문을 제기할 수 있다고 한다. 첫째는 어떻게 언어가 원래 그것이 말해야만 하는 것을 말할 수 있고, 또 어떻게 청취자가 이렇게 언어가 말해야만 하는 것을 이해할 수 있는가 하는 점이다. 둘째는 이때 청취자에 의한 언어이해의 정당성이 어떻게 증명될 수 있는가 하는 점이다.25 이러한 문제제기를 한 마디로 표현하면, '언어의 정확성'(Exaktheit der Sprache) 문제와 '언어이해의 검증성' 문제라 할 수 있다. 하세머는 구성요건의 언어성에서 언어의 정확성 문제를 중심테제로 삼아 이를 검토한다.

이 문제를 해결하기 위해 먼저 하세머는 언어, 즉 말과 문장은 사건(Fälle)의 총체라는 견해를 소개한다.26 원래 이 견해는 전기 비트겐슈타인

---

24 W. Hassemer, 앞의 책, 66쪽 아래.
25 W. Hassemer, 앞의 책, 66쪽.
26 하세머는 앞의 책, 67쪽 각주(9)에서 이를 대변하는 대표적인 견해로서 비트겐슈

또는 논리실증주의자들에 의해 주창된 견해로서, 언어는 그 지시대상을 모사한다는 것을 중심적인 명제로 제시한다(그림이론).[27] 따라서 이 견해에 따르면, 언어의 정확성은 언어가 그 지시대상을 정확하고 투명하게 반영하는지에 의해 판단할 수 있다. 나아가 이러한 언어의 정확성은 실현될 수 있다고 믿는다. 그러나 하세머는 이러한 언어이해에 의문을 표시한다.[28] 이에 대한 근거를 제기하기 위해 언어(말)와 언어상황의 관계, 개별 언어와 문장의 관계, 언어와 언어영역(Wortfeld)의 문제, 언어와 현실성의 관계라는 논점을 중심적으로 살펴본다. 일단 하세머에 따르면, 언어는 개별적인 언어상황에 따라 그 의미가 달라질 수 있기에, 언어의미의 일의성(Eindeutigkeit)과 정확성을 관철하기 어렵다고 말한다.[29] 그 때문에 하세머는 우리가 언어의 사전적인 의미와 현실적인 의미를 구별할 수 있다고 말한다.[30] 그뿐만 아니라, 이렇게 언어상황에 의해 부여된 언어의미는 다시 언어상황을 구성한다고 한다.[31] 요컨대 하세머에 의할 때 언어의 의미는 그 언어상황과 상호적인 형성관계를 맺는다고 말할 수 있다. 이로써 우리는 언어의 정확성은, 그것이 언어의미의 유동성을 인정하는 않는 한에서, 관철되기 어렵다는 점을 알 수 있다.

이러한 현상은 개별 언어(말)와 문장(Satz) 사이에서도 마찬가지로 나타난다. 언어와 문장도 서로가 서로를 구성하는 상호구성관계를 맺는다는

타인의 『논리철학논고』를 인용한다.

[27] 다만 『논리철학논고』에 반영된 전기 비트겐슈타인의 견해와 슐리크(M. Schlick)를 중심으로 한 논리실증주의(빈학파)가 과연 동일한 견해를 표명한 것인지에 관해서는 의문이 제기되고 있다. K. Wuchterl/A. Hübner, 최경은 (옮김), 『비트겐슈타인』(한길사, 1999), 19쪽.
[28] W. Hassemer, 앞의 책, 67쪽.
[29] W. Hassemer, 앞의 책, 68쪽.
[30] W. Hassemer, 앞의 책, 69쪽.
[31] W. Hassemer, 앞의 책, 70쪽.

것이다. 이를 더욱 구체적으로 말하면, 언어는 문장의 의미를 규정하고, 이 문장은 다시 개별 언어(말)의 의미를 규정한다는 것이다.

하세머는 이러한 언어의미의 유동성을 언어와 언어영역의 관계에서도 발견한다.[32] 전통적인 견해에 의하면, 각 언어는 일정한 의미영역을 갖는다. 우리는 이러한 의미영역에 근거를 두어 각각의 언어가 서로 유사한 의미관계를 맺는지, 아니면 어느 한 쪽이 다른 한 쪽을 포함하는지 판단할 수 있다. 그뿐만 아니라 일부 견해에 따르면, 언어의미의 영역은 분명하여 우리는 이에 대한 한계를 그을 수 있다. 그러나 하세머는 이처럼 언어영역의 한계를 분명히 그을 수 있다는 관념에 반대한다. 오히려 하세머는 언어영역의 한계를 분명하게 설정하는 것은 어렵다고 말한다.[33] 그 이유는 언어와 언어영역 역시도 서로 해석학적인 기능에 의해 상호형성관계를 맺기 때문이라고 한다. 바꿔 말해, 특정한 언어의 의미는 일정한 해석학적인 기능을 충족하기 위해 자신의 의미영역을 조정하고, 이렇게 조정된 언어영역은 다시 그 언어의 의미를 규정한다는 것이다.[34] 바로 이러한 근거에서 언어의 의미영역에 대한 한계를 분명하게 설정하는 것은 어렵다고 한다.

이처럼 언어와 언어영역은 해석학적인 관련성을 맺는데, 이러한 특성은 언어와 현실성(Wirklichkeit)의 관계에서도 되풀이된다. 하세머는 일단 언어가 현실성을 반영한다는 것은 자명하다고 한다. 그러나 동시에 언어가 현실성을 구성한다고 말한다. 바꿔 말해, 하세머는 언어 밖에서는 현실성이 존재할 수 없다고 한다. 현실성은 오직 언어를 매개로 해서만 존재할 수 있다는 것이다. 따라서 하세머에 따르면, 일정한 개념이 부여

---

32 W. Hassemer, 앞의 책, 71쪽 아래.
33 W. Hassemer, 앞의 책, 73쪽.
34 W. Hassemer, 앞의 책, 74쪽.

된 현실성이란 곧 언어로 개념화된 현실성이라 할 수 있다.[35] 이와 같이 언어와 현실성은 서로 순환관계를 맺는다. 그런데 이처럼 언어와 현실성이 상호 순환관계에 놓인다고 할 때 주의해야 할 점이 한 가지 있다. 그것은 언어가 현실성을 직접적으로 반영하는 것은 아니라는 점이다. 이 점은 하세머가 언어에 은유적인 성격이 있다고 지적하는 부분에서 드러난다.[36] 언어에 은유적인 성격이 있다는 말은, 언어가 그 지시현실성을 그림이론에서 주장하는 것처럼 그대로 묘사하는 것이 아니라 단지 은유적으로만, 달리 말해 유추적으로만 묘사할 뿐이라는 점을 의미한다. 언어와 현실의 관계는 한편으로는 상호순환관계이면서, 다른 한편으로는 유추관계라는 것이다. 이를 통해 우리는 추가적인 관점을 획득할 수 있다. 언어를 이해하는 과정은 유추적인 과정이라는 것이다.[37]

지금까지 하세머가 바라본 언어와 언어상황의 관계, 언어와 문장의 관계, 언어와 언어영역의 관계 그리고 언어와 현실성의 관계를 검토했는데, 이러한 검토과정에서 우리는 결국 다음과 같은 결론에 도달한다. 언어와 현실성의 관계는 고정적이고 분명한 관계가 아니라, 해석학적인 기능에 의해 형성되는 유동적이면서 상호순환관계라는 점이다. 또한 특히 언어와 현실성의 관계에서 알 수 있듯이, 언어이해는 유추적인 과정이라는 점이다. 이로써 우리는 언어의 정확성을 추구하려는 기획이 달성되기 어려운 것임을 알 수 있다.

3. 언어이해의 정당성

이처럼 언어의 의미가 고정된 것도 정확한 것도 아닌 유동적인 것이

---

[35] W. Hassemer, 앞의 책, 75쪽.
[36] W. Hassemer, 앞의 책, 78쪽.
[37] W. Hassemer, 앞의 책, 80쪽.

고, 또한 단지 현실을 유추하는 것에 불과할 뿐이라면, 우리는 무엇을 기준으로 하여 언어이해의 정당성을 판단할 수 있을까? 먼저 언어가 정확하게 현실성을 반영하는지 여부가 언어이해의 정당성에 대한 기준이 될 수 없음은 자명하다. 따라서 언어이해의 정당성은 현실성이 아닌 다른 기준으로 판단해야 한다. 이에 관해 하세머는 언어이해에 대한 동의를 한 가지 기준으로 제시한다. 특정한 언어 또는 말에 일정한 의미를 부여하는 것에 동의를 얻어낼 수 있다면, 그 언어이해는 정당한 것이 될 수 있다는 것이다.[38] 이때 언어이해에 동의를 얻어내려면, 각자가 갖는 언어이해의 관점을 비교해야 한다. 그런데 하세머는 이렇게 언어이해의 관점을 비교하려 할 때, 각자가 갖는 언어이해의 관점이 다양하고, 또한 은유적인 언어의 경우에는 더더욱 그 비교관점을 정형화하기 어렵다는 문제점이 등장한다고 한다.[39] 따라서 여기서 우리는 문제해결의 관건이 어떻게 다양한 관점 가운데서 비교관점을 선별하고 이를 정형화할 수 있는가에 달려있음을 알 수 있다. 이 문제를 하세머는 언어를 이해하는 과정에서 해결하려 한다.

하세머는 언어이해자가 언어를 이해할 때, 이미 가다머가 지적하였듯이, 이해자의 선이해가 개입한다는 점을 인정한다. 더 나아가 이러한 선이해의 개입과정은 일정한 순환관계에 놓인다는 점 역시 긍정한다.[40] 이러한 순환과정을 구체적으로 묘사하면 다음과 같다. 우선 이해자는 특정한 언어를 이해하기 전에 그 언어의미에 대한 선이해를 갖는다. 이러한 선이해로써 이해자는 언어이해에 접근한다. 그런데 이해자의 선이해는 언어를 이해하는 과정에서 그대로 관철되는 것이 아니라, 다시 보완되거

---

38 W. Hassemer, 앞의 책, 79쪽.
39 W. Hassemer, 앞의 책, 79쪽.
40 W. Hassemer, 앞의 책, 82쪽.

나 교정되거나 또는 변경되기도 한다. 왜냐하면 원래 이해자가 가졌던 선이해와, 그 대상언어에 관해 이해자가 놓인 언어상황이나 다른 문장에 대한 관계 등에 의해 새롭게 부여되는 언어의미 사이에는 일정한 '대립관계'가 존재하기 때문이다.[41] 달리 말해, 이해자의 선이해와 언어를 통해 비로소 형성되는 이해 사이에는 일정한 긴장관계가 있기 때문에 선이해는 이해과정에서 일정한 형태로 지양된다. 하세머는 이러한 과정을 '변증적'(dialektisch) 과정이라고 일컫는다.[42] 또한 하세머는 이렇게 선이해가 언어이해과정을 통해 지양되는 것을 '언어를 향한 선이해의 펼쳐짐'(Entfaltung)이라고 지칭한다.

하세머는 이와 같이 언어이해는 이해자의 선이해가 펼쳐지는 과정이므로, 언어의 정확성과 정당성도 이러한 이해과정 속에서 판단해야 한다고 말한다.[43] 언어이해의 정당성은 이해자의 선이해가 언어적 이해과정 속에서 펼쳐지고 구체적으로 실행됨으로써 보장될 수 있다는 것이다. 다시 말해, 하세머가 볼 때 언어이해의 정당성은 '언어구상'(Sprachkonzeption)이 실현되는 과정 안에 존재한다.[44]

그러면 이러한 하세머의 언명을 우리는 어떻게 이해할 것인가? 앞에서 우리는 언어이해의 정당성은 각 언어이해에 대한 관점을 비교하고 언어이해에 대한 동의를 얻음으로써 도달할 수 있다고 하였다. 그런데 이러한 과정에 난점이 있어서 이 난점을 해결할 필요가 있다고 말했다. 이러한 난점의 해결책으로서 하세머가 제시한 것이 위에서 말한 결론이다. 이러한 결론은 다음과 같이 이해할 수 있다. 우선 이해자가 갖는 선

---

[41] W. Hassemer, 앞의 책, 82쪽.
[42] W. Hassemer, 앞의 책, 82쪽.
[43] W. Hassemer, 앞의 책, 82쪽에서 하세머는 "언어적 이해의 정확성과 정당성은 더 이상 이론적으로 문제되지 않는다."고 한다.
[44] W. Hassemer, 앞의 책, 83쪽.

이해는 이해자가 언어에 대해 갖는 특정한 이해관점이다. 그런데 선이해로 대변된 이 관점은 언어를 구체적으로 이해하는 과정에서 지양된다. 이러한 지양과정을 우리는 관점에 대한 비교과정이라고 이해할 수 있다. 왜냐하면 언어를 이해하는 과정에서 새롭게 얻게 되는 의미는 바로 새로운 관점을 반영하는 것이고, 따라서 선이해와 이러한 새로운 의미가 변증적으로 대립·지양되는 과정을 바로 관점비교라고 말할 수 있기 때문이다. 그러므로 우리는 다음과 같은 결론을 내릴 수 있다. 언어이해의 정당성은 언어이해에 대한 각 관점을 비교함으로써 주어진다. 그런데 이러한 관점비교는 선이해가 언어적 이해과정에서 펼쳐짐으로써 구체적으로 실현된다. 달리 말해, 언어이해의 정당성은 언어를 이해하는 절차 그 안에서 부여될 수 있는 것이다.

그런데 여기서 하세머는 한 가지를 더 추가한다. 위에서 보았듯이, 하세머에 의할 때 정당한 언어이해는 언어구상이 실현되는 과정에 있다. 그런데 하세머는 언어구상이 일정한 현실성을 지향한다고 한다.[45] 따라서 하세머는 이렇게 언어가 현실을 매개하고, 이렇게 매개된 현실은 선이해의 펼쳐짐이라는 절차에 의해 정당하게 지양되어 우리에게 개방적으로 다가온다고 말한다.[46]

4. 구성요건의 언어성으로부터 도출된 해석학적인 결론

하세머는 지금까지 살펴본 구성요건의 언어성으로부터 다음과 같은 해석학적 결론에 도달한다. 먼저 여러 번 언급하였듯이, 언어의 정확성을 말할 수 없다는 점은 분명하다고 한다. 그러면서 하세머는 언어이해

---

[45] 물론 언어구상이 현실을 그대로 반영하는 것은 아니다. 왜냐하면 양자는 서로 순환관계에 놓여있기 때문이다.
[46] W. Hassemer, 앞의 책, 83-84쪽.

는 변증법적·기능적·순환적이라는 특성을 띤다고 말한다.[47] 하세머에 따르면, 이러한 언어이해의 특성은 구성요건을 해석할 때도 마찬가지로 등장한다. 이 점을 하세머는 구성요건과 상황, 구성요건과 구성요건표지 및 체계 연관 사이의 관계, 구성요건과 구상이라는 세 가지 논점을 중심으로 하여 밝힌다.[48] 하세머에 의하면, 언어가 언어상황과 순환관계를 맺는 것처럼, 구성요건도 그 구성요건이 형성된 그리고 그 구성요건을 해석해야 하는 상황과 일정한 관련성을 맺는다. 나아가 구성요건은 구성요건표지 및 구성요건 간의 체계연관과 순환적인 관계를 형성한다. 이 점은 구성요건을 문장으로 이해하고, 개별 구성요건표지를 말로서 이해할 때 분명해진다. 마지막으로 하세머는 구성요건은 일정한 구상 아래 놓인다고 말한다.[49] 이러한 구상은 바로 구성요건을 말하고 이해하는 주체가 관련을 맺는 형법적 언어체계를 말한다.[50] 하세머에 따르면, 이러한 구상 아래서 형법 구성요건은 그 의미를 획득하고, 다시 이러한 구성요건의 의미는 형법적 구상을 규정한다.[51]

IV. 구성요건의 유형성

1. 구성요건의 현실관련성

지금까지 살펴본 구성요건의 언어성 그리고 이로부터 획득한 해석학적 결론을 통해 하세머는 구성요건이 현실관련적이라는 점을 이끌어 낸

---

47 W. Hassemer, 앞의 책, 84쪽.
48 W. Hassemer, 앞의 책, 86쪽 아래.
49 W. Hassemer, 앞의 책, 93쪽.
50 W. Hassemer, 앞의 책, 95쪽.
51 W. Hassemer, 앞의 책, 94쪽.

다.⁵² 이 점은 구성요건 및 구성요건표지가 사안과 관련을 맺을 수밖에 없음을 보여준다. 그뿐만 아니라 하세머는 이러한 구성요건의 현실관련성은 구성요건 해석자에 의해 비로소 실현된다고 한다. 한편 하세머는 구성요건은 현실관련적이므로, 구성요건과 구성요건표지 그 자체만으로는 아직 해석학적으로 완성되어 있지 않다고 본다. 왜냐하면 구성요건과 구성요건표지는 사안이라는 현실성과 결합할 때 비로소 완전해지기 때문이다.

그런데 하세머는 구성요건이 현실관련성을 갖는다고 할 때, 여기에는 두 가지 의미가 들어 있다고 지적한다.⁵³ 첫째, 구성요건과 구성요건표지는 현실성을 지향한다. 그러나 둘째, 구성요건이 현실성을 지향한다고 해서 구성요건이 현실성을 그대로 반영하는 것이 아니라, 평가를 통해 구성요건의 현실성이 어떤 방향을 취해야 하는지 결정해야 한다고 말한다. 다시 말해 한편으로 구성요건은 현실성을 갖지만, 다른 한편으로 구성요건은 이러한 현실성에 종속되지 않고, 오히려 현실성에 대한 일정한 관점을 제공해야 한다는 것이다. 이는 곧 구성요건이 현실성과 규범성을 동시에 추구해야 함을 뜻한다.

2. 구성요건의 유형성

이와 같이 구성요건이라는 언어적 구성물은 현실성에 대해 개방적이며, 그 때문에 아직 완성되지 않은 잠재적인 그 무엇이다. 이러한 이유에서 하세머는 구성요건을 추상적인 개념이 아니라 '유형'(Typus)이라고 일컫는다.⁵⁴ 그렇다면 이때 말하는 유형이란 도대체 무엇을 지칭하는가?

---

52 W. Hassemer, 앞의 책, 109쪽.
53 W. Hassemer, 앞의 책, 109-110쪽.
54 W. Hassemer, 앞의 책, 111쪽.

이에 대해 하세머는 유형이란 개별적인 이름과 개념적인 추상 사이에 있는 것으로, 개념적인 추상이라는 관점에 따라 정돈된 것을 뜻한다고 한다.[55] 이를 더욱 구체적으로 말하면, 구체적인 존재자와 추상적인 개념 중간에 있는 그 무엇으로 개념적인 관점에 의해 체계화된 것을 의미한다고 할 수 있다. 그런데 하세머는 지금까지 이러한 유형에 관해 이루어진 연구를 종합적으로 검토한 후에,[56] 이러한 유형에는 두 가지 특징이 있음을 지적한다.[57] 첫째, 유형은 현실관련적이라는 점, 둘째, 이러한 유형의 한계는 유동적이라는 점이 그것이다. 하세머는 이러한 유형의 특성으로부터 한편으로는 유형이 일정한 체계적 관점에 따라 정돈되지만, 다른 한편으로는 유형이 이러한 체계 밖에 있는 현실성을 지향함으로써 체계를 넘어선다는 결론을 도출한다. 그런데 유형을 구성요건으로 이해한다고 할 때, 위와 같은 유형의 특성은 구성요건에서도 그대로 나타난다고 말할 수 있다.

V. 구성요건 해석

이처럼 구성요건을 추상적인 개념이 아니라 유형이라고 이해한다면,

---

[55] W. Hassemer, 앞의 책, 111쪽.

[56] A. Rüstow, *Der Idealtypus, oder die Gestalt als Norm*; E. Wolff, *Die Typen der Tatbestandsmäßigkeit*; J. v. Kempski, *Zur Logik der Ordnungbegriffe*; T. Schieder, *Der Typus in der Geschichtswissenschaft*; J. E. Heyde, *Typus*; B. Zittel, *Der Typus in der Geschichtswissenschaft*; H. Oppenheimer, *Die Logik der soziologischen Begriffsbildung mit besonderer Berücksichtigung von Max Weber*; E. Metzger, *Das Typenproblem in Kriminologie und Strafrecht*; G. Radbruch, *Klassenbegriffe* 등 참고. 이러한 참고문헌은 W. Hassemer, 앞의 책, 111쪽 각주(127) 참고.

[57] W. Hassemer, 앞의 책, 112쪽.

이러한 구성요건은 어떻게 해석해야 하는가? 아니 구성요건은 해석자인 법관에 의해 어떻게 이해되고 해석되는가? 이와 더불어 이러한 구성요건 해석과 병행해서 이루어지는 사실인정은 어떻게 진행되고, 또 이러한 사실인정은 구성요건 해석과 어떤 관련을 맺는가? 아래에서는 이에 대해 하세머가 제시한 형법해석학의 관점을 그 대답으로 제시하고자 한다.

1. 방법다원주의

전통적인 법학방법론에 따르면, 일정한 법률텍스트 혹은 형법구성요건은 삼단논법에 입각하여 이에 적합한 해석방법을 선택하면 정당하게 해석될 수 있다고 한다. 다시 말해, 당해 구성요건에 맞는 해석방법, 가령 문법적 해석, 체계적 해석, 역사적 해석, 목적론적 해석 등을 이용하여 구성요건을 해석하면 사안을 해결하는 데 적합한 해석결과를 도출할 수 있다고 한다. 이를 요제프 에서는 '방법에 대한 믿음'이라고 했다는 점은 이미 살펴본 바와 같다. 그러나 하세머는 요제프 에서와 마찬가지로 해석방법이 구성요건에 대한 해석결과를 결정하는 것은 아니라고 한다. 오히려 하세머는 방법에 대한 믿음을 비판하면서 방법다원주의를 주장한다. 그래서 하세머는 구성요건 해석의 결과를 결정하는 것은 다른 그 무엇이고, 해석방법은 단지 이러한 해석결과를 담는 수레에 불과하다고 말한다. 그뿐만 아니라 이러한 해석방법의 우선순위에 대한 메타규칙도 존재하지 않는다고 한다.[58] 그 결과 하세머의 관점에 의하면, 우리가 구성요건을 해석할 때 주목해야 하는 것은 문법적 해석이나 체계적 해석과 같은 해석방법이 아니라, 구성요건 해석을 실질적으로 결정하는 그

---

58 W. Hassemer, *Einführung in die Grundlagen des Strafrechts* (München, 1990), 117쪽.

무엇이 되어야 한다. 이 무엇을 우리는 일단 '선이해'라고 말할 수 있다.

2. 선이해와 해석학적 순환

하세머는 철학적 해석학의 성과를 수용하여 구성요건 해석을 실질적으로 결정하는 해석자의 선이해를 인정한다. 이러한 선이해 개념은 우선 『구성요건과 유형』에서 그 기본적인 모습이 표현된다. 가령 하세머는 『구성요건과 유형』의 한 부분인 '구성요건의 언어성'에서 언어이해가 이해자의 선이해를 바탕으로 하여 이루어진다는 점을 긍정한다.[59] 이러한 언어이해 과정은 구성요건을 해석하는 과정에서도 그대로 되풀이된다. 이 때문에 하세머는 구성요건을 해석할 때 법관의 인격이 구성요건 해석절차에 개입한다고 말한다.[60]

이렇게 하세머는 가다머와 마찬가지로 구성요건을 해석할 때 법관의 인격 등이 선이해로서 작용한다는 점을 인정하는데 이러한 견해는 후에 더욱 발전한다. 이를테면 하세머는 1984년에 출간한 『형법기초입문』에서 선이해 개념을 명확하게 긍정한다. 여기서 하세머는 이해절차에 선이해가 작용하는 것은 지양할 수 없는 것이라고 한다.[61] 그러므로 이러한 선이해 혹은 선입견을 제거 또는 제한하려는 것은 아주 소박한(naiv) 생각이라고 지적한다.[62]

더 나아가 하세머는 에서나 카우프만과 같은 법해석학자와 마찬가지로 구성요건을 해석할 때 해석학적 순환이 발생한다는 점도 긍정한다. 하세

---

59 이에 관해서는 특히 W. Hassemer, *Tatbestand und Typus* (Köln/Berlin/Bonn/München, 1968), 81-82쪽 참고.
60 W. Hassemer, 위의 책, 138쪽.
61 W. Hassemer, *Einführung in die Grundlagen des Strafrechts* (München, 1990), 87쪽.
62 W. Hassemer, 위의 책, 86쪽.

머에 따르면, 해석학적 순환은 다음과 같이 이루어진다. 구성요건 해석과 사실인정이 서로 분리되어 진행되는 것이 아니라, 서로가 동시에 그리고 순환적으로 이루어진다는 것이다. 이를 더욱 구체적으로 설명하면, 일단 구성요건을 해석할 때는 구성요건 자체가 지니고 있는 유형성으로 인해 사안이라는 현실성의 관점이 여기에 개입하고, 다시 사안을 구체적으로 판단할 때는 구성요건의 관점이 이 과정에 개입한다. 그런데 여기서 주의해야 할 점이 한 가지 있다. 비록 하세머가 구성요건을 해석하는 과정과 사실을 인정하는 과정이 서로 순환적인 관계를 맺는다고 하지만, 이때 이루어지는 순환은 단순한 순환, 즉 '원'(Kreis)을 의미하는 것은 아니라는 것이다. 오히려 하세머는 이러한 해석학적 순환은 '나선형'(Spirale)의 모습을 그린다고 한다.[63] 이는 구성요건을 해석하고 사실을 인정하는 과정 사이에서 발생하는 순환이 단지 반복적으로 되풀이되는 단순한 원이 아니라, 완전한 이해를 향해 발전적으로 나아가는 순환이라는 점을 뜻한다.

한편 하세머는 이렇게 구성요건 해석과 사실인정이 서로 순환적인 관계를 이루면서 진행된다는 이유에서, 이미 앞에서 논증한 것처럼, 형식적·연역적 방법이나 경험적·귀납적 방법 가운데 어느 한 쪽만을 선택할 수는 없다고 한다. 오히려 구성요건을 해석하는 과정이야말로 형식적·연역적 방법과 경험적·귀납적 방법이 서로 순환적으로 동시에 이루어지는 과정이라고 한다. 결론적으로 하세머는 구성요건을 해석하는 과정을 다음과 같이 표현한다. 구성요건을 해석하는 과정은 '동시성'이라는 범주 안에서 구성요건과 사안이 서로 '펼쳐짐'(Entfaltung)이라는 형태로 이루어지는 과정이라는 것이다.[64]

---

63 W. Hassemer, *Tatbestand und Typus* (Köln/Berlin/Bonn/München, 1968), 107쪽.
64 W. Hassemer, 위의 책, 108쪽.

3. 유형론적 절차로서 형법해석절차

이처럼 하세머는 구성요건 해석과정을 구성요건과 사안이 동시에 펼쳐지는 과정이라고 이해하는데, 이를 달리 '유형론적 절차'라고 말한다. 이는 구성요건을 유형이라고 보는 하세머의 이해방식에서 기인한다. 그런데 사실 구성요건 해석 또는 법규범 해석과정을 유형론적 절차로 이해한 학자는 하세머 혼자만은 아니다. 그 이전에 이미 카우프만이 법해석과정을 유형론적 절차로 파악하였다는 것이 이미 살펴본 바와 같다. 구성요건 해석에 대한 하세머의 이해는 바로 카우프만의 법해석론에 바탕을 둔 것이라고 보아도 될 것이다. 그러면 이때 말하는 유형론적 절차란 도대체 무엇을 뜻하는가?

이에 관해 먼저 카우프만의 견해를 다시 음미해 보자. 이미 보았듯이, 카우프만은 법규범 해석과정을 존재와 당위의 상응과정으로 이해한다. 여기서 일컫는 상응과정이란 바로 유추적 과정을 뜻한다. 나아가 이러한 유추적 과정은 존재인 사물 속에 담긴 본성, 즉 유형을 지향하는 것이다. 바꿔 말해, 사물의 본성인 유형을 매개로 하여 존재와 당위가 서로 접근해 가는 과정을 카우프만은 법해석절차로 이해한 것이다. 이 때문에 카우프만은 법해석절차를 유형론적 절차로 이해한다.

그런데 이러한 카우프만의 주장은 하세머에 의해 더욱 발전한다. 우선 카우프만은 유형이 도대체 무엇인가에 대해 구체적인 언급을 하지는 않았다. 이에 반해 하세머는 사물의 본성이라 할 수 있는 유형이야말로 형법구성요건을 지칭하는 것이라고 한다. 더 나아가 형법구성요건을 해석하는 절차는 아직 완성되지 않은, 따라서 현실성에 대해 개방된 이러한 구성요건이 사안과 동시적·순환적·나선형적으로 펼쳐지는 과정이라고 이해한다. 달리 말해 형법해석은 유형인 구성요건을 매개로 하여 사안과 규범이 서로 유사성을 발견하며 접근해 가는 변증적인 과정인 것이다. 이러한 측면에서 하세머는 형법구성요건을 해석하는 과정을 유형론적 절차로 파악한다.

물론 모든 견해가 형법해석, 더 나아가 법해석을 유형론적 절차로만 이해하는 것은 아니다. 이에 반대하는 견해 역시 상당히 존재한다. 그 대표적인 예로 하세머는 헴펠·오펜하임의 시도를 소개한다.[65] 하세머에 따르면, 헴펠과 오펜하임은 계량화된 기준(Metrik)에 유형과 유형론적 해석학을 구속시키려 한다. 이로써 해석절차를 분명하고 객관적으로 정형화하려 한다. 그러나 하세머는 이러한 시도는 성공할 수 없다고 말한다. 그 이유는 다음과 같다. 일단 헴펠·오펜하임처럼 해석절차를 계량화된 기준 아래 놓으려면, 그 전제로서 구성요건표지들을 일정한 형태로 기호화 또는 도식화해야 한다. 그런데 이러한 전제를 충족하려면, 다시 어떤 기준에 의해 구성요건표지 등을 기호화해야 하는지의 문제에 답을 주어야 한다.[66] 하지만 이렇게 답을 부여하는 과정 역시 해석학적인 절차에 해당한다. 이러한 점에서 헴펠·오펜하임의 시도는 성공할 수 없다고 한다.

이외에 하세머는 해석절차의 유형성을 엄격하게 제한하려는 반론에 대해 다음과 같은 두 가지 점을 근거로 하여 재반박한다. 우선 구성요건과 사안 간의 펼쳐짐이라는 유형론적 절차가 없으면, 특정한 '생활과정'(Lebensvorgang)을 규범적으로 의미 있는 '사안'(Sachverhalt)으로 구성할 수 없다고 한다.[67] 다음 이러한 구성요건과 사안 사이의 펼쳐짐이 없으

---

[65] W. Hassemer, 앞의 책, 121쪽 아래. 헴펠·오펜하임의 시도를 긍정적으로 수용하는 최근의 독일 형법학자로는 에릭 힐겐도르프(E. Hilgendorf)를 언급할 수 있다. 왜냐하면 힐겐도르프는 형법상 인과관계를 확정하는 과정에 <헴펠-오펜하임 공식>을 적용하는 것을 긍정적으로 평가하기 때문이다. 힐겐도르프의 인과관계론에 관해서는 E. Hilgendorf, 이상돈·홍승희 (공역), "근대 인과론의 의미에서 "합법칙적 관계", 『안암법학』 제9호(1999. 8), 175-202쪽 참고.
[66] W. Hassemer, 앞의 책, 123쪽.
[67] W. Hassemer, 앞의 책, 125쪽.

면, 학설과 판례가 수행해 온 구성요건의 집합분석(Klassenanalyse)이 정당한 것인지를 파악할 수 없다고 한다.[68] 요컨대 하세머가 볼 때 형법구성요건 해석은 유형론적 절차이므로, 이를 포섭과정처럼 정형화하거나 명확하게 '정돈'(Zuordnung)하려는 시도는 타당할 수 없다는 것이다.

VI. 구성요건 해석의 정당성

1. 쟁점

하세머가 이해한 것처럼, 형법구성요건을 해석하는 과정을 이해자의 선이해가 개입하고 구성요건과 사안이 서로 나선형의 순환관계를 이루면서 변증적으로 접근해 가는 유형론적 절차로 파악하면, 우리는 새로운 문제에 봉착한다. 구성요건 해석의 정당성, 달리 말해 분쟁해결의 정당성을 어떻게 검증할 수 있는가 하는 문제가 그것이다. 이 문제는 특히 형법해석과정에 객관적이고 정형화된 해석기준을 마련하기 어렵다는 점에서 우리에게 어렵게 다가온다. 하세머 역시 이러한 구성요건 해석의 정당성 문제를 인식하고 있었다. 그리하여 다른 법해석학자와 마찬가지로 이에 대한 해결책을 독자적으로 제시한다. 그렇다면 하세머가 제시한 해결책은 과연 무엇일까?

2. 비판적 합리주의

『구성요건과 유형』에서 구성요건 해석의 정당성을 확보하기 위해 하세머가 원용하는 이론은 칼 포퍼(K. Popper)가 전개한 비판적 합리주의이

---

68 W. Hassemer, 앞의 책, 126쪽.

다.[69] 이 중에서도 특히 하세머가 수용하는 두 가지 관점을 언급하면, 반증원칙과 완전한 반성 및 논증원칙이라 할 수 있다. 여기에서 반증원칙이란 검증원칙에 대응하는 개념으로 일정한 진리주장이 틀린 것으로 반증되지 않는 한 그 진리주장을 진리로서 잠정적으로 인정할 수 있다는 것을 말한다. 검증원칙이 진리 여부를 적극적으로 정초하고자 한다면, 반증원칙은 소극적으로 진리 여부를 정초하고자 한다. 이러한 반증원칙은 칼 포퍼가 과학의 객관성마저 위기에 내몬 인식론적 상대주의를 극복하기 위해 전개한 것인데, 하세머는 이를 구성요건 해석의 정당성을 확보하기 위한 기초로 활용한다. 이 점은, 비록 분명히 명시된 것은 아니지만, 하세머가 카우프만처럼 진리수렴이론에 바탕을 두고 있음을 보여준다. 한편 완전한 반성 및 논증원칙이란 특정한 진리주장이 진리로서 정당성을 획득하려면, 우선 완전한 반성을 통해 타인의 진리주장에 대해 개방성을 취해야 하고, 나아가 자신의 진리주장에 대해 완전하고 충분한 논증을 해야 한다는 점을 뜻한다. 이 역시 칼 포퍼의 상호주관성에 입각한 것이라 할 수 있는데, 하세머는 이 원칙을 형법구성요건 해석의 정당성을 확보하기 위한 핵심적인 기준으로 수용한다. 이를 아래에서 살펴본다.

3. 구성요건 해석의 정당성

먼저 하세머는 형법해석학이 정신과학 영역에 속하는 이상, 자연과학에서 원용하는 검증원칙을 구성요건 해석의 정당성을 판단하기 위한 기준으로 사용할 수는 없다고 한다. 자연과학의 진리성과 정신과학의 진리성은 다르다는 것이다.[70] 그래서 하세머는 검증원칙 대신에 반증원칙을

---

69 하세머가 원용하는 칼 포퍼의 문헌으로는 K. Popper, *Logik der Forschung*, 2. Aufl. (Tübingen, 1966) 참고.
70 W. Hassemer, 앞의 책, 129쪽.

수용한다. 이를 통해 하세머는 구성요건 해석의 정당성에 대한 외적 테두리를 획정하려 한다. 그러면 이러한 반증원칙은 어떻게 적용될 수 있는가? 다음과 같이 답변할 수 있다.

하세머는 구성요건 해석절차에 정형화된 해석기준이나 방법을 설정할 수는 없다고 한다. 나아가 사실을 인정하는 절차는 사실을 진단(Tatsachenprognose)하는 것이 아니므로, 이러한 절차를 실험적으로 검증할 수도 없다고 한다.[71] 하지만 하세머는 그렇다 하더라도 해석절차에 의미 있는 정형화된 기준이 완전히 없는 것은 아니라고 한다.[72] 예를 들어, 사고법칙과 같은 것은 형법해석학을 구속하는 기준이 될 수 있다고 한다. 그 뿐만 아니라 현실성 그 자체로부터 주어지는 정당성 조건도 해석절차를 통제하는 기준이 될 수 있다.[73] 그러나 하세머는 구성요건 해석이 비록 이 기준을 충족한다 하더라도, 이것으로써 해석의 정당성이 검증되는 것은 아니라고 한다. 단지 반증되지 않은 것에 불과하다고 한다.[74] 이외에 하세머는 구성요건이나 구성요건표지의 문언이 지닌 의미내용, 구성요건 해석결과 등도 일정한 기준이 될 수는 있지만, 이것 자체가 지니고 있는 유형론적 성격 때문에 단지 보조수단에 지나지 않는다고 지적한다.[75] 이처럼 하세머는 기존의 기준이나 조건은 단지 해석의 정당성을 반증하는 수단에 불과하다고 보기 때문에, 다른 방법을 통해 구성요건 해석의 정당성을 근거 지우려 한다. 해석절차 그 자체를 통한 근거지음이 바로 그것이다.

---

71 W. Hassemer, 앞의 책, 129쪽.
72 W. Hassemer, 앞의 책, 130쪽.
73 W. Hassemer, 앞의 책, 130쪽. 하지만 이것이 구체적으로 무엇을 뜻하는지는 명확히 말하고 있지 않다. 추측하면, 아마도 사물의 본성 같은 것이 아닌가 한다.
74 W. Hassemer, 앞의 책, 130쪽.
75 W. Hassemer, 앞의 책, 134쪽.

하세머는 궁극적으로 구성요건 해석의 정당성은 해석절차 밖에서 구할 수 있는 것이 아니라 오히려 절차 안에서 구해야 하는 것이라고 말한다. 구성요건을 해석하는 가운데서 해석의 정당성을 확보해야 한다는 것이다. 이를 위해 하세머가 제시하는 것이 바로 절차 안에서 이루어지는 완전한 반성과 논증이다.[76] 완전한 반성적 절차 안에서 논증을 통해 해석이 이루어져야만 비로소 정당성을 획득할 수 있다는 것이다.

그런데 사실 이러한 반성과 논증이라는 기준은 그 의미가 명확하지는 않다. 도대체 반성의 의미가 구체적으로 무엇인지, 정당한 논증이란 무엇인지에 대해 의문을 제기할 수 있기 때문이다. 하지만 이를 넘어 하세머가 제시하는 더욱 구체적인 기준은 보이지 않는다. 다만 다음과 같은 두 가지 점을 추가적으로 언급하기는 한다. 첫째, 구성요건을 해석하는 과정에는 법관의 인격이 개입하므로, 법관에게 구성요건에 대한 전문적인 지식을 부여하고 이를 훈련시키면 법관이 전문가로서 구성요건을 정당하게 해석할 수 있는 여지를 마련할 수 있다고 한다.[77] 둘째, 하세머는 해석자가 논증을 할 때 자의적으로 해서는 안 되고, 사물 안에 내재하는 법칙과 중요성에 입각해야 한다고 지적한다.[78] 이 경우에 법관은 단순히 법을 말하는 입이 아니라 연구자가 되어야 한다고 말한다. 이처럼 하세머는 해석의 정당성을 확보하기 위한 추가적인 제안을 한다. 그러나 이러한 제안이 해석의 정당성에 대한 완전한 기준이 될 수 없다는 점은 분명하다. 결국 하세머의 관점에서 볼 때, 구성요건 해석의 정당성을 판

---

[76] W. Hassemer, 앞의 책, 135쪽. 그런데 이때 하세머는 자신이 제시하는 '반성'(Reflexion)은 가다머가 비판한 반성과는 다르다고 한다. 왜냐하면 가다머는 반성을 해석학적 사고가 넘어서야 할 그 무엇으로 보기 때문이다. W. Hassemer, 앞의 책, 136쪽 각주(200).

[77] W. Hassemer, 앞의 책, 139쪽.

[78] W. Hassemer, 앞의 책, 144쪽.

단할 수 있는 기준은 해석절차 그 안에서 이루어지는 반성과 논증에서 찾을 수밖에 없다. 단 이 기준은 완전하게 고정되어 있는 것이 아니라, 상호주관성을 바탕으로 하여 끊임없이 완전한 정당성을 향해 수렴해 가는 과정으로 이해해야 할 것이다.

4. 정형화 원칙

지금까지 구성요건 해석의 정당성을 확보하기 위해 하세머가 제시한 것을 검토하였다. 이러한 기준은 『구성요건과 유형』에서 제시된 것이다. 그런데 이러한 기준 이외에 하세머는 자신의 법익론이 제시된 『범죄의 이론과 사회학』(1973)에서 '정형화'(Formalisierung)라는 구상을 제시한다.[79] 원래 정형화란 법논리학에서 제시한 개념이다. 법논리학, 그 중에서도 앞에서 언급한 형식적·연역적 방법론은 법발견절차를 정형화하여 객관성과 투명성을 확보하고자 하였다. 이때 정형화라는 의미는 체계화라는 개념과 비슷한 뉘앙스를 띤다. 하세머는 이러한 정형화 구상을 자신의 법익론에 원용한다. 물론 엄밀하게 말하면, 하세머가 법익론에서 전개하는 정형화 구상은 법논리학에서 논의하는 그것과 같은 의미라고 볼 수는 없다. 그 이유는 법논리학에서 말하는 정형화에는 논리성이 강조되는 반면, 하세머가 정립한 법익론에서 언급되는 정형화에서는 규범성이 강조되기 때문이다.[80] 그러면 하세머가 제시하는 정형화 원칙은 구체적으로 어떤 내용을 담고 있는가?

하세머에 따르면, 정형화란 형법을 통해 이루어지는 갈등 취급을 일정한 규범원칙에 구속시키는 것을 말한다. 바꿔 말해, 형법에 의한 사회통

---

79 W. Hassemer, *Theorie und Soziologie des Verbrechens: Ansätze zu einer praxisorientierten Rechtsgutlehre* (Frankfurt/M., 1980), 194쪽 아래.
80 이 점을 지적하는 배종대, 『형법총론』(홍문사, 1999), 35쪽 각주(43) 참고.

제를 규범원칙 아래 둠으로써 합리적인 형사정책을 실현하려는 것이 바로 정형화 원칙인 것이다. 여기에서 규범원칙이란 '의심스러울 때는 시민의 자유이익으로 원칙'(in dubio pro libertate), 평등취급 원칙, 책임원칙, 비례성 원칙 등을 말한다.[81]

그런데 이러한 정형화 원칙은 사실 하세머가 형법투입을 제한하고자 도입한 것이다. 그러므로 이를 구성요건 해석의 정당성 기준으로 삼기에는 부적합해 보일 수 있다. 그러나 하세머가 해석의 정당성을 판단할 때 형식적 기준을 완전히 무의미한 것으로 보는 것은 아니고, 또한 이렇게 규범성이 강조된 정형화 원칙도 체계성을 갖추고 있다는 점에서 법논리학에서 말하는 정형화와 통하는 면이 있다. 나아가 형법적 통제를 억제한다는 것은 구성요건 해석의 정당성과도 무관하지 않다는 점에서 정형화 원칙을 해석의 정당성을 보장하기 위한 기준으로 보아도 무방하다고 생각한다.

VII. 해석학적 사고의 확장

1. 장면적 이해

(1) 형법해석학의 확장으로서 장면적 이해

하세머는 이제까지 법률해석 또는 형법구성요건 해석에서 주로 논의되었던 해석론은 텍스트 해석, 즉 텍스트 이해에 국한되어 왔다고 지적한다.[82] 그러나 형법해석, 다시 말해 형사법 이해는 법전이라는 텍스트

---

81 W. Hassemer, 앞의 책, 196쪽.
82 W. Hassemer, *Einführung in die Grundlagen des Strafrechts* (München, 1990), 123쪽; W. Hassemer, 이상돈 (역), "법해석학", 배종대・이상돈 (편역), 『형법정

에 제한되어서는 안 된다고 한다. 그러면서 하세머는 형사법 이해의 대상을 실체형법뿐만 아니라 형사절차법까지 포함시킨다. 그 결과 등장한 개념이 바로 '장면적 이해'(szenisches Verstehen)이다.[83] 본래 장면적 이해는 심리분석학에서 언급되는 개념이었다.[84] 하세머는 이를 자신의 법해석학에 수용한 것이다.[85] 그렇다면 왜 이러한 장면적 이해가 형사절차에서 필요한 것인가? 그 구체적인 내용은 무엇인가?

(2) 장면적 이해의 필요성

먼저 왜 장면적 이해가 형사절차에서 필요한지 검토한다. 이를 위해서는 다시 형사절차가 형법해석학에서 어떤 지위를 차지하는지 논의해야 한다. 앞에서 언급하였듯이, 형사법을 이해하는 과정은 크게 구성요건 해석과 사실인정으로 구분할 수 있다. 여기서 구성요건 해석은 주로 실체형법과 관련을 맺고, 사실인정은 형사절차법과 관련을 맺는다. 실체형법이 구성요건 해석의 대상이 된다면, 형사절차법은 사실인정이 이루어

책』(세창출판사, 1998), 77쪽.
83 독일어 'szenisches Verstehen'을 어떻게 번역해야 하는지 문제될 수 있다. 왜냐하면 이를 '상황이해'라고 번역하는 경우도 있기 때문이다. U. Neumann, 앞의 논문, 459쪽. 사실 'szenisches Verstehen'은 소송절차에 참여하는 참여자 사이에서 전개되는 구체적인 상황을 염두에 둔 이해이므로 이를 '상황이해'라고 번역해도 무방하다. 하지만 'szenisches Verstehen'은 정신분석학에서 수용한 개념인데, 정신분석학에서는 특정한 정신질환자가 자신의 억압된 과거장면을 현재에서 다시 체험하도록 하고 이를 통해 그 억압에서 벗어나게 한다는 의미에서 이 개념을 사용한다. 또한 'szenisches Verstehen'은 절차참여자가 과거에 체험했던 사실을 특정한 장면으로서 공판정에서 되살리도록 하는 이해이므로 이를 '장면적 이해'라고 번역하는 것이 더욱 적절하다고 생각한다. 이를 '장면적 이해'로 번역하는 경우로 이상돈, 『형사소송원론』(법문사, 1998), 4쪽.
84 W. Hassemer, 앞의 책, 124쪽.
85 장면적 이해가 본격적으로 등장하는 문헌은 『형법기초입문』(1984)인 것 같다. 『구성요건과 유형』에서는 비록 그 단서가 보이기는 하지만, 장면적 이해가 본격적으로 드러나지는 않는다.

지는 절차를 규율한다. 형사절차법이 규율하는 절차를 통해 과거에 발생했던 법적 분쟁이 형법상 의미 있는 사실로 인정되는 것이다. 그런데 이처럼 형사절차를 통해 사실이 인정되는 과정에서 주목해야 할 점이 몇 가지 있다. 우선 사실은 '서술'(Darstellung)되는 것이 아니라 '구성'(Herstellung)된다는 점이다.[86] 왜냐하면 사실을 인정하는 과정에서는 언어가 개입하기 때문이다. 이미 본 것처럼, 언어는 현실을 그대로 투명하게 모사하지 못하기에, 이미 지나버린 과거의 사건을 현재에 그대로 재현, 즉 서술할 수는 없다. 더구나 인간의 기억력에는 한계가 있어서 완벽한 서술을 실현한다는 것은 사실상 불가능하다. 이러한 이유에서 사안은 서술되는 것이 아니라 구성, 즉 만들어지는 것이다. 그런데 이렇게 사안을 구성하는 과정에서는 '선별성'(Selektivität)이 나타나게 된다.[87] 이것은 법률텍스트를 이해할 때 이해자의 선이해가 개입하는 것과 마찬가지이다. 이처럼 사실인정의 언어성과 선별성이라는 특성 때문에, 사실인정이 편파적으로 이루어질 가능성이 상존한다. 그러므로 이러한 가능성을 최대한 배제하기 위해 형사절차에서 장면적 이해가 필요한 것이다.

(3) 장면적 이해의 개념

그러면 장면적 이해란 무엇인가? 장면적 이해란 형사절차에서 법관이 단순히 참여자들의 언어적 정보에만 의존하여 사실을 인정하는 것이 아니라, 그 참여자들이 처한 구체적인 소송절차의 상황에서 주어지는 다양한 정보를 바탕으로 하여 사실을 인정해야 한다는 것을 뜻한다. 또한 언어적 정보를 사용할 때도 문서에 담긴 언어만이 아니라 살아 있는 구술정보에 바탕을 두어야 한다는 점을 뜻한다.[88] 이렇게 다양하면서 살아

---

86 W. Hassemer, 앞의 책, 116쪽 아래.
87 W. Hassemer, 앞의 책, 124쪽.

있는 정보를 이용해야만, 법관은 사실을 인정할 때 선별성으로부터 최대한 거리를 둘 수 있기 때문이다. 그런데 이러한 장면적 이해는 하세머가 『구성요건과 유형』에서 구성요건 해석의 정당성을 확보하기 위해 제안한 원칙, 즉 절차 안에서 이루어지는 완전한 반성 및 논증원칙과 연결점을 갖는다고 생각한다. 장면적 이해야말로 완전한 반성적·논증적 절차를 구현한 것이라고 볼 수 있기 때문이다.

(4) 장면적 이해와 합리적 대화

이러한 장면적 이해에 관해 한 가지 의문이 있다. 장면적 이해는 하버마스가 주장하는 합리적 대화와 같은 맥락에 놓이는가 하는 점이 그것이다. 일단 장면적 이해나 합리적 대화 모두 <주체-객체 모델>을 지양하는 상호주관성에 의존하고, 반성과 논증적 대화를 중시한다는 점에서 공통점을 읽을 수는 있다. 그러나 다음과 같은 점에서 양자는 궁극적으로 구별된다. 첫째, 장면적 이해는 진리합의 이론을 전제로 삼지 않는다. 그 대신 앞에서 논의하였듯이 비판적 합리주의에 기초를 둔 진리수렴이론을 전제로 한다. 둘째, 하세머는 소송절차를 합리적 대화과정으로 파악하지 않는다.[89] 하버마스가 제시하는 합리적 대화가 이루어지려면, 대화구조가 권력과 자본으로부터 자유로워야 하는데, 하세머가 볼 때 소송절차는 승패를 지향하는 전략적 구조를 취하므로 합리적 대화가 실현되기는 어렵다고 한다. 이러한 근거에서 볼 때, 장면적 이해와 합리적 대화는 본질적으로 차이가 있다고 평가할 수 있다.[90]

---

88 W. Hassemer, 앞의 책, 124-125쪽.
89 W. Hassemer, 앞의 책, 130쪽 아래.
90 이와 같은 하세머의 장면적 이해는 이상돈 교수에 의해 '마당적 이해'라는 형태로 원용되어 국내에 수용된다. 이상돈 교수의 마당적 이해에 관해서는 이상돈, 『법이론』(박영사, 1996), 229쪽 아래 참고. 다만 여기서 지적할 만한 점은, 이상돈

2. 형법해석의 한계

하세머의 형법해석학에 의할 때, 형법해석의 한계, 달리 말해 유추금지는 어떻게 실현될 수 있는가? 이에 대해 하세머는 카우프만과 마찬가지로 문언의 가능한 의미가 형법해석의 한계를 근거지울 수는 없다고 한다. 물론 하세머는 구성요건의 문언으로부터 해석학이 출발한다는 점은 인정한다.[91] 그뿐만 아니라 구성요건 문언이나 체계적 연관성 등이 일정한 한계기능을 수행할 수 있다는 점도 인정한다.[92] 하지만 그렇다고 하더라도 하세머는 이러한 문언이 해석과 유추를 근거지울 수는 없다고 한다. 바꿔 말해, 해석의 한계를 존재적으로 발견할 수는 없다고 지적한다.[93] 그렇다면 어떻게 유추금지기획을 근거지울 수 있는가?

이러한 문제의식을 카우프만 역시 갖고 있었다는 점을 우리는 앞에서 살펴보았다. 그러면서 카우프만이 법률적 구성요건에 근거를 둔 불법유형에서 형법해석에 대한 한계기준을 찾는다는 점도 검토하였다. 하지만 하세머는 카우프만이 제시하는 불법유형에 대해서도 회의감을 표명한다.[94] 왜냐하면 하세머가 볼 때, 불법유형 역시 구성요건에 근거를 두고 있고, 구성요건 혹은 유형은 그 한계가 명확한 것이 아니라 해석과정을 통해 비로소 구체화되는 것이어서 불법유형 자체가 한계기준이 되기에는 부적절하기 때문이다.[95] 그러면서 하세머는 궁극적으로 유추금지는

교수는 칼 포퍼의 비판적 합리주의가 아니라 하버마스의 대화이론을 바탕으로 하고 있고, 소송을 대화구조로 이해한다는 점에서 하세머와는 차이가 있다는 것이다.

[91] W. Hassemer, *Tatbestand und Typus* (Köln/Berlin/Bonn/München, 1968), 70쪽.
[92] W. Hassemer, 위의 책, 130쪽.
[93] W. Hassemer, 앞의 책, 163쪽.
[94] W. Hassemer, 앞의 책, 161쪽.
[95] W. Hassemer, 앞의 책, 162쪽.

형법해석절차 안에서 찾을 수밖에 없다고 한다. 요컨대, 형법해석의 한계는 구성요건 해석의 정당성과 마찬가지로 완전한 반성과 논증에 바탕을 둔 해석절차 안에서 찾을 수밖에 없다고 한다.[96]

3. 의사소통적 법익론

이렇게 하세머가 『구성요건과 유형』에서 전개한 법해석학적 사고는 그가 1973년에 출간한 『범죄의 이론과 사회학』에서 의사소통적 법익론이라는 모습으로 응용된다. 그러면 어떻게 의사소통적 법익론에 하세머의 해석학적 사고가 응용되어 나타난 것일까? 하세머는 종전의 법익론과는 달리, 형법상 법익 개념을 사회적 의사소통과정 속에서 파악한다.[97] 하세머에 따르면, 법익은 사회적 의사소통이 펼쳐지는 가운데서 침해이익의 중요성, 이익의 침해빈도, 위협감정이라는 세 가지 인자에 의해 구성된다. 이러한 주장을 분석하면, 하세머가 법익 개념을 단순히 실정법 체계로부터 도출하는 것이 아니라, 사회적 의사소통이라는 현실관련적 요소를 통해 법익 개념을 정초하고 있음을 알 수 있다. 이는 형법상 구성요건을 현실관련적인 유형으로 파악한 하세머의 법해석학적 사고와 상통한다. 그뿐만 아니라 하세머는 이러한 사회적 의사소통을 통해 창출된 법익을 규범적으로 정돈하기 위해 정형화 원칙을 제시하는데, 이렇게 현실관련적인 요소를 다시 규범적으로 통제하려는 태도 역시 그의 법해석학적 관점과 합치한다. 왜냐하면 현실관련적인 구성요건을 구체화하는 과정은 다시 규범적 정당성의 통제를 받아야 하기 때문이다. 결국 이러한 근거에서 볼 때, 하세머의 의사소통적 법익론은 자신의 해석학적 사고를 밑바탕에 깔고 있다고 진단할 수 있다.

---

[96] W. Hassemer, 앞의 책, 162쪽 아래.
[97] W. Hassemer, 앞의 책, 159쪽.

VIII. 중간결론

 지금까지 살펴본 하세머의 법해석학을 정리하면 다음과 같다. 하세머는 형법상 구성요건 해석과 관련하여 자신의 법해석학을 전개한다. 우선 구성요건 해석에 관한 기존의 방법론, 즉 형식적·연역적 방법과 귀납적 방법을 각각 검토한 후, 양자 모두에 한계가 있음을 지적한다. 그 이유로 하세머는 구성요건의 언어성과 유형성을 제시한다. 그 때문에 구성요건 해석은 이러한 언어성과 유형성을 고려한 전제 위에서 이루어져야 한다고 말한다. 그러면서 하세머는 가다머의 해석학적 사고 및 자신의 스승인 카우프만의 법해석학적 사고를 원용하여, 구성요건 해석과정을 선이해와 해석학적 순환이 작용하는 유형론적 절차로 파악한다. 한편 하세머는 이러한 구성요건 해석의 정당성을 확보하기 위해, 칼 포퍼의 비판적 합리주의를 수용하여, 해석과정에서 펼쳐지는 완전한 논증과 반성을 강조한다. 나아가 하세머는 『구성요건과 유형』 출간 이후에 정형화 원칙을 제안하고 장면적 이해를 정립함으로써 해석의 정당성과 규범성을 확보하고, 동시에 해석학적 사고를 사실인정 영역까지 확장한다.

제5절 프리드리히 뮐러의 규범구조적 법이론

I. 서설

아르투어 카우프만과 빈프리트 하세머 그리고 요제프 에서에 의해 전개된 독일의 법해석학은 공법학자이자 법이론가인 프리드리히 뮐러(Friedrich Müller)를 통해 새로운 형태의 법해석학으로 발전한다.[1] 보통 '구조적 법이론'(strukturierende Rechtstheorie)이라고 불리는 규범구체화 이론이 바로 그것이다.[2] 특히 헌법을 '해석' 또는 '구체화'하기 위해 뮐러가 제시한 규범구조적 법이론은 한편으로는 전통적인 정신과학적·철학적 해석학의 관점을 수용하고 있다는 점에서 법해석학의 범주에 포함시킬 수 있다.[3] 그렇지만 다른 한편으로는 법해석의 규범성을 강조함으로써 단순히 정신과학적·철학적 해석학의 관점에만 머물지 않고, 법해석 혹은 규범구체화의 규범적 정당성을 확보하기 위해 규범구체화의 과정 자체를 구조화하고 있다는 점에서 뮐러의 규범구조적 법이론은 기존의 법해석학과 차이가 있다. 뮐러는 이러한 규범구체화 이론을 바탕으로 하여

---

[1] 물론 엄밀하게 말하면, 뮐러의 규범구체화 이론을 법해석학의 한 형태로 이해하는 데 어려움이 있을 수 있다. 왜냐하면, 뮐러 자신이 말하고 있듯이, 그의 규범구조적 구체화 이론은 분명 전통적인 철학적·정신과학적 해석학과는 달리 규범적인 성격을 강하게 드러내고 있기 때문이다. 그러나 뮐러의 규범구체화 이론도 해석학의 중요한 징표인 선이해 등을 인정하고 있다는 점에서 일단 뮐러의 이론을 법해석학의 일종으로 파악할 수 있다고 생각한다.
[2] 뮐러의 구조적 법이론(혹은 구조화 법이론)에 관해서는 이계일, "포스트실증주의 법사고와 법효력론", 『법철학연구』 제13권 제2호(2010. 8), 1-52쪽 참고. 뮐러의 저작에 대한 국내번역으로는 F. Müller/R. Christensen/M. Sokolowski, 이덕연 (역), 『법텍스트와 텍스트작업』(법문사, 2005); 프리드리히 뮐러, 홍성방 (옮김), 『법관법』(유로, 2014) 등 참고.
[3] F. Müller, *Juristische Methodik* (Berlin, 1997), 29-30쪽.

헌법의 구체화를 시도한다.

헌법은 다른 일반 법률에 비해 고도의 추상성과 개방성을 지니고 있다.[4] 이러한 이유에서 헌법학 내부에서는 일찍부터 사비니(F.C.v. Savigny)가 정립한 고전적인 법률해석방법론과는 다른 고유한 헌법해석방법론을 확립하려는 노력이 이루어졌다. 물론 이 가운데는 헌법해석의 법치국가성과 법적 안정성을 강조하여, 일반법률을 대상으로 하는 전통적인 해석방법론과 마찬가지 방법으로 헌법을 해석하려는 시도가 제시되기도 하였다.[5] 그러나 상당수의 헌법학자들은 전통적인 삼단논법적 법률해석론과는 다른 헌법해석론을 모색하였다. 예를 들어 통합론(Integrationslehre)을 정립한 루돌프 스멘트(R. Smend)는 딜타이류의 정신과학적 방법론을 원용하여 헌법을 해석하려 하였고,[6] 호르스트 엠케(H. Ehmke)는 민법학에서 성장한 문제변증론(Topik)을 수용하여 헌법을 해석하고자 하였다.[7] 또한 크릴레(M. Kriele)는 이성법적 고려와 문제변증론을 결합한 논증이론의 관점에서 헌법해석에 접근하였으며,[8] 헤벌레(P. Häberle)는 칼 포퍼(K. Popper)의 비판적 합리주의에 바탕을 둔 개방적 헌법해석론을 주창함으로써 헌법해석의 주체를 확장하려 하였다.[9] 이처럼 헌법학 내부에서는 일반 법률에 비해 고도의 추상성과 개방성을 지니고 있는 헌법규범의

---

4 이 점을 지적하는 계희열 (편역), 앞의 책, 4쪽(서론); 또한 허영, 앞의 책, 93쪽 참고. 이러한 지적이 타당하다는 점은 가령 우리 헌법의 기본권 규정만 보더라도 금방 확인된다.
5 E. Forsthoff, 앞의 논문, 89쪽 아래.
6 스멘트에 대한 소개로는 계희열 (편역), 앞의 책, 29쪽 아래; 이 책 제3장 III. 참고.
7 H. Ehmke, 앞의 논문, 163쪽 아래.
8 M. Kriele, 앞의 책 참고.
9 P. Häberle, "헌법해석자들의 개방사회", 계희열 (편역), 『헌법의 해석』(고려대학교출판부, 1992), 217쪽 아래; 이계일, "헤벌레(P. Häberle)의 '공적 과정으로서의 헌법이론'에 대한 법철학적 고찰", 『공법학연구』 제12권 제4호(2011. 11), 255-297쪽 참고.

특성을 고려하여 이에 적합한 헌법해석 방법론을 정립하려는 시도가 다각도에서 전개되었다. 뮐러가 제시한 규범구조적 법이론도 바로 이러한 맥락에서 등장하였다. 다만 다른 공법학자들이 제시한 헌법해석론 또는 법해석론과 비교해 볼 때, 뮐러의 규범구조적 법이론은 다음과 같은 점에서 차이가 있다.

우선 뮐러의 규범구조적 법이론은 한편으로는 정신과학적·철학적 해석학의 관점을 수용하고 있지만, 다른 한편으로는 '법적 방법'(juristische Methodik)의 규범과학성을 고려하여 단순히 철학적 해석학의 견지에만 머물지는 않는다. 그 대신 규범을 구체화하는 과정을 '규범텍스트'(Normtext), '사물영역'(Sachbereich),[10] '규범프로그램'(Normprogramm), '사건영역'(Fallbereich),[11] '규범영역'(Normbereich) 등으로 엄격하게 구조화함으로써 규범구체화 과정을 규범적인 관점에서 통제하려 한다. 동시에 이러한 규범구체화 과정을 규범텍스트인 실정헌법규범에 엄격하게 구속시킴으로써 규범구체화 과정의 규범성을 유지하려 한다.[12] 더 나아가 뮐러는 이렇게 구조화된 법적 방법에, 이는 아마 그의 제자인 크리스텐젠(R. Christensen)의 연구에 힘입은 것인 듯한데,[13] 현대 영미언어철학에서 전개된 언어이론의 성과를 수용하여 '규범성'(Normativität)의 '의미'(Bedeutung)와 '규범텍스트'의 '효력'(Geltung)에 대한 개념정의를 새롭게 시도한다. 한 마디로 말해, 뮐러는 정신과학적·철학적 해석학, 정형적·구조적 사고, 현대 언

---

10 여기서는 계희열 교수의 번역에 따라 이를 '사물영역'으로 번역한다. 계희열 (편역), 앞의 책, 67쪽.
11 이 번역 역시 계희열 교수를 따라 '사건영역'으로 한다. 계희열 (편역), 앞의 책, 67쪽.
12 독일의 경우에는 '기본법'(Grundgesetz), 우리나라의 경우에는 '헌법전'이 될 것이다. 여기서 규범텍스트가 무엇인가에 관해서는 이 책 제5절 IV.2. 참고.
13 R. Christensen, *Was heißt Gesetzesbindung?: Eine rechtslinguistische Untersuchung* (Berlin, 1989) 참고.

어철학의 관점을 종합적으로 수용하여 철학적-존재론적 법해석학의 지평을 넘어선 독자적인 법적 방법을 제시하고 있는 것이다.[14]

아래에서는 바로 이러한 특성을 담고 있는 뮐러의 규범구조적 법이론을 고찰하고자 한다. 이를 위해 아래에서는 뮐러가 제자인 크리스텐젠(R. Christensen)과 함께 1997년에 출간한 『법적 방법』(juristische Methodik) 제7판을 주된 분석대상으로 삼고자 한다.[15]

II. 법적 방법의 의의와 과제

1. 법적 방법의 개념

먼저 논의의 출발점으로서 뮐러가 『법적 방법』 서두에서 밝히고 있는 법적 방법의 의의 및 과제를 간단하게 검토한다.[16] 뮐러에 따르면, 법적

---

14 어찌 보면, 뮐러의 법적 방법은 비판적 해석학의 계열에 포함시킬 수도 있다고 생각한다. 왜냐하면 철학적-존재론적 해석학의 한계를 지적하면서 이를 넘어서려고 하기 때문이다. 여기서 비판적 해석학이란 하버마스가 가다머를 비판하면서 정립한 해석학을 말한다. 비판적 해석학은 존재론적 해석학과는 달리 사회과학의 고유성과 비판적 힘을 인정한다는 점에서 그 의미가 있다. 비판적 해석학이 분명하게 드러난 문헌으로는 J. Habermas, *Erkenntnis und Interesse* (Frankfurt/M., 1973) 참고.
15 F. Müller, *Juristische Methodik* (Berlin, 1997).
16 '법적 방법'은 독일어 'Juristische Methodik'을 번역한 말이다. 그러나 'Juristische Methodik'을 뮐러가 의도하는 대로 정확하게 번역하는 것은 쉽지 않다. 왜냐하면 뮐러는 전통적으로 사용되는 '방법론'(Methodenlehre)이나 '방법'(Methode)과는 구별되는 의미로서 'Juristische Methodik'을 사용하기 때문이다. 다시 말해, 전통적인 법학방법론이 일정한 법적 분쟁을 해결하는 데 적합한 법규범을 올바르게 탐색・선택하고 해석하는 것에 관한 방법을 추구하는 반면, 뮐러가 구상하는 'Juristische Methodik'은 규범을 구체화하는 과정이 실제 어떻게 이루어지고, 또 어떻게 하면 이 과정을 정당하게 통제할 수 있는가에 집중하고 있다는 점에서 서로 차이가 있다. 이 같은 이유에서 이 책은 뮐러가 제시한 'Juristische Methodik'

방법은 단순한 형식논리가 아니다. 그렇다고 법적 방법이 일정한 법적 사례를 해결하는 데 필요한 기술을 제공해 주는 것도 아니다.[17] 그 대신 뮐러는 현실과 관련을 맺는 규범구체화 과정의 공통구조를 해명하는 것이 바로 법적 방법의 과제라고 말한다.[18] 여기서 우리는 다음과 같이 법적 방법이란 무엇인지 추론할 수 있다. 뮐러가 구상하는 법적 방법이란 법적 분쟁이 발생했을 때 이러한 법적 분쟁을 적절하게 해결하는 데 필요한 관련 법규범을 탐색·해석·적용하기 위한 방법을 뜻하는 것이 아니라, 이러한 법적 분쟁을 해결하는 것과 관련되는 규범텍스트를 구체화하는 과정에서 드러나는 공통 구조를 해명하기 위한 일련의 작업을 뜻한다는 것이다. 바꿔 말해, 뮐러가 구상하는 법적 방법은 법적 문제를 해결하기 위한 방법을 지향하는 것이 아니라, 법적 문제가 해결되는 과정 그 자체를 드러내 보이는 작업인 것이다. 이러한 점에서 뮐러의 법적 방법은 전통적인 법학방법론과 차이가 있다. 왜냐하면 전통적인 법학방법론이야말로 법적 문제를 해결하기 위한 방법을 찾는 데 초점을 맞추기 때문이다.[19] 그뿐만 아니라, 여기서 우리는 뮐러가 요제프 에서(J. Esser)와 마찬가지로 전통적인 방법 자체에 대해 회의하면서 자신의 법적 방법을 구축하고 있다는 점도 추측할 수 있다.[20]

을 전통적인 법학방법론과는 구별한다는 측면에서 '법적 방법'으로 번역하여 사용하기로 한다. 이와 같은 취지로서 'Juristische Methodik'을 '법적 방법'이라고 번역하는 경우로는 계희열 (편역), 앞의 책, 270쪽 참고.

17 그러나 독일어 'Juristische Methodik'이 뮐러가 예정하는 의미로만 사용되는 것은 아니다. 학자에 따라서는 'Juristische Methodik'을 전통적인 '방법'의 의미로 사용하는 경우도 있다. 이러한 경우로는 J. Vogel, *Juristische Methodik* (Berlin/New York, 1998) 참고.
18 F. Müller, 앞의 책, 25쪽.
19 F. Müller, 앞의 책, 29쪽.
20 이에 관해서는 F. Müller, 앞의 책, 199쪽 참고.

2. 법적 방법의 의미

그런데 이처럼 법적 방법이 특정한 문제를 해결하기 위한 방법을 추구하는 것이 아니라면, 도대체 법적 방법은 법학이라는 규범과학 속에서 어떤 의미를 지닐 수 있을까? 이러한 의문에 대해 뮐러는 다음과 같이 말한다. 법적 방법은 규범텍스트와 현실 사이에서 진행되는 구체화 과정 속에서 구체화의 합리성과 통제가능성을 최적적으로 실현할 수 있는 규준을 마련하고, 이를 통해 규범구체화 과정의 정당성 근거와 그 한계를 밝히는 데서 의미를 찾을 수 있는 것이다.[21] 이러한 이유에서 뮐러는 법적 방법이 정신과학적·철학적 해석학과는 구별된다고 말한다. 정신과학적·철학적 해석학은 어떻게 텍스트에 대한 이해가 이루어지는가를 밝히는 것에서만 만족하는 데 반해,[22] 법적 방법은 규범구체화와 관련을 맺기에 규범성이 강하게 요구된다는 것이다. 그 때문에 법적 방법에서는 비규범적인 정신과학과는 달리 타당성 요구와 법률에 대한 구속성 요구가 강하게 제기된다고 지적한다.[23] 이와 동시에 법적 방법은 헌법상의 법치국가적 요청, 즉 규범명확성, 방법명확성, 과잉금지, 구성요건명확성 등과 같은 법치국가적 요청에 구속된다고 한다.[24]

이처럼 뮐러가 구상하는 법적 방법은 전통적인 법학방법론과도 다르고, 또한 정신과학적·철학적 해석학처럼 규범성으로부터 자유로운 것도 아니다. 그러면 왜 뮐러는 이러한 법적 방법, 더 정확히 말해 규범구조적 법적 방법을 전개하는가? 이 의문을 해명하려면, 우선 그 무엇을 뮐러의 법적 방법에 대한 출발점으로 삼고 있는지 검토해야 한다. 나아

---

21 F. Müller, 앞의 책, 25-27쪽.
22 F. Müller, 앞의 책, 30쪽.
23 F. Müller, 앞의 책, 28-29쪽.
24 F. Müller, 앞의 책, 29쪽.

가 그 동안 독일의 헌법학 내부에서 진행되어 온 헌법해석론과 이에 관한 독일 연방헌법재판소 판례의 흐름을 반성적으로 분석하고 있는 뮐러의 작업을 살펴보아야 한다. 이를 통해서만 비로소 뮐러가 어떤 이유에서 규범구조적 법적 방법이라는 독특한 규범구체화 이론을 전개하였는지 해명할 수 있다.

III. 독일 연방헌법재판소 판례와 학설에 나타난 방법론 분석

1. 방법이원론 비판

연방헌법재판소의 판례와 학설에 대한 뮐러의 분석을 검토하기에 앞서, 뮐러가 어떤 관점을 전제로 삼아 이러한 분석을 수행하고 있는지 살펴본다. 이미 앞에서 분석하였던 다른 법해석학자, 예컨대 요제프 에서나 아르투어 카우프만, 빈프리트 하세머와 마찬가지로 뮐러는 존재와 당위, 달리 말해 현실과 규범을 엄격하게 구별하는 방법이원론을 비판적으로 바라본다. 왜냐하면 뮐러가 볼 때 이러한 방법이원론은 규범성은 현실성과 전혀 무관하게 성립할 수 없다는 점을 도외시하기 때문이다. 뮐러에 의하면, 존재와 당위, 아니 더 정확하게 말해 규범은 항상 그 안에 일정한 정도의 현실성을 포함하고 있기 마련이다. 이러한 근거에서 뮐러는 특히 순수법학이 전제로 삼았던 방법이원론을 비판한다. 그러면서 뮐러는 이처럼 규범 안에 항상 일정 정도의 현실성이 스며들어 있다는 점을 독일 연방헌법재판소가 내린 일련의 판례를 반성적으로 분석함으로써 확인한다.

2. 연방헌법재판소 판례에 대한 반성적 분석

먼저 뮐러는 독일 연방헌법재판소의 판례를 분석하면서, 여전히 연방헌법재판소가 전통적인 해석방법을 원용하고 있음을 확인한다.[25] 특히 이른바 주관적 해석론과 객관적 해석론이 여러 판결에서 논증수단으로 사용되고 있음을 간취한다.[26] 그러면서 뮐러는 왜 아직도 헌법재판소가 전통적인 해석방법을 논증수단으로 이용하고 있는지에 관해 법실증주의적인 삼단논법적 사고 및 이에 입각한 포섭이론이 여전히 판례의 지배적인 견해로 자리 잡고 있기 때문이라고 지적한다.[27] 그러나 다른 한편 뮐러는 연방헌법재판소가 새롭게 개발한 방법론적인 관점, 즉 헌법의 통일성 원칙, 헌법합치적 법률해석원칙, 헌법구체화의 기능적·법적 정당성 원칙 등에 주목한다.[28] 그러면서 뮐러는 전통적인 해석방법과 새로운 방법론적 관점 사이에는 일정한 연관관계가 있음을 지적하면서도, 양자 사이에서 드러나는 차이점에 주목한다.[29] 그것은 곧 현실성이라는 비규범적 요소가 새로운 방법론적 관점 속에 스며들어 있다는 점이다. 이렇게 뮐러는 연방헌법재판소가 새로운 방법론적 관점에 따라 판례를 형성해 가면서 현실적 혹은 사물적 요소(Sachelemente)를 재판형성 과정에

---

[25] 여기에서 전통적인 해석규칙이란 사비니가 정립한 문법적 해석, 논리적 해석, 체계적 해석, 역사적 해석 및 사비니 이후에 정립된 목적론적 해석을 지칭한다.
[26] F. Müller, 앞의 책, 41-42쪽.
[27] F. Müller, 앞의 책, 42-43쪽.
[28] F. Müller, 앞의 책, 44쪽.
[29] 이는 해석방법과 새로운 헌법해석원칙이 어떤 관계에 놓이는가의 문제로 환원된다. 이 문제는 후에 상세하게 논의할 예정이지만, 여기서 이에 관한 뮐러의 생각을 간단하게 소개하면 다음과 같다. 뮐러는 전통적인 해석방법과 새로운 헌법해석원칙이 각기 별개의 것으로 규범구체화에 작용하는 것은 아니라고 한다. 그 대신 헌법해석원칙은 전통적인 해석방법을 새롭게 구체화한 것이라고 한다. 가령 헌법의 통일성 원칙은 전통적인 체계적 해석과 일정한 연관관계를 맺는다고 한다. F. Müller, 앞의 책, 44쪽.

끌어들이고 있음을 지적한다.30 이 점은 특히 연방헌법재판소가 재판과정에서 고려하기 시작한 사물의 본성에서 찾아볼 수 있다고 한다.31

이처럼 뮐러는 연방헌법재판소의 판례를 반성적으로 분석함으로써, 이미 연방헌법재판소가 은연중에 사물적 요소를 규범구체화 과정에 끌어들이고 있고 이로써 순수법학적인 방법이원론을 넘어서고 있음을 보여준다. 이 작업은 뮐러가 『법적 방법』에서 수행하는 기본법 제5조(자유로운 의사표현의 권리), 제6조(혼인, 가족, 혼인외의 자), 제7조(교육제도), 제8조(집회의 자유), 제9조(결사의 자유), 제14조(소유권, 상속권, 수용), 제12조(병역의무) 등에 대한 분석을 통해 설득력 있게 뒷받침된다.32

그러면 뮐러는 이러한 연방헌법재판소의 태도를 어떻게 평가하는가? 이미 앞에서 언급하였듯이, 뮐러는 규범구체화 과정에 현실적·사물적 요소를 끌어들이는 판례의 흐름을 긍정적으로 평가한다. 이는 규범성이라는 범주에 사물적 요소를 포함시키려는 뮐러의 의도와도 합치하기 때문이다. 다만 뮐러는 기본권을 가치 혹은 가치체계로 이해하는 판례의 태도는 헌법학계의 지배적인 견해와는 다르게 비판적으로 바라본다.33 왜냐하면 기본권을 가치 또는 가치체계로 이해하려는 주장의 배후에는 일정한 이익형량을 통해 기본권의 보호범위를 획정하려는 의도가 숨어 있기 때문이라고 한다.34 하지만 뮐러는 이러한 이익형량이라는 관점을

---

30 F. Müller, 앞의 책, 45쪽 아래.
31 F. Müller, 앞의 책, 45쪽.
32 F. Müller, 앞의 책, 50쪽 아래.
33 독일뿐만 아니라 우리나라 헌법학의 지배적인 견해는 기본권의 이중성을 인정하여, 기본권을 한편으로는 주관적 공권으로 이해하면서도 다른 한편으로는 객관적 가치질서로 파악한다. 이에 관해서는 우선 K. Hesse, 계희열 (역), 『서독헌법원론』 (박영사, 1987), 180쪽 아래 참고; 또한 허영, 『헌법이론과 헌법(중)』(박영사, 1992), 51쪽 아래 참고.
34 F. Müller, 앞의 책, 66쪽.

비판적으로 파악한다. 왜냐하면 이익형량이라는 사고는 자칫 헌법의 규범성을 침해할 우려를 안고 있기 때문이다. 이는 뮐러가 목적론적 해석이 목적 개념 안에 다양한 규범구체화 요소를 무분별하게 포함함으로써 해석의 규범성을 파괴할 수 있다고 비판하는 것과 같은 맥락이다.[35] 바로 이와 같은 이유에서 뮐러는 기본권을 가치체계로 파악하는 판례의 태도를 비판하는 것이다.

3. 기존의 헌법학 방법론에 대한 반성적 분석

이처럼 독일 연방헌법재판소의 판례를 반성적으로 분석하여 규범구체화 과정에 일정한 정도의 현실성이 개입한다는 점을 확인한 후, 뮐러는 그 동안 학설에서 논의된 헌법학 방법론을 반성적으로 분석한다. 이를 통해 자신의 규범구조적 법이론이 이론적으로 필요하다는 점을 근거 짓는다.

(1) 기본권 제한 도그마틱에 대한 비판

먼저 논의의 출발점으로서 뮐러는 기본권 도그마틱이 대부분 기본권 제한에 관한 문제로 넘어간 것을 문제 삼는다. 그 이유는 뮐러가 기본권 제한 도그마틱에 대해 비판적인 태도를 취하고 있다는 점에서 찾을 수 있다.[36] 그러면 왜 뮐러는 오늘날 지배적인 지위를 차지하는 기본권 제한 도그마틱을 비판하는 것일까?[37] 그 이유는 다음과 같이 말할 수 있다.

---

35 F. Müller, 앞의 책, 88-89쪽.
36 F. Müller, 앞의 책, 69-70쪽.
37 이 점은 우리 헌법학에서도 마찬가지라고 생각한다. 예를 들어 기본권 영역에서 가장 중요한 테마인 기본권 보호영역은 기본권 제한을 통해서 비로소 구체화된다고 주장되기 때문이다.

기본권 제한 도그마틱이란 기본권에 대한 제한가능성과 제한범위를 확정하여 그 기본권의 보호범위를 구체화하려는 도그마틱 논의를 말한다. 그런데 뮐러는 이러한 기본권 제한 도그마틱에서 기본권이 '탈정형화'(Entformalisierung)될 수 있다는 점을 지적한다. 왜냐하면 기본권 제한에 관한 논의는 대부분 이익형량이라는 논의와 관련을 맺는데, 앞에서 지적한 것처럼 뮐러는 이러한 이익형량이 기본권의 규범성을 위협한다고 보기 때문이다.[38] 뮐러가 언급하는 탈정형화란 이처럼 기본권의 헌법적 규범성이 침해되는 것을 뜻한다. 그렇기 때문에 뮐러는 기본권 제한 도그마틱으로 기본권의 규범영역을 확정하려는 시도를 비판한다. 그 대신 뮐러는 특정한 기본권 규정(기본권 규범텍스트)이 기본법상 제한규정을 갖고 있는가에 상관없이 기본권은 규범구조적 사고에 의해 일정한 한계를 지닐 수밖에 없다고 말한다. 예를 들어 뮐러는 유보 없이 보장되는 자유권이라 할지라도,[39] 자유권이 갖는 규범영역에 의해 사물적으로 획정된 한계를 지닌다고 말한다.[40] 이처럼 뮐러는 기본권 제한 도그마틱이 기본권의 규범성을 위협할 우려가 있고, 기본권의 규범영역은 기본권 제한이 아니라 자신의 규범구조적 법적 방법을 통해 달성할 수 있다는 점에서 기본권 제한 도그마틱을 비판한다.

(2) 법실증주의적 헌법학 방법론의 한계

뮐러가 비판하는 것처럼 기본권 제한 도그마틱이 기본권을 탈정형화한다면, 헌법학 방법론은 어떤 방향으로 나아가야 하는가? 예전처럼 법실증주의적인 삼단논법으로 되돌아가야 하는가? 사실 독일 헌법학에서

---

38 F. Müller, 앞의 책, 71쪽.
39 독일 기본법 제2조 제2항 제2문.
40 F. Müller, 앞의 책, 69쪽.

전개되어 온 헌법학 방법론을 일별하면, 새로운 헌법학 방법론(해석론)을 비판하면서 전통적인 방법론으로 되돌아 갈 것을 주장한 경우도 발견할 수 있다. 그 대표적인 예로 포르스트호프(Ernst Forsthoff)의 헌법학 방법론을 언급할 수 있다.[41]

포르스트호프는 스멘트에 의해 시작된 정신과학적 헌법해석방법이 법치국가적 헌법을 파괴할 수 있다고 경고한다.[42] 따라서 헌법해석 역시 일반 법률해석과 마찬가지로 엄격한 삼단논법에 입각하여 이루어져야 한다고 말한다. 그러면서 포르스트호프는 비록 일부에서는 헌법과 법률 사이에서 나타나는 규범구조의 상이성을 들어 전통적인 해석론을 포기하려 하지만, 기본법 역시 법률 형식을 취하고 있으므로 이러한 시도는 타당할 수 없다고 반박한다.

이러한 포르스트호프의 시도는 헌법의 규범력을 강화하려 한다는 점에서 상당히 의미가 있다.[43] 동시에 이러한 시도는 사비니가 정립한 전통적인 해석방법론을 오늘날 되살리려는 것이기도 하다. 이러한 포르스트호프의 시도에 대해 뮐러는 일단 헌법을 가치체계로 이해하는 정신과학적 헌법해석방법론이 헌법의 규범성을 손상시킬 수 있다는 포르스트호프의 지적을 긍정적으로 수용한다.[44] 뮐러 그 자신도 기본권을 가치 혹은 가치체계로 이해하는 것에 반대하기 때문이다. 그러나 뮐러는 그렇다고 해서 헌법을 구체화하기 위해 전통적인 방법론을 오늘날 다시 원용할 수는 없다고 지적한다.[45] 그 이유는 다음과 같다.

---

41 포르스트호프의 헌법학 방법론에 관해서는 E. Forsthoff, 앞의 논문, 89쪽 아래 참고.
42 스멘트의 정신과학적 헌법해석방법에 관해서는 계희열 (편역), 앞의 책, 29-42쪽 (서론) 참고.
43 같은 평가로서 A. Hollerbach, "법치국가적 헌법의 해체?", 계희열 (편역), 『헌법의 해석』(고려대학교출판부, 1992), 126쪽.
44 F. Müller, 앞의 책, 83쪽.

우선 사비니가 정립한 해석방법론은 삼단논법적 사고에 바탕을 둔다. 그런데 삼단논법적 법학방법론은 법률해석과 법률적용(포섭)을 엄격하게 구별하면서, 법률해석과정에 현실적인 요소가 개입한다는 점을 인정하지 않는다.[46] 그러나 이는 규범구체화 과정에는 항상 현실적인 요소가 개입한다고 보는 뮐러의 관점에서 볼 때 타당하지 않다. 그래서 뮐러는 전통적인 법률해석방법론은 헌법을 구체화하는 데 적합하지 않다고 한다. 나아가 헌법규범텍스트는 일반 법률텍스트와는 다른 규율구조를 갖고 있다는 점도 그 한 가지 이유가 된다.[47] 결국 뮐러는 전통적인 법률해석방법론은 헌법을 구체화하기 위한 완전한 방법이 될 수 없다고 말한다.[48] 물론 그렇다고 해서 뮐러가 이러한 방법론이 오늘날 완전히 무용한 것이라고 말하지는 않는다. 왜냐하면 전통적인 방법론에서 인정하는 여러 해석방법들은 규범을 구체화하는 데 필요한 보조수단으로 여전히 사용될 수 있기 때문이다.[49]

(3) 문제변증론의 의미와 한계

다음으로 뮐러는 새로운 헌법해석방법론으로 대두한 문제변증론적 헌법해석론을 검토한다. 문제변증론적 헌법해석론은 민법학에서 발전한 '문제변증론'(Topik)과 정신과학적 헌법해석론이 결합되어 정립된 헌법해석방법론을 말한다. 이는 독일의 스멘트 학파에 속하는 호르스트 엠케(Horst Ehmke)가 본격적으로 시도하였다.[50] 이를 간략하게 검토한다.

---

45 F. Müller, 앞의 책, 85쪽.
46 F. Müller, 앞의 책, 75-81쪽.
47 F. Müller, 앞의 책, 89쪽.
48 F. Müller, 앞의 책, 88쪽.
49 F. Müller, 앞의 책, 88쪽.
50 문제변증론적 헌법해석론을 시도하는 문헌으로서 H. Ehmke, 앞의 논문, 163쪽

이미 요제프 에서의 법해석학을 소개하면서 살펴보았듯이, 독일의 민법학자 테오도르 피벡이 제안한 문제변증론(토픽)은 이미 존재하는 법체계를 법적 분쟁을 해결하기 위한 출발점으로 바라보지 않는다. 오히려 법적 분쟁이 담고 있는 문제 그 자체를 출발점으로 이해한다. 그래서 문제변증론은 선험적으로 존재하는 법적 체계에 합치하도록 법적 분쟁을 해결하기 보다는 당해 분쟁해결에 적합한 (개방적) 개념 혹은 체계를 개발하는 데 중점을 둔다. 이러한 문제변증론의 태도는 엠케가 제시한 문제변증론적 헌법해석론에서도 기본적으로 유지된다. 엠케는 기본법에 선험적으로 존재하는 체계를 발견하여 이를 통해 분쟁을 해결하는 대신에 분쟁 그 자체에 담겨 있는 논점을 기준으로 하여 이에 적합한 해결방법을 모색한다. 나아가 이러한 과정을 거쳐 도출된 결과가 자의적인 것이 되지 않도록 이른바 헌법해석 원리를 제안한다.[51] 문제변증론적 사고에 의해 도출된 헌법해석 결과를 헌법해석 원리에 구속시킴으로써 헌법해석의 합리성을 도모하는 것이다.

이렇게 엠케가 제시한 문제변증론적 헌법해석방법론은 그 기본적인 내용이 콘라드 헤세(K. Hesse)에 의해 수용됨으로써 영향력 있는 헌법해석론으로 자리 잡는다.[52] 하지만 뮐러는 한편으로는 이러한 문제변증론적 헌법해석론을 긍정적으로 평가하면서도, 다른 한편으로는 문제변증론 그 자체가 안고 있는 이론적 난점 때문에 이를 전적으로 수용하기를 주

아래 참고; 또한 이를 간략하게 소개하는 계희열 (편역), 앞의 책, 42-49쪽 참고.
51 엠케는 헌법해석 원리로서 크게 실체법적 원리와 기능법적 원리를 제시한다. 실체법적 원리는 다시 헌법의 통일성 원칙, 전제된 기본권체계로부터 기본권 해석원칙, 의심스러울 때는 자유의 이익으로 원칙, 기본권 실효성의 원칙, 연방에 대한 충성의 원칙으로 세분화된다. 그리고 기능법적 원리는 헌법합치적 법률해석원칙, 정치적 문제의 원칙으로 세분화된다. 이에 관해서는 H. Ehmke, 앞의 논문, 186쪽 아래 참고.
52 K. Hesse, 앞의 책, 57쪽 아래.

저한다. 그 이유를 다음과 같이 말한다. 일단 뮐러는 문제변증론이 법적 분쟁에서 논점, 즉 사물적 요소를 규범구체화에 끌어들이는 것에 대해서는 긍정적인 의미를 부여한다.[53] 반면 문제변증론은 너무나도 당해 법적 분쟁을 해결하는 데 치중한 나머지 규범텍스트에 대한 법관의 구속이라는 원칙, 즉 헌법이 요구하는 규범적 요청을 파괴할 수 있다고 우려한다.[54] 왜냐하면 문제변증론에 의하면, 규범텍스트 관련요소는 규범텍스트와 직접 관련되지 않는 다른 요소와 동등한 지위만을 누릴 뿐이기 때문이다. 그래서 어떤 경우에는 규범텍스트의 한계를 넘어서는 문제해결 방식이 원용될 수 있다고 한다.[55] 하지만 뮐러는 이는 분명히 허용될 수 없는 방식이라고 한다.[56] 이러한 근거에서 뮐러는 문제변증론적 헌법해석방법론은 헌법의 규범성을 훼손하지 않는 범위 안에서만 규범구체화를 위한 방식으로서 사용될 수 있다고 말한다.

(4) 그 밖의 사물관련적 방법론에 대한 분석

법실증주의적 헌법해석방법론과 문제변증론 이외에도 뮐러는 『법적 방법』에서 그 밖의 다른 사물관련적 방법론을 분석하면서 이들의 한계를 지적한다. 이때 뮐러가 분석하는 대표적인 방법론으로서 사물의 본성론, 페터 헤벌레(P. Häberle)의 제도적 사고, 마른틴 크릴레의 이성법적 고려, 로버트 알렉시(R. Alexy)의 <원칙-규칙 모델>을 들 수 있다.

먼저 뮐러는 사물의 본성론이라는 사고형태는 규범텍스트를 구체화하는 데 현실적 요소를 끌어들인다는 점에서 정당하다고 진단한다. 그러

---

[53] F. Müller, 앞의 책, 96쪽 아래.
[54] F. Müller, 앞의 책, 97-98쪽.
[55] F. Müller, 앞의 책, 98쪽.
[56] F. Müller, 앞의 책, 103쪽.

나 사물의 본성론이 전제로 하는 '사물'(Sache) 그 자체는 실체적인 것이 아니라고 한다. 그 대신 사물은 규범구체화를 통해 비로소 획득할 수 있는 것이라고 지적한다. 따라서 이와 같은 사물의 본성을 규범구체화에 대한 기준으로 삼으려는 시도에는 난점이 있을 수밖에 없다고 한다.57

다음 뮐러는 페터 헤벌레의 제도적 사고 역시 완전한 법적 방법이 될 수 없다고 진단한다.58 헤벌레에 따르면, 제도적 법사고란 법 혹은 헌법상 기본권 등을 '제도'(Institution)로 파악하는 것을 말한다. 여기서 제도란, 헤벌레에 의하면, 시간 속에서 한편으로는 견고하면서도 다른 한편으로는 역동적인 형상, 객관적 요소와 인격적 요소가 상호교환 될 수 있는 것, 상태이면서 동시에 과정인 것, 법적이면서 동시에 사실적인 '현존재 방식'(Daseinsweise)으로 주어진 것을 뜻한다.59 그러나 뮐러는 규범영역을 이러한 제도적 사고로 파악할 수는 없다고 한다. 예를 들어 자유를 제도로 이해하는 헤벌레와는 달리, 뮐러는 자유의 규범영역을 제도로 이해할 수는 없다고 비판한다. 그러면서 뮐러는 규범을 실천적으로 구체화할 때 제도적 사고가 수행할 수 있는 역할은 전통적인 해석방법인 체계적 해석을 통해서도 달성할 수 있다고 한다. 결론적으로 뮐러는 제도라는 사고로써 규범적 요소와 현실적 요소를 가교하려 했던 헤벌레의 시도는 전통적인 체계적 해석으로도 수행할 수 있기에 제도적 사고는 규범구체화라는 문제지점에서 일정한 한계를 지닐 수밖에 없다고 지적한다.60

그 밖의 사물관련적 방법론에 대한 뮐러의 비판은 크릴레와 알렉시의 방법론에 대해서도 마찬가지로 진행된다. 우선 크릴레의 방법론에 대한

---

57 F. Müller, 앞의 책, 104-105쪽.
58 F. Müller, 앞의 책, 106쪽.
59 P. Häberle, "Allgemeine Staatslehre, Verfassungslehre oder Staatsrechtslehre?", in: *AöR* 98 (1973), 390쪽 아래; F. Müller, 앞의 책, 106쪽에서 다시 인용.
60 F. Müller, 앞의 책, 107쪽.

뮐러의 비판부터 알아본다. 독일의 공법학자이자 법이론가인 마르틴 크릴레는 전통적인 법해석방법론을 넘어서 헌법해석론을 이른바 '법발견론'(Theorie der Rechtsgewinnung)으로 정립한다.61 이에 의하면, 헌법해석은 해석방법을 통해 연역적으로 이루어지는 것이 아니다. 오히려 헌법을 해석하는 과정은 해석자인 법관의 선이해에 의해 실질적으로 이루어지는 법발견 과정이다. 다만 크릴레는 이러한 절차를 거쳐 획득된 결과가 이성법적 고려에 바탕을 둔 법정책적인 논증수단이나 추정적인 구속력이 인정되는 선례에 의해 정당화될 때만 합리적인 것으로 승인될 수 있다고 말한다.62 하지만 뮐러는 이러한 크릴레의 법발견론에서 이익형량과 문제변증론적 사고를 발견하고, 이들이 지닌 문제점을 지적한다. 헌법의 규범적인 요청을 파괴할 수 있다는 문제점이 그것이다.63

이러한 지적은 알렉시의 <원칙-규칙 모델>에 대한 분석에서도 되풀이된다.64 알렉시는 법규범의 모델을 '원칙'(Prinzip) 모델과 '규칙'(Regel) 모델로 구별하면서, 기본권을 원칙모델로 이해한다. 그런데 알렉시에 따르면, 원칙 모델에서는 원칙과 원칙 간의 충돌이 발생하는데, 이렇게 충돌이 발생한 경우에는 최적화 요청에 따라 양자 간의 충돌을 해결해야 한다. 이때 최적화 요청을 가능케 하는 수단이 바로 비례성 원칙이라고 한다.65 그런데 뮐러는 이러한 최적화 요청이야말로 이익 또는 가치형량을 달리 표현한 것에 지나지 않는다고 한다. 바꿔 말해, 알렉시의 기획은

---

61 여기서는 홍성방 교수의 번역을 따라 '법발견론'이라고 하였다. 이와 달리 이를 '법획득론'이라고 번역하는 경우도 있다. 가령 계희열 (편역), 앞의 책, 296쪽 참고.
62 M. Kriele, 앞의 책, 195쪽 아래.
63 F. Müller, 앞의 책, 112쪽.
64 R. Alexy, *Theorie der Grundrechte* (Frankfurt/M., 1986), 71쪽 아래.
65 R. Alexy, 위의 책, 100쪽 아래.

가치형량을 명예회복시킨 것이라고 한다. 그러므로 이러한 알렉시의 기획은 헌법학 방법론으로 받아들일 수 없다고 말한다. 그뿐만 아니라, 뮐러는 알렉시가 『법적 논증이론』에서 수행한 대부분의 작업은 전통적인 체계적 해석에 속하는 것이라고 평가절하 한다.[66]

4. 중간결론

이처럼 프리드리히 뮐러는 전후 독일 연방헌법재판소와 학설이 수행한 작업을 반성적으로 분석함으로써 규범을 구체화하는 작업은 항상 일정한 현실적 요소와 관련을 맺을 수밖에 없음을 보여준다(방법이원론 극복). 그러면서 동시에 연방헌법재판소나 새로운 헌법해석방법론이 수행한 작업에 어떤 이론적 난점이 있는지를 보여준다. 이는 그 어떤 헌법해석론도 완전한 규범구체화 방법이 될 수 없음을 시사한다. 바로 이러한 이유에서 뮐러는 규범을 구체화하는 데 자신의 규범구조적 법적 방법이 필요할 수밖에 없다고 말하는 것이다. 그러면 뮐러의 법적 방법은 과연 어떤 내용을 담고 있는가?

IV. 규범구조적 법적 방법의 기본 전제

뮐러는 자신이 구상하는 법적 방법을 본격적으로 전개하기에 앞서, 이 방법을 뒷받침하는 기본 전제들을 언급한다. 그런데 이러한 전제들은 뮐러가 현대 언어철학의 성과를 수용하여 마련한 것이어서, 전통적인

---

[66] R. Alexy, *Theorie der juristischen Argumentation* (Frankfurt/M., 1978); F. Müller, 앞의 책, 117-118쪽.

관점에서 보았을 때는 상당히 생소하게 보일 수 있다. 그러나 바로 이러한 점에서 뮐러의 법적 방법은 한층 더 높은 독자성과 설득력을 보이는 것인지도 모른다.

1. 규범구조의 개념

뮐러가 구상하는 규범구조적 법적 방법에서는 가장 먼저 규범구조라는 개념부터 해명할 필요가 있다. 뮐러에 따르면, 규범구조란 과정적인 형태로서 구조화·단계화되어 있는 법규범의 존재방식을 말한다.[67] 바꿔 말해, 규범구조란 동태적인 형식으로 구조화되어 있는 법규범의 모습이다. 그런데 우리는 이러한 규범구조와 비슷한 모습을 다른 법학방법론에서도 찾을 수 있다. 전통적인 삼단논법적 법학방법론이 바로 그것이다. 삼단논법적 법학방법이 전제로 하는 <법률해석(대전제 확정) ⇨ 사안확정(소전제) ⇨ 사안포섭을 통한 결론도출(결론)>이라는 과정은, 뮐러가 구상하는 규범구조와 비슷한 측면이 있다. 사실 뮐러가 규범구조에 바탕을 둔 법적 방법을 전개하는 이유도 법치국가적 법적 안정성을 추구하기 위해 삼단논법이 마련하고 있던 정형적 사고를 자신의 법적 방법에 끌어 들이려는 데 있다고 말할 수 있다. 다만 여기서 주의해야 할 점은, 삼단논법적 법학방법론과 뮐러의 법적 방법 사이에는 분명 다음과 같은 차이가 있다는 것이다. 첫째, 전통적인 법학방법론에 의하면 삼단논법적 과정은 규범적용 전체를 의미하는 데 반해, 뮐러의 법적 방법에 따르면 규범구체화 과정 그 자체가 바로 규범성 개념에 포함된다. 둘째, 삼단논법적 법학방법론은 '실체존재론'에 입각하고 있는 반면, 뮐러의 법적 방법은 규범구조를 실체적으로 존재하는 그 무엇으로 파악하지는 않는다.[68]

---

67 F. Müller, 앞의 책, 316쪽 아래.

오히려 규범구조란 규범구체화 과정에 대한 일종의 '언명'(Aussage) 혹은 '기능개념'인 것이다.68 다시 말해 뮐러에 의하면, 규범구조란 규범구체화 과정에서 파악할 수 있는 각 존재들의 관계를 말한다(관계적 존재). 그러므로 뮐러가 제시하는 규범구조라는 개념은, 비록 삼단논법이 추구했던 정형적·형식적 사고를 수용하고는 있지만, 삼단논법과는 전적으로 다른 별개의 개념에 해당한다.

2. 규범텍스트와 규범의 구별

규범구조라는 개념에서 어느 정도 단서가 보인 것처럼, 뮐러는 새로운 규범이론의 기초 위에서 자신의 법적 방법을 구상한다. 뮐러의 새로운 규범이론은 다양한 특징을 지니고 있는데, 이 중에서 첫 번째 특징으로서 '규범텍스트'(Normtext)와 '규범'(Norm)을 구별한다는 점을 들 수 있다.70

종래의 규범이론, 특히 법실증주의에 입각한 규범이론은 규범텍스트 그 자체를 규범으로 본다. 여기에서 규범텍스트란 실정법규정을 말한다. 가령 독일 기본법(Grundgesetz)이나 형법전(StGB) 또는 민법전(BGB) 등이 규범텍스트에 속한다. 따라서 법실증주의적 규범이론에 의하면, 규범을 다루고 해석한다는 것은 곧 실정법규정인 규범텍스트를 다루고 해석한다는 것을 뜻한다. 하지만 이러한 법실증주의적 규범이론과는 달리, 뮐러는 규범텍스트와 규범을 엄격하게 구별한다. 그러면 어떤 근거에서 뮐러는 양자를 구별하는가? 이에 대해 뮐러는 다음과 같이 말한다. 뮐러가 볼 때 규범텍스트는 그 자신이 규정하는 문언(Wortlaut)을 통해 일정한 언어적 정보만을 담고 있을 뿐이다.71 하지만 이러한 언어적 정보가 곧 규

---

68 F. Müller, 앞의 책, 319쪽.
69 F. Müller, 앞의 책, 319쪽.
70 F. Müller, 앞의 책, 131쪽.

범인 것은 아니다. 왜냐하면 법규범은 규범텍스트가 담고 있는 언어적 정보뿐만 아니라 현실에서 추출한 사물적 또는 경험적 요소도 함께 포함하고 있기 때문이다.72 그러므로 규범텍스트와 규범은 서로 구별해야 한다고 말한다. 그런데 사실 이처럼 실정법규정을 규범텍스트로 이해하면서 이를 진정한 의미의 규범과 구별하는 태도는 뮐러에게서만 발견할 수 있는 것은 아니다. 이미 아르투어 카우프만도 법해석을 존재와 당위의 상응관계로 이해하면서, 이러한 존재와 당위의 상응과정을 거치지 않은 법규정은 아직 진정한 의미의 법규범이라 할 수 없다고 주장하기 때문이다. 또한 이와 비슷한 사고는 하세머에게서도 찾을 수 있다. 다만 카우프만이나 하세머가 이에 관한 단서만을 드러낸 데 반해, 뮐러는 이 문제를 본격적으로 다루고 있다는 점에서 차이가 있다.

그런데 이처럼 규범과 규범텍스트를 개념상 구별한다고 하면, 우리는 규범텍스트에서 어떤 의미를 발견할 수 있을까? 규범텍스트는 빈껍데기에 불과한 것일까? 이에 대해 뮐러는 규범텍스트에게 다음과 같은 의미를 부여한다. 규범구체화에 대한 한계기능이 바로 그것이다.73 뮐러에 따르면, 규범구체화는 규범텍스트가 예정하는 한계 안에서만 정당하게 이루어질 수 있다는 것이다.74 이러한 근거에서 뮐러는 규범텍스트가 단지 빈껍데기에 불과한 것이 아니라 규범구체화 과정에서 여전히 중요한 의미를 지니고 있음을 확인한다.

---

71 F. Müller, 앞의 책, 316쪽 아래.
72 F. Müller, 앞의 책, 320쪽.
73 F. Müller, 앞의 책, 131-132쪽.
74 이러한 한계를 뮐러는 '문언의 한계'(Wortlautgrenze) 혹은 '규범프로그램의 한계'(Normprogrammgrenze)로 구체화한다. 이에 관해서는 F. Müller, 앞의 책, 216쪽 아래, 341쪽 아래 참고.

3. 규범텍스트의 명확성과 법규범의 명확가능성 구별

다음으로 뮐러는 규범텍스트의 '명확성'(Bestimmtheit)과 법규범의 '명확가능성'(Bestimmbarkeit)을 구별한다. 이러한 구별을 정당화하기 위해, 뮐러는 현대 언어이론의 성과(언어비판)를 자신의 법적 방법에 수용한다. 그러면 어떻게 규범텍스트의 명확성과 법규범의 명확가능성이 구별될 수 있는 것일까?

뮐러는 모든 법적 작업은 규범명확성, 구성요건 명확성 그리고 사법형식성이라는 요청을 충족해야 한다고 말한다. 이 근거는 독일 기본법 제20조 제3항에서 이끌어낼 수 있다고 한다.[75] 그런데 이 중에서 규범의 명확성, 즉 명확성 요청은 특히 사법작용에서 중요한 의미를 갖는다. 왜냐하면 법관은 법적 분쟁을 재판할 때, 이와 관련되는 법규범텍스트를 분명하게 적시해야 하고, 이러한 법규범을 구체화하여 당해 사안에 적용할 때는 그 과정을 방법적·논증적으로 투명하게 해야 하기 때문이다. 나아가 법관은 규범을 구체화할 때 규범텍스트가 의도하는 한계를 준수해야 하기에(법관의 법률에 대한 구속), 규범명확성이라는 헌법상 요청은 그 어느 곳보다도 중요한 의미를 갖는다고 지적한다.[76] 그렇다면 규범의 명확성 요청이란 무엇을 뜻하는가? 이에 대해 뮐러는 통상적인 이론에 의할 때 규범의 명확성이란 법률텍스트의 문언이 법적 사건을 재판하기에 앞서 미리 확정적으로 규정되어 있어야 함을 뜻한다고 소개한다. 그런데 뮐러는 이러한 규범명확성이 이론적으로는 그 필요성 면에서 높은 평가를 받고 있지만, 실무상으로는 별로 존중받지 못하고 있다고 한다.[77] 그 이유는 바로 규범명확성 자체가 안고 있는 다음과 같은 언어이론적 문제

---

75 F. Müller, 앞의 책, 132쪽.
76 F. Müller, 앞의 책, 133쪽.
77 F. Müller, 앞의 책, 135쪽.

때문이다. 우선 규범텍스트 그 자체를 어떻게 독해해야 하는지를 결정할 수 없고, 규범텍스트가 규정하는 문언은 의미론적인 불명확성을 지니고 있으며, 문언의 의미는 자율적으로 부여되기 때문이라고 한다.[78]

만약 사실이 그렇다면, 우리는 규범의 명확성을 포기해야 하는가? 이러한 의문에 대해 뮐러는 그렇지는 않다고 대답한다. 그러면서 뮐러는 규범텍스트의 명확성과 규범의 명확가능성을 구별함으로써 이러한 의문에 대처하려 한다. 더 정확히 말해, 뮐러는 전통적인 규범텍스트의 명확성을 포기하고, 그 대신 법규범의 명확가능성을 수용함으로써 법문언이 안고 있는 언어이론적 난점을 극복하려 한다. 이를 위해 뮐러는 비트겐슈타인(L. Wittgenstein)의 언어철학 등을 위시한 현대 언어이론과 특히 데이비슨(D. Daividson)이 전개한 법률적 구성요건에 대한 분석이론을 수용한다.[79]

그럼 여기서 뮐러가 어떻게 데이비슨의 이론을 수용하고 있는지 간략하게 검토한다. 우선 뮐러는 데이비슨이 제시한 '행위규정'(Handlungssatz)이라는 개념에 주목한다. 여기서 행위규정이란 인간의 행위를 징표하는 규정을 말한다. 바꿔 말해, 행위규정은 인간의 행위에 의해 발생한 사건을 법규정에 귀속시키기 위해 정돈된 그 무엇을 말한다.[80] 그러면 어떻게 해서 행위규정이 인간의 행위 혹은 사건·사태를 담을 수 있는 것일까? 뮐러에 따르면, 이에 관해 데이비슨은 비트겐슈타인이『논리철학논고』에서 펼쳐보였던 사고, 즉 세계는 언어와 문법을 통해 구성된다는 관점을 받아들인다. 데이비슨은 이 관점을 행위규정에 원용함으로써 행

---

[78] F. Müller, 앞의 책, 135-136쪽. 그러면서 뮐러는 콰인의 언어이론을 소개한다. W. W. Quine, *Wort und Gegenstand*, 59쪽 아래.
[79] F. Müller, 앞의 책, 137쪽 아래; D. Daividson, *Die logische Form der Handlungssätze*, 155쪽 아래; D. Daividson, *Handeln*, 73쪽 아래.
[80] F. Müller, 앞의 책, 137쪽.

위규정이라는 언어적·문법적 구성물을 통해 법적 사건을 구성할 수 있다고 말하는 것이다.[81] 다만 뮐러도 지적하고 있듯이, 이러한 행위규정에는 일정한 한계가 있다는 점에 주의할 필요가 있다. 한편으로는 행위규정이 법적 세계를 형성하는 것이기는 하지만, 그렇다고 해서 행위규정이 법적 세계에서 발생하는 사태 모두를 구체적으로 징표하는 것은 아니라는 점이다. 왜냐하면 굿맨(N. Goodman)이나 비트겐슈타인이 지적하는 것처럼, 행위규정은 단지 법적 세계를 징표하는 '관련틀' 혹은 '가능성'에 불과하기 때문이다.[82]

뮐러는 이러한 행위규정과 이에 바탕을 둔 분석이론을 통해 규범텍스트의 언어적 명확가능성과 한계를 발견한다. 규범텍스트는 그 자체가 담고 있는 언어적·문법적 요소를 통해 법적 사건에 대한 기본틀을 마련할 수 있지만, 법적 사건의 구체적인 내용은 개별 사례를 접함으로써 비로소 형성될 수 있다는 것이다. 이러한 이유에서 뮐러는 규범텍스트는 규범구체화 과정에서 거치게 되는 사물영역에 의해 비로소 의미론적 크기를 부여받을 수 있다고 말한다.[83] 그 때문에 뮐러는 규범텍스트는 사회적 공동생활을 법적으로 미리 규율할 수는 없고, 다만 그에 대한 조건만을 제시할 수 있을 뿐이라고 말하는 것이다.[84] 이러한 이유에서 뮐러는 규범텍스트는 '명확성'이라는 헌법적 기획을 달성할 수 없다고 한다. 그 대신 규범텍스트는 법규범의 형성과정을 통해 획득할 수 있는 '규범의 명확가능성'만을 제시할 수 있다고 한다. 여기에서 규범의 명확가능성이란, 뮐러에 따르면, 규범텍스트가 법적 사안에 대한 재판규율을 미

---

81 F. Müller, 앞의 책, 137-138쪽.
82 N. Goodmann, *Weisen der Welterzeugung*, 14쪽 아래; L. Wittgenstein, *Philosophische Untersuchungen*, § 90; F. Müller, 앞의 책, 138쪽.
83 F. Müller, 앞의 책, 140쪽.
84 F. Müller, 앞의 책, 141쪽.

리 갖추고 있는 것이 아니라, 규범구체화라는 과정 혹은 절차에 의해 비로소 확정될 수 있다는 가능성을 뜻한다.[85]

이처럼 뮐러는 규범텍스트는 그 자체가 지닌 언어적 특성 때문에 명확성을 달성할 수 없고, 단지 규범구체화라는 절차를 통해 성취될 수 있는 명확가능성만을 제시할 수 있다는 근거에서 규범구체화에 대한 법치국가적 요청을 규범구체화 절차 그 안에서 실현하고자 한다. 다시 말해, 독일 기본법 제20조 제3항이 규정하는 규범명확성, 즉 명확성 요청을 실체법인 규범텍스트를 통해 달성하려는 것이 아니라, 규범을 구체화하는 절차 속에서 실현하려는 것이다. 명확성 요청은 규범구체화 절차 안에서 법적 방법에 의한 규범구체화, 투명한 논증문화, 법치국가에 바탕을 둔 절차 및 이에 상응하는 법관의 구속을 통해 달성할 수 있다는 것이다.[86] 결론적으로 뮐러는 규범텍스트가 지니고 있는 언어이론적 난점을 인정하여 전통적인 의미의 명확성을 포기하고, 그 대신 규범구체화 절차 자체를 법치국가적으로 통제함으로써 법규범의 명확가능성을 추구하려 하는 것이다.

4. 규범텍스트의 효력과 규범의 의미 구별

이처럼 뮐러는 규범텍스트의 명확성 대신에 규범의 명확가능성을 제시하는데, 이미 말한 것처럼 이러한 사고의 바탕에는 현대 언어이론의 관점이 스며있다. 이를 한 마디로 표현하면, '언어기호와 언어의미의 분리' 또는 '언어기호와 언어의미 간의 긴장관계'라고 말할 수 있다. 이외에도 뮐러는 이러한 언어이론(언어비판)의 관점에 바탕을 둔 의사소통이론

---

85 F. Müller, 앞의 책, 143쪽.
86 F. Müller, 앞의 책, 143-144쪽.

(Kommunikationstheorie)의 주장을 긍정적으로 수용하여, 규범텍스트가 규율하는 문언의 의미는 입법자가 의도했던 것과 항상 같을 수는 없다고 지적한다.[87] 그런데 이러한 뮐러의 사고방식은 규범텍스트의 '효력'(Geltung)과 규범의 '의미'(Bedeutung)을 구별하는 주장에서도 나타난다.

종래의 법실증주의적 법인식 모델에 따르면, 규범의 의미와 효력 그리고 정당성은 모두 동일한 개념이었다. 현행법으로서 효력을 지닌 규범텍스트는 그 자체로서 일정한 의미를 실체적으로 담고 있고, 법관이 이러한 의미에 따라 재판을 하면 그 재판은 곧 정당성을 부여받는다는 것이다.[88] 그러나 이러한 법실증주의적 법인식 모델과는 달리, 뮐러는 효력, 의미 그리고 정당성을 다음과 같이 규정한다. 먼저 현행 규범텍스트는 일단 실정법으로서 효력을 지닌다. 그러나 그렇다고 해서 이러한 효력이 곧 일정한 의미를 지니는 것은 아니다. 왜냐하면 규범텍스트의 의미는, 앞에서 보았듯이, 규범구체화 절차를 통해 비로소 부여되기 때문이다. 그러므로 의미는 규범구체화를 거쳐 만들어진 법규범을 통해 주어진다. 마지막으로 정당성은 이러한 규범구체화 과정이 법치국가적 원칙에 따라 방법에 합치하게 그리고 투명하게 이루어질 때 부여된다. 이처럼 뮐러는 효력과 의미를 각각 구별하는데, 이러한 사고 역시 언어기호와 언어의미를 분리하는 언어이론과 관련을 맺는다. 이러한 사고에 입각하여, 뮐러는 효력 있는 규범텍스트에 대해서는 '의미부여가능성'(Bedeutsamkeit)만을 부여하면서 이를 '규범의 의미'와 구별한다. 그래서 뮐러는 규범텍

---

87 F. Müller, 앞의 책, 155쪽 아래. 그런데 여기서 뮐러가 지칭하는 '의사소통이론'(Kommunikationstheorie)은 하버마스가 제시하는 '의사소통행위이론'(Theorie der kommunikativen Handeln)과는 차이가 있다. 그래서 이상돈 교수는 전자를 '송수신이론(모델)'이라고 번역함으로써 하버마스의 의사소통행위이론과 구별한다. 이상돈, 『법이론』(박영사, 1996), 137쪽.
88 F. Müller, 앞의 책, 144-145쪽.

스트는 "의미를 갖는 것"(Bedeutung hat)이 아니라 "의미 있을 뿐"(von Bedeutung ist)이라고 한다.89

그런데 여기서 한 가지 덧붙일 것이 있다. 위에서 설명한 것처럼, 뮐러가 규범텍스트의 효력과 규범의 의미를 분명하게 구별하게 된 것은 1997년에 출간된 『법적 방법』 제7판부터였다.90 그러면 왜 뮐러는 이러한 작업을 뒤늦게나마 하게 된 것일까? 그 이유는 아마도 뮐러가 알렉시의 비판을 염두에 두었기 때문이지 않나 생각한다. 알렉시는 그의 교수자격 취득 논문인 『기본권이론』에서 뮐러의 법적 방법을 다음과 같이 비판한다.91 알렉시가 볼 때, 뮐러는 규범성의 개념에 사물적 요소를 포함시킴으로써 '규범의 의미'와 '규범의 의미에 대한 근거지음'을 혼동했다는 것이다. 알렉시는 의미론적 규범이론에 입각하여 규범의 의미와 규범의 의미에 대한 근거지음은 각각 구별해야 한다고 지적한다. 물론 뮐러는 이러한 알렉시의 비판을 반박하였다. 나아가 자신의 반론을 이론화하기 위해 뮐러가 시도한 작업인 바로 '효력과 의미의 구별'이 아닌가 한다. 왜냐하면 뮐러처럼 규범텍스트의 효력과 규범의 의미를 구별하면, 알렉시의 비판은 설득력을 잃기 때문이다.

5. 구조화된 과정으로서 규범성

이상에서 전개한 뮐러의 규범이론적 기초에서 볼 때, 우리는 그가 규범성을 어떻게 이해하는지 추측할 수 있다. 전통적인 이해방식과는 달리, 뮐러는 규범성을 고정된 또는 실체로서 자리 잡고 있는 그 무엇으로 이해하는 것이 아니라, 규범구체화라는 구조화된 과정 그 자체로서 이해

---

89 F. Müller, 앞의 책, 146쪽.
90 F. Müller, 앞의 책, 5쪽(Vorwort zur siebten Auflage).
91 R. Alexy, *Theorie der Grundrechte* (Frankfurt/M., 1986), 63쪽 아래.

한다는 것이다.[92] 뮐러도 이 점을 분명하게 밝히고 있다. 법실증주의적 법이해, 특히 존재와 당위를 엄격하게 구별하는 순수법학에서 보면, 규범성은 존재성과는 엄밀하게 구별되는 그 무엇이다. 규범성은 사회적인 현실성에 영향을 받지 않는 고정된 것이면서, 실체로서 존재하는 그 어떤 것이다. 그러나 뮐러는 이러한 법실증주의적 규범이론을 배격하면서 새로운 규범이론을 제시한다. 규범성은 실체가 아니라 과정이라는 것이다. 다만 여기서 말하는 규범성은 단순한 과정이 아니라 일정하게 구조화된 과정이라는 점에 주의할 필요가 있다. 존재와 당위의 상응과정을 더욱 엄밀하게 구체화한 규범구체화적 구조가 바로 그것이다.

V. 규범구체화 과정

그럼 뮐러는 규범구체화를 어떻게 이해하는가? 규범구체화는 어떤 과정을 통해 이루어지는가? 이 문제를 아래에서 살펴보도록 한다.

1. 규범텍스트 해석과 규범구체화의 구별

뮐러가 정립한 규범구체화 과정을 살펴보려면, 먼저 '규범텍스트 해석'(Interpretation bzw. Auslegung des Normtextes)과 '규범구체화'(Normkonkretisierung)를 구별하는 뮐러의 전제를 검토할 필요가 있다.[93] 이미 언급한 것처럼, 전통적인 법실증주의적 법학방법론에 따르면 법규범과 규범텍스트는 서로 구별되지 않는다. 오히려 규범텍스트가 규정하는 문언이 곧 법규

---

92 F. Müller, 앞의 책, 168쪽 아래.
93 F. Müller, 앞의 책, 186쪽 아래.

범의 의미라고 이해한다.94 그러면서 법실증주의는 규범텍스트를 해석함으로써 규범의 의미가 더욱 분명해질 수 있다고 본다. 그런데 뮐러는 이러한 법실증주의의 이해방식이 다음과 같은 점에서 법규범의 의미를 오해하고 있다고 지적한다.95 첫째, 이미 여러 번 지적하였듯이 법실증주의는 규범의 현실관련성 또는 사례관련성을 무시하면서 규범과 현실을 엄격하게 대립하는 개념으로 이해한다. 둘째, 법실증주의는 법관에 의해 이루어지는 규범구체화를 이미 입법자가 만든 것을 단순히 사후적으로 적용하는 것으로만 파악한다. 그래서 뮐러는 이러한 법실증주의가 법관의 규범구체화에서 나타나는 창조적인 차원을 간과하고 있다고 지적한다. 셋째, 언어이론의 관점에서 볼 때 법실증주의는 규범텍스트의 기호와 규범의 의미를 동일하게 이해한다. 하지만 뮐러에 의하면, 이러한 이해방식은 모두 타당성이 부족하다. 왜냐하면 뮐러는 규범구체화는 현실관련적인 것이고 창조적인 행위라고 이해하기 때문이다. 나아가 뮐러는 규범텍스트가 규율하는 언어기호와 규범의 의미는 서로 구별되는 것으로 보기 때문에 기호와 의미를 동일하게 보는 법실증주의의 전제는 유지될 수 없다고 한다. 결국 이러한 근거에서 뮐러는 규범텍스트와 법규범은 동일하게 놓을 수 없고, 그러므로 규범텍스트 해석과 규범구체화를 같은 것으로 이해할 수는 없다고 한다. 왜냐하면 전통적인 의미에서 볼 때 해석이란 규범텍스트의 의미내용을 확정하는 데 불과한, 즉 언어적인 작업에 불과한 데 반해, 구체화란 규범텍스트를 넘어서 사안과 규범텍스트의 관련 속에서 이루어지는 언어적·현실적 작업이기 때문이다.

그러나 이러한 뮐러의 주장에 대해서는 다음과 같은 두 가지 반론이

---

94 F. Müller, 앞의 책, 187쪽.
95 F. Müller, 앞의 책, 186-187쪽.

제기될 수 있다. 첫째는 규범성의 개념을 규범텍스트를 넘어선 것으로 파악함으로써 규범해석 혹은 규범구체화 과정의 '명증성'(Evidenz) 또는 '명확성'(Klarheit)를 침해할 수 있다는 법실증주의의 관점이다.[96] 둘째는 알렉시가 제시한 비판이다.[97] 알렉시는 의미론적인 규범이론의 관점에서 뮐러가 의미론의 대상인 규범과 이 규범을 뒷받침하는 근거를 구별하지 않는다고 비판한다.[98] 왜냐하면 알렉시가 볼 때 법적 작업 또는 규범구체화 작업은 3단계 구조를 지니고 있기 때문이다. 여기서 규범구체화 작업이 3단계 구조를 지니고 있다는 것은, 규범구체화 작업이 제1단계로서 '법규범 또는 규범텍스트', 제2단계로서 '규범을 구체적으로 획득하기 위한 의미론적 규칙 사용', 제3단계로서 '구체적인 재판을 하는 데 필요한 논증'으로 구조화되어 있다는 것을 말한다. 따라서 의미론의 대상인 규범과 이러한 규범에 대한 근거지음은 개념적으로 구별된다.

그러나 뮐러는 이러한 비판에 대해 다음과 같이 반론을 제시한다. 우선 자신의 규범구체화 이론이 명증성이나 명확성을 침해할 수 있다는 법실증주의의 비판에 대해서는 명증성 혹은 명확성 개념을 새롭게 이해함으로써 비판을 피해간다.[99] 다음 알렉시의 비판에 대해서는 같은 대화이론가인 하버마스를 인용하면서 단순히 객관적인 의미론적 규칙만을 적용함으로써 규범텍스트를 법규범으로 만들 수는 없다고 반박한다.[100] 그 대신 법규범은 알렉시가 규범에 대한 근거로 이해했던 사물적인 논증 과정을

---

96 이 점을 시사하는 F. Müller, 앞의 책, 188쪽 아래; 이와 동일한 취지의 비판으로는 E. Forsthoff, 앞의 논문, 89쪽 아래 참고.
97 R. Alexy, 앞의 책, 63쪽 아래; 한편 알렉시의 규범 개념이 잘 나타난 문헌으로는 R. Alexy, 이준일 (옮김), 『법의 개념과 효력』(고려대학교출판부, 2007) 참고.
98 R. Alexy, *Theorie der Grundrechte* (Frankfurt/M., 1986), 188쪽.
99 이 책 제3장 제5절 V.3.(5) 참고.
100 J. Habermas, "Wie ist Legitimität durch Legalität möglich?", in: *KJ* (1992), 11쪽 아래; F. Müller, 앞의 책, 189쪽.

규범텍스트를 구체화하는 과정에 포함시킴으로써 비로소 획득할 수 있다고 한다. 이러한 근거에서 알렉시의 비판은 설득력이 없다고 한다.

2. 규범구체화 과정

(1) 기본개념

규범텍스트 해석과 규범구체화를 구별하는 것 외에도 뮐러가 전개한 규범구체화 과정을 이해하려면, 그가 제시하는 사안, 규범텍스트, 사물영역, 규범프로그램, 사건영역, 규범영역, 재판(결정)규범이라는 개념들을 이해해야 한다.[101]

먼저 '사안'(Sachverhalt)이란 법관이 재판해야 할 대상인 구체적인 법적 분쟁을 말한다. 다음 '규범텍스트'(Normtext)란, 이미 앞에서 밝힌 것처럼, 언어적 정보의 총체인 실정법규정 그 자체를 말한다. 예를 들어, 우리가 구체적으로 확인할 수 있는 헌법전, 민법전, 형법전 등이 규범텍스트에 속한다. 그러나 규범텍스트가 곧 법규범인 것은 아니다. 나아가 '사물영역'(Sachbereich)이란 법관이 규범텍스트의 관점에 따라 사안이라는 현실에서 이끌어 낸 '실재정보(Realdaten)의 총체'를 말한다. 바꿔 말해, 사물영역이란 사안이라는 법적 분쟁을 규범텍스트의 관점에 따라 다시 정돈한 것을 말한다. 또한 '규범프로그램'(Normprogramm)이란 규범텍스트를 가령 문법적 해석이나 체계적 해석과 같은 언어적 해석으로 획정한 규범텍스트의 규율의도 혹은 규율기준을 뜻한다. 예를 들어, 우리 헌법 제11조 제1항 제1문이 규정하는 "모든 국민은 법 앞에 평등하다."라는 규범텍스트를 언어적 해석을 통해 구성해 낸 규율기준이 곧 규범프로그램이다. 아래에서 다시 보겠지만, 규범프로그램은 규범구체화의 한계기준으로

---

101 이 개념들에 대해서는 기본적으로 F. Müller, 앞의 책, 309쪽 아래 참고.

작용한다. 그리고 '사건영역'(Fallbereich)이란 법관이 작업의 경제성을 위해 사물영역을 더욱 좁힌 것을 말한다.102 다시 말해, 사물적인 관점의 총체인 사물영역을 각각 개별화한 것이 사건영역이 된다. 가령 사물영역에는 다양한 규범텍스트와 관련되어 있는 모든 사물적인 관점이 포함되어 있는 반면, 사건영역에서는 각각의 규범텍스트에 따라 사물적인 관점이 개별화된다. 한편 '규범영역'(Normbereich)이란 법관이 규범프로그램의 허용범위 안에서 사건영역을 바탕으로 하여 구체화한 사회적 현실의 단면을 말한다.103 이 개념은 가장 중요한 개념이므로 아래에서 더욱 자세하게 검토한다.104

우선 다시 한 번 말하면, 규범영역이란 규범프로그램이 허용하는 범위 안에서 개별적으로 선택된 '사회적 현실의 단면'(Ausschnitt der sozialen Wirklichkeit)을 뜻한다. 이를 더욱 쉽게 풀이하면, 규범프로그램의 범위 안에서 사회적 현실, 즉 사물적인 요소를 끌어들여 구체화한 개별 법규범이 곧 규범영역이다. 그런데 이때 주의해야 할 점이 있다. 규범영역이 현실적인 요소를 끌어들여 형성되었다고 해서 단순히 '사태'(Tatsache)의 총체인 것은 아니라는 점이다.105 또한 규범영역은 이른바 '사실의 규범력'(normative Kraft des Faktischen)과 동일한 것도 아니다.106 왜냐하면 규범영역은 한편으로는 현실적・사물적 요소를 끌어들이고 있지만, 다른 한편으로는 이러한 현실과는 구별되는 규범프로그램의 관점도 포함하고 있

---

102 여기서는 계희열 교수의 번역에 따라 이를 '사건영역'이라고 한다. 계희열 (편역), 앞의 책, 67쪽.
103 F. Müller, 앞의 책, 173쪽.
104 F. Müller, 앞의 책, 176쪽 아래.
105 F. Müller, 앞의 책, 177쪽.
106 '사실의 규범력'은 독일의 공법학자 게오르그 옐리네크(G. Jellinek)가 전개한 이론이다. 옐리네크의 이론을 소개하는 국내문헌으로는 계희열, 『헌법학(상)』(박영사, 1996), 20쪽.

기 때문이다. 이 때문에 규범영역은 곧 사안과 규범텍스트 사이에 존재하는 '규범구조요소들의 연관'(Zusammenhang von Strukturelementen) 또는 '사물적으로 확정된 질서모델'(sachgeprägtes Ordnungsmodell)이라 할 수 있다.[107]

마지막으로 '재판(결정)규범'(Entscheidungsnorm)이란 규범구체화를 통해 확정된 규범영역을 구체적인 재판에 적용함으로써 형성된 규범을 말한다. 재판규범은 규범구체화의 종착점이라 할 수 있다.

(2) 규범구체화 과정

이제 위에서 검토한 기본개념들을 바탕으로 하여, 뮐러의 규범구체화 과정을 알아보도록 한다. 뮐러는 법관에 의한 규범구체화가 다음과 같은 순서로 이루어진다고 한다.[108]

먼저 규범구체화의 출발점으로서 사안이라는 법적 분쟁이 발생해야 한다. 보통 사안에는 규범과 관련된 것과 관련되지 않은 것이 혼합되어 있다. 다음 법관은 자신의 '선이해' 혹은 '선지식'(Vorwissen)을 바탕으로 하여 이 사안과 관련이 있을 것 같은 '규범텍스트가설'(Normtexthypothese)를 세운다. 그리고 규범텍스트가설에 따라 관련 규범텍스트를 선택한다. 이렇게 규범텍스트가 선택되면, 법관은 이러한 규범텍스트에 따라 사안 가운데서 당해 규범텍스트와 직접 혹은 간접으로 관련을 맺는 사물적인 요소를 끄집어낸다. 이를 통해 사물적인 요소의 총체인 사물영역을 구성한다. 한편 법관은 당해 규범텍스트를 문법적 해석이나 체계적 해석과 같은 언어적 해석방법을 사용하여 규범프로그램을 획정한다. 나아가 법관은 사물영역을 각 규범텍스트별로 구분하여 개별적인 사건영역을 구성한다. 이렇게 규범프로그램과 사건영역이 확정되면, 법관은 규범프

---

107 F. Müller, 앞의 책, 177쪽.
108 F. Müller, 앞의 책, 176쪽, 204쪽 아래.

로그램이 허용하는 범위 안에서 사건영역을 바탕으로 구체적인 규범영역을 확정한다. 마지막으로 법관은 이렇게 확정된 규범영역을 법적 분쟁에 적용함으로써 재판규범을 형성한다. 이를 통해 규범구체화는 끝을 맺는다.

그런데 이렇게 뮐러가 제시한 규범구체화 과정의 전체적인 윤곽을 보면, 그 모습이 카우프만이 제시한 존재와 당위의 상응과도 유사한 구조를 갖고 있음을 확인할 수 있다.[109] 다만 양자 간에 차이가 있는 것은, 카우프만이 존재와 당위의 상응과정을 사물의 본성인 유형을 매개로 이루어지는 유추적인 과정으로 바라본 반면, 뮐러는 존재와 당위의 상응과정을 규범구조적 방법으로 더욱 엄밀하게 구체화하고 있다는 점이다.

한편 위에서 볼 수 있는 것처럼, 뮐러의 규범구체화 과정은 규범텍스트에서 사안으로 향하는 또는 사안에서 규범텍스트로 향하는 일직선의 모습이 아니라, 법관의 선이해를 바탕으로 한 순환적인 모습을 띠고 있다는 점도 간취할 수 있다. 여기서 우리는 뮐러는 해석학적 순환을 자신의 규범구체화 과정에 수용하고 있음을 확인할 수 있다. 이는 아래에서 다시 상세하게 살펴볼 것이다.[110]

(3) 규범구체화의 주체

이렇게 규범구체화의 과정을 규범텍스트와 사안 간의 상응관계로 이해하면, 우리는 다음과 같은 의문과 직면한다. 규범구체화의 주체가 누구인가 하는 의문이 그것이다. 입법자 혹은 규범텍스트 자체가 규범구체화의 주체가 되는 것인지, 아니면 법관이 주체가 되는지가 문제되는 것이다. 이에 대해 뮐러는 다음과 같이 말한다.[111] 법실증주의의 관점에서

---

109 이에 관해서는 이 책 제3장 제3절 IV.2.(4) 참고.
110 이 책 제3장 제5절 V.3.(3) 참고.

보면, 규범구체화란 단순히 규범텍스트를 해석하는 것을 말한다. 이때 해석자인 법관은 규범텍스트에 담겨 있는 입법자의 의사(주관적 의사) 또는 규범텍스트 자체의 의사(객관적 의사)를 발견하는 데 그칠 뿐이다. 그러므로 법실증주의적 방법론에 따르면, 법관은 해석의 주체가 아니라 단순히 해석의 보조자에 불과할 뿐이다. 오히려 해석의 주체는 법관이 아니라 입법자 혹은 규범텍스트 그 자체가 된다. 그러나 뮐러는 이러한 법실증주의적 방법론과는 달리 규범텍스트 해석과 규범구체화를 구별하면서, 규범구체화를 담당하는 법관에게 창조적인 여지를 인정한다. 왜냐하면 뮐러에 의할 때 규범구체화는 단순히 입법자의 의사나 규범텍스트의 의사를 확인하는 것은 아니기 때문이다. 이러한 이유에서 뮐러는 규범구체화를 실질적으로 담당하는 주체는 입법자나 규범텍스트가 아니라 바로 법관이라고 한다. 요컨대 법관이 곧 규범구체화의 주체인 것이다.

3. 규범구체화와 관련한 문제

(1) 이른바 '의사 독트린'의 인정 여부

일반적으로 전통적인 법학방법론은 '해석목적'(Zweck)과 '해석목표'(Ziel)를 구별한다.[112] 그 이유는 해석목적은 법적 분쟁을 정의롭게 해석하려는 것인데 반해, 해석목표는 이러한 해석목적을 실현하기 위해 발견해야 하는 법규범의 의사(Wille)이기에 양자는 차이가 있다는 점에서 찾을 수 있다. 이때 해석목표에 관해서는 다시 다음과 같이 견해가 대립한다. 해석의 목표를 입법자의 의사로 보아야 한다는 주관설과, 그게 아니라 법률 그 자체의 의사로 보아야 한다는 객관설의 대립이 바로 그것이다.

---

111 F. Müller, 앞의 책, 205쪽.
112 이에 관해서는 기본적으로 K. Larenz, 앞의 책, 316쪽 아래.

여기서 주관설을 강조하는 진영은 역사적 해석을 강조하는 반면, 객관설을 강조하는 진영에서는 목적론적 해석을 강조하는 것이 일반적인 경향이다. 한편 이와 같이 해석의 목표로서 입법자의 의사 혹은 법률의 의사가 주된 초점이 되었기에 이를 이른바 '의사 독트린'이라고 부르기도 한다.[113]

하지만 뮐러는 자신이 전개하는 규범구체화의 관점에서 보면, 이러한 '의사 독트린'은 유지될 수 없다고 지적한다.[114] 본래 '의사 독트린'은 규범텍스트가 입법자의 의사나 그 자체의 의사를 그대로 반영할 수 있다는 법실증주의의 믿음을 전제로 한다.[115] 하지만 뮐러가 여러 번 비판하였듯이, 법규범과 규범텍스트는 구별되는 것이고, 나아가 규범텍스트의 언어기호가 규범의 의미를 그대로 반영하는 것도 아니다. 따라서 설사 규범텍스트가 제정될 때 여기에 입법자의 의사가 개입했다 하더라도, 규범텍스트의 속성상 이는 그대로 규범구체화의 주체에게 전달될 수 없다. 규범텍스트는 특정한 논증문화나 방법규칙에 연결되어 있어서 미래를 향해 개방되어 있을 뿐이다. 이러한 이유에서 뮐러는 이른바 '의사 독트린'은 더 이상 유지될 수 없다고 평가한다.[116]

(2) 법적 선이해

가다머의 철학적-존재론적 해석학을 수용한 요제프 에서, 아르투어 카우프만, 빈프리트 하세머는 모두 자신의 법해석학에서 선이해를 이해의 조건으로 인정한다. 그렇다면 규범구조적 법적 방법이라는 독특한

---

113 예컨대, F. Müller, 앞의 책, 192쪽 참고.
114 F. Müller, 앞의 책, 192쪽 아래.
115 이외에 뮐러는 '의사 독트린'의 배후근거로서 결정주의적 사고관을 언급한다. F. Müller, 앞의 책, 193쪽.
116 F. Müller, 앞의 책, 193-194쪽.

법해석학을 전개하는 프리드리히 뮐러도 이러한 선이해를 인정하는가? 그렇다. 뮐러도 이러한 선이해를 인정한다. 그는 '법적 선이해' 또는 '인식관심'(Erkenntnisinteresse)을 이른바 '재판관심'(Entscheidungsinteresse)이라는 이름으로 수용한다. 그러면서 뮐러는 이러한 재판관심은 규범구체화를 수행하는 법실무에 고유한 것이라고 한다.[117] 그런데 이때 뮐러는 재판관심이 이익형량과 같은 의미인 것은 아니라고 지적한다.

그럼 이렇게 뮐러가 인정하는 선이해 개념은 철학적-존재론적 해석학에서 인정하는 그것과 동일한 개념인가? 그렇지는 않다. 뮐러는 자신이 인정하는 선이해는 철학적-정신과학적 해석학을 넘어서는 법학 고유의 개념이라고 한다. 따라서 법적 선이해는 철학적-정신과학적 해석학의 선이해와는 구별해야 한다고 말한다. 더 나아가 자신이 인정하는 선이해는 이데올로기적인 선이해나 일반적인 이해의 선입견(판단)성(Vorurteilshaftigkeit)과도 구별해야 한다고 지적한다.[118] 왜냐하면 법적 선이해는 법적 판단을 염두에 두고, 규범텍스트를 지향하며, 정당한 사건정의(Fallgerechtigkeit)와 관련을 맺고, 또한 이러한 선이해를 근거지울 수 있어야 하기 때문이다.[119]

그렇다면 이러한 법적 선이해는 어떤 내용을 담고 있는가? 이에 대해 뮐러가 분명하게 명시하고 있지는 않지만, 그의 언명을 전체적으로 종합하면 다음과 같이 말할 수 있다. 법적 선이해는 정당한 사안결정이라는 전제 아래 법관이 지니고 있는 규범텍스트의 관점과 사물적인 관점을 그 내용으로 한다는 것이다. 이렇게 보면 뮐러가 인정하는 법적 선이해 개념은 요제프 에서가 제시한 '전문직업적 질서전통'과도 유사하다. 왜

---

117 F. Müller, 앞의 책, 194쪽.
118 F. Müller, 앞의 책, 195쪽.
119 F. Müller, 앞의 책, 195쪽.

냐하면 정당한 사안결정이라는 것도 그리고 규범텍스트의 관점이라는 것도 모두 훈련받은 전문법관에게서나 가능한 것이기 때문이다.

이와 같이 뮐러가 제시하는 법적 선이해는 철학적-존재론적 해석학의 선이해와는 구별된다. 그렇지만 그 기능면에서는 유사한 모습을 보인다. 왜냐하면 법적 선이해도 철학적 선이해와 마찬가지로 법적 이해의 조건이기 때문이다. 뮐러는 언어로 구성되면서 일정한 내용을 갖는 선이해는 이해의 조건이자 전제라고 함으로써 이를 긍정한다.[120] 다만 뮐러는 비록 법적 선이해가 이해의 조건이 되기는 하지만 일반적인 선이해와는 구별되므로, 법관은 이러한 선이해와 관련하여 다음과 같은 작업을 수행해야 한다고 말한다. 법관은 논증 과정을 통해 이러한 선이해를 분명하게 근거 짓고 그 한계를 설정해야 한다는 것이다. 나아가 선이해를 차별화하고 구조화하여 이를 통제 가능하고 논의 가능한 요소로서 구체화 과정에 끌어들일 수 있어야 한다고 말한다. 요컨대 뮐러는 이른바 이데올로기 비판을 통해 법적 선이해를 합리적인 것으로 정당화하려는 것이다.[121]

(3) 방법선택과 해석학적 순환

이렇게 뮐러는 규범구체화 과정에 법관의 법적 선이해가 개입한다는 점을 인정한다. 이의 연장선상에서 뮐러는 규범을 구체화하는 데 유일한 방법만이 있는 것은 아니라고 한다. 그 대신 방법은 법관에 의해 선택되는 것이라고 한다.[122] 그렇다면 어떻게 방법을 선택하는 것이 정당한 것

---

120 F. Müller, 앞의 책, 198쪽.
121 F. Müller, 앞의 책, 195쪽. 왜냐하면 이데올로기 비판이란 왜곡된 선이해에 대한 비판이자 왜곡된 선이해가 담긴 언어에 대한 비판이기 때문이다.
122 이 점을 시사하는 F. Müller, 앞의 책, 199쪽.

일까? 어떤 방법선택도 허용되는 것일까? 이러한 의문에 대해 뮐러는 방법선택 문제도 선이해와 마찬가지로 규범구조적 법적 방법을 통해 통제됨으로써 합리성을 획득할 수 있다고 대답한다.[123]

한편 뮐러는 다른 법해석학자와 마찬가지로 규범구체화 과정에서 해석학적 순환이 펼쳐진다는 점 역시 긍정한다. 따라서 법실증주의적 법학방법론이 바탕으로 삼는 <주체-객체 모델>은 더 이상 유지하기 어렵다고 한다.[124] 왜냐하면 규범구체화를 담당하는 주체와 규범텍스트 및 사안이라는 객체는 해석학적 순환을 통해 서로 연결되기 때문이다. 다만 여기서 뮐러가 인정하는 해석학적 순환은 엄격하게 구조화된 과정을 거치면서 이루어진다는 점에서 철학적-존재론적 해석학의 해석학적 순환과 구별된다.

(4) 객관성과 합리성

자신의 법적 방법을 전통적인 법학방법론과 구별하는 것처럼, 뮐러는 객관성과 합리성 개념도 새롭게 설정한다. 먼저 뮐러는 정신과학의 성격을 갖는 법학에서는 객관성을 자연과학의 객관성과 같은 의미로 파악할 수는 없다고 한다.[125] 나아가 뮐러는 이른바 가치중립성 요청 역시 법학에서는 견지하기 어렵다고 한다.[126] 그 이유는 법학은 법적 분쟁을 해결해야 하는 실천과학이기 때문이다.[127] 그래서 뮐러는 법학에서 말하는 객관성이란 실제적으로 필요한 가치평가에 개방적인 것으로 이해한다.[128] 다시 말해, 법학에서 요구하는 객관성이란 가치관련적인 객관성

---

123 F. Müller, 앞의 책, 199쪽.
124 F. Müller, 앞의 책, 198쪽.
125 F. Müller, 앞의 책, 195쪽.
126 F. Müller, 앞의 책, 196쪽.
127 F. Müller, 앞의 책, 197쪽.

을 뜻한다는 것이다. 그뿐만 아니라, 뮐러는 존재와 당위를 엄격하게 구별하여 학문에 일체의 가치가 스며드는 것을 배제함으로써 '학문의 무전제성'(Voraussetzungslosigkeit der Wissenschaft)을 추구하는 방법이원론적 객관성도 법학에서는 수용할 수 없다고 한다. 뮐러는 실천적인 평가문제와 이론적인 가치문제를 구별한, 즉 가치평가를 피할 수 없는 결정 혹은 인식의 과정과 이론적인 학문의 무전제성 문제를 각기 구별한 막스 베버(M. Weber)의 작업을 정당한 것으로 인용하면서, 법학에서는 이론적인 무전제성이 인정되기 어렵다고 진단한다.[129] 그 이유는 법학에는 언어라는 그리고 해석을 필요로 하는 법규정이라는 전제가 언제나 존재하기 때문이다. 그뿐만 아니라, 규범구체화 과정에는 사물관련성, 경험정보, 헌법이론적·도그마틱적·법정책적·헌법정책적 관점이 투영되기 때문에 이미 법학의 무전제성은 이루어질 수 없다고 평가한다. 이러한 이유에서 뮐러는 법학에서 객관성은 가치에 개방적인 개념이 되어야 한다고 주장한다.

그렇다면 객관성은 어떻게 확보할 수 있을까? 이에 대해 뮐러는 객관성 개념이 갖는 가치개방성이라는 측면에서 법학, 특히 규범구체화 과정에서는 항상 다수의 방법이 필요하게 된다고 한다. 이때 규범구체화 과정에서 '방법명확성'(Methodenklarheit)과 '방법정직성'(Methodenehrlichkeit)을 보장함으로써 규범구체화의 객관성을 실현할 수 있다고 대답한다.[130]

한편 뮐러는 객관성 개념과 마찬가지로 합리성 개념도 다시 구성한다. 뮐러에 의할 때, 법학에서는 자연과학과 같은 완전한 합리성 개념을 요구할 수는 없다. 규범구체화 과정에서는 전통적인 <주체-객체 모델>이

---

128 F. Müller, 앞의 책, 196쪽.
129 M. Weber, *Der Sinn der Wertfreiheit*, S. 475 ff.; F. Müller, 앞의 책, S. 197.
130 F. Müller, 앞의 책, 196쪽.

나 객관성 개념이 더 이상 유지될 수 없기 때문이다. 그래서 뮐러는 다음과 같이 합리성을 이해한다. 법학, 특히 규범구체화 과정에서 일컫는 합리성이란 민주적 법치국가 아래에서 규범구체화의 방향을 분명하게 설정할 수 있고, 규범구체화 과정을 법이론적·국가이론적·헌법이론적 전제에 따라 또는 실제 재판과정의 단계에서 사용되는 평가기준에 따라 심사할 수 있을 때 인정되는 개념이라는 것이다. 다만 뮐러는 이때 사용되는 합리성 개념은 합리화된 평가, 확신, 형량 등과 같이 최적화된 합리화를 표방하는 수사학적 논증이 되어서는 안 된다고 말한다. 이와 달리 규범구체화의 합리성은 오직 자신의 규범구조적 법적 방법을 통해서만 실현될 수 있다고 한다.[131]

(5) 방법명확성

이렇게 규범구체화의 객관성이 방법명확성에 달려 있다고 할 때, 다시 다음과 같은 의문을 제기할 수 있다. 방법명확성이란 도대체 무엇인가 하는 의문이 그것이다. 이에 관해 전통적인 법학방법론은 삼단논법과 이에 입각한 포섭 방법을 통해 방법의 명확성을 달성하려 한다.[132] 그러나 뮐러는 자신의 법적 방법에서 볼 때 이러한 전통적인 명확성 개념도 유지할 수 없다고 한다. 그 이유는 규범구체화는 단순한 포섭과정이 아니라 규범텍스트와 사안 간의 해석학적인 상응과정이라는 점에서 찾을 수 있다. 이러한 근거에서 뮐러는 방법명확성 개념을 다음과 같이 재구성한다. 방법명확성이란 엄격하게 구조화된 규범구체화 과정을 통해, 달리 말해 규범텍스트와 사안 간의 상응과정을 통해 비로소 달성되는 개념이라는 것이다. 바꿔 말해, 규범텍스트에 의해 사안의 정확성이 심사되

---

131 F. Müller, 앞의 책, 197쪽.
132 F. Müller, 앞의 책, 190쪽.

고, 다시 이러한 사안에 의해 규범텍스트의 정확성이 심사됨으로써 규범구체화의 방법명확성이 실현될 수 있다고 한다.[133]

VI. 규범구체화의 요소

1. 개 관

뮐러가 제시하는 규범구체화는 어떤 요소를 통해 이루어질까? 바꿔 말해, 규범구체화는 어떤 요소를 논증 수단으로 하는가? 뮐러는『법적 방법』에서 이 문제를 상세하게 다룬다.[134] 아래서는 뮐러가 제시하는 규범구체화 요소를 검토하도록 한다. 다만 이 책에서는 뮐러가 상세하게 논증하는 규범구체화 요소 전체를 모두 다루지는 않는다. 그 대신 이 책의 맥락에서 볼 때 중요하다고 판단되는 논점을 중심으로 하여 논의를 전개하고자 한다.

2. 전통적인 해석방법의 의미와 한계

규범텍스트 해석과 규범구체화를 구별하지 않는 법실증주의적 방법론에 따르면, 규범구체화는 오직 해석방법을 통해서만 이루어진다. 아니 해석방법만으로도 충분하다고 한다.[135] 이에 반해 뮐러는 규범텍스트 해

---

133 F. Müller, 앞의 책, 191쪽.
134 F. Müller, 앞의 책, 239쪽 아래.
135 다만 전통적인 관점을 유지하면서도, 법률의 완전성을 부정하고 법률의 흠결가능성을 인정하는 진영에서는 법률해석과 구별되는 법형성을 긍정하고, 이를 위한 방법으로서 논증규칙의 필요성을 인정한다. 대표적인 경우로 C.-W. Canaris, *Die Feststellung von Lücken im Gesetz* (Berlin, 1983) 참고.

석과 규범구체화를 구별하기에 전통적인 해석방법만으로는 규범구체화라는 목표를 충분히 달성할 수 없다고 한다.[136] 이 때문에 뮐러는 전통적인 해석방법 이외에도 다양한 규범구체화 요소를 인정한다.

3. 규범구체화 요소의 유형

그렇다면 규범구체화 요소에는 무엇이 있는가? 이에 관해 뮐러는 논의의 출발점으로서 규범구체화 요소를 크게 두 가지 유형으로 구분한다.[137] 규범텍스트를 직접 다루는 구체화 요소와 규범텍스트를 넘어서 규범구체화 과정에서 작용하는 요소가 그것이다. 여기서 규범텍스트를 직접 다루는 요소란 전통적인 방법론적 요소, 달리 말해 해석방법을 말한다. 전통적인 해석방법은 단지 규범텍스트만을 대상으로 하므로 규범텍스트를 넘어서지 않는다.[138] 이에 대해 규범텍스트를 넘어서는 구체화 요소란 규범영역이나 사건영역에서 도출되는 요소 또는 도그마적 요소와 같이 규범텍스트를 구체화하는 과정에서 비로소 등장하는 구체화 요소를 말한다. 이러한 구체화 요소들은 통상 일정한 사물적인 관점을 포함하고 있다는 점에서도 규범텍스트를 직접 다루는 요소와 차이가 있다.

그럼 이렇게 양 요소를 유형화하여 구별하는 것에 어떤 논의의 실익이 있을까? 이에 대해 뮐러는 양 요소를 구별함으로써 구체화 요소 간의 서열, 즉 우선순위를 결정할 수 있다고 한다. 다시 말해, 규범텍스트 관련적 요소와 규범구체화 관련적 요소가 서로 충돌할 때는 규범텍스트 관련적 요소에 우선순위를 인정함으로써 양자의 갈등을 해결할 수 있다

---

136 F. Müller, 앞의 책, 180쪽 아래.
137 F. Müller, 앞의 책, 239쪽.
138 물론 뮐러의 지적대로 전통적인 해석방법 중에서 목적론적 해석의 경우에는 그 목적 개념이 지닌 불명확성 때문에 종종 규범텍스트를 넘어선다.

는 것이다. 이 점에서 이러한 유형화는 의미가 있다고 한다.

4. 좁은 의미의 방법론적 요소

(1) 개념

뮐러에 의하면, 좁은 의미의 방법론적 요소란 규범텍스트와 직접 관련을 맺는 구체화 요소를 말한다.[139] 따라서 좁은 의미의 방법론적 요소에는, 위에서 언급하였듯이, 전통적인 해석방법이 포함된다. 이외에 뮐러는 독일 연방헌법재판소가 판례를 통해 발전시켜 온 헌법해석원리도 좁은 의미의 방법론적 요소에 포함시킨다.[140]

(2) 전통적인 해석방법

뮐러는 좁은 의미의 방법론적 요소에 해당하는 해석방법으로서 문법적 해석, 역사적・발생사적 해석, 목적론적 해석, 체계적 해석을 제시한다.[141] 여기서 사비니 이후 정립된 전통적인 해석방법과 비교할 때 차이가 있는 점은, 뮐러는 역사적 해석과 발생사적 해석을 구별하고 있다는 것이다. 뮐러에 따르면, 역사적 해석은 규범텍스트를 대상으로 하는 반면, 발생사적 해석은 규범텍스트가 아닌 가령 국가의 입법이유서, 이에 대한 논의, 근거, 초안, 의회에서 행한 발언 등을 해석대상으로 한다는 점에서 서로 구별된다.[142] 다시 말해, 역사적 해석이 규범텍스트가 변경되어 온 과정을 추적하는 데 반해, 발생사적 해석은 특정한 규범텍스트가 제정되게 된 동기를 밝히는 것이라는 이유에서 구별된다는 것이다.[143]

---

139 F. Müller, 앞의 책, 239쪽 아래.
140 F. Müller, 앞의 책, 254쪽 아래.
141 F. Müller, 앞의 책, 240쪽 아래.
142 F. Müller, 앞의 책, 245쪽.

한편 뮐러는 이러한 해석방법 중에서 목적론적 해석을 다른 해석방법과 구별한다. 왜냐하면 뮐러가 볼 때 목적론적 해석은 독자적인 구체화 요소가 될 수 없기 때문이다.[144] 뮐러에 따르면, 목적론적 해석에서 말하는 목적 개념은 불분명하고, 보통은 가치평가나 이익형량과 같은 사물적인 관점이 목적 개념에 스며들기 때문에 목적론적 해석은 규범텍스트를 직접 다루는 구체화 요소가 될 수 없다는 것이다. 따라서 목적론적 해석은 다른 해석방법을 사용할 때 보조적인 관점으로 원용된다고 한다.[145]

(3) 헌법해석원리

다음 좁은 의미의 방법론적 요소로서 헌법해석원리를 들 수 있다. 헌법해석원리는 원래 독일 연방헌법재판소가 판례를 통해 형성한 일종의 해석방법이다. 이러한 헌법해석원리로는 '헌법의 통일성 원칙'(Prinzip der Einheit der Verfassung), '기능적 정당성'(funktionelle Richtigkeit), '실행가능성'(Praktibilität) 등을 들 수 있다. 이러한 헌법해석원리는 호르스트 엠케에 의해 문제변증론적 헌법해석방법의 요소로서 도입되었고, 콘라드 헤세가 그의 헌법교과서에서 헌법구체화의 요소로 채택함으로써 널리 인정받게 되었다.[146]

그런데 이러한 헌법해석원리에 관해 다음과 같은 의문을 던질 수 있다. 전통적인 해석방법과 헌법해석원리가 서로 어떤 관계를 맺는지 하는

---

143 이는 다음과 같은 예에서 분명하게 드러난다. 가령 제정된 이후 여러 차례 개정된 우리 헌법을 생각해 보자. 이때 우리 제헌헌법이 제정되게 된 이유를 탐구하는 것은 발생사적 해석의 대상이 된다. 이에 반해, 제헌헌법이 개정되어 온 과정을 밝히는 것은 역사적 해석의 대상이 된다. 이러한 점에서 양자는 구별된다.
144 F. Müller, 앞의 책, 248쪽.
145 F. Müller, 앞의 책, 249쪽.
146 H. Ehmke, 앞의 논문, 163쪽 아래; K. Hesse, 앞의 책, 62쪽 아래.

의문이 그것이다. 이에 대해서는 여러 가지 대답이 있을 수 있는데, 뮐러는 다음과 같이 답변한다. 헌법해석원리는 종래의 해석방법과 전적으로 구별되는 별개의 구체화 요소인 것은 아니라는 것이다. 뮐러에 따르면, 헌법해석원리는 종래의 해석규칙을 더욱 구체화한 하부범주에 불과할 뿐이다.[147]

그러면 이렇게 뮐러가 좁은 의미의 방법론적 요소로서 제시하는 헌법해석원리에는 어떤 것들이 있는가? 이에 관해 뮐러는 '기능적 정당성', '실행가능성', '정신사적 관련을 고려한 해석'(Interpretation aus dem geistesgeschichtlichen Zusammenhang), '통합작용이라는 규준'(Maßstab integrierender Wirkung), '헌법의 통일성 원칙', '전헌법적인 전체상'(Vorverfassungsrechtliches Gesamtbild), '기본권규범과 권한규범의 연관', '실제적 조화', '헌법의 규범력 원칙', '기본권 효율성' 그리고 '의심스러울 때는 자유의 이익으로'를 헌법해석원리로 거론한다.[148] 그런데 이 책에서 이들 모두를 검토하기는 어렵다고 생각한다. 따라서 여기서는 특히 기능적 정당성, 헌법의 통일성 원칙, 실제적 조화원칙, 헌법의 규범력 원칙을 중심으로 하여 검토하도록 한다.

먼저 기능적 정당성 원칙이란 각 국가기관에게 부여된 과제와 기능을 고려하여 헌법을 구체화하라는 요청을 말한다. 가령 입법기능과 관련된 규범을 구체화할 때는 입법기능에 적합하게 그리고 집행기관과 관련된 규범을 구체화할 때는 집행기능을 존중하여 규범을 구체화해야 한다는 것이 기능적 정당성원칙의 예에 속한다. 특히 헌법재판소가 위헌법률심판을 할 때 이른바 '입법자에 의한 형성의 자유'를 존중해야 하는 것도 기능적 정당성 원칙의 예에 속한다. 뮐러는 이러한 기능적 정당성 원칙

---

[147] F. Müller, 앞의 책, 254쪽.
[148] F. Müller, 앞의 책, 255쪽 아래.

은 규범구체화에서 문제변증론이나 법관법이 문제될 때 중요한 역할을 한다고 말한다.

다음 헌법의 통일성 원칙이란 특정한 헌법규범을 구체화할 때는 다른 헌법규범과 서로 모순되지 않도록 그 규범을 구체화해야 한다는 점을 말한다. 왜냐하면 전체 헌법규범 혹은 전체 법질서는 서로 유기적인 연관관계를 맺고 있기 때문이다. 그러나 뮐러는 이러한 헌법의 통일성 원칙은 특별히 독립된 해석원리라고는 볼 수 없고, 전통적인 체계적 해석을 더욱 구체화한 것이라고 평가한다.

나아가 실제적 조화원칙이란 특정한 헌법규범, 특히 기본권규범이 다른 기본권규범과 불가피하게 모순 및 충돌하는 경우 서로 충돌하는 헌법규범이 모두 최대한 실현될 수 있도록 당해 헌법 혹은 기본권규범을 해석해야 한다는 원칙을 말한다. 이러한 실제적 조화원칙은 특히 뮐러의 스승인 콘라드 헤세가 제시한 원칙으로 비례성 원칙과도 밀접한 관련을 맺는다. 그런데 이러한 실제적 조화원칙을 '최적화요청'으로 재해석하는 알렉시와는 달리, 뮐러는 실제적 조화원칙에 적극적인 기능이 아닌 소극적인 기능만을 부여한다.[149] 그 이유는 만약 실제적 조화원칙을 적극적으로, 즉 최적화 요청으로 이해하면 자칫 이익형량원칙으로 전락할 우려가 있다고 보기 때문이다. 뮐러는 이익형량이 헌법구체화의 규범성을 파괴할 수 있다는 이유에서 이를 비판적으로 본다는 것은 이미 여러 번 언급하였다. 따라서 뮐러가 볼 때 실제적 조화원칙에 적극적인 의미를 부여하는 것은 헌법구체화의 규범성을 파괴하는 위험스러운 일이다. 그 때문에 뮐러는 실제적 조화원칙에 소극적인 한계기능만을 부여하는 것이다.

---

149 R. Alexy, 앞의 책, 75쪽 아래; F. Müller, 앞의 책, 263쪽.

마지막으로 헌법의 규범력 원칙이란 특히 콘라드 헤세가 강조한 것으로서, 헌법규범을 구체화할 때는 헌법의 규범력을 최대한 유지할 수 있도록 해야 한다는 것을 말한다. 그런데 뮐러는 이러한 헌법의 규범력 원칙을 굳이 새로운 것으로 볼 필요는 없다고 한다. 왜냐하면 규범프로그램이 허용하는 한도에서 사물적인 요소를 규범구체화에 끌어들이는 자신의 법적 방법에서 이미 헌법의 규범력 원칙이 추구하려는 바가 실현되고 있기 때문이라고 한다.[150]

5. 규범텍스트와 직접 관련되지 않는 구체화 요소

뮐러는 규범텍스트와 직접 관련을 맺는 좁은 의미의 방법론적 요소 이외에, 규범구체화 과정에서 비로소 원용되는 규범구체화 요소를 인정한다. 이러한 규범구체화 요소로서 뮐러는 '규범영역과 사건영역으로부터 도출되는 구체화 요소', '도그마적 요소', '해결기술적 요소'(lösungstechnische Elemente), '이론적 요소', '헌법정책적 요소'를 제시한다.[151]

먼저 규범영역과 사건영역으로부터 도출되는 구체화 요소란 규범구체화 과정에 적용되는 사물적인 요소를 말한다. 예를 들어 목적론적 해석에서 말하는 목적이나 사물의 본성과 같은 것이 대표적인 경우에 해당한다. 물론 이러한 구체화 요소가 모두 비규범적인 것은 아니다. 여기에는 규범적인 요소도 포함된다. 예를 들어 비례성 원칙과 같은 요소는 한편으로는 사물적인 요소를 지향하지만, 다른 한편으로는 규범구체화의 규범성을 유지시켜 준다는 점에서 규범적인 요소라 할 수 있다.

다음 도그마적 요소란 학설이나 판례에서 주장되거나 원용되는 도그

---

150 F. Müller, 앞의 책, 263쪽.
151 F. Müller, 앞의 책, 266쪽 아래.

마틱을 뜻한다. 도그마틱은 그 자체로는 규범텍스트라 할 수 없으므로 규범텍스트와 직접 관련되는 구체화요소라고 말할 수는 없다. 이 때문에 뮐러는 이를 규범구체화 과정에서 원용되는 구체화 요소로 파악한다. 한편 뮐러는 이러한 도그마적 요소는 다시 '규범적인 도그마적 요소'와 '사실적인 도그마적 요소'로 구분된다고 한다. 나아가 도그마적 요소는 언어적으로 해석할 필요가 있다고 한다. 그 이유는 도그마적 요소가 규범텍스트와 비슷한 형식을 취하기 때문이다.[152]

한편 해결기술적 요소란 법적 분쟁을 해결하기 위해 거쳐야 하는 절차적 순서를 말한다. 나아가 이론적 요소란 법실증주의나 결단주의와 같은 헌법이론적 선이해를 말하고, 헌법정책적 요소란 말 그대로 헌법정책과 관련된 요소를 뜻한다.

VII. 규범구체화 요소 간의 우선순위확정 문제

1. 서설

프리드리히 뮐러는 『법적 방법』에서 규범구체화 요소를 검토하고 나서, 이러한 구체화 요소가 서로 충돌하는 경우를 상정한다. 그리고 이 경우 구체화 요소 간의 갈등을 해소시켜 줄 방안이 있는지 모색하면서 이에 대한 해결책으로 다음과 같은 방안을 제시한다. 구체화 요소 간에 우선순위를 부여하는 것이 바로 그것이다.[153]

원래 법해석학의 관점에서 보면, 해석방법 사이에는 고정된 우선순위

---

152 F. Müller, 앞의 책, 274쪽 아래.
153 F. Müller, 앞의 책, 289쪽.

가 존재하지 않는다. 왜냐하면 해석방법은 해석자의 선이해에 의해 이미 결정된 또는 해석학적 순환을 거쳐 형성된 해석결과를 사후에 근거 짓는 수단에 불과하기 때문이다. 그래서 요제프 에서나 빈프리트 하세머는 이른바 방법다원주의를 인정하면서 다른 방안으로써 해석의 합리성과 정당성을 보장하고자 하였다. 이에 반해 뮐러는 한편으로는 방법다원주의의 가능성을 인정하면서도, 다른 한편으로는 이러한 방법다원주의에 의해 발생할 수 있는 규범구체화의 비규범성을 막기 위해 방법, 즉 구체화 요소 간의 우선순위를 인정하고자 하는 것이다. 뮐러는 구체화 요소 간의 우선순위확정은 과연 불가능한지 의문을 제기하면서도, 결국 이러한 우선순위는 확정할 수 있고, 이를 통해 규범구체화의 규범성을 유지하려 한다.154 아래서는 어떻게 뮐러가 규범구체화 요소들 간의 서열을 확정하는지 살펴본다.

2. 규범구체화 요소 간의 충돌가능성 및 유형

우선 과연 구체화 요소가 서로 충돌할 수 있는지가 문제될 수 있다. 그러나 이 문제는 좁은 의미의 방법론적 요소를 보더라도 금방 해결된다. 이를테면 우리 형법 제170조 제2항 해석을 둘러싸고 이루어진 논쟁에서도 찾아볼 수 있듯이, 특정한 규범텍스트를 해석할 때 문법적 해석과 체계적 해석 혹은 문법적 해석과 목적론적 해석이 서로 충돌할 수 있다.155 나아가 목적론적 해석과 헌법의 통일성 원칙이 또는 헌법의 통일성 원칙과 실제적 조화원칙이 서로 충돌할 수도 있다. 그러므로 구체화 요소 간의 충돌은 이론적·실제적으로 모두 가능하다.

---

154 F. Müller, 앞의 책, 291쪽.
155 이 논쟁에 관해서는 양천수, "형법해석의 한계: 해석논쟁을 중심으로 하여",『인권과 정의』제379호(2008. 3), 144-158쪽 참고.

그렇다면 구체화 요소 간의 충돌에는 어떤 유형이 있을까? 이에 대해 뮐러는 다음과 같이 충돌을 유형화한다.156 '규범텍스트와 직접 관련되지 않는 요소 간의 충돌', '규범텍스트와 직접 관련된 요소와 직접 관련되지 않은 요소 간의 충돌', '규범텍스트와 직접 관련되는 요소 간의 충돌'이 그것이다. 여기서 세 번째 유형은 다시 다음과 같이 세분화된다. '규범텍스트와 관련된 도그마틱적 논증과 방법론적·규범영역적 요소 간의 충돌', '방법론적 요소와 규범영역적 요소 간의 충돌', '좁은 의미의 방법론적 요소 간의 충돌'이 그것이다. 그럼 이러한 충돌이 발생하는 경우 어떻게 우선순위가 결정되는가?

3. 구체화 요소 간의 우선순위 확정

구체화 요소 간에 충돌이 발생했을 때 뮐러는 다음과 같이 우선순위를 결정한다. 이때 기준이 되는 것은 규범구체화 과정에서 요청되는 민주적 법치국가 원칙이다. 이 점은 '규범텍스트 관련성'이라는 표현에서도 추측할 수 있다.

먼저 뮐러는 규범텍스트와 직접 관련되지 않은 요소 간에 충돌이 발생한 때는 우선순위나 선호규칙이 인정되지 않는다고 한다. 왜냐하면 서로 충돌하는 요소 모두 규범텍스트와 간접적으로만 관련을 맺기 때문이다. 따라서 양자 간에 서열을 정할 수는 없고, 다만 어떤 요소가 규범텍스트와 직접 관련된 요소를 통해 도출된 부분결과와 더욱 낫게, 정당하게, 납득할 만하게, 분명하게 그리고 합목적적으로 합치하는지 또는 규범텍스트의 한계 안에 속하는지가 기준이 될 수는 있다고 한다.157

---

156 F. Müller, 앞의 책, 293쪽 아래.
157 F. Müller, 앞의 책, 293쪽.

다음 뮐러는 규범텍스트와 직접 관련된 요소와 그렇지 않은 요소가 충돌할 때는 규범텍스트와 직접 관련된 요소가 우선한다고 본다.[158] 이는 규범구체화의 규범성이라는 기준에서 볼 때 당연한 것이라 할 수 있다.

나아가 규범텍스트와 직접 관련된 요소 간에 갈등이 있을 때는 다음과 같이 해결된다고 말한다. 첫째, 도그마틱적 논증요소와 방법론적·규범영역적 요소가 갈등을 일으킬 때는 방법론적·규범영역적 요소가 우선한다고 한다.[159] 둘째, 방법론적 요소와 규범영역적 요소가 충돌할 때는 방법론적 요소가 우선한다고 말한다.[160] 셋째, 방법론적 요소 상호 간에 갈등이 벌어졌을 때에는 규범텍스트와 가장 직접적인 언어적 해석, 즉 문법적 해석과 체계적 해석이 우선한다고 한다. 다시 말해, 뮐러는 문법적 해석과 체계적 해석이 다른 어떤 요소에 비해 우선순위를 갖는다고 한다.[161] 이 점은 규범텍스트가 담고 있는 문언이 규범구체화에 대한 한계가 된다는 점에서도 확인된다고 한다.

그렇다면 문법적 해석과 체계적 해석이 서로 충돌했을 때는 어떻게 우선순위를 결정할 것인가? 이에 대해 뮐러는 궁극적으로는 문법적 해석이 체계적 해석에 우선한다고 답한다. 왜냐하면 문법적 해석으로 규범텍스트를 해석하는 것이 체계적 해석으로 해석하는 것보다 더욱 명확하고 설득력이 있으며, 이는 법문언의 한계기능과도 합치하기 때문이다.[162] 이렇게 볼 때 결국 뮐러에 따르면, 문법적 해석이 규범구체화 요소들

---

158 F. Müller, 앞의 책, 293쪽.
159 F. Müller, 앞의 책, 294쪽.
160 F. Müller, 앞의 책, 294쪽.
161 F. Müller, 앞의 책, 295쪽, 299쪽.
162 그러나 뮐러는 문법적 해석이 가장 우선한다는 것과 문언이 한계기능을 수행한다는 것은 서로 별개의 것이라고 한다. 왜냐하면 문언의 한계는 방법론적인 요청이 아니라 헌법적인 요청이고, 나아가 문언의 한계는 문법적 해석의 한계가 아니라, 규범프로그램의 한계이기 때문이라고 한다. F. Müller, 앞의 책, 300쪽.

사이에서 가장 우선한다.

VIII. 규범구체화의 한계

1. 한계인정의 필요성

이미 요제프 에서나 아르투어 카우프만 그리고 빈프리트 하세머의 법해석학을 검토하면서 확인한 것처럼, 규범텍스트를 구체화하는 작업은 다른 일반 문학텍스트나 역사텍스트를 해석하는 것과는 차이가 있다. 왜냐하면 규범텍스트를 구체화하는 과정은 다른 그 무엇보다도 민주적 법치국가 원칙에 입각한 규범성과 실천성을 강하게 필요로 하기 때문이다. 그래서 뮐러는 규범구체화에 필요한 법적 방법은 다른 일반적-정신과학적 해석학에 머물러 있어서는 안 된다고 한다. 이러한 주장은 규범구체화에 일정한 한계가 필요하다는 점을 시사한다. 이러한 이유에서 뮐러는『법적 방법』에서 규범구체화 요소를 다루기 전에 규범구체화의 한계를 상세하게 논증한다.[163] 아래서는『법적 방법』에서 뮐러가 제시하는 규범구체화의 한계기준을 알아본다.

2. 규범구체화의 한계인정 가능성

이렇게 규범구체화에 일정한 한계가 필요하다고 할 때, 뮐러는 다시 다음과 같은 문제를 제기한다. 법률텍스트를 다루는 데 한계가 있는가 하는 문제가 그것이다.[164] 더 나아가 일반 텍스트를 다룰 때도 이론적으

---

163 F. Müller, 앞의 책, 216쪽 아래.
164 F. Müller, 앞의 책, 234쪽 아래.

로 한계가 있을 수 있는지 의문을 제시한다. 그러면서 뮐러는 그동안 일반 텍스트 관련 학문에서 진행된 한계가능성 논의, 그 중에서도 특히 움베르토 에코(Umberto Eco)의 시도를 고찰하면서 이러한 의문을 해명하려 한다.[165] 여기서 잠시 일반텍스트 관련 학문에서 전개된 한계가능성 논의를 요약하면 아래와 같다.[166]

뮐러는 일반 텍스트 관련 학문에서도 전통적으로 텍스트를 이해할 때 일정한 한계기준을 인정하였다고 한다. 텍스트에 담긴 저자의 의사 혹은 텍스트 그 자체의 객관적인 의사가 바로 그것이다. 하지만 이러한 전통적인 관점은 60년대 초반부터 등장하기 시작한 철학적 해석학, 해체주의, 신비평, 화용론적 전환에 의해 무너지기 시작한다. 그 때문에 일반 텍스트를 이해하는 과정에서도 그 한계를 정확하게 설정하는 것이 어려워졌다고 한다.

그런데 이러한 경향에 대해 기호학자인 움베르토 에코는 새롭게 텍스트 이해에 한계를 부여하고자 시도한다. 먼저 에코는 텍스트 이해에 한계를 설정하려는 전통적인 관점은 저자의 의사와 독자의 상황이 텍스트를 이해하는 과정에서 서로 작용한다는 것을 간과하였다고 지적한다. 그러면서 에코는 저자와 독자가 서 있는 사회적 문화 상황 사이에서 펼쳐지는 복잡한 상호작용을 통해 텍스트의 의미가 부여된다고 말한다. 그런데 이때 에코는 저자와 독자 간에 복잡한 상호작용이 펼쳐질 때, 이미 선택된 문화적 축적을 통해 서로가 의도하는 의미가 빗나가지 않도록 할 수 있다고 한다. 다시 말해, 축적된 사회문화적 상황 속에서 텍스트 이해에 대한 저자의 추측과 독자의 추측이 서로 일치할 수 있다고

---

[165] U. Eco, *Die Grenzen der Interpretation*; U. Eco, *Überzogene Textinterpretation*, 52쪽 아래; U. Eco, *Lector in fabula*; U. Eco, *Interpretation und Geschichte*, 29쪽 아래; U. Eco, *Das Irrationale gestern und heute*, 9쪽 아래.

[166] F. Müller, 앞의 책, 235쪽 아래.

한다(정합성 형성). 이러한 근거에서 에코는 저자와 독자의 상호작용을 통해 이루어지는 텍스트 이해에서도 일정한 한계가 형성될 수 있다고 말한다.[167]

하지만 뮐러는 이렇게 일반 텍스트 관련 학문에서 진행된 논의 및 에코의 시도를 회의적으로 평가한다. 특히 뮐러는 새롭게 한계를 설정하려는 에코의 작업을 만족스럽지 못한 것으로 진단한다. 왜냐하면 뮐러가 볼 때, 에코가 해석의 심사기준으로 도입한 '정합성'(Kohärenz)은 텍스트에 내재하는 고유한 속성이 아니라, 해석을 통해 도출해 낸 결과에 불과하기 때문이다.[168] 나아가 뮐러는 화용론의 관점과 비트겐슈타인의 언어사용이론을 원용하면서 텍스트 이해는 항상 순환적이라고 한다. 따라서 방법론적 관점에서 텍스트 이해에 한계를 부여하려는 시도에 대해 회의적인 것이다.

그렇다면 법률텍스트 이해에서도 한계를 부여하려는 것은 마찬가지로 가능하지 않은가? 이에 대해 뮐러는 사실 이론적·방법론적 측면에서 법률텍스트 해석에 한계를 설정할 수는 없다고 한다. 하지만 뮐러는 규범구체화에 한계를 설정하고자 하는 것은 이론적인 요청이 아니라 실천적인 요청이라고 한다. 다시 말해, 법관이 규범을 구체화하는 것은 곧 국가권력을 행사하는 것이므로, 권력행사 제한의 차원에서 여전히 한계설정이라는 요청은 필요하다고 한다. 이는 민주적 법치국가 원칙의 측면에서 보더라도 당연하다. 그러면 어떻게 이러한 실천적인 요청을 충족할 수 있는가? 이에 대해 뮐러는 다음과 같이 이 요청을 실현할 수 있다고 한다. 법관이 규범텍스트를 구체화하고 근거 짓는 과정에서 설득력 있게 제시해야 하는 논증적 기준에 따라 규범구체화라는 권력행사가 가능할

---

167 F. Müller, 앞의 책, 236쪽.
168 F. Müller, 앞의 책, 237쪽.

수 있도록 함으로써 이러한 권력은 비로소 통제될 수 있다는 것이다.[169] 그리고 이러한 권력통제는 규범텍스트가 규율하는 문언의 한계를 통해 뒷받침될 수 있다고 한다.

3. 규범구체화의 한계로서 문언

뮐러는 규범텍스트가 규정하는 '문언'(Wortlaut)은 다음과 같은 두 가지 기능을 수행한다고 말한다. 첫째, 문언은 법적 관계에 참여하는 사람에게 일정한 행위를 할 것을 지시한다. 둘째, 문언은 법적 작업의 출발점이 된다.[170] 그런데 여기서 문언이 법적 작업의 출발점이 된다는 것은 무슨 의미일까? 이는 전통적인 삼단논법이 말하는 것처럼, 문언이 법적 분쟁에 대한 포섭기능을 수행한다는 점을 뜻하는가? 하지만 뮐러는 이를 부정한다. 뮐러에 의하면, 문언이 사안에 대해 적극적인 포섭기능을 수행하는 것은 아니다.[171] 그 대신 문언은 단지 소극적인 기능만을 수행할 뿐이다. 규범구체화에 대한 한계기능이 곧 그것이다.[172] 그리고 이는 법치국가적으로 요청되는 규범명확성과 방법명확성의 관점에서 보더라도 당연하다.[173]

그런데 이에 관해 다음과 같은 의문을 제기할 수 있다. 만약 뮐러처럼 문언을 규범구체화에 대한 한계기준으로 인정하면, 이는 규범텍스트의 효력과 규범의 의미를 구별하는 뮐러의 태도와 모순되는 것은 아닌가 하는 점이다. 왜냐하면 규범텍스트의 문언은 아직 의미를 지니고 있는

---

169 F. Müller, 앞의 책, 238쪽.
170 F. Müller, 앞의 책, 217쪽.
171 F. Müller, 앞의 책, 219쪽.
172 F. Müller, 앞의 책, 219쪽.
173 F. Müller, 앞의 책, 216쪽.

것이 아니고, 따라서 언뜻 생각하면 이러한 문언이 한계기능을 수행한다는 것은 납득하기 어렵기 때문이다. 하지만 뮐러는 규범텍스트의 효력과 규범의 의미를 구별하는 것과 문언에 한계기능을 인정하는 것은 서로 별개의 문제라고 한다.[174] 그러면서 비록 문언의 의미가 규범구체화 과정을 통해 비로소 형성되는 것이라 하더라도, 여전히 문언은 소극적으로 한계기능을 수행한다고 말한다. 왜냐하면 문언의 한계는 이론적·방법론적으로 요구되는 것이 아니라, 민주적 법치국가라는 헌법적인 측면에서 요청되는 것이기 때문이다.[175] 따라서 규범구체화를 통해 형성된 재판규범이 문언의 한계범위 안에 속하지 않을 때는 그 재판규범은 정당하지 않은 것이 된다고 한다. 그뿐만 아니라, 규범목적이나 실체적 정의를 이유로 하여 문언의 한계를 벗어나 재판을 하는 것은 허용되지 않는다고 한다.[176]

이처럼 뮐러에 의할 때 문언은 규범구체화에 대한 한계가 되는데, 바로 이러한 점에서 뮐러는 자신의 법적 방법이 문제변증론과 차이가 있다고 한다.[177] 왜냐하면 문제변증론은 문언조차도 문제해결을 위한 한 가지 논점에 불과하다고 보기 때문이다. 나아가 뮐러는 설사 규범텍스트가 일반조항 형식을 취한다 하더라도 한계기능을 수행할 수 있다고 본다.[178]

4. 문언의 한계에서 규범프로그램의 한계로

그러나 이렇게 문언이 단지 소극적으로만 한계기능을 수행한다 하더

---

174 F. Müller, 앞의 책, 220쪽.
175 F. Müller, 앞의 책, 221쪽.
176 F. Müller, 앞의 책, 227쪽.
177 F. Müller, 앞의 책, 221쪽.
178 F. Müller, 앞의 책, 224쪽 아래.

라도, 다시 다음과 같은 의문을 제기할 수 있다. 여기서 말하는 문언은 규범텍스트에 실체적으로 주어진 이른바 '문언의 의미'(Wortsinn)을 지칭하는 것인가 하는 의문이 그것이다. 그런데 사실 그동안 뮐러가 제시하는 문언이 실체적인 의미를 갖는 것인지, 그게 아니면 단지 형식적인 의미만을 갖는 것인지는 분명하지 않았다. 그 때문에 간혹 문언의 한계를 긍정하는 뮐러의 태도가 그의 언어이론적 성찰과 모순되는 것은 아닌지의 문제도 제기된 것이다. 아마도 이러한 이유에서 뮐러는 『법적 방법』 제7판에서 이 문언의 문제를 상세하게 다루면서, 자신이 말하는 문언이 전통적인 의미의 문언을 뜻하는 것은 아님을 분명히 한다.[179]

우선 뮐러는 문언의 한계와 관련한 기존의 논쟁을 되짚는다. 이때 뮐러는 특히 하세머와 이상돈 교수가 수행한 작업을 중심적으로 검토하면서, 전통적인 문언의 한계에 대한 이들의 비판을 긍정적으로 수용한다.[180] 이와 더불어 뮐러는 하세머와 이상돈 교수에 의해 수용된 비트겐슈타인의 언어사용이론을 받아들여 결국 다음과 같은 결론에 도달한다.[181] 문언의 한계는 언어를 통해 미리 주어져 있는 것은 아니라는 것이다. 오히려 문언은 구체화되는 가운데서, 달리 말해 문언이 사용되는 가운데서 그 의미와 한계가 주어진다고 한다. 따라서 전통적인 견해가 주장하는 것처럼 문언이 실체적인 한계기준이 될 수는 없다고 한다. 그 대신 뮐러는 자신이 말하는 문언의 한계는 규범프로그램의 한계를 뜻한다고 한다. 그리고 이러한 규범프로그램의 한계는 법적인 논증문화 및 헌법적인 요청과 관련을 맺는 관계적인 것이라고 한다. 결국 뮐러에 따

---

179 F. Müller, 앞의 책, 341쪽 아래.
180 이상돈 교수의 독일 대학 박사학위논문(*Wortlautgrenze, Intersubjektivität, Kontexteinbettung*)을 말한다. 가령 F. Müller, 앞의 책, 342쪽 각주(704), 344쪽 각주(716) 참고.
181 F. Müller, 앞의 책, 345-347쪽.

르면, 문언의 한계는 규범프로그램의 한계를 말하고, 이러한 규범프로그램의 한계는 곧 규범구체화의 합리적 논증가능성과 민주적 법치국가성에 의해 뒷받침되는 관계적인 것이라 말할 수 있다. 그러면서 뮐러는 이미 자신의 구조적 법적 방법은 1970년대 중반 이후부터 문언의 한계에 대한 종래의 주장과 결별하였다고 한다.[182]

5. 규범구체화의 한계와 우선순위 비교

마지막으로 한 가지 의문을 더 다루도록 한다. 과연 규범구체화의 한계와 우선순위는 어떤 관계를 맺는 것일까? 양자는 서로 같은 의미일까? 아니면 별개의 문제일까? 이에 관해서는 다음과 같이 정리할 수 있다. 먼저 규범구체화의 한계와 규범구체화의 우선순위는 모두 규범구체화의 합리성과 규범성을 보장하고자 한다는 점에서 공통점을 갖는다. 하지만 그렇다고 해서 양자를 같은 것으로 이해할 수는 없다고 생각한다. 왜냐하면 양자는 서로 중첩되는 경우도 있지만, 별개로 작용하는 때도 있기 때문이다. 가령 좁은 의미의 방법론적 요소와 규범영역적 요소가 모두 규범프로그램의 한계 안에 있는 경우를 생각해 보라. 또한 도그마틱 요소와 법정책적 요소가 모두 규범프로그램의 한계 안에 있을 수도 있는 것이다. 이렇게 보면, 규범구체화의 한계와 우선순위는 서로 차원을 달리 하는 것으로 이해해야 한다. 이 점은 뮐러가 문언의 한계가 문법적 해석과 동일한 것은 아니라고 한 점에서도 확인된다.

---

[182] F. Müller, 앞의 책, 374쪽 각주(730).

IX. 중간결론

이상에서 논의한 뮐러의 규범구조적 법적 방법을 요약하면 다음과 같다. 먼저 뮐러는 요제프 에서, 아르투어 카우프만, 빈프리트 하세머와는 차이가 있는 그래서 독자성을 갖는 규범구조적 법이론을 전개한다. 뮐러는 한편으로는 철학적-존재론적 해석학의 관점을 수용하면서도, 규범구체화의 규범성과 민주적 법치국가성을 유지하기 위해 여기에만 머물지는 않는다. 그 대신 규범구체화 과정을 엄격하게 구조화함으로써 이러한 요구를 달성하려 한다. 그렇다면 규범구체화 과정의 구조화는 어떻게 달성할 수 있는가? 우선 뮐러는 이에 대한 전제로서 몇 가지 새로운 시도를 한다. 이를테면 규범성을 구조화된 과정으로 이해하고, 규범텍스트와 법규범을 구별하며, 규범텍스트의 효력과 규범텍스트의 의미를 구별한다. 이를 바탕으로 하여 뮐러는 규범구체화 과정을 법적 분쟁, 규범텍스트, 사물영역, 규범프로그램, 사건영역, 규범영역, 재판규범 등으로 구조화한다. 한편 뮐러는 규범구체화 과정의 규범성을 확보하기 위해 규범구체화 요소 간에 우선순위를 인정하고, 규범구체화에 대한 한계기준으로서 문언의 한계를 인정한다. 그러나 여기서 뮐러가 말하는 문언의 한계는 실체적인 의미를 갖는 것이 아니라 관계적인 개념일 뿐이라고 한다. 다시 말해, 문언의 한계는 합리적 논증가능성과 민주적 법치국가성에 의해 뒷받침되는 것으로서 이는 곧 규범프로그램의 한계라고 한다.

제4장 국내 법학에 의한 독일 법해석학의 수용

I. 개관

이상에서 살펴본 것처럼, 가다머가 집대성한 철학적 해석학은 지난 세기의 70년대와 80년대를 기점으로 해서 법학에 수용되었다. 이를 통해 법해석학이 독자적인 학문분과로 성장할 수 있었다. 그뿐만 아니라, 이렇게 형성된 법해석학을 통해 '법이론'(Rechtstheorie)이나 '법적 논증이론'(juristische Argumentationslehre)과 같은 새로운 법학방법론이 등장하기도 하였다.[1] 그러면 우리 법학은 그 동안 철학적 해석학을 어떻게 그리고 어느 정도로 수용하였는가? 이에 대해 일단 결론부터 말하면, 독일 법학과는 달리 우리는 법학은 아직 철학적 해석학을 본격적으로 수용하지는 않은 상태다. 이에 대한 가장 큰 이유로서 우리 법학에서는 독일 법학과는 달리 기초법학에 관한 논의가 그리 풍부하게 이루어지지 않은 편이라는 점, 이와 연계하여 '법학방법론'에 대한 논의도 아직 본격적으로 이루어진 편은 아니라는 점을 들 수 있다.[2] 그런데도 지난 세기의 80년대

---

[1] '법이론'에 관해서는 우선 배종대, "법이론(Rechtstheorie)이란 무엇인가?", 『법학논집』(고려대) 제25집(1987. 12), 1-71쪽; '법적 논증이론'에 관해서는 김영환, "법적 논증이론의 전개과정과 그 실천적 의의", 『법학논총』(한양대) 제12집(1995. 10), 231-270쪽.

[2] 이를 정리하는 문헌으로 오세혁, "우리나라 법학방법론의 전개", 『법철학연구』 제

중반부터 간헐적이나마 우리 법학의 각 분야에서 철학적 해석학을 직접・간접으로 수용하거나 연구하려는 움직임을 찾아볼 수 있다. 우선 헌법 영역에서는 계희열 교수나 허영 교수를 중심으로 하여, 독일에서 철학적 해석학을 통해 촉발된 새로운 헌법해석 방법론을 수용하고자 하는 움직임이 등장하였다.[3] 나아가 민법 영역에서는 양창수 교수 등을 통해 부분적이나마 해석학의 관점이 민법해석론에 투영되기도 하였다.[4] 그러나 역시 철학적 해석학을 본격적으로 수용한 영역으로는 형법 및 이와 밀접한 관련을 맺어 왔던 기초법학 영역을 들 수 있을 것이다. 가령 우리 형법학에서는 지난 세기의 90년대 중반 대법원의 실화죄 결정을 중심으로 하여 수준 높은 '형법해석 논쟁'이 전개되었는데, 이 논쟁에서 김영환 교수나 이상돈 교수는 모두 독일에서 성장한 법해석학의 성과를 수용하고 있다. 특히 기초법학자이자 형법학자인 이상돈 교수는 법해석학과 언어분석철학 그리고 대화이론(Diskurstheorie)을 결합한 연구서 『법이론』을 공간함으로써 우리 법학계에 법해석학을 본격적으로 소개하기도 하였다.[5] 이외에도 법해석학을 다룬 몇몇 학위논문을 거론할 수 있다.[6] 그러나 여전히 우리 법학에서는 법해석학이 독자적인 분과로서 시민권을 획득하지 못한 상태이다. 법학방법론조차 충분하게 논의되지 못하고 있

11권 제2호(2008. 12), 227-58쪽.
[3] 우선 계희열 (편역), 『헌법의 해석』(고려대학교출판부, 1992), 3쪽 아래에 수록된 계희열 교수의 "緒論"과 허영, 『헌법이론과 헌법(상)』(박영사, 1990) 중에서 "헌법해석의 문제" 참고; 허영 교수의 이 책은 1980년에 첫 출판되었다.
[4] 양창수, "내용이 변동하는 집합적 동산의 양도담보와 그 산출물에 대한 효력", 『민법연구』 제5권(박영사, 1999), 428쪽: "그러한 의미에서 대상판결은 법관이 개별적 사실관계를 파악하는 「준거틀」로서의 **법적 전이해**가 매우 중요한 의미가 있음을 알게 한다."(강조는 인용자); 양창수, "법해석의 다양한 양상 또는 실정법학자의 법학방법론: 크라머의『법학방법론』", 『민법연구』 제6권(박영사, 2001), 11쪽 아래.
[5] 이상돈, 『법이론』(박영사, 1996).
[6] 이들 문헌에 관해서는 오세혁, 앞의 논문, 227-58쪽.

는 실정이다. 이 같은 상황은 법학전문대학원 제도가 도입되고, 법학교육이 더욱 시험 중심적으로 진행되면서 더욱 악화되고 있는 것으로 보인다.7 아래에서는 이러한 배경 위에서 국내 법학이 독일에서 성장한 법해석학을 어떻게 수용하고 있는지 살펴보고자 한다. 물론 이는 개관의 성격을 벗어나지는 못하리라 생각한다.

II. 국내 법학의 법해석학 수용 현황

그러면 우리 법학은 독일에서 성장한 법해석학을 어떻게 수용하고 있는가? 이를 시대적 순서에 따라 살펴보도록 한다.

1. 1980년대

1980년대의 우리 법학은 아직 법해석학에 제대로 된 관심을 기울이지 않았다. 그 당시 우리 법학은 아직 '고시법학'이나 '수험법학'에서 벗어나지 못하고 있던 상황이어서, 법학의 중심은 법도그마틱, 즉 실정법 해석론에 놓여 있었다. 그것도 법학의 주된 관심은 논문이 아닌 교과서에 있었다.8 그 당시 법학을 한다는 것은 실정법학에 관한 교과서를 쓴다는 의미로 이해되는 경향이 강하였다. 이러한 상황에서는 시험과는 무관한 기초법학을 한다는 것 자체가 그리 많지 않았고, 있는 경우에도 법철학을 예로 보면 자연법론이나 법실증주의처럼 전통적인 법철학의 주제에

---

7 이를 우려하는 양천수, "이상과 현실 사이에 선 법학전문대학원 교육방법론: 기초법학을 예로 하여", 『사회과학연구』(영남대) 제27집(2008. 2), 63-87쪽.
8 이에 대한 예외로서 허영, 앞의 책; 김형배, 『민법학연구』(박영사, 1986); 김남진, 『행정법의 기본문제』(경문사, 1980) 등을 거론할 수 있다.

관심을 기울이는 경우가 많았다. 이러한 학문적 상황에서 전통적인 법철학의 패러다임을 넘어서는 법해석학에 관심을 쏟는다는 것 자체가 애초에 너무 성급한 것이었는지도 모른다. 그러나 이 같은 학문적 상황에서도 법해석학에 대한 관심이나 언급이 전혀 없었던 것은 아니었다. 이를테면 형법학자인 배종대 교수는 1987년에 공간한 논문 "법이론이란 무엇인가?"에서 독일 법학의 새로운 학문적 조류인 법이론(Rechtstheorie)을 소개하면서, 이러한 법이론을 법해석학과 비교하였다. 비록 법해석학이 정면에서 다루어진 것은 아니었지만, 학문적 공론장에서 법해석학이 언급되었다는 것 자체가 그 당시의 학문적 상황에서 볼 때 의미가 적지 않다고 평가할 수 있다. 더불어 헌법학자인 허영 교수 역시 1980년대 초반에 첫 출간한 연구서『헌법이론과 헌법』에서 법해석학의 관점을 수용한 독일 헌법학의 새로운 헌법해석방법론을 소개하기도 하였다.9

2. 1990년대

우리 법학은 1990년대에 접어들면서 분위기가 바뀌게 된다. 종전의 '수험법학'이나 '고시법학' 수준을 넘어서는 본격적인 법학 연구논문이 생산되기 시작하였다. 이를 보여주는 예로서 민법학 영역에서 양창수 교수가 출간하기 시작한『민법연구』시리즈를 언급할 수 있다. 민법학에 관한 전문 연구논문을 모아 놓은 이 책은 이제 우리 법학이 본격적인 학문체계로 접어들었다는 점을 예증한다.10 이를 반영하듯, 1990년에는

---

9 물론 허영 교수 자신이 법해석학을 수용한 것은 아니었다.
10 물론 그 이전에도 이미 1986년에 김형배 교수가『민법학연구』라는 연구단행본을 내놓기도 하였다. 민법학에 대한 본격적인 연구서가 거의 전무하던 그 당시에 비추어볼 때, 김형배 교수의 이 저서가 지닌 학문적 가치는 결코 과소평가할 수 없다.

기초법학에서도 법학방법론과 법해석학에 관한 의미 있는 성과가 나오기 시작하였다. 예를 들어, 1990년에는 장영민 교수가 『법발견 방법론에 관한 연구』라는 박사학위논문을 내놓았다. 이 박사학위논문에는 '법발견 방법론'에 관한 다양한 방법론이 소개 및 분석되고 있다. 이어 1992년에는 헌법학자인 계희열 교수가 독일의 새로운 헌법해석방법론을 소개하는 『헌법의 해석』이라는 번역논문집을 출간하였다. 그 다음 해인 1993년에는 법철학자인 강진철 교수가 철학적 해석학의 법학적 수용을 다룬 박사학위논문 『법해석학에 대한 고찰: 특히 철학적 해석학의 법학적 수용과 관련하여』를 집필하였다. 그러나 이들 연구들은 법해석학을 포함하는 법학방법론 전반을 소개하는 것이지, 법해석학을 자신의 고유한 이론으로 수용한 것은 아니었다. 법해석학을 본격적으로 자신의 이론으로 수용한 학자는 김영환 교수와 이상돈 교수라고 할 수 있다. 김영환 교수는 1996년부터 1997년까지 집중적으로 이루어진 이른바 '형법해석 논쟁'에서 해석학적 사고를 수용한 법적 주장을 펼친 바 있다. 또한 이상돈 교수는 가다머의 철학적 해석학과 하버마스의 대화이론을 접목한 자신의 독자적인 법이론을 소개하는 연구서 『법이론』을 1996년에 출간하고, 이후 김영환 교수와 형법해석 논쟁을 펼치면서 자신의 법해석학적 사고를 분명히 피력하기도 하였다. 이와 더불어 민법학자인 양창수 교수 역시, 비록 법해석학의 관점을 정면에서 받아들인 것은 아니지만, 법해석학의 관점을 일부 수용하여 민법의 구체적인 문제를 분석하기도 하였다.

3. 2000년대 이후

2000년대에 접어들면서 우리 법학에서 법해석학은 잠시 침체기를 맞게 된다. 형법해석 논쟁을 통해 우리 법학에 본격적으로 수용된 법해석학은 그 이후 학문적 관심대상에서 살짝 비켜가게 된다. 법철학을 대표로 하는 기초법학은 법해석학을 포함하는 법이론에 관심을 기울이기보다는 전통적인 법철학적 주제에 더욱 관심을 쏟았다. 다만 2000년대 이후에도 몇몇 법학자들에 의해 법해석학은 상대적으로 크지는 않지만 관심을 받게 된다. 예를 들어, 필자는 가다머가 정립한 철학적 해석학의 기반 위에서 법을 인식하는 행위는 기본적으로 법이라는 텍스트를 '이해'(Verstehen)하는 작업으로서 이는 '이해자'가 지닌 '선이해'로부터 자유롭지 못하다는 주장을 수용하였다. 이 같은 맥락에서 필자는 법적 텍스트를 객관적·중립적으로 인식할 수 있다는 법실증주의적 인식론을 거부하였다. 이러한 기초 위에서 필자는 전통적인 법학방법론의 한계를 밝혀내고, 형법상 법익 개념과 행위론을 새롭게 조명하기도 하였다. 이 밖에도 이계일 교수는 법해석학을 포괄하는 법수사학 및 법적 논증이론에 관심을 기울이면서 이에 관한 다수의 논문을 발표하였다. 또한 윤재왕 교수는 법해석학 및 법적 논증이론에 관한 다수의 연구서를 우리말로 번역하였다.

제5장 법해석학의 의의와 기본구조

이 제5장에서는 지금까지 전개한 법해석학에 관한 논의를 토대로 하여 법해석학의 의의와 기본구조에 관해 살펴보도록 한다.

I. 법해석학의 의의

1. 개념

앞에서 살펴본 것처럼, '법해석학'(juristische Hermeneutik)이란 법학과 해석학을 합성한 개념이다. '해석학'(Hermeneutik)이란 '이해에 관한 학문'이라고 정의할 수 있으므로, 법해석학이란 '법규범이라는 텍스트를 이해하는 것에 관한 법학'이라고 정의내릴 수 있다. 여기서 알 수 있듯이, 법해석학에서도 가장 핵심이 되는 개념은 '이해'(Verstehen)이다. 그런데 이미 제2장에서 살펴본 것처럼, 법해석학에서 전제로 하는 이해 개념은 인식론적인 개념이 아니라 존재론적인 개념이다. 따라서 법해석학은 법규범이라는 텍스트를 이해하는 과정을 <주체-객체 모델>에 입각한 인식활동으로 파악하지 않는다. 이와 달리 법해석학은 법규범 텍스트를 이해하고 구체화하는 과정에서 이해자인 주체와 이해대상인 객체가 존재론적으로 서로 연결된다고 한다. 그 때문에 법해석학에 의할 때, 법규범 텍스트를 이해하는 과정은 인식론적인 과정이 아니라 존재론적인 과정이다. 이처럼 법해석학은 법규범 텍스트를 이해하는 과정을 인식론적인 작업으로 파악하지 않기 때문에, 해석학 자체를 법규범 텍스트를 객관적으로 인식하는 데 사용하는 정신과학적 방법으로도 여기지 않는다. 이러한 점에서 법해석학은 '방법에 대한 믿음'을 버린다.

2. 법학방법론 · 법적 논증이론 · 법이론에 대한 비교

이렇게 법해석학은 이해 개념 자체를 법규범 텍스트를 '객관적'으로 인식하기 위한 '방법론'으로 파악하지 않는다는 점에서 전통적인 '법학방법론'(juristische Methodenlehre)이나 '법적 논증이론'(juristische Argumentationslehre)과는 차이가 있다. 그 이유를 다음과 같이 말할 수 있다. 먼저 법학방법론은, 이미 용어 자체가 시사하고 있듯이, 법학에 관한 올바른 방법을 추구한다. 법학방법론은 올바른 방법을 사용함으로써 법적 분쟁을 정의롭게 해결할 수 있다는 믿음을 갖고 있다. 이 점에서 법학방법론은 실천지향적 학문이다. <참여자 관점-관찰자 관점>이라는 도식을 적용하면, 법학방법론은 전형적으로 참여자 관점에 입각한 법학의 한 분과라고 말할 수 있다.

이는 전통적인 법학방법론의 한계를 넘어서기 위해 등장한 법적 논증이론에서도 마찬가지로 나타난다. 왜냐하면 비록 이론적 지평은 전통적인 법학방법론과는 다르다 할지라도, 법적 논증이론도 어떻게 하면 법적 결과를 올바르게 논증할 수 있는지에 인식관심을 갖고 있기 때문이다. 이러한 근거에서 법적 논증이론 역시 참여자 관점을 지향하는 실천적인 학문이라고 말할 수 있다. 물론 법적 논증이론은 이론적인 측면에서 다양한 스펙트럼을 갖고 있고, 법적 논증이론 중에는 법해석학을 수용한 법해석학적 논증이론도 존재한다. 이러한 경우에는 법해석학과 법적 논증이론의 간극이 많이 사라진다. 그렇다 하더라도 기본적으로 법적 논증이론과 위에서 언급한 법학방법론은 참여자 관점에 기반을 두고 있는 반면, 법해석학은 관찰자 관점에 토대를 두고 있다는 점에서 법적 논증이론·법학방법론과 법해석학 사이에는 질적 차이가 존재한다.

그러면 법해석학과 법이론은 어떻게 구별되는가? 이를 위해서는 법이론이 무엇인지 분명히 할 필요가 있다. '법이론'(Rechtstheorie)이란 쉽게 말해 '법에 관한 이론'을 뜻한다. 어찌 보면, 극히 평범하게 보이는 이 개념 정의는 법이론을 법철학과 비교할 때 그 의미가 분명해진다. '법의 철학'(philosophy of law)을 뜻하는 법철학은 애초에는 법학이 아닌 철학의 분과로 출발하였다. 이러한 전통은 20세기 초반까지 지속되어, 이를테면 독일의 법철학자 라드브루흐는 법철학을 법학이 아닌 철학의 분과로 파악하였다. 그 때문에 법철학에서 중심을 이루는 분야는 법학이 아니라 오히려 철학이다. 이러한 법철학에 따르면, 법은 독자적인 체계가 아니라 철학의 분석대상에 불과하다. 법이론은 이 같은 전통적인 법철학에 대항하여 등장하였다. 법이론은 강조점을 철학이 아닌 법 그 자체로 이동시킨다. 따라서 법이론은 '법'에 관한 이론을 구축하는 데 집중한다. 법에 관한 이론은 단일한 이론이 아니라 다양한 모습을 띤다. 물론 철학도 법에 관한 이론 가운데 한 가지 이론으로 편입될 수 있다. 이러한 맥락에서 법 그 자체의 이론을 추구하는 법이론은 법철학과는 다른 독자적인 의미를 지닌다.

이렇게 보면, 법이론은 법해석학보다 더욱 넓은 외연을 지닌다고 말할 수 있다. 왜냐하면 법해석학 역시 법에 관한 이론의 한 범주로 인정할 수 있기 때문이다. 여기서 법이론과 법해석학의 관계를 다음과 같이 설정할 수 있다. 법해석학은 법이론의 한 범주에 속한다는 것이다.

II. 법해석학의 핵심 개념

1. 선이해

(1) 의의

위에서 법해석학은 법규범 텍스트를 이해할 때 이해자인 주체와 이해대상인 객체가 존재론적으로 서로 연결된다고 하였다. 이때 이를 가능하게 하는 것이 바로 이해자가 이해 이전에 갖고 있는 '선이해'이다. 이러한 선이해를 철학적 해석학자나 법해석학자는 각기 다른 개념으로 표현한다. 이를테면 하이데거는 '이해의 선구조', 가다머는 '선입견'에서는 '선이해', 뮐러는 '재판관심'이라고 지칭한다. 그러나 용어가 어떻든 상관없이 선이해가 법규범 텍스트에 대한 '이해의 조건'으로 작용한다는 점에서는 견해가 일치한다.

다만 이러한 선이해의 근거가 무엇인지에 관해서는 견해 차이가 있다. 가령 하이데거는 선이해의 근거로서 '현존재의 실존론적 구조'를, 가다머는 '권위와 전통'을, 에서는 '전문직업적 질서전통'을 제시한다. 이밖에도 카우프만과 하세머, 뮐러는 선이해의 근거에 관해 각기 다른 근거를 제안한다.

(2) 선이해의 유형

위에서 확인할 수 있는 것처럼, 법해석학에서 법규범 텍스를 이해하는 데 배후근거가 되는 선이해는 다양한 모습을 띤다. 이러한 선이해는 우리가 일상적으로 흔히 말하는 '직관'과도 유사한 데가 있다. 그러나 선이해는 직관을 포함하는 개념으로서 이보다 더욱 넓은 외연을 지닌다. 이러한 선이해는 다음과 같이 유형화할 수 있다.

1) 주관적 선이해와 객관적 선이해

먼저 선이해는 주관적 선이해와 객관적 선이해로 유형화할 수 있다. 주관적 선이해는 이해자인 주체가 고유하게 지니고 있는 선이해를 말한다. 이러한 주관적 선이해는 각각의 이해자가 주관적으로 겪은 체험에 영향을 받아 형성되기도 한다. 각 이해자가 개인적으로 갖고 있는 가치관이나 좋음(the good)에 대한 생각 역시 주관적 선이해를 구성한다. 이와 달리 객관적 선이해는 이해자라는 주관적인 지평을 넘어서 상호주관적으로 객관화할 수 있는 선이해를 말한다. 권위와 전통으로 구성되는 가다머의 '선입견'이나 에서의 '전문직업적 질서전통'이 이러한 객관적 선이해의 대표적인 예에 속한다.

2) 개인적 선이해와 집단적 선이해

다음으로 선이해는 개인적 선이해와 집단적 선이해로 유형화할 수 있다. 개인적 선이해는 위에서 언급한 주관적 선이해에 상응한다. 각 개인이 주관적·개별적으로 갖고 있는 선이해가 주관적 선이해에 속한다. 주관적인 가치관이나 행복관, 체험 등이 이러한 주관적 선이해를 구성한다. 이에 대해 집단적 선이해는 각 개인을 넘어서는 집단 혹은 공동체가 공유하는 선이해를 말한다. 철학적으로 볼 때, 공동체주의(communitarianism)가 강조하는 공동체의 미덕(virtue)이나 좋음에 대한 관념 등이 이러한 집단적 선이해에 해당한다. 가다머가 언급한 선입견 역시 집단적 선이해의 대표적인 경우에 포함시킬 수 있다. 왜냐하면 가다머가 말한 선입견의 근거가 되는 것은 공동체가 공유하는 전통이기 때문이다.

3) 일상적 선이해와 직업적 선이해

나아가 선이해는 일상적 선이해와 직업적 선이해로 구분할 수 있다.

일상적 선이해는 우리가 일상생활을 영위해 가면서 형성하는 선이해를 말한다. 각 개인이 주관적으로 겪는 체험이나 공동체의 구성원으로서 공유하는 미덕 등이 일상적 선이해를 구성한다. 일상적 선이해는 일상생활에 참여하는 사람이면 그 누구나 갖게 된다는 점에서 보편적인 성격을 띤다. 이에 대해 직업적 선이해는 각 전문영역에 종사하는 사람이 직업적으로 형성하는 선이해를 뜻한다. 체계이론의 관점을 원용해 말하면, 정치, 경제, 법, 교육, 학문, 종교, 의료 등과 같은 사회의 부분체계에 참여하는 사람이 각 체계 안에서 전문적으로 축적하는 선이해가 이러한 직업적 선이해에 해당한다. 하버마스가 제시한 '이원적 사회이론'의 관점에서 보면, '생활세계'(Lebenswelt)에서 형성되는 선이해가 일상적 선이해인 반면, '사회적 하부체계'(soziales Subsystem)에서 형성되는 선이해가 직업적 선이해에 속한다. 이 가운데서 가장 중요한 직업적 선이해는 법체계에 참여하는 법률가들이 내면화하는 직업적 선이해라고 말할 수 있다. 왜냐하면 이들이야 말로 법규범 텍스트를 이해하는 가장 대표적인 전문 직업적 주체에 속하기 때문이다.

4) 이론적 · 실천적 · 심미적 선이해

그뿐만 아니라, 선이해는 이론적 선이해와 실천적 선이해 및 심미적 선이해로 구분할 수 있다. 이 같은 유형화는 칸트의 이성구분에 힘입은 것이다. 잘 알려진 것처럼, 칸트는 이성능력을 각각 순수이성과 실천이성 그리고 판단력으로 구분한다. 순수이성은 자연과학과 같은 존재적 학문이 대상으로 하는 존재영역을 관할한다. 이에 대해 실천이성은 도덕이나 윤리 혹은 법과 같은 규범영역을 관할한다. 마지막으로 판단력은 아름다움을 다루는 예술영역을 다룬다. 선이해 역시 이와 유사하게 구분할 수 있다. 이론적 선이해는 존재적 텍스트를 이해하는 데 개입하는 선이해를 말한다. 토마스 쿤이 자연과학 영역에서 제시한 패러다임이 이론적 선이해의 대표적인 경우라고 말할 수 있다. 이에 대해 실천적 선이해는 법규범 텍스트와 같은 규범적·당위적 텍스트를 이해하는 데 적용되는 선이해를 말한다. 법해석학에서 말하는 선이해는 이러한 실천적 선이해에 속한다. 이에 대해 심리적 선이해는 예술작품 등과 같은 예술적 텍스트를 이해하는 데 개입하는 선이해를 뜻한다. 아름다움에 대한 선이해가 이러한 심미적 선이해의 대표적인 예에 해당한다.

5) 기술적·실천적·해방적 선이해

마지막으로 선이해는 기술적 선이해와 실천적 선이해 그리고 해방적 선이해로 유형화할 수 있다. 이러한 유형화는 독일의 사회철학자 하버마스(J. Habermas)에게서 빌린 것이다. 하버마스는 가다머와 행한 '해석학 논쟁'을 통해 정립한 '비판적 해석학'(kritische Hermeneutik)에서 존재론적 해석학에서 말하는 선이해를 '인식관심'(Erkenntnisinteresse)이라는 개념으로 표현한다.[11] 그러면서 하버마스는 이러한 인식관심을 세 가지 유형으로 구분한다. '기술적 인식관심', '실천적 인식관심', '해방적 인식관심'이 그것이다.[12] 이 중에서 기술적 인식관심은 경험적·실증주의적 자연과학과 관련을 맺는다. 하버마스에 따르면, 기술적 인식관심은 "도구적 행위라는 기능주의적 관점"에서 현실을 이해한다. 이에 대해 실천적 인식관심은 딜타이가 주장한 '정신과학'과 관련을 맺는다. 이러한 실천적 인식관심은 우리 삶의 의미연관을 '이해'하고자 한다. 마지막으로 반성적 인식관심은 자기반성을 가능하게 하는 인식관심을 말한다. 이러한 반성적 인식관심은 기술적 인식관심과 실천적 인식관심이 처할 수 있는 한계를

---

11 J. Habermas, *Erkenntnis und Interesse* (Frankfurt/M., 1973), 261쪽.
12 J. Habermas, 위의 책, 244쪽.

넘어서고자 한다. 자기반성을 통해 각 인식관심의 한계를 성찰하도록 한다. 필자가 말하는 기술적 선이해와 실천적 선이해 그리고 해방적 선이해는 이러한 하버마스의 인식관심을 선이해로 바꾼 것이다. 그러므로 실질적인 내용은 같다.

이렇게 각기 다양한 선이해는 개인적 또는 집단적인 체험이나 학습을 통해 각 이해자에게 내면화된다. 이를 통해 이해의 조건으로서 작용한다.

2. 해석학적 순환

(1) 의의

법해석학의 핵심적인 징표로서 언급할 만한 또 다른 것으로는 해석학적 순환을 들 수 있다. 법해석학은 한편으로는 선이해가 법규범 텍스트를 이해하는 데 개입한다는 점을 긍정하면서도, 다른 한편으로는 이러한 선이해에 바탕을 둔 이해가 직선적·일방적으로 이루어지는 것이 아니라 '순환적'으로 이루어진다고 말한다. 이해자와 텍스트가 이해를 하는 과정에 순환적으로 작용한다는 것이다. 이러한 해석학적 순환은 하이데거에게서 발견할 수 있는데, 가다머는 이를 집단적·역사적 차원으로 확대하여 '지평융합'이라는 형식으로 발전시킨다. 나아가 하세머는 이러한 해석학적 순환이 단순한 원을 그리는 것이 아니라, 나선형의 형태를 그린다고 하였다. 그뿐만 아니라, 뮐러는 이러한 해석학적 순환을 규범구조의 형식으로 섬세하게 구조화하였다.

(2) 해석학적 순환의 유형

이미 앞에서 살펴본 것처럼, 해석학적 순환은 두 가지 유형으로 구분할 수 있다. 객관적 순환과 주관적·존재론적 순환이 그것이다.

1) 객관적 순환

객관적 순환은 이해대상인 텍스트 자체를 둘러싸고 이루어지는 순환을 말한다. 흔히 텍스트의 부분과 전체 사이에서 이루어지는 순환을 들 수 있다. 우리가 일상적으로 흔히 경험하듯이, 텍스트의 부분은 텍스트의 전체를 알고 있어야만 이해되는 경우가 많다. 반대로 이렇게 텍스트의 부분을 이해하고 있어야만 비로소 텍스트 전체를 완전하게 이해하는 경우도 다반사이다. 민법 텍스트를 예로 보면, 민법 전체에 적용되는 기본 원리와 개념을 규정한 민법총칙은 민법 텍스트 전체를 이해하고 있지 않으면 온전하게 이해하기 어려운 부분이다. 그 때문에 민법 전체에 대한 사전지식을 갖지 않고 민법총칙을 접하게 되면, 과거 많은 법과대학 학생들이 그랬던 것처럼, 그 추상성과 난해함 때문에 이를 이해하는 것이 쉽지 않다. 반대로 민법총칙을 정확하게 이해하지 않으면, 민법 텍스트 전체를 지배하는 원리나 개념들을 정확하게 이해할 수 없다. 이것이 객관적 해석학적 순환이라고 말할 수 있다.

그런데 법규범 텍스트를 이해하는 과정에서는 다른 이해과정과는 구별되는 독자적인 객관적 순환이 등장한다. 존재와 당위, 달리 말해 법규범 텍스트와 사안 사이에서 이루어지는 순환이 그것이다. 법규범 텍스트를 이해하는 과정에서는 부분과 전체 사이의 순환뿐만 아니라, 법적 분쟁의 전제가 되는 사실관계와 이에 적용되는 법규범 텍스트 사이에서도 해석학적 순환이 이루어진다. 법규범 텍스트가 규정하는 추상적인 개념들은 생생하게 살아 움직이는 구체적인 사안을 만나면서 비로소 구체적인 의미내용을 획득한다. 카우프만이 강조한 '존재와 당위의 상응'은 바로 이 같은 객관적 해석학적 순환을 지칭한 것이다.

2) 주관적 · 존재론적 순환

그러나 법해석학에서 가장 본질적인 의미를 갖는 해석학적 순환은 주관적·존재론적 순환이다. 주관적·존재론적 순환은 이해자와 이해대상인 법규범 텍스트 사이에서 이루어지는 순환을 말한다. 이해자가 지닌 선이해에 기반을 두어 텍스트 이해가 시작되면, 이러한 이해과정은 법규범 텍스트와 이해자 사이에서 나선형의 원을 그리면서 순환된다. 그러면서 텍스트에 대한 이해 정도는 더욱 정확해지고 깊어진다. 이러한 주관적·존재론적 해석이야말로 그 이전의 방법중심적 법해석학과 구별되는 존재론적 해석학의 본질적인 징표라고 말할 수 있다.

III. 법해석학에 따른 이해과정의 정당화

1. 문제점

이처럼 법해석학은 법규범 텍스트를 이해하는 과정에 이해자가 지닌 선이해가 개입한다는 점 그리고 이러한 선이해와 텍스트 사이에 해석학적 순환이 이루어진다는 점을 긍정한다. 그러나 이는 텍스트 이해의 객관성과 정당성을 추구해야 하는 법규범 텍스트 이해과정에서 문제가 될 수 있다. 왜냐하면 법규범을 이해하고 해석하는 과정이 자칫 이해자인 법관이 지닌 선이해에 의해 자의적으로 왜곡될 수 있기 때문이다. 법관의 법률에 대한 구속을 강조하는 법치국가에서 법관에 의해 이루어지는 법규범 이해와 해석이 법률 그 자체가 아니라 법관이 지니고 있는 선이해에 의해 좌우된다고 하면, 표면적으로 볼 때 이는 법관의 법률에 대한 구속을 형해화할 수 있기 때문이다. 법관이 법률에 구속되는 것이 아니라, 법관이 법률을 구속하는 일이 발생할지도 모르기 때문이다.

2. 철학적 해석학자의 해법

그러나 존재론적 해석학을 수용한 해석학자들은 이미 이러한 존재론적 해석학의 한계를 인식하고 있었다. 그 때문에 존재론적 해석학이 주장하는 이해과정에 규범적 정당성과 객관성을 보장하기 위해 다양한 해법을 제안하였다. 사실 존재론적 해석학에 한계를 부여하려는 시도는 이미 하이데거에서 찾아볼 수 있다. 하이데거는 현존재의 이해과정에 필연적으로 수반하는 이해의 순환에 올바르게 들어감으로써 이러한 이해의 순환을 올바른 방향으로 이끌고자 하였다. 그리고 가다머는 해석학적 경험의 부정성과 개방성에 바탕을 둔 영향사적 원칙을 통해 이해의 진리성을 확보하고자 하였다. 그렇지만 이러한 존재론적 해석학의 시도가 여전히 충분하지 않다는 점은 피할 수 없는 사실이다.

3. 법해석학자의 해법

이러한 문제의식에서 법해석학자들은 각기 다양한 해법을 제시한다. 예를 들어, 요제프 에서는 법관의 재판에 대한 합의가능성을 제안한다. 그리고 이러한 합의가능성을 실현하기 위한 방안으로 재판의 정당성 통제와 체계성 통제를 제시한다. 여기서 재판의 정당성 통제는 다시 재판 결과의 정당성 통제와 재판과정의 정당성 통제로 구별되는데, 전자는 문제변증론에 의해, 후자는 명증성에 의해 실현된다. 나아가 재판의 체계성 통제는 개방적인 도그마틱 및 체계에 의해 충족된다. 마지막으로 에서는 이러한 재판의 정당성 통제와 재판의 체계성 통제가 서로 양립할 수 있어야 한다고 말한다.

한편 카우프만은 존재론적 해석학의 한계를 극복하기 위해 수렴원칙, 논증원칙, 반증원칙 및 관계존재론을 제시한다.

그 다음 빈프리트 하세머는 칼 포퍼의 비판적 합리주의에 바탕을 둔 반증원칙에 입각하여 재판과정에서 이루어지는 완전한 논증과 반성 그리고 정형화 원칙을 강조함으로써 구성요건 해석의 정당성을 검증하려 한다.

마지막으로 프리드리히 뮐러는 규범구체화 과정을 엄격하게 구조화하고, 규범구체화 요소 간에 우선순서를 인정하며, 규범구체화에 규범프로그램의 한계를 부여함으로써 민주적 법치국가가 요구하는 규범성을 관철하고자 한다.

IV. 법해석학의 관점에서 바라본 법적용 과정

위에서 언급한 법해석학의 핵심 개념에 따를 때, 법규범 텍스트를 이해하는 과정, 즉 이를 해석하고 적용하는 과정은 다음과 같이 구조화할 수 있다.

1. 법적 삼단논법 비판

(1) 법적 삼단논법의 개념

그 전에 짚고 넘어가야 할 점은, 법해석학은 전통적인 법적 삼단논법이 예정하는 법적 추론과정을 비판한다는 것이다. 여기서 법적 삼단논법은 다음과 같이 정의할 수 있다. 우선 삼단논법이란 흔히 '연역모델'이라고도 하는데, 특정한 '대전제'(상위명제)를 기반으로 하여 이 대전제에 '소전제'(하위명제)를 '포섭'시켜 특정한 결론을 도출하는 논리적 방법을 말한다. 세 가지 단계로 구성된 논리적 추론방법이라고 해서 삼단논법이라고 부른다. 법적 삼단논법은 이러한 삼단논법을 법적 추론과정에 적용한 것이다. 이에 따르면, 법적 삼단논법은 다음과 같은 추론과정으로 이루어진다. 먼저 첫 번째 단계는 대전제에 해당하는 법규범을 탐색·구체화하는 단계이다. 법적 추론과정에서 큰 비중을 차지하는 법해석은 바로 대전제에 해당하는 법규범을 구체화하는 역할을 수행한다. 나아가 두 번째 단계는 소전제에 해당하는 법적 분쟁의 사실관계를 확정하는 단계이다. 실제 재판과정에서 이 단계는 소송절차를 통해 구현된다. 마지막으로 세 번째 단계는 대전제인 법규범을 소전제인 사실관계에 적용(또는 포섭)하여 법적 결론을 도출하는 단계이다.

(2) 포섭이데올로기

법해석학이 이러한 법적 삼단논법에서 가장 비판을 하는 부분은 법규범을 사실관계에 적용하는 단계이다. 왜냐하면 법적 삼단논법에서는 이러한 사안적용에 관해 이른바 '포섭이데올로기'가 지배하고 있었기 때문이다. '포섭이데올로기'에 따르면, 법관은 주어진 사안을 해석으로써 구체화된 규범의 의미내용에 기계적·논리적으로 포섭하기만 하면 될 뿐이다. 이 과정에서 법관은 마치 '자동포섭장치'(Subsumtionsautomat)가 된 것처럼 철저하게 중립적인 태도를 고수해야 한다. '자유법 운동'을 주도한 독일의 법학자 칸토로비츠(H. Kantorowicz)는 그 유명한 저서 『법학을 위한 투쟁』 서두에서 그 당시를 지배하던 '포섭이데올로기'를 다음과 같이 묘사한다.[13]

> "지배적이고 전형적인 법률가상이 여기 있다. 대학 교육을 받은 국가기관의 한 고위관료는, 단지 사고하는 기계(Denkmaschine)로, 그러나 가장 완벽한 형식의 사고하는 기계로 무장한 채 직무실에

---

13 H. Kantorowicz, 윤철홍 (옮김), 『법학을 위한 투쟁』(책세상, 2006), 21쪽.

앉아 있다. 그의 유일한 가구는 그의 앞에 국가법전이 놓여 있는 녹색 책상이다. 사람들이 그에게 어떤 한 사건을 의뢰하는데 그것은 실제로 일어난 사건이거나 혹은 가상의 사건일 수도 있다. 하지만 그는 자신의 의무에 합당하게 순수한 논리적 작업과 오직 자신만이 가지고 있는 비법을 가지고서 입법가가 법전 속에 미리 정해놓은 결정을 고도로 정확하게 증명해낼 수 있는 능력을 지니고 있다."

위 인용문이 보여주듯이, 포섭이데올로기에 따르면 법관은 해석을 통해 구체화된 법규범의 의미내용을 사실관계에 적용할 때 '논리적·기계적인 추론과정'만 거치는 것으로 충분하다. 여기에 법관이 개입할 여지는 없고, 또 그래서는 안 된다. 프랑스의 계몽주의 법학자 몽테스키외가 말한 것처럼, 법관은 '법률을 말하는 입'이 되어야 한다.

"명확하면서 동시에 맹목적인 법률은 어떤 사례에서는 지나치게 가혹할 수 있다. 그러나 법관은 앞에서 밝힌 대로 법률의 단어를 말하는 입이고, 법률의 냉철함과 엄격함을 완화시킬 수 없는, 의지 없는 존재이다."[14]

이처럼 포섭이데올로기에 따르면, 법관은 '법률을 말하는 입'으로서 자신의 역할을 수행해야 한다.[15] 이를 통해 '법률에 대한 법관의 구속이념'을 완전하게 실현하고자 하였다.

---

[14] 인용은 윤재왕, "'법관은 법률의 입'?: 몽테스키외에 관한 이해와 오해," 『안암법학』 제30호(2009), 130쪽.

[15] 그러나 '법관은 법률의 입'이라고 한 몽테스키외의 주장을 포섭이데올로기와 연계하여 확대해석하는 것은 몽테스키외의 원래 의도를 오독하는 것이라고 비판하는 분석으로는 윤재왕, 위의 논문, 147쪽 아래 참고.

(3) 비판 및 재구성

그러나 법해석학은 이러한 포섭이데올로기는 실제 법을 적용하는 과정에서는 찾아볼 수 없는 허구라고 비판한다.[16] 이는 법해석학에서 주장하는 핵심 개념에 비추어볼 때 당연하다. 포섭이데올로기가 실제로 작동하려면, 당위를 대변하는 법규범과 존재를 대변하는 사실관계가 엄격하게 분리되어야 할 뿐만 아니라, 법규범을 이해하고 해석하는 법관과 법규범 역시 엄격하게 분리되어야 한다. 하지만 법해석학이 주장하는 것처럼, 법규범과 사실관계는 객관적 해석학적 순환을 통해 서로 상응할 뿐만 아니라, 이해자인 법관과 법규범 역시 선이해를 통해 주관적·존재론적 해석학적 순환으로 빠져든다. 이러한 측면에서 볼 때, 법규범을 이해하는 과정에서 해석학적 순환을 거부하는 포섭이데올로기는 실현될 수 없는 그 무엇이다. 이러한 맥락에서 법적 삼단논법 역시 비판의 화살에서 피해갈 수 없다.

물론 그렇다고 해서 법적 삼단논법이 전제로 하는 법적 추론과정이 전혀 무의미한 것은 아니다. 비록 법적 삼단논법이 전제로 하는 기본 개념들이 법해석학과 양립할 수 없다 하더라도, 법적 삼단논법이 예정하는 법적 추론과정은 법해석학과 양립할 수 있다. 포섭이데올로기와 같은 기본 원칙을 법적 삼단논법이 포기하면, 법적 삼단논법은 법해석학과 서로 보완관계를 형성하며 양립할 수 있다. 이를테면 <법적 분쟁 발생 ⇨ 사실관계 확정 ⇨ 법규범 탐색 및 해석 ⇨ 법규범 적용>이라는 법적 추론의 도식은 해석학적인 수정을 거쳐 법해석학에도 적용할 수 있는 것이다. 이에 따라 법적용과정을 파악하면 아래와 같다.

---

16 '포섭이데올로기'는 역사적으로는 존재하지 않았던 허구라는 지적으로는 R. Ogorek, *Richterkönig oder Subsumtionsautomat? Zur Justiztheorie im 19. Jahrhundert* (Frankfurt/M., 1986) 참고.

2. 법해석학에 따른 법적용과정

(1) 법적 분쟁 발생

법적용과정이 시작되려면 가장 먼저 법적 분쟁이 발생해야 한다. 여기서 법적 분쟁이란 법으로써 해결할 만한 분쟁을 말한다. 모든 사회적 갈등 혹은 분쟁이 법적 분쟁이 되는 것은 아니다. 예를 들어, 상당수의 도덕적·윤리적 갈등은 법으로 해결할 필요나 의미가 없는 경우가 많다. 따라서 이러한 갈등은 법적 분쟁이 되지 못하는 경우가 대다수이다. 이렇게 보면 법적 분쟁이란 체계이론의 관점에서 볼 때 법체계의 환경에 속하는 사회적 갈등이 법체계가 독자적으로 마련한 프로그램과 코드에 의해 법적으로 의미 있는 갈등으로서 법체계 내부로 포함된 것이라고 말할 수 있다. 특정한 사회적 갈등이 법적 분쟁에 해당하는지 판단하기 위해 법체계는 소의 이익, 권리침해, 법익침해와 같은 개념을 사용한다.

(2) 사실인정

특정한 사회적 갈등이 법적 분쟁으로 인정되면, 그 다음에는 이러한 법적 분쟁의 전제가 되는 사실관계를 파악하고 확정해야 한다. 소송법학에서는 이러한 과정을 사실인정이라고 말한다. 학문체계에 속하는 법학에서는 이러한 사실인정의 비중이 그다지 높지 않지만, 법체계에 속하는 실제 재판에서는 그 무엇보다 중요하고 어려운 과정이 바로 사실인정이라고 말할 수 있다. 이러한 사실인정이 실제 법적 분쟁을 해결하는 과정에서 차지하는 의의와 문제점을 상세하게 분석하면 다음과 같다.

1) 법적 삼단논법의 소전제로서 사실

법적 분쟁에 적용되는 법규범은 기본적으로 구성요건과 효과로 구조화되어 있다.[17] 구성요건은 사실, 달리 말해 요건사실을 규율한다. 법적 분쟁이 실제 발생하였을 때 법적 분쟁에서 문제가 되는 사실이 요건사실로서 구성요건을 충족하면, 이러한 법적 분쟁에 당해 법규범이 적용되어 법적 효과가 부여된다. 법관이 소송절차에서 수행하는 사실인정은 이렇게 법규범의 구성요건에 해당하는 요건사실을 인정하는 것을 목표로 한다. 그러므로 사실인정은 법규범의 구성요건을 확인하는 과정이라고도 말할 수 있다.

전통적인 법적 삼단논법의 틀에서 보면, 사실인정의 대상이 되는 사실은 '소전제'에 해당한다. 법관은 대전제인 법규범을 법적 분쟁에 적용하기 위한 준비과정으로서 소전제에 해당하는 사실을 인정해야 하는 것이다. 그런데 위에서 언급한 것처럼, 사실인정의 대상이 되는 사실은 말 그대로 사실로서 존재적 성격을 갖지만, 동시에 법규범의 요건사실로서 규범적 성격도 갖는다. 요컨대, 사실인정의 대상이 되는 사실은 한편으로는 존재적이면서도, 다른 한편으로는 규범적인 것이다.

2) 의사결정과정과 논증 과정으로서 사실인정

법적 분쟁이 발생하면, 법관은 가장 우선적으로 범죄사실을 인정해야 한다. 위에서 말한 것처럼, 법적 삼단논법의 견지에서 보면 이는 소전제를 확정하는 과정에 해당한다. 그런데 앞에서 언급한 것처럼 실제 재판, 특히 형사소송에서는 형사법규범을 탐색하고 해석하는 일보다 범죄사실을 인정하는 일이 더욱 중요하고 어렵다. 이렇게 실제 소송에서 중요한 지위를 차지하는 사실인정과정은 크게 두 가지 의미를 지닌다. 첫째는 '의사결정과정'이라는 의미이고, 둘째는 '논증 과정'이라는 의미이다.

---

17 이러한 규범형식을 '규칙규범'이라고 말한다. 이와 달리 헌법에서 많이 볼 수 있는 '원칙규범'은 요건과 효과를 명확히 구별할 수 없는 경우가 많다. 이러한 원칙규범과 규칙규범에 관해서는 로베르트 알렉시, 이준일 (옮김), 『기본권이론』(한길사, 2007) 참고.

(a) 의사결정과정으로서 사실인정

첫째, 사실인정은 법관이 수행해야 하는 의사결정과정이다. 법학방법론의 용어로 바꿔 말하면, 사실인정은 이를테면 검사나 피고인 측에서 제시한 주장과 증거를 사실인정의 기준에 따라 판단하여 사실을 추론하는 일종의 추론과정이다. 법수사학적 논증이론의 용어로 바꿔 말하면, 사실인정은 판결을 산출하는 과정에 속한다.[18] 예를 들어, 형사법관은 공판절차에서 제시된 주장과 증거를 바탕으로 하여 검사가 제기한 공소사실이 진정 사실인지 아닌지 결정해야 한다. 그런데 검사가 제기한 범죄사실이 진정한 사실인지 여부를 판단하는 것은 생각만큼 쉬운 일이 아니다. 세 가지 이유를 언급할 수 있다. 첫째, 인식론적인 한계 때문에 과거에 발생한 일종의 '역사적 사실'을 '지금 여기서' 재현하는 것이 어렵다. 둘째, 많은 경우 형사법관은 제한된 증거, 경우에 따라서는 '간접증거'만으로 범죄사실을 판단해야 한다. 셋째, 구체적으로 어떤 경우에 범죄사실을 진정한 사실로 인정할 것인가에 대한 확고한 판단기준이 존재하지 않는다는 것이다. 이로 인해 형사법관이 갖고 있는 '선이해'가 사실을 인정하는 과정에 개입하는 경우가 많다. 여하간 형사법관은 이러한 어려움 속에서 무엇이 사실인지 여부를 결정해야 한다.

(b) 논증 과정으로서 사실인정

둘째, 사실인정은 논증 과정이기도 하다.[19] 의사결정과정을 통해 추론한 사실을 논증하는 절차가 바로 사실인정논증에 해당한다. 이러한 사실

---

18 법수사학적 논증이론에 관해서는 우선 이계일, "수사학적 법이론의 관점에서 본 법적 논증의 구조", 『법철학연구』 제13권 제1호(2010. 4), 35-88쪽 참고.
19 이에 관한 문헌으로는 이용구, "사실인정 과정의 논증", 『재판실무연구』(2009. 1), 59쪽 아래.

인정논증 역시 사실인정에 포함된다. 법수사학적 논증이론의 용어로 달리 말하면, 사실인정논증은 산출된 판결을 정당화하는 과정에 속한다.[20] 이를테면 형사법관은 판결서를 통해 자신이 어떤 근거에서 범죄사실을 결정한 것인지 논증해야 한다. 이 과정에서는 무엇보다도 증거에 대한 판단이 결정적인 역할을 한다. 대법원 역시 사실인정과정이 논증 과정이라는 점을 다음과 같이 지적한다.[21]

> "형사재판에 있어 심증형성은 반드시 직접증거에 의하여 형성되어야만 하는 것은 아니고 간접증거에 의할 수도 있는 것이며, 간접증거는 이를 개별적·고립적으로 평가하여서는 아니 되고 모든 관점에서 빠짐없이 상호 관련시켜 평가하고, **치밀하고 모순 없는 논증**을 거쳐야 한다."(강조는 인용자)

사실인정과정을 논증 과정으로 파악할 때 우선적으로 제기되는 문제는, 이를 의사결정과정으로 볼 때와 마찬가지로, 논증 과정에 대한 고정적이고 확고한 기준이 존재하지 않는다는 것이다. 이에 대한 대략적인 기준은 제시할 수 있지만, 구체적인 사건에서 과연 어떻게 근거를 대는 것이 사실인정과정을 정당화하는지 분명한 답을 제공할 수는 없다.

(c) 의사결정과정과 논증 과정의 해석학적 순환

위에서 사실인정을 의사결정과정과 논증 과정으로 분리해 파악했지만, 실제 사실인정에서 양자는 분명하게 구분되지 않는다. 물론 범죄사실을 인정하기 쉬운 사건에서는 우선 직관적으로 범죄사실을 결정하고

---

20 이계일, 앞의 논문, 35쪽 아래.
21 대법원 2004. 6. 25. 선고 2004도2221 판결 등 참고.

이어서 이를 논증할 것이다. 그렇지만 사실인지 여부를 판단하기 어려운 사건에서는 양자가 일종의 해석학적 순환관계를 형성한다.[22] 먼저 범죄사실을 판단한 후 이를 사후적으로 논증할 수도 있지만, 사실인정에 대한 논증 과정을 밟아가는 과정에서 범죄사실을 판단할 수도 있는 것이다. 이를테면 법관이 처음에는 강간죄를 '선이해'로 하여 사실인정을 시도하였지만, 사실인정과정에서 새롭게 발견한 논거들을 토대로 하여 처음에 가설로서 제시한 강간죄를 다른 범죄로, 가령 준강도죄로 바꿀 수도 있다. 보통 사실인정논증은 법관이 의사결정으로써 판단한 사실인정결과를 사후적으로 논증하는 절차로 파악하지만, 사실인정을 논증하는 과정 속에서 처음에 가설적으로 결정한 사실인정의 결과를 바꿀 수도 있는 것이다. 그러므로 '의사결정과정으로서 사실인정'과 '논증 과정으로서 사실인정'을 실제 사실인정에서 명확하게 구별하는 것은 쉽지 않다.

3) 포섭과정으로서 사실인정

전통적인 법적 삼단논법은 사실을 인정하고 법규범을 해석하며 인정된 사실을 해석된 법규범에 포섭시키는 과정을 각각 분리해서 파악한다. 그러나 법해석학의 관점에서 실제로 이루어지는 사실인정 및 규범해석 그리고 포섭절차를 관찰하면, 이러한 세 가지 과정이 엄격하게 분리되어 이루어지는 것은 아님을 발견할 수 있다. 실제로는 각 과정이 통합되어 진행된다. 많은 경우 사실인정과 해석 및 포섭이 동시에 진행되는 것이다. 이를 상세하게 분석하면 아래와 같다.

사실인정과정, 즉 법적 삼단논법의 소전제를 확정해 가는 과정은 다양

---

22 '해석학적 순환'에 관해서는 M. Heidegger, *Sein und Zeit* (Tübingen, 1953), 153쪽 참고.

한 기록 및 비언어적 정보에 산재되어 있는 사실정보를 정형화된 사실정보로 확정해 가는 과정이다. 그런데 이때 판단주체인 법관은 단순히 정보를 수용하기만 하는 수동적 존재로만 머물러 있는 것은 아니다. 왜냐하면 사실을 인정하는 과정은 법관이 갖고 있는 선이해, 즉 규범적 직관이 적극적으로 개입하는 과정이기 때문이다. 예를 들어, 법관이 갖고 있는 체험이나 법규범에 대한 지식 등이 선이해로서 사실을 인정하는 과정에 적극적으로 개입한다. 법관은 능동적인 존재로서 사실인정과정에 적극적으로 참여하는 것이다. 이때 법규범이 규정하는 구성요건은 사실을 인정하는 데 결정적인 선이해로 작용한다. 법관은 자신이 갖고 있는 구성요건에 대한 관점과 지식을 기반으로 하여 다양한 기록 등에 비정형적으로 산재되어 있는 정보를 체계화·정형화한다. 이 과정에서, 칼 엥기쉬(K. Engisch)가 주장하는 것처럼, '포섭'이 이루어진다.[23] 법관은 다양한 사실정보를 법규범이 규정하는 구성요건 혹은 요건사실에 포섭시키는 방식으로 사실을 인정하는 것이다. 이를 통해 대전제인 법규범에 대한 관점과 지식이 선이해 또는 규범적 직관으로서 법관이 기록 등에 담겨 있는 비정형적인 정보를 정형화된 사실로 체계화하는 데 기여한다.

4) 규범해석에 관한 문제로서 사실인정

이렇게 사실인정이 포섭과정을 포함하는 과정이라면, 사실인정에 관해 다음과 같은 명제도 이끌어낼 수 있다. 사실인정에 관한 문제는 사실문제일 뿐만 아니라 규범해석에 관한 문제이기도 하다는 것이다. 예를 들어, 형사절차의 사실인정에서 중요하고도 어려운 대상인 '고의'는 사실에 관한 문제로서 증명의 대상이 되기도 하지만, 동시에 형법이 규정

---

[23] 칼 엥기쉬, 안법영·윤재왕 (옮김), 『법학방법론』(세창출판사, 2011), 제3장 참고.

하는 (숨은) 구성요건으로서 해석의 대상이 되기도 한다. 가령 사기죄가 문제되는 형사분쟁에서 법관이 피고인에게 사기죄의 고의가 있었는지를 판단하려면, 사기죄의 고의에 해당하는 인식과 의욕이 피고인에게 내적으로 존재했는지 여부도 판단해야 하지만, 동시에 사기죄에서 말하는 고의가 구체적으로 무엇을 뜻하는지도 판단해야 한다. 이러한 이유에서 사실인정은 사실적 측면과 규범적 측면을 동시에 갖는 이중적인 성격을 가질 수밖에 없다. 독일의 법철학자 카우프만(Arth. Kaufmann)이 정확하게 지적한 것처럼, 사실인정과정에서 존재와 당위가 상응하게 되는 것이다.[24]

5) 사실인정을 둘러싼 문제

위에서 언급한 것처럼, 사실인정은 한편으로는 의사결정과정으로서, 다른 한편으로는 논증 과정으로서 여러 문제와 마주해야 한다. 사실인정을 둘러싼 문제에는 무엇이 있는지 아래에서 구체적으로 살펴보도록 한다. 아래에서는 논의의 편의를 위해 형사절차를 예로 들고자 한다.

(a) 실체적 진실 발견의 문제

먼저 '실체적 진실' 발견의 문제를 언급할 수 있다. 일반적으로 형사소송은 실체적 진실을 발견해야 한다고 말한다. 그러나 인식론적 측면에서 볼 때, 이미 역사적 사건이 되어 버린 범죄사실을 시간적·인적·물적 자원의 한계를 안고 있는 공판절차에서 완벽하게 구현하는 것은 불가능하다. 그 때문에 공판절차에서 추구해야 하는 진실은 '실체적 진실'이 아닌 '절차적 진실'이어야 한다는 주장이 제기된다.[25]

---

24 Arth. Kaufmann, *Analogie und "Natur der Sache"* (Heidelberg, 1965) 참고.
25 이 문제에 관해서는 이상돈, "형사소송의 사실인정에서 인식, 이론, 현실 그리고

(b) 사실정보의 불완전성 문제

다음으로 형사법관은 실제 공판절차에서 사실정보의 불완전성이라는 문제와 씨름해야 한다. 형사법관이 공판절차에서 실체적 진실에 최대한 가깝게 사실을 인정하기 위해서는 범죄사실을 인정하는 데 사용할 수 있는 정보, 즉 주장과 증거를 최대한 많이 수집하고 활용할 수 있어야 한다. 물론 주장과 증거를 최대한 많이 수집만 한다고 해서 좋은 것은 아니다. 여기에는 몇 가지 제한이 있다. 형사법관이 사용할 수 있는 주장과 증거는 형사소송법이 규정한 절차에 따라 적법하게 수집한 것이어야 한다. 그리고 검사와 피고인 측 모두에게 평등하고 공정한 것이어야 한다. 이를테면 모든 주장은 공판중심주의에 맞게 수집된 것이어야 하고, 모든 증거는 적법하게 수집한 증거로서 증거능력을 갖추고 있어야 한다.

그러나 현실적으로 볼 때, 형사법관은 불완전한 정보 속에서 범죄사실을 인정해야 한다. 예를 들어, 형사법관은 피해자의 증언은 있지만 이를 뒷받침할 만한 물적 증거가 없는 경우 또는 범죄사실에 대한 직접증거는 존재하지 않고 오직 간접증거만 있는 경우 등과 마주해야 한다. 간접증거만 있는 경우, 그것도 서로 팽팽하게 대립하는 간접증거가 병존하는 경우 법관은 범죄사실을 어떻게 판단해야 하는가? 쉽게 해결하기 어려운 문제라고 할 수 있다.[26]

정책", 『법실천의 제문제』(법문사, 1996); 이상돈, "법관의 말행위와 올바른 법", 『저스티스』 제25권 제2호(1992. 12); 변종필, 『형사소송에서 진실개념』(고려대 법학박사 학위논문, 1998); 양천수, "형사소송법상 실체진실주의와 적정절차원칙에 대한 비판적 고찰: 법철학의 관점에서", 『경남법학』 제23집(2008. 2), 125-46쪽 등 참고.

26 이 문제에 관한 연구로는 변종필, "간접증거에 의한 유죄인정", 『비교형사법연구』 제5권 제2호(2003. 12), 385-408쪽 참고.

(c) 사실인정에 대한 판단기준의 불완전성

나아가 사실인정에 대한 판단기준이 불완전하다는 문제를 지적할 수 있다. 이 문제는 위에서 언급한 사실정보의 불완전성 문제와 결부된다. 범죄사실을 인정하는 데 필요한 정보가 부족한 경우, 특히 직접증거가 존재하지 않고 간접증거만 존재하는 경우 판단기준의 불완전성 문제가 분명하게 등장한다. 예를 들어, 검사가 피고인을 살인죄로 기소하였는데, 피고인이 피해자를 살해했다는 주장에 대한 직접증거는 존재하지 않고, 다른 간접증거만 존재하는 경우에 이를 어떤 기준으로 판단해야 하는지 문제된다.

물론 범죄사실인정에 대한 판단기준이 전혀 없는 것은 아니다. 학설과 판례는 범죄사실에 대한 증거가 '합리적 의심을 배제할 만한 증명력'을 갖춘 경우에는 해당 증거에 따라 범죄사실을 인정하는 것에 동의한다. 그런데 문제는 '합리적 의심 배제'라는 기준 자체가 대략적인 기준은 될 수 있지만, 구체적인 형사사건에서 범죄사실을 판단하는 데 명확하게 사용될 수 있는 기준은 아니라는 점이다.

(d) 사실인정의 해석학적 · 심리학적 · 언어철학적 문제

의사결정으로서든 아니면 논증 과정으로서든 상관없이 사실인정 자체가 어려운 이유는 여기에 해석학적 · 심리학적 · 언어철학적 문제가 결부되어 있다는 점에서도 찾을 수 있다.

a) 사실인정의 해석학적 문제

첫째, 사실인정은 해석학적 문제, 즉 '법해석학'의 문제와 관련을 맺는다. 이는 법해석학의 관점이 사실인정에 투영된다는 점을 뜻한다. 이를테면 형사법관이 지니고 있는 선이해가 사실을 인정하는 과정에 영향을 미친다. 가령 형사법관이 수사기관을 신뢰하는 경우에는, 이러한 신뢰가

선이해가 되어 범죄사실을 인정할 때 수사기관에 유리하게 주장 및 증거를 평가할 가능성이 높아진다. 달리 표현하면, 수사기관이 설정한 범죄사건 프레임이 형사법관이 수행하는 사실인정에 결정적인 영향력을 행사할 수 있는 것이다. 또한 형사법관이 과거에 행한 재판에서 피고인 측으로부터 속은 경험이 있는 경우에는 기본적으로 피고인을 불신하는 선이해가 형성되어 그 이후에 이루어지는 사실인정에 영향을 미칠 수도 있다. 이뿐만 아니라, 형사법관이 개인적으로 체험한 사건이 경험칙의 일부가 되어 형사법관이 사실을 인정할 때 원용하는 판단기준으로 작용하는 경우도 있다. 이렇게 법관이 지닌 선이해가 사실인정에 영향을 미치기에, 형사법관이 실체적 진실에 맞게 사실을 인정하는 것은 쉽지 않다.

b) 사실인정의 심리학적 문제

둘째, 이러한 해석학적 문제는 그대로 심리학적 문제로 이어진다. 사실인정의 해석학적 문제가 철학의 관점에서 본 것이라면, 사실인정의 심리학적 문제는 심리학, 즉 사회과학의 측면에서 본 것이다. 그러면 형사법관이 사실을 인정하는 과정에 어떤 심리학적 문제가 발생하는가? 이에 대한 다수 연구가 존재하듯이,[27] 사실을 인정하는 과정에서는 형사법관의 심리적 편향 문제가 등장한다. 심리적 편향 때문에 형사법관은 당사자의 주장이나 증거를 공정하고 정확하게 평가하지 못하는 경우가 종종 발생한다. 심리적 편향이 바람직하지 않은 법관의 선이해로 작용하여 사실인정에 관한 법관의 판단에 영향을 미치는 것이다. 이로 인해 1심에서 유죄판단을 받았던 사건이 항소심에서 무죄판단을 받기도 하고, 항소심에서 유죄판단을 받았던 사건이 대법원에서 무죄판단을 받기

---

[27] 이에 관해서는 우선적으로 김상준, 『무죄판결과 법관의 사실인정』(경인문화사, 2013) 참고.

도 한다.

그런데 사실 형사법관이 이러한 심리적 편향으로부터 자유로워지는 것은 쉽지 않다. 고도로 숙련된 법관이라도 언제든지 심리적 편향에 빠져들 수 있다. 그 이유는 현대 심리학의 성과가 말해주듯이, 우리 인간의 생각구조 자체가 그렇게 구성되어 있기 때문이다. 이는 심리학과 경제학을 접목해 이른바 '행동경제학'을 창시한 카너먼(D. Kahneman)의 연구성과에서 확인할 수 있다. 카너먼에 따르면, 인간의 사고시스템 안에는 서로 다른 두 가지 시스템이 존재한다.[28] '빠르게 생각하는 직관적인 사고시스템'과 '천천히 생각하는 합리적인 사고시스템'이 바로 그것이다. 근대 계몽주의 철학이 전제로 한 이성적인 주체나 고전 경제학이 상정하는 합리적 존재 또는 모든 선입견으로부터 자유롭게 사실을 인정하는 법관상은 이러한 두 가지 사고시스템 중에서 후자만을 염두에 둔 것이다. 그러나 카너먼에 따르면, 인간의 사고시스템 안에서 중심적인 역할을 하는 것은 오히려 전자, 즉 '빠르게 생각하는 직관적인 사고시스템'이다.[29] 이 사고시스템은 직관에 의해 자동적·습관적으로 작동한다. 바로 이 때문에 이 사고시스템은 언제나 올바르게, 사실인정과 관련해서 말하면, 공정하게 작동하는 것이 아니라 제한된 정보를 토대로 하여 작동하는 편향적인 성격을 띤다.[30] 이러한 점을 주목하면, 우리가 쉽게 심리적 편향에 빠지게 되는 것은 어찌 보면 아주 자연스러운 일일지도 모른다.

c) 사실인정의 언어철학적 문제

셋째, 사실인정에는 언어철학적 문제도 담겨 있다. 형사소송에서 이루

---

28 이에 관해서는 대니얼 카너먼, 이진원 (옮김), 『생각에 관한 생각』(김영사, 2012) 참고.
29 대니얼 카너먼, 위의 책, 33쪽.
30 대니얼 카너먼, 앞의 책, 43쪽 아래.

어지는 사실인정은 모두 '언어'로 표현되고 논증되어야 한다. 물론 사실인정 그 자체는 직관적으로, 어쩌면 언어로 표현되기 이전에 판단되고 결정될 수도 있다. 그렇지만 형사법관이 직관적으로 결정한 사실인정결과를 형사판결서에 담아내기 위해서는 이를 다시 언어로 재구성해야 한다. 형사법관이 사실이라고 판단한 '장면'(또는 상황)(Szene)을 언어로 전환해야 하는 것이다. 그런데 언어철학의 견지에서 볼 때 등장하는 문제는, 형사법관이 아무리 엄밀하게 언어를 선택해 사용한다 하더라도, 형사법관이 사실이라고 판단한 장면 또는 상황을 정확하게 언어로 대응시키는 데는 한계가 있다는 것이다. 언어기호 자체가 안고 있는 의미론적·구문론적·화용론적 한계 때문에 언어기호는 지시대상을 완벽하게 재현할 수 없다. 이로 인해 형사법관은 자신이 사실이라고 판단한 장면을 형사판결서에 언어적으로 재현할 때는 '언어적 결단'을 할 수밖에 없다. 이 때문에 사실인정행위를 '언어귀속'(Sprachzuschreibung)행위라고 말하기도 한다. 이때 '언어적 결단'이 의미하는 바는, 형사법관이 사실을 인정하기 위해 선택하는 언어는 언제나 실제 사건이나 상황을 정확하게 반영하지 못할 위험을 안고 있다는 점을 뜻한다. 형사법관이 선택하는 언어는 그 자신의 선이해나 심리적 편향 또는 언어 자체가 안고 있는 의미론적·구문론적·화용론적 한계 때문에 실제 사건의 복합적인 맥락을 온전하게 반영하지 못하는 경우가 많다. 그 때문에 실제 사건을 언어적으로 전환하는 과정은 '언어적 발견'이 아니라 '언어적 결단'일 수밖에 없다. 이를 이상돈 교수는 다음과 같이 표현한다.[31]

"예를 들면 세계내의 한 사건을 '잠자는 부인을 죽였음'이라는 언어기호로 나타낼 수 있는가는 단순히 언어논리적 작업이 아니라 실

---

31 이상돈, 『새로 쓴 법이론』(세창출판사, 2005), 251-52쪽.

천적 작업이다. 왜냐하면 한 부인의 어떤 신체적인 실제상태를 '잠자는'이라는 언어로 나타낼 수 있는가 하는 문제에서는, 부인의 신체상태와 관계된 무한대의 실제적 데이터에 대한 자연과학적 분석이 중요한 것이 아니라, 일상적으로는 이미 해결된 것처럼 보이지만 실제로는 상황마다 언제나 다시 새롭게 해결되어야 하는 실천적 과제가 중요한 것이기 때문이다. 이 실천적 과제에서는 일정한 신체적 실제상태를 '잠자는'이라는 언어로 나타내는 것이 당위적인 것인가, 다시 말해 어떤 신체적 실제상태에서 '잠자는'이라는 언어를 귀속(Zuschreibung)해야 마땅한가 하는 문제가 대화의 테마가 된다. (...) 사태의 서술 '이후에야 비로소'가 아니라 사태기술 '자체 속에 이미' 실천적 대화는 작동한다. 그렇기 때문에 사실확정(Tatsachenfeststellung)과 사안서술(Sachverhaltsbeschreibung)을 엄격히 분리하는 생각, 즉 '언어외적인 사태를 먼저 확정하고 언어적 記述은 그 뒤에 한다'는 생각은 의미가 없다. 이러한 점은 초법률적인 것이다. 즉 법률가에게뿐만 아니라 역사가나 사회과학자에게도 마찬가지이다. 사안의 서술(언어 이전의 대상적인 생활사태 그 자체로부터, 질서가 잡히고 해석된 사실인 언어적으로 파악된 사안에로의 이전)은 일종의 **실천적 언어귀속**인 것이다. 법에서 사안서술(법적 사안의 구성)의 특수성은 그러한 이전의 모든 과정이 일반적인 약관이나 관행 및 에토스 등에 의해서뿐만 아니라 (합리적이거나 비합리적인) 법률적 관점에 의해 각인된다는 점에 있다. 여기서 법률적 관점이란 각각의 법률적 콘텍스트 속에서 세분화되어 합의될 수 있고 그것이 법적 명제이든 원칙이든 간에 법적 대화에서 그 올바름이 심사될 수 있는 그런 관점이다. 그러므로 **모든 법률적 사안서술**(법적 사안의 구성)은 **다차원적이며, 다단계적이며, 선이해에 의해 제약된다.**"(강조는 인용자)

6) 장면적 이해와 마당적 이해

그러면 이렇게 사실인정이 직면하는 문제는 어떻게 해결할 수 있는가? 어떻게 하면 사실인정을 합리적으로 그리고 규범적으로 정당하게 구현할 수 있는가? 이에 관해서는 여러 가지 방안을 고려할 수 있지만, 그 중에서도 하세머 교수가 제시한 '장면적 이해' 구상과 이를 국내에 수용하여 발전시킨 이상돈 교수의 '마당적 이해' 구상을 해법으로 제안할 수 있다.

(a) 장면적 이해

우선 장면적 이해부터 살펴본다.32 하세머 교수에 따르면, 형사소송절차에서 사실을 인정하는 과정은 실체적인 대상을 인식하는 행위가 아니다. 그뿐만 아니라, 텍스트를 이해하는 행위와도 차이가 있다. 사실인정행위는 이미 지나가 버린 역사적 사실을 재구성하는 행위이다. 그리고 이는 원칙적으로 문자가 아닌 살아 있는 말로써 진행된다(구술변론). 그래서 사실인정과정에서는 검사와 피고인이 주장하는 진술의 언어적 의미뿐만 아니라, 진술이 이루어진 상황도 중요한 역할을 담당한다. 요컨대, 형사소송에서 사실을 인정하는 과정은 검사·피고인의 언어적 진술뿐만 아니라 전체 상황, 달리 말해 범죄가 행해진 '장면'을 전체적으로 이해함으로써만 달성할 수 있다는 것이다. 바로 이 때문에 하세머는 사실을 인정하는 과정에서는 '장면'을 전체적으로 이해하는 것을 목표로 하는 장면적 이해가 그 무엇보다 중요한 역할을 수행한다고 말한다.

(b) 마당적 이해

마당적 이해는 이상돈 교수가 하세머 교수의 장면적 이해를 수용하여 발전시킨 구상이다.33 구체적으로 말하면, 하세머 교수의 장면적 이해와

---

32 W. Hassemer, *Einführung in die Grundlagen des Strafrechts* (München, 1990), 123-24쪽.

동양철학자 김용옥 교수의 '마당극 개념'을 결합시켜 발전시킨 구상이
바로 마당적 이해이다.[34] 이 마당적 이해 구상에는 크게 세 가지 이론이
기초로서 작용한다. 첫째는 해석학이고, 둘째는 진리합의이론이며, 셋째
는 마당극 이론이다. 첫째, 마당적 이해는 해석학의 관점을 수용하여,
소송절차에서 사실을 확정하는 과정은 소송절차를 주관하는 법관이 지
닌 선이해에 의해 영향을 받는다는 점을 인정한다. 둘째, 마당적 이해는
진리합의이론을 수용하여, 소송절차에서 진행되는 사실인정 과정은 '실
체'로서 존재하는 사실을 발견하는 것이 아니라, 소송절차를 통해 합의
해 가는 것이라고 파악한다. 셋째, 마당적 이해는 마당극 이론을 수용하
여, 소송절차를 소송당사자들과 그 밖의 관련자들이 배우와 관객으로
모두 참여하는 '마당'으로 이해한다. 이에 따라 마당적 이해는 소송절차
에 모든 관련자가 자유롭고 평등하게 참여할 수 있을 것을 요청한다.[35]

(c) 중간결론

이러한 장면적 이해와 이를 발전시킨 마당적 이해는 사실인정 자체가
해석학적 이해과정이라는 점을 전제로 한다. 그러면서도 동시에 소송절
차에서 장면적 이해와 마당적 이해를 구현함으로써 사실인정이 안고 있
는 문제를 해결하고 합리적이면서 규범적으로 정당한 사실인정을 실현
하고자 한다.

---

33 이에 관해서는 이상돈, 『기초법학』(법문사, 2008), 425쪽 아래 참고.
34 '마당극 개념'에 관해서는 김용옥, 『아름다움과 추함』(통나무, 1990) 참고.
35 이상돈 교수는 이와 같은 성격을 다 함께 고려하여 마당적 이해의 특징을 다음과
   같이 정리한다. "이해대상의 유동성과 휘발성", "상호작용의존성", "상호작용의
   무정형성", "정보의 선별적 지각과 선이해의 개입", "성공의 불확실성", "스토리
   텔링"이 그것이다. 이상돈, 앞의 책, 427-31쪽 참고.

(3) 법규범 탐색 및 해석

구체적인 소송절차를 통해 문제되는 법적 분쟁의 사실관계가 확정되면, 법적 삼단논법의 제1단계는 완료된다. 이어서 제2단계로서 이렇게 확정된 사실관계에 적용할 수 있는 법규범을 찾아 이를 구체화하는 작업을 해야 한다. 여기서 시사하는 것처럼, 두 번째 단계에 해당하는 법규범 구체화 단계는 다시 두 단계로 세분화할 수 있다. 첫째는 관련 법규범을 탐색하는 단계이고, 둘째는 이렇게 탐색하여 찾은 법규범을 해석하는 단계이다.

1) 법규범 탐색

확정된 사실관계에 적용될 법규범을 성공적으로 탐색하기 위해서는 사실관계에서 문제가 되는 쟁점을 최대한 많이 그리고 정확하게 추출할 수 있어야 한다. 문제가 되는 쟁점을 최대한 많이 그리고 정확하게 추출해야만, 여기에 적용될 수 있는 법규범 역시 성공적으로 찾아낼 수 있다. 그러면 어떻게 하면 문제가 되는 쟁점을 성공적으로 추출할 수 있는가? 이를 위해서는 두 가지 사고과정을 거쳐야 한다. '확산적 사고'와 '체계적 사고'가 그것이다.

(a) 확산적 사고와 체계적 사고를 통한 쟁점추출
a) 확산적 사고를 통한 쟁점추출

첫째는 확산적 사고를 통해 쟁점을 추출하는 과정이다. 확산적 사고란 사실관계와 관련을 맺는 쟁점을 최대한 폭넓게 그리고 많이 추출해 내는 사고과정을 뜻한다. 확산적 사고에서는 쟁점을 정확하게 파악하는 것이 중요한 게 아니라, 사실관계와 관련을 맺는 쟁점을 가능한 한 많이 파악하는 것이 중요하다. 이를테면 실제 형사재판에서 법관은 범죄사실과 관련된 기록을 읽어가면서 확산적 사고를 진행하게 된다. 기록을 시간적으로 읽어나가면서 쟁점을 파악해가는 것이다. 이러한 측면에서 확산적 사고는 역사적 사고와 결합하는 경우가 많다. '확산적·역사적 사고'로서 범죄사실과 관련된 쟁점을 가능한 한 많이 그리고 폭넓게 추출해 내는 것이다.

b) 체계적 사고를 통한 쟁점정리

둘째는 확산적 사고를 통해 추출한 쟁점을 체계적 사고로써 체계적으로 정리하는 과정이다. 확산적 사고는 범죄사실과 관련된 쟁점을 최대한 많이 그리고 폭넓게 추출해 내는 것이 목표이기에, 쟁점이 체계적으로 정돈되어 있지 않은 경우가 많다. 그렇지만 형사법관이 관련 형사법규범을 성공적으로 탐색하려면, 더 나아가 설득력 있게 형사판결논증을 수행하려면 확산적 사고에 힘입어 추출한 쟁점을 체계적으로 정리해야 할 필요가 있다.

c) 확산적 사고와 체계적 사고의 해석학적 순환

그런데 이러한 확산적 사고와 체계적 사고는 순차적으로 명확하게 구획되어 진행되는 것은 아니다. 달리 말해, 확산적 사고를 먼저 진행시키고, 이어서 체계적 사고를 진행시키는 것은 아니다. 오히려 양자는 해석학적 순환관계를 형성한다고 보아야 한다. 그 이유를 다음과 같이 말할 수 있다. 형사법관은 확산적 사고를 이른바 '백지상태'에서 진행시키는 것은 아니다. 확산적 사고는 백지상태에서는 이루어질 수 없다. 형사법관은 '규범적 선이해'를 기반으로 해서만 확산적 사고를 진행시킬 수 있을 뿐이다. 이때 체계적 사고는 형사법관이 갖는 규범적 선이해의 일정 부분을 채우게 된다. 이렇게 체계적 사고가 스며든 규범적 선이해를 통해 형사법관은 비로소 확산적 사고를 진행시킬 수 있다. 이렇게 진행된 확산적 사고는 체계적 사고를 통해 체계적으로 정돈된다. 이뿐만 아니라, 체계적 사고는 쟁점을 체계적으로 정리하는 과정에서 새로운 확산적 사고의 계기를 마련하기도 한다. 체계적 사고를 통해 새로운 확산적 사고가 이루어지는 것이다. 이처럼 확산적 사고와 체계적 사고는 해석학적 순환관계를 형성한다.

(b) 법규범 탐색의 해석학적 접근

쟁점추출과 체계화가 완료되면, 이와 관련되는 법규범을 탐색해야 한다. 그런데 이렇게 관련 법규범을 탐색하는 작업은 법적 삼단논법이 본래 의도했던 것처럼 순수하게 논리적·기계적으로 진행되는 과정은 아니다. 이미 여러 번 언급한 것처럼, 법규범을 해석하는 과정은 해석자가 해석 이전에 지니고 있는 '선이해' 또는 '인식관심'에 의해 영향을 받는다. 다시 말해 해석자가 당해 사실관계에 대해 어떤 선이해 또는 인식관심을 갖고 있는가에 따라 관련 법규범을 탐색하는 작업도 그 결과가 달라질 수 있다는 것이다. 이러한 선이해나 인식관심으로부터 영향을 받지 않는, 달리 말해 선이해나 인식관심으로부터 자유로운 법규범 탐색과정을 모색하는 것은 생각하기 어렵다. 이러한 측면에서 법적 분쟁의 사실관계와 관련을 맺는 법규범을 탐색하는 작업은 법관이 지닌 선이해나 인식관심에 의존하는 해석학적 과정이라고 말할 수 있다. 법적 분쟁의 사실관계와 관련을 맺는 형사법규범 탐색이라는 측면에서 이러한 선이해 또는 인식관심을 유형화하면, 이는 "분과별 인식관심", "체계적 인식관심", "이론적 인식관심"으로 유형화할 수 있다.[36] 여기서 "분과별 인식

---

[36] 이상돈, 『로스쿨을 위한 법학입문』(법문사, 2009), 151-54쪽.

관심"은 해당 사실관계가 "어떤 법분과의 영역에 관한 것"인지에 대한 인식관심을 말한다. 그리고 "체계적 인식관심"은 해당 사실관계에 적용될 법규범이 어떤 법적 체계와 관련을 맺는지에 대한 인식관심을 말한다. 마지막으로 "이론적 인식관심"은 해당 사실관계에 적용될 법규범이 어떤 해석이론들과 연결되는지에 대한 인식관심을 말한다.

(c) 법규범 탐색의 의미

그런데 법규범을 탐색하는 작업은 생각만큼 쉽지 않다. 그 이유는, 칼 엥기쉬가 정확하게 지적하고 있는 것처럼, 법규범을 탐색하는 작업은 몇 개의 단일한 법규범을 탐색하는 그런 간단한 작업이 아니라, 다양한 법규범을 탐색하고 조합하는 좀 더 복잡한 작업이기 때문이다. 이는 확산적 사고를 통해 최대한 많은 쟁점을 추출하고, 이를 다시 체계적 사고로써 정돈하는 과정에 상응한다. 쟁점을 모으고 체계적으로 정돈하는 것처럼, 이러한 쟁점에 상응하는 법규범도 모으고 체계적으로 결합시켜야 한다. 이를 엥기쉬는 다음과 같이 말한다.[37]

> "법률로부터 법적 대전제를 획득하기 위해 법률가가 이행해야 하는 복잡한 과제 가운데 첫 번째는 법적 당위에 관한 전체 사고과정을 '기술적인' 이유에서 분리해 놓았던 개개의 구성부분을 다시 하나의 전체 모양으로 짜맞추는 작업이다. 더 자세히 말하면, 법적 당위에 관한 전체 사고과정 가운데 구체적인 법적 사건의 판단에 필요하게 될 구성부분을 추출하여 이를 하나로 묶는 작업이다. 이 점을 우리의 예와 관련시켜 설명해 보자. 형법 제211조는, 설령 제2항에 전개되어 있는 개념표지를 함께 고려할지라도, 법적 대전제를 구성하는 모든

---

37 칼 엥기쉬, 앞의 책, 98-99쪽.

본질적 개념표지의 일부만을 포함하고 있을 뿐이다. 왜냐하면 살인자를 종신형에 처할 수 있으려면 그가 행위시에 책임능력을 갖고 있어야 하며(이에 관해서는 형법 제19조 이하 및 청소년법의 해당 조항이 규정하고 있다), 정당화사유(예컨대 제32조에 따른 정당방위)와 면책사유(예컨대 제35조에 따른 긴급피난)가 존재하지 않는다는 점 등을 함께 고려에 넣어야 한다. 그렇다면 완전한 대전제는 다음과 같이 될 것이다: 독일 형법에 따르면, 행위자가 책임능력을 가진 사람으로서 정당화사유나 면책사유가 존재하지 않은 상태에서 고의로 다른 사람을 살해했고, 이 살해가 살인에 대한 쾌감, 성욕의 충족, 물욕 또는 기타 저열한 행위동기로부터 … 저질러진 때에는 그 살인자는 종신형에 처한다."

2) 법규범 해석

(a) 선이해와 해석학적 순환

법규범 탐색이 완료되면, 법관은 탐색된 법규범을 해석해야 한다. 이때 법관은 문법적·체계적-논리적·역사적·목적론적 해석과 같은 해석방법을 사용하여 법규범을 해석한다. 그런데 법해석학이 강조하는 것처럼, 이 과정에서 법관의 선이해가 개입한다. 법관의 선이해에 따라 해석방법이 선택된다. 그 때문에 동일한 법적 분쟁을 두고도 이를 다루는 법관이 어떤 선이해를 갖고 있느냐에 따라 해석방법이 달리 선택되고 이로 인해 해석결과가 달라지기도 한다.

한편 이미 여러 번 언급한 것처럼, 법규범을 해석하는 과정은 단선적·일방적인 과정이 아니라 나선형의 해석학적 순환과정을 형성한다. 이는 한편으로는 객관적 순환으로 그리고 다른 한편으로는 주관적·존재론적 순환으로 진행된다. 먼저 법적 분쟁의 전제가 되는 사실을 인정하는 과정과 법규범을 해석하는 과정 사이에서 객관적인 해석학적 순환이 이루어진다. 법규범은 법관의 선이해를 통해 사실을 인정하는 데 개입한다. 반대로 소송절차를 통해 인정된 사실관계는 다시 법관의 선이해를 통해 법규범을 해석하는 데 영향을 미친다. 나아가 선이해를 매개로 하여 해석자인 법관과 해석대상인 법규범 사이에서 주관적·존재론적 해석학적 순환이 이루어진다. 법관의 선이해가 법규범을 해석하는 데 영향을 미치고, 이렇게 이루어진 법규범 해석을 통해 새롭게 획득된 해석결과는 법관의 선이해를 발전적으로 교정하기도 한다.

(b) 법적 개념을 해석할 때 고려해야 하는 문제

개념법학이라는 용어가 시사하는 것처럼, 상당수의 법규범은 개념으로 구성된다. 따라서 법규범을 해석한다는 것은 법규범이 담고 있는 법적 개념을 해석한다는 점을 뜻하기도 한다. 그런데 법적 개념은 일상언어적인 개념과는 여러 모로 차이가 있다. 그러므로 법적 개념을 해석할 때는 법적 개념이 갖고 있는 특징을 고려해야 한다.

a) 법적 개념의 특수성

다른 일상언어적인 개념이나 학문적인 개념과는 달리, 법적 개념은 이론적으로뿐만 아니라 실천적으로도 중요한 의미를 지닌다. 왜냐하면 법적 개념은 법적 효과가 미치는 범위를 획정하는 기준이 되기 때문이다. 여기서 법적 효과는 대부분 권리와 의무로 구성된다. 이러한 연유에서 법적 개념을 정확하게 파악하고 구체화하는 것은 법학에서 이론적으로나 실천적으로 중요한 의미를 갖는다.

그런데 이러한 법적 개념은 대부분 일상언어에 터 잡고 있으면서도 일상언어와는 상당히 이질적인 경우도 상당수 존재한다. 물론 일상언어로부터 상당히 괴리된 법적 개념은 가능한 한 쉽게 순화하는 것이 바람직하다. 그렇지만 법적 개념을 일상언어와 완벽하게 일치시키는 것은 가능하지도 바람직하지도 않다. 그 이유는, 위에서 언급한 것처럼, 법적 개념은 법적 효과가 미치는 범위를 획정하는 기준이 되기 때문이다. 법적 개념은 다른 학문적인 개념처럼 전문화된 개념이다. 법적 영역의 전문성과 특수성을 반영하고 있는 개념이 바로 법적 개념이다. 현대 체계이론(Systemtheorie)의 관점에서 말하면,[38] '법체계'(Rechtssystem)의 작동영역, 즉 법체계와 환경의 경계를 획정하는 것이 법적 개념이다. 우리는 법적 개념을 통해 법체계와 환경을 구분할 수 있다. 또한 법적 개념은 자기생산적 체계인 법체계의 고유한 작동논리에 따라 만들어진다. 이러한 이유에서 법적 개념이 법체계의 환경에 속하는 언어인 일상언어와 차이가 나는 것은 자연스러운 일이라고 말할 수 있다. 이를 무시하고 법적 개념과 일상언어의 차이를 없애고자 하면, 이로 인해 법체계의 기능적 독자성이 허물어지는 문제가 발생할 수도 있는 것이다.

b) 법적 개념의 통일성과 상대성

자기생산적 체계인 법체계에서 사용되는 언어인 법적 개념은 법체계의 통일적인 작동을 보장하기 위해 통일적으로 사용된다. 요컨대, 법적 개념은 통일성을 이룬다. 법적 개념이 통일적으로 사용됨으로써 법체계는 안정적으로 자기생산을 유지할 수 있다. 법철학에서는 이를 '법적 안정성'이라고 표현하기도 한다.[39] 이를테면 권리와 의무와 같은 법적 개념은 법체계 전체에서 통일적으로 사용되어야 한다.

그러나 법적 개념이 통일적으로만 사용되는 것은 아니다. 법적 개념은

---

[38] 현대 체계이론에 관해서는 우선 니클라스 루만, 디르크 베커 (편집), 윤재왕 (옮김), 『체계이론입문』(새물결, 2014) 참고.

[39] 법적 안정성에 관한 체계적인 연구로는 Andreas von Arnauld, *Rechtssicherheit: perspektivische Annäherungen an eine idée directrice des Rechts* (Heidelberg, 2006) 참고.

경우에 따라서는 각 법 영역에 따라 달리 사용되기도 한다. 이를 '법적 개념의 상대성'이라고 부르기도 한다. 이를테면 점유 개념은 민법과 형법에서 달리 사용된다.[40] 이러한 법적 개념의 상대성은 법체계가 내부영역의 분화를 통해 획득한 결과물이라고 말할 수 있다. 요컨대, 법적 개념의 특수성이 법체계와 환경 사이의 차이에서 비롯된 것이라면, 법적 개념의 상대성은 법체계 내부의 분화에서 비롯되는 것이라고 말할 수 있다.

(4) 법규범 적용

법적 분쟁을 해결하기 위한 규범구체화의 마지막 단계는 해석을 통해 구체화된 법규범을 소송절차를 통해 인정된 사실에 적용하는 것이다. 이를 통해 법적 결론이 도출된다. 실제 실무에서는 법적 결론이 판결이나 결정의 주문으로 표현된다. 전통적인 법적 삼단논법에서는 이 과정이 기계적이고 일방적인 '포섭'을 통해 이루어진다고 보았다. 그렇지만 이미 여러 번 살펴본 것처럼, 사실을 법규범에 포섭하는 과정은 기계적이고 일방적인 과정이 아니다. 법해석학으로 재구성된 포섭은 법규범과 사실이 해석학적 순환을 통해 서로 상응하는 과정이라고 말할 수 있다. 달리 말해, 사실인정과 무관한 포섭도, 동시에 법규범 해석과 무관한 포섭도 존재할 수 없다. 여기서 추가적으로 다음과 같은 결론을 이끌어낼 수 있다. 법해석학의 견지에서 보면, 법규범 해석과 법규범 적용은 실제로는 각기 독자적으로 이루어지는 과정은 아니라는 것이다. 사실과 법규범 사이에 해석학적 상응이 이루어지면서, 법규범을 해석하는 과정과 법규범을 사실에 적용하는 과정은 동시에 이루어진다. 왜냐하면 법규범을 해석하는 과정 그 자체가 사실에 대한 규범적 판단을 전제하기 때문

---

40 이에 관한 상세한 분석은 양천수, 『부동산 명의신탁』(영남대학교출판부, 2010) 참고.

이다. 물론 개념적으로는 법규범 해석과 적용을 각각 분리하는 것이 여전히 필요하다고 생각한다.

제6장 법해석학의 실천성과 전망

I. 법해석학의 실천성

1. 문제의식

법해석학은 법학과 같은 실천과학 안에서 어떤 역할을 할 수 있을까? 다시 말해, 법해석학은 어떤 실천성을 발휘할 수 있는 것일까? 사실 이러한 질문은 쉽게 대답할 수 있는 것은 아니다. 그 이유는 법해석학 자체가 법도그마틱과 같은 구체적인 실천학문과는 조금 거리를 둔 메타과학의 성격을 보이기 때문이다. 그러나 조금만 더욱 면밀하게 분석하면, 법해석학도 여러 가지 측면에서 풍부한 실천성을 갖추고 있음을 확인할 수 있다. 이를 네 가지 측면에서 살펴볼 수 있다.

2. 사법영역

우선 사법영역, 즉 법관에 의해 이루어지는 규범구체화 영역에서 보면, 법해석학은 거의 모든 영역에서 실천성을 발휘하고 있음을 볼 수 있다. 그 이유를 다음과 같이 말할 수 있다. 이미 앞에서 살펴본 것처럼, 법해석학은 규범텍스트에 대한 이해와 해석을 다루는 학문이다. 그런데 가다머가 적절하게 지적하였듯이, 이해와 해석 그리고 적용은 각기 구별되는 것이 아니다. 이해는 해석이요 해석은 다시 적용이 되는 것이다. 따라서 규범텍스트를 이해하는 행위는 그 자체만으로도 이미 실천성을 내포하고 있다. 이러한 점에서 볼 때, 규범텍스트 이해를 다루는 법해석학은 법관에 의해 이루어지는 재판영역에서 실천성을 가질 수밖에 없다.

하지만 이러한 결론은 추상적이므로, 더욱 구체적인 예를 제시하도록 한다. 일단 법해석학은 실정법학에서 자주 발생하는 이른바 학설대립의 배후 근거를 밝혀줄 수 있다. 이를 통해 각 학설 및 법도그마틱을 체계비판적으로 바라보는 데 도움을 준다. 나아가 여러 법해석학자가 각기 제시하는 해석의 정당성 보장방안은 헌법과 민법, 형법 등에 산재하는 일반조항을 적절하게 해석할 수 있도록 통제한다. 특히 형법상 양형판단의 경우처럼 법관에게 광범위한 재량권이 부여된 영역에서 법해석학은 비판적인 힘을 발휘할 수 있다.[41] 그뿐만 아니라, 법해석학은 규범텍스트 이해를 단순히 실정법 텍스트를 이해하는 것에만 한정하지 않고, 절차법에서 이루어지는 이해까지 텍스트 이해에 포함시킨다. 이로써 절차법에 존재하는 각종 법제도는 단순한 기술적 측면에 지나지 않는 것이 아니라, 규범구체화의 합리성과 정당성을 보장하기 위한 제도적 장치로서 법해석학적 의미를 부여받게 된다.

3. 행정영역

그 다음 법해석학은 행정영역에서도 실천성을 발휘할 수 있다. 왜냐하면 법치행정의 원칙상 행정작용도 일반적으로 행정청에 의해 행정법규가 구체화됨으로써 실현되기 때문이다. 바꿔 말해, 행정작용도 사법작용

---

41 같은 지적으로 강진철, 『법해석학에 대한 고찰: 특히 철학적 해석학의 법학적 수용과 관련하여』(연세대 법학박사 학위논문, 1993), 136쪽 아래 참고.

과 비교할 때 그 기본구조가 동일하다고 할 수 있다. 이 때문에 법해석학은 행정작용에서도 마찬가지로 실천력을 발휘할 수 있다. 특히 행정재량이나 계획재량 그리고 판단여지와 같이 행정청에게 재량권이 인정되는 영역에서는 법해석학의 비판적 힘이 의미를 지닐 수 있다.

4. 입법영역

그뿐만 아니라, 법해석학은 입법작용에서도 실천적인 힘을 발휘할 수 있다. 그 이유는 법해석학에 의할 때, 궁극적으로 법발견작용과 법형성작용은 구별되지 않기 때문이다. 다시 말해, 국회에 의해 이루어지는 법률제정작용과 법관에 의해 수행되는 재판작용은 그 기본구조에서 서로 유사해서 법해석학은 입법작용에서도 적용될 수 있는 것이다. 가령 국회에서 의원 또는 정부에 의해 입법안이 제출되었을 때, 그 법안이 어떤 선이해에 입각하여 제안되었는지 비판적으로 이해할 수 있도록 함으로써 정당한 법률제정을 실현하는 데 기여할 수 있다.

5. 사적영역

마지막으로 법해석학은 사적자치에 의해 형성되는 법률행위에 대해서도 마찬가지의 실천성을 갖는다.

II. 법해석학의 전망

이처럼 법해석학은 여러 가지 측면에서 실천력을 발휘한다. 하지만 모든 학문이 그런 것처럼, 법해석학도 여전히 미흡한 점을 안고 있다. 예를 들어, 법해석학은 아무래도 이해과정에 치중한다는 점이 그 한 가지가 될 것이다. 따라서 법해석학은 앞으로 다음과 같은 점을 더욱 분명하게 할 필요가 있다고 생각한다.

우선 법해석학이 이해의 조건으로 제시하는 선이해의 근거를 더욱 명확하게 할 필요가 있다. 가령 가다머가 주장하는 것처럼 선이해의 근거가 권위와 전통만이 되는 것인지, 아니면 개인적인 측면도 존재하는지 고찰할 필요가 있다. 다시 말해, 선이해의 근거를 개인적인 측면과 집단적인 측면으로 구분하여 분석할 필요가 있다. 동시에 선이해의 근거를 다시 일상적인 것과 전문직업적인 것으로 구별하는 것도 의미 있다고 생각한다. 또한 이와 관련하여 가다머가 제시한 전통이 구체적으로 어떤 의미를 지니는지 연구하는 것도 의미가 있을 것이다. 예를 들어, 가다머가 강조하는 전통이 혹시 프랑스의 철학자 미셸 푸코(M. Foucault)가 제시한 '에피스테메'와는 관련성이 있는지, 니클라스 루만의 체계 개념과는 어떤 상관성이 있는지 고찰하는 것도 의미가 있다. 그러나 궁극적으로 이러한 선이해는, 이상돈 교수가 적절하게 지적한 것처럼, '말할 수 없는 것'인지도 모른다.[42] 이러한 근거에서 선이해의 근거를 밝히기 위한 일환으로 현대 프랑스 철학에서 각광받고 있는 프로이트(S. Freud)의 '무의식' 개념에 주목할 필요가 있을지도 모른다.

다음으로 규범구체화에서 등장하는 해석학적 순환을 더욱 섬세하게 분석할 필요가 있다. 그렇게 해야만 비로소 규범구체화 과정을 정당하게 통제하는 데 필요한 기반을 마련할 수 있기 때문이다. 이러한 점에서 볼 때 뮐러가 수행한 작업을 높이 평가할 필요가 있다. 그리고 이러한 맥락에서 뮐러처럼 과연 규범구체화 요소 간에 우선순위를 인정할 수 있는지, 문언의 한계가 여전히 규범구체화에 대한 한계기준으로서 작용

---

42 이상돈, 『법이론』(박영사, 1996), 95쪽; 원래는 W. Hassemer, *Einführung in die Grundlagen des Strafrechts* (München, 1990), 120쪽.

할 수 있는지 검토할 필요가 있다.

나아가 전통적인 법적 삼단논법이 추구했던 정형화 또는 정합성이 갖는 규범적 가치를 다시 음미할 필요가 있다. 특히 발전된 법적 삼단논법이 시도했던 의미론적 세분화를 제한적인 측면에서라도 법해석학에 원용할 수 있는지 논의할 필요가 있다.

마지막으로 하버마스나 하세머가 그랬던 것처럼, 존재론적 해석학에 현대 사회과학의 관점과 언어철학의 관점을 더욱 도입할 필요가 있다. 특히 현대사회를 사회적 체계의 관점에서 분석하는 루만의 시도를 비판적으로 되새겨볼 필요가 있다. 이는 곧 법해석학이 존재론적 해석학과 비판적 사회과학을 변증적으로 지양한 비판적 법해석학으로 나아가야 한다는 점을 시사한다.

■ 찾아보기

■ 용어

(ㄱ)

가다머 …………………………………… 58
가언명령 ………………………………… 77
가치관련적 현실성 …………………… 207
가치상대주의 ………………………… 128
개념법학 …………………………… 127, 146
개념의 뜰 ……………………………… 142
개념의 변증법적 운동과정 ………… 134
개념의 핵 ……………………………… 141
개방성 ………………………………… 120
개방적 헌법해석론 …………………… 274
개인적 선이해 ………………………… 343
객관설 ………………………………… 307
객관성 …………………………… 37, 311
객관적 선이해 ………………………… 343
객관적 순환 …………………………… 347
객관적인 순환 ………………………… 93
객관정신 ……………………………… 63
객관화된 주관성 ……………………… 227
검증원칙 ……………………………… 262
경험의 부정성 ………………………… 119
경험주의 ……………………………… 31
계몽주의 ……………………………… 74
계몽주의의 완성 ……………………… 76
고시법학 ……………………………… 335
고전 …………………………………… 86
고전의 규범성 ………………………… 87
고전의 무시간성 ……………………… 89
고전의 역사성 ………………………… 88

공리적 체계 …………………………… 178
관계존재론 ……………………… 205, 235
관습 …………………………………… 83
관점영역 ……………………………… 109
구문론적인 측면 ……………………… 242
구성요건 해석 …………………… 239, 255
구성요건 해석의 정당성 …………… 261
구성요건의 언어성 …………………… 246
구성요건의 유형성 …………………… 254
구성요건의 현실관련성 ……………… 254
구조적 법이론 ………………………… 273
구체화 요소 간의 우선순위 ………… 322
구체화 요소 간의 충돌 ……………… 323
권위 …………………………………… 79
귀납적 방법 …………………………… 244
규범 …………………………………… 292
규범구조 ……………………………… 291
규범구조요소들의 연관 ……………… 305
규범구체화 …………………………… 300
규범구체화 요소 ……………………… 314
규범구체화 이론 ……………………… 273
규범구체화의 주체 …………………… 306
규범구체화의 한계 …………………… 325
규범성 ………………………………… 86
규범영역 ……………………………… 304
규범의 의미 …………………………… 297
규범텍스트 ……………………… 292, 303
규범텍스트 해석 ……………………… 300
규범텍스트가설 ……………………… 305

규범텍스트의 효력 ·················· 297
규범프로그램 ······················· 303
규범프로그램의 한계 ················ 330
근대적 이해 ·························· 44
기능적 정당성 ······················ 317
기대지평 ···························· 161
기본권 제한 도그마틱 ··············· 283
기술적 선이해 ······················ 345
기초존재론 ··························· 50
기획투사 ····························· 54

(ㄴ)
나선형 ······························ 258
납득성 ······························ 176
낭만주의 ····························· 74
낯섦 ································ 102
내던져짐 ····························· 56
내적 체험 ···························· 40
논리적 해석 ························· 127
논증과정으로서 사실인정 ············ 356
논증원칙 ···························· 234
놀이 ································· 67

(ㄷ)
대상에 대한 인식 ···················· 30
도그마적 요소 ················ 315, 320
도그마틱 ···························· 185
도그마틱적 질서전통 ················ 156
도덕법칙 ····························· 77
딜타이 ······························· 72

(ㄹ)
로마법 대전 ························· 126

뢰비트 ······························ 191

(ㅁ)
마당적 이해 ························· 368
마이호퍼 ···························· 203
명확가능성 ·························· 294
명확성 ······························ 294
목적 프로그램 ······················ 165
목적론적 해석 ······················ 317
무효 ································ 148
문법적 해석 ························· 127
문언 ································ 328
문언의 한계 ························· 330
문제변증론 ··············· 177, 274, 285
문제중심적 사고 ···················· 132
물자체 ························· 34, 134

(ㅂ)
반증원칙 ······················ 234, 262
발생사적 해석 ······················ 316
방법 ································ 226
방법다원주의 ················· 145, 256
방법론적 요소 ······················ 315
방법명확성 ················· 312, 313
방법에 대한 믿음 ············· 61, 131
방법이원론 ················· 128, 133
방법이원론 비판 ···················· 279
방법적 거리두기 ····················· 65
방법적 회의 ············· 30, 47, 61
방법정직성 ·························· 312
백지상태 ····························· 31
법과 언어 ·························· 225
법관의 선이해 ······················ 151

법관의 인격성	221	변화하는 자연법	196
법규범 탐색	369	보편적 존재론	51
법논리	139	복사문서의 문서성	20
법도그마틱	167	복잡성	166
법률에 대한 법관의 구속이념	352	복잡성 감축	164
법률을 말하는 입	352	부녀	17
법률해석	113	부분존재론	202
법률행위 개념	168	부합성 통제	177
법발견	151	불법유형	218
법사회학	128	비판적 합리주의	261
법수사학적 논증이론	357	비판적 해석학	345
법실증주의	193, 301		
법실현과정	214	**(ㅅ)**	
법의 실존	197	사건영역	304
법의 역사성	225	사고형태	207
법의 존재론적 구조	200	사물관련적 방법론	287
법의 철학	341	사물논리	139
법이론	336, 341	사물의 본성	213, 217
법인식	151	사물의 본성론	128, 206
법적 개념의 의미	185	사물적으로 확정된 질서모델	305
법적 개념의 통일성과 상대성	375	사실인정	354
법적 개념의 특수성	374	사실인정의 심리학적 문제	363
법적 논증이론	340	사실인정의 언어철학적 문제	364
법적 방법	276	사실인정의 해석학적 문제	362
법적 삼단논법	350	사실정보의 불완전성	361
법적 선이해	309	사안	303
법존재론	192	사용사태	53
법체계의 성장	162	사용사태 전체성	55
법학방법론	140, 340	사태 그 자체로	47
법해석학	125, 131, 192, 209, 339	사태 안에서 동의	94
법해석학의 실천성	379	사회적 의식	156
변증론	120	사회적 체계	163
변증법적인 운동	119	삼단논법	140, 350

삼단논법의 한계 ················· 142
상호이해 ···························· 66
상호주관성 ··············· 227, 230
상황 ································ 221
생 ···································· 62
생득관념 ··························· 31
생의 실재 ························· 62
생활세계 ·························· 48
생활현실 ························ 151
선구조 ····························· 55
선별성 ···························· 268
선이해 ················ 132, 154, 179,
    220, 257, 342
선이해의 근거 ············ 155, 224
선입견 ····· 70, 80, 132, 154, 220, 221
선험적 범주론 ····················· 71
선험적 자아 ················· 49, 72
선험적 통각 ······················· 33
선험적 판단범주 ··················· 33
선험적 환원 ······················· 49
설명 ································ 40
세계 ································ 52
세계-내-존재 ················ 52, 81
소재의 이념규정성 ············· 129
수렴원칙 ················· 230, 231
수험법학 ························ 335
순수법학 ··················· 128, 135
순수이성 ························· 33
순환논법 ························· 56
술적 인식관심 ················· 345
스타일 개념 ····················· 87
승인 ······························· 82
시간간격 ························ 102

시대에 적합한 자연법 ········· 194
신뢰책임체계 ··················· 187
신실증주의 ······················ 164
신칸트주의 ······················ 191
신칸트학파 ·········· 128, 135, 206
신학적 존재론 ··················· 51
신헤겔주의 ······················ 207
실제적 조화원칙 ················ 319
실존 ································ 52
실존철학 ························ 191
실증주의 ·························· 45
실천이성 ·························· 32
실천이성론 ······················· 77
실천적 선이해 ············ 344, 345
실천적 인식관심 ················ 345
실체적 진실 ····················· 360
실체존재론 ·············· 169, 205
실행가능성 ······················ 317
심미안 ······················· 32, 67
심미적 선이해 ·················· 344

(ㅇ)

아도르노 ························ 229
앞서 가짐 ························· 55
앞서 봄 ··························· 55
앞서 잡음 ························ 55
야스퍼스 ························ 191
언어 ······························ 120
언어귀속 ························ 365
언어와 현실성 ·················· 248
언어의 정확성 ·················· 246
언어의미의 유동성 ············· 248
언어이해의 정당성 ············· 250

찾아보기 387

언어적 결단	365	유추사고	215
엥기쉬	222	유형	217
역사성	86	유형론적 사고	217
역사의식	117	유형론적 절차	259
역사이성 비판	62	의무론적 윤리이론	77
역사이성비판	38	의미기대	97
역사적 해석	127, 316	의미론적인 측면	242
역사철학	36	의미부여가능성	298
역사학파	36, 61	의미의 공통성	97
연구하는 이해	37, 61	의사 독트린	308
연역적 논리학	141	의사결정과정으로서 사실인정	356
연역·형식적 법논리학	241	의사소통	230
영향사	106	의사소통적 법익론	271
영향사적 반성	108	의식의 지향성	72
영향사적 원칙	107	이념의 소재규정성	129
영향사적 의식	90, 117	이데올로기에 의한 선이해 왜곡	162
예시적 방법	218	이데올로기적 주체주의	229
오성	34	이론적 선이해	344
완전성의 선취	98	이상적 대화상황	172
완전한 반성 및 논증원칙	262	이성법적 고려	287
완전한 반성과 논증	264	이성적인 재판이론	171
외관상 문제	152	이성중심적인 사고	73
원칙	169	이율배반	134
원칙-규칙 모델	287	이익	221
위험책임론	180	이익법학	128
위험책임체계	187	이익의 침해빈도	271
위협감정	271	이익형량	281
유미의성	86	이해	40, 42, 50, 52, 112, 339
유사성 비교	153	이해 개념	29
유스티니아누스	126	이해과정의 정당화	348
유의미성	53	이해력	34
유추	152, 213	이해의 선구조	69, 80
유추금지	213, 270	이해의 존재론적 전환	44

이해자의 선이해 ······ 250	전통적인 해석방법 ······ 316
인격 ······ 236	절대정신 ······ 117
인식관심 ······ 309, 345	절차적 진리이론 ······ 233
인식대상 ······ 68	절차주의 ······ 164
인식론적 순환 ······ 160	절취 ······ 242
인식주체 ······ 68	정당성 통제 ······ 177
일상적 선이해 ······ 343	정상과학 ······ 85
입법목적 ······ 143	정신과학 ······ 39
있는 그대로 ······ 61	정신과학의 객관성 ······ 228
있는 그대로의 역사 ······ 36	정언명령 ······ 78
	정합성 ······ 327
(ㅈ)	정형화 원칙 ······ 265
자기부정성 ······ 120	제도적 사고 ······ 287
자동포섭장치 ······ 351	조건 프로그램 ······ 165
자연과학의 객관성 ······ 228	존재 ······ 52
자연법 ······ 193	존재가능 ······ 50
자연법 르네상스 ······ 196	존재론 ······ 51
자연법적 사고 ······ 169	존재론적 순환 ······ 161
자유로운 논증공동 ······ 234	존재론적 해석학 ······ 58, 66
자유로운 논증공동체 ······ 234	존재론적-해석학적 진리 ······ 113
자유법론 ······ 128	존재론적인 법의 역사성 ······ 199
장면적 이해 ······ 267, 367	존재론적인 역사성 ······ 198
재판관심 ······ 309	존재망각 ······ 201
재판규범 ······ 305	존재물음 ······ 201
재판의 이성성 ······ 176	존재신비주의 ······ 202
재판의 정당성 ······ 176	존재와 당위의 상응 ······ 215
재판의 합의가능성 ······ 176	존재자 ······ 52
적용 ······ 111	존재적인 당위 ······ 138
적용순환 ······ 159	좁은 의미의 방법론적 요소 ······ 316
전승 ······ 64, 83	주관설 ······ 307
전승의 운동 ······ 96	주관적 선이해 ······ 343
전통 ······ 79	주관적·존재론적 순환 ······ 348
전통의 전승 ······ 66	주관적인 순환 ······ 93

주석학 ························· 126
주체-객체 모델 ··· 37, 44, 63, 115, 195, 229
주체철학 ························ 61
주해학파 ······················· 126
지평 ··························· 108
지평융합 ···················· 90, 159
지평융합과정 ··················· 111
직관 ··························· 342
직업적 선이해 ·················· 343
진리대응이론 ··············· 114, 233
진리수렴이론 ··············· 114, 233
진리합의이론 ··············· 114, 132
진술논리 ······················· 139
집단적 선이해 ·················· 343

(ㅊ)

참여자 관점-관찰자 관점 ········ 340
채권자 취소제도 ················ 149
처분할 수 없는 것 ·············· 235
철학적 인간학 ·················· 191
철학적 해석학 ············· 125, 191
철학적-존재론적 해석학 ····· 59, 132
체계 ··························· 185
체계성 통제 ···················· 176
체계의 기능보호 ················ 164
체계이론 ··················· 132, 137
체계적 사고 ···················· 370
체계적 해석 ···················· 127
체험 ··············· 41, 62, 72, 80
최적화요청 ····················· 319
추체험 ····················· 42, 62
취소 ··························· 148

친근함 ························· 102
침해이익의 중요성 ·············· 271

(ㅋ)

케머러 ························· 131
코페르니쿠스 전환 ··············· 35

(ㅌ)

탈도그마틱적인 가치사고 ········ 184
탈신비화 ························ 74
탈정형화 ······················· 283
탈주술화 ························ 74

(ㅍ)

판단력 영역 ····················· 32
판단중지 ························ 47
패러다임 ························ 85
펼쳐짐 ························· 258
평가법학 ······················· 146
포섭 ··················· 142, 216, 358
포섭이데올로기 ················· 351
표현 ··························· 42
피벡 ··························· 286

(ㅎ)

하이데거 ······················· 201
합리성 ························· 312
합리적 대화 ··············· 234, 269
합리적 의심 배제 ··············· 362
합리주의 ························ 30
합의가능성 ···················· 170
해결기술적 요소 ················ 321
해방적 선이해 ·················· 345

해방적 인식관심 ……………… 345
해석 ……………… 52, 54, 112, 152
해석목적 ……………………… 307
해석목표 ……………………… 307
해석학 ………………………… 339
해석학의 보편성 ……………… 117
해석학적 경험 ………………… 117
해석학적 사고 ………………… 212
해석학적 상황 ………………… 108
해석학적 순환 ……… 56, 92, 159, 222,
      257, 311, 346
해석학적인 법의 역사성 ……… 209
행동경제학 …………………… 364
헌법의 규범력 원칙 …………… 320
헌법의 통일성 원칙 …………… 317
헌법해석론 …………………… 274

헌법해석원리 ………………… 317
현상학 ………………………… 46
현존재 ………………………… 52
현존재의 존재방식 …………… 50
형법해석의 한계 ……………… 270
형법해석학 …………………… 238
형상적 환원 …………………… 48
형성 …………………………… 152
형식논리 ……………………… 139
형식논리학 …………………… 141
형식적·연역적 해석방법론 …… 241
형식적인 전제 ………………… 98
확산적 사고 …………………… 369
확신 …………………………… 221
환경 …………………… 138, 163
흠결보충 ……………………… 152

■ 인명

가다머 ………………… 159, 191
강진철 ………………………… 337
겔렌 …………………………… 205
계희열 ………………………… 334
괴델 …………………………… 45
굿맨 …………………………… 296
김영환 ………………… 191, 334
김용옥 ………………………… 368
뉴턴 …………………………… 85
니체 …………………… 78, 109
데이비슨 ……………………… 295
데카르트 ……………… 30, 47, 61
드로이젠 ……………… 36, 61

딜타이 ………………… 38, 61, 80, 117
라드브루흐 …………………… 128, 191
라렌츠 ………………… 125, 188, 207, 213
랑케 …………………………… 36, 61
로크 …………………………… 31, 61
루만 …………………… 132, 137, 162, 233
리트 …………………………… 129
마이호퍼 ……………………… 196, 236
맑스 …………………………… 134
뮐러 …………………… 125, 164, 196, 273
미타이스 ……………………… 196
바르톨루스 …………………… 126
배종대 ………………………… 336

버클리	31
베버	45, 74
베티	122, 129
브룬너	232
비트겐슈타인	246, 295
빈더	207
빈트샤이트	127
사르트르	205
사비니	127, 284
셸러	205
셸링	36
슈라이버	241
슈탐러	196
슈트라텐베르트	220
슐라이어마허	92, 103, 127
스멘트	125, 274
아도르노	78
아리스토텔레스	51, 83, 139, 141
아인슈타인	85
아퀴나스	215
알렉시	287, 299
양창수	334
에를리히	128
에서	125, 131
에코	326
엠케	178, 274, 285
엥기쉬	130, 160
예링	128
오펜하임	260
윤재왕	338
이계일	338
이상돈	330, 334, 365
장영민	337
카나리스	187
카너먼	364
카르납	45
카우프만	125, 129, 191
칸토로비츠	128, 351
칸트	30, 36, 48, 61, 71, 77, 133
켈젠	128, 135
코잉	129
쿤	85
크리스텐젠	275
크릴레	171, 178, 274, 287
클라데니우스	103
파스칼	241
포르스트호프	284
포이어바흐	222
포퍼	234, 261, 274
푸흐타	127, 212
프레게	45
프롬멜	156
플라톤	51, 120
피벡	132, 178
피히테	36
하버마스	115, 122, 132, 158, 170, 233, 269, 345
하세머	125, 238, 330, 367
하이데거	49, 80, 92, 158
헤겔	36, 51, 117, 119, 134, 232
헤벌레	274, 287
헤세	138, 286, 319
헴펠	260
후설	46, 72, 109
흄	31